창업의 모든 것을 한 권에 담은

기업 이해와 창업 설계

하태호 저

도서출판 두남

책을 내면서

2012년부터 시작된 교육 당국의 창업교육 정책에 힘입어 모든 대학에서 창업교과목을 다루고 있고 괄목할 만한 창업실적이 나타나고 있기도 하다. 하지만, 다양한 분야의 학문을 다뤄야 하는 바쁜 대학생에게 창업이라는 화두는 적합하고 창업실적을 거두게 하는 것은 바람직한 목표일까?

창업교육을 담당하지 않는 교수를 비롯한 주변 사람들은 창업교육이 이루어지면 당연히 창업으로 이어져야 한다는 생각이어서 창업교육 담당 교수의 입장을 난처하게 만드는 것이 현실이기도 하다.

대학에서의 창업교육은 창업을 이룬다기보다는 기본적으로 기업가정신 함양에 있고 창업 지식을 습득해서 향후 언젠가 맞닥뜨리게 될 창업기회를 안정적으로 맞이하게끔 하는 준비 과정이다. 또한, 졸업 후 취업하더라도 창의인재로서 기업의 혁신을 도모하는 데 목적이 있다.

기업가는 세상을 보는 안목이 범인(凡人)과는 많이 다르다는 점을 발견할 수 있다. 즉, 특정한 사물과 현상을 보아도 새로운 각도에서 문제점과 개선점을 찾고 사업으로 연결하고자 하는 기발한 생각을 갖는 것이다. 또한, 기업가는 자기 자신만의 안위가 아니라 조직에 몸담은 구성원과 거래처 더 나아가 나라에 봉사한다는 헌신정신을 갖는다. 이러한 관계로 삼성그룹을 일으킨 호암 이병철은 기업가정신의 한 요소로 '기업보국(企業保國)'을 강조했다.

대개 1년에 100만 개의 신생기업이 탄생하고 그만큼 숫자의 기업이 폐업한다는 통계가 있다. 손쉽게 창업에 도전했다가 적정 수입을 거두지 못해 문을 닫는 업체가 일반인이 생각하는 것보다 훨씬 많은 것을 알 수 있다. 1999년 초에 시작된 정부의 창업지원 기관 설립과 지원에 따라 체계적인 창업지원 프로그램이 운영되고 있으나 여전히 많은 수의 창업자가 실패의 쓴맛을 보고 있는 것이 현실이다.

"실패는 성공의 어머니"라거나 "젊어서 고생은 사서도 한다"라는 말로 사업 실패의 위로를 삼게 하지만 이것이야말로 위험천만한 얘기가 아닐 수 없다. 사업에는 금전이 들어갈 수밖에 없고 감내하기 어려운 부채를 안고 도산하게 되면 회복하는 데 긴 세월이 흘러야 하거나 영원히 일어설 수 없기 때문이다.

창업의 유형을 성질별로 크게 두 가지로 나누자면 기술형 아이디어 창업과 생활밀착형 창업으로 구분할 수 있다. 기술형 아이디어 창업하는 사람들의 면면을 살펴보면 참신한 아이디어 그 자체에 함몰되어 사업성을 따지지 않고 창업하고, 생활밀착형 창업하는 사람들은 기대에 부푼 나머지 눈썰미로 막연히 창업에 이르는 것을 볼 수 있다.

창업을 단순하게 정리하자면 법인기업을 설립하고 사업자등록을 하는 그 자체만을 일컬을 수 있다. 그러나 이러한 행위는 창업절차의 일부 행위일 뿐이지 창업 준비 과정은 매우 심도 있게 다뤄져야 한다. 상품과 가격에 대한 소비자 반응, 유통경로, 창업입지, 창업자금 조달, 추정손익계산, 생산기술력 확보 등에 걸쳐 소소한 것까지 세세하게 챙겨봐야 한다.

각 대학은 대개 30개 안팎의 창업교과목을 운영하고 있다. 교육 당국에서 제시한 '창업, 기업가정신 등'의 key word를 교과명에 표기하면 창업교과목으로 분류할 수 있어 일반교과목에 창업의 특성을 가미하여 창업교과목으로 운영하는 것을 볼 수 있다. 이러다 보니 세분된 분야별로 심층 학습효과는 달성할 수 있을 것이나 창업 전반을 일목요연하게 일별할 수 있는 교과목이 미흡한 현실이다.

창업을 생각하는 사람들 상당수는 사회적기업 또는 벤처기업을 창업할 것이라고 말한다. 사회적기업과 벤처기업은 요건을 갖추게 되면 관계기관으로부터 인증 또는 확인을 받는 것이지 창업단계에서 구분될 수 있는 기업 기준은 아니다. 이렇듯 창업에 앞서 기업의 유형과 설립 절차를 익혀둘 필요 또한 있는 것이다.

한편, 대학 창업실적의 상당수는 생활밀착형 창업이며, 학생들도 이 분야에 지대한 관심을 보이는 것이 현실이다. 대학 창업교육은 기본적으로 IT부문에 익숙한 대학생들에게 기술혁신형 창업을 기대할 것이지만 전통적인 생활밀착형 사업에 있어서도 생산, 유통, 판매에 걸쳐 문제점을 발견하고 개선점을 찾아서 IT기술을 접목할 수 있다면 창업 아이템으로써 훌륭한 가치를 지닌다.

이 같은 관점에서 본 도서는 한 학기 15주에 걸쳐서 기업을 이해하고 창업의 전반을 학습할 수 있도록 기업 유형과 설립, 창업절차, 기업가정신, 창업아이디어 도출, 지식재산권 이해, 사업 타당성 분석과 사업계획, 시장진출 기회 탐색, 창업입지 선정, 창업자금조달에 이르기까지 창업에 필요한 모든 요소를 담았다.

저자가 경상국립대학교, 인제대학교, 부산외국어대학교, 서원대학교에서 취·창업 교육을 담당하고 중소벤처기업부, 서울시청, 서울신용보증재단 등에서 창업지원을 하며 현장에서 직접 겪은 경험을 바탕으로 엮은 도서이기에 그 어떤 도서보다 현실성 있는 내용이 담겨 있으며, 비록 학업 도서로 엮은 것이기는 하나 창업을 준비하는 일반 예비창업자에게도 알찬 창업 길잡이 역할을 할 수 있을 것으로 생각한다.

2025년 1월

저자 하태호

CONTENTS

차례

Chapter 1 창업의 정의와 창업절차 _ 17

제1절 창업과 startup ······ 17

1.1 창업의 정의 _ 17

1.2 startup의 정의 _ 19

1.3 창업의 유형 _ 21

1) 아이템 기준 창업 유형 _ 23

2) 출자 기준 창업 유형 _ 23

3) 협력 기준 창업 유형 _ 24

4) 기업 형태 기준 창업 유형 _ 25

제2절 창업의 요소 ······ 26

2.1 창업의 5대 요소 _ 26

2.2 창업 아이템의 중요성 _ 26

2.3 창업 입지의 중요성 _ 27

2.4 창업 자금의 중요성 _ 28

2.5 종업원의 중요성 _ 30

2.6 유통채널의 중요성 _ 30

제3절 창업 절차 ······ 32

3.1 창업 준비 _ 32

1) 창업 아이템의 기존 특허 유무 _ 33

2) 사업인허가 가능성 _ 33

3) 창업 입지 분석 _ 33

4) 창업 자금 조달 계획 _ 34
5) 협력자(종업원) 여부와 유통채널 확보 _ 34
6) 사업성 분석 _ 35
3.2 창업 실행 _ 36
1) 사업 타당성 분석에 따른 추진 향방 _ 37
2) 창업 착수 _ 38

Chapter 2 기업의 유형과 기업 설립 _ 41

제1절 기업의 유형 41
1.1 기업의 분류 _ 41
1.2 벤처기업 _ 46
1.3 이노비즈기업 _ 51
1.4 사회적기업과 사회적 경제기업 _ 53
1) 사회적기업 _ 53
2) 마을기업 _ 56
3) 협동조합과 사회적협동조합 _ 58
4) 자활기업 _ 60

제2절 기업 설립 62
2.1 주식회사 설립 _ 62
2.2 사업자등록 _ 65
2.3 사업인허가 _ 67
2.4 사업자의 종류 _ 69
1) 일반과세자와 간이과세자 _ 69
2) 면세사업자 _ 69
3) 영세율 사업자 _ 70
2.5 법인기업과 개인기업 _ 71
2.6 상호등기 _ 73
2.7 상호와 상표 _ 74

Chapter 3 혁신과 기업가정신 _ 77

제1절 혁신과 혁신경제 ········· 77

1.1 혁신의 정의 _ 77
1.2 혁신경제 _ 79
1.3 혁신경제의 시대적 과제 _ 81
1.4 혁신을 위한 환경 _ 83

제2절 기업가정신 ········· 84

2.1 기업가정신의 정의 _ 84
2.2 기업가정신 DNA와 후천적 환경 _ 91
1) 아이디어에 대한 열정 _ 92
2) 어린시절 영향 _ 93
3) 기업가정신 잉태의 환경적 요소 _ 94
4) 기업가적 자질과 IQ의 관련성 _ 95
2.3 혁신기업가는 무엇이 다른가 _ 96
1) 질문하기 _ 97
2) 관찰하기 _ 98
3) 네트워킹 _ 98
4) 실험하기 _ 98
5) 발견 스킬과 실행 스킬 _ 99

Chapter 4 창업아이디어 도출 _ 107

제1절 창의적 사고의 원천 ········· 107

1.1 상상과 창의적 발상 _ 107
1.2 창의적 발상 환경과 특성 _ 108
1.3 창의적 사고를 위한 자세 _ 110
1) 고독과 사색 _ 110
2) 관찰과 몰입 _ 111

3) 융합적 · 인문학적 사고 _ 112
4) 영감과 기록 _ 113
5) 생생한 꿈과 원대한 꿈 _ 115
1.4 창업아이디어의 원천 _ 117

제2절 창업아이디어 도출 121
2.1 창의적 발상 기법 _ 121
1) 줌인 · 줌아웃 기법 _ 121
2) 레고 사고 기법 _ 123
2.2 창업아이디어 탐색 기법 _ 125
1) TRIZ _ 125
2) 디자인 씽킹 _ 130
3) IDEO _ 131
4) 스캠퍼(SCAMPER) _ 134
2.3 창업아이디어 도출 _ 137

Chapter 5 지식재산권 이해 _ 143

제1절 지식재산권의 개요 143
1.1 지식재산권이란 _ 143
1.2 지식재산권 유형 _ 144

제2절 지식재산권의 산업재산권 유형별 제도 146
2.1 특허제도 _ 146
1) 특허제도의 목적 _ 146
2) 특허등록 요건 _ 147
3) 특허정보검색 _ 148
4) 특허출원 및 심사 _ 150
5) 특허권의 효력 _ 152
2.2 실용신안 제도 _ 156
1) 실용신안 제도의 목적 _ 156

2) 실용실안 등록 요건 _ 157
3) 실용실안 출원 및 심사 _ 158
4) 실용신안권의 효력 _ 159
2.3 디자인 제도 _ 159
1) 디자인 제도의 목적 _ 159
2) 디자인의 등록 요건 _ 160
3) 디자인의 출원 및 심사 _ 160
4) 디자인권의 효력 _ 161
2.4 상표 제도 _ 162
1) 상표제도의 목적 _ 162
2) 상표등록 요건 _ 162
3) 상표등록 출원 _ 164
4) 상표권의 효력 _ 165

Chapter 6 사업타당성 분석과 사업계획 _ 167

제1절 사업타당성 분석과 사업계획 의의 167
1.1 사업타당성 분석과 사업계획의 뜻 _ 167
1.2 사업타당성 분석과 사업계획서의 중요성 _ 169

제2절 사업타당성 분석 172
2.1 사업환경 분석 _ 172
1) 산업환경 _ 172
2) 입지환경 _ 176
3) 행정환경 _ 180
2.2 사업성 분석 _ 182
1) 기술성 _ 182
2) 시장성 _ 184
3) 수익성 _ 187

제3절 사업계획서 작성 195
3.1 사업계획서의 용도 _ 195
3.2 사업계획서 형식 _ 196
3.3 사업계획서 작성 방안 _ 198
1) 외부용 사업계획서 _ 198
2) 자사 사업추진 사업계획서 _ 199

Chapter 7 시장 진출 기회 탐색 _ 217

제1절 마케팅 조사와 시장 진입 탐색 217
1.1 마케팅 조사의 중요성 _ 217
1.2 자료 수집 방법 _ 218
1) 정량 · 정성 · 관찰 조사 _ 219
2) 1차 자료와 2차 자료 _ 219
3) 조사 방법 _ 220
1.3 마케팅 환경 조사 _ 222
1) 거시환경 _ 222
2) 산업환경 _ 223
1.4 소비자 반응 조사 _ 224
1) 창업아이디어 보완 · 개선 단계 _ 225
2) 제품의 개념 개발 단계 _ 226
3) 시제품 테스트 _ 226
4) 시험 마케팅 _ 227
1.5 가격전략 _ 228
1) 가격책정의 3영향 요인 _ 228
2) 회사 관점 가격책정 _ 229
3) 고객 관점 가격책정 _ 231
4) 경쟁 관점 가격책정 _ 233

제2절 비즈니스 모델 캔버스와 린 스타트업 234
2.1 비즈니스 모델의 의의 _ 234
2.2 비즈니스 모델 캔버스 _ 237
1) 비즈니스 모델 캔버스의 개요 _ 237
2) 비즈니스 모델 캔버스의 구조와 활용 _ 238
2.3 린 스타트업 _ 241
1) 린 스타트업의 개요 _ 241
2) 스타트업의 제품 개발 방향성 _ 244
3) 린 스타트업의 적용 _ 245

Chapter 8 창업 입지 선정 _ 251

제1절 상권과 입지 분석 251
1.1 상권과 입지 _ 251
1) 상권과 입지의 의의 _ 251
2) 공장 입지 _ 253
1.2 점포 입지 분석 _ 256
1) 입지의 중요성 _ 256
2) 점포 입지 분석 _ 256
1.3 권리금 _ 261
1) 권리금의 정의와 보호 _ 261
2) 권리금의 유형 _ 261

제2절 임대차계약 264
2.1 임대차보증금의 법률적 성격 _ 264
1) 물권과 채권 _ 264
2) 전세계약과 임대차계약 _ 265
2.2 상가건물 임대차보호법 _ 266
1) 법률 제정 동기 _ 266
2) 보호 대상과 범위 _ 267

2.3 임대차계약 체결 _ 269
1) 권리 분석 _ 269
2) 임대차계약 체결 _ 270

Chapter 9 창업자금 조달과 출구전략 _ 273

제1절 자금조달 한계와 성장단계별 자금조달 ······ 273
1.1 창업자금 조달 한계 _ 273
1.2 기업 성장단계별 자금조달 _ 274

제2절 자금조달의 유형 ······ 275
2.1 직접자금 조달과 간접자금 조달 _ 275
1) 직접자금 조달(direct financing) _ 276
2) 간접자금 조달(indirect financing) _ 277
2.2 정책자금 _ 279
2.3 엔젤 자금과 벤처캐피탈 자금 _ 280
1) 엔젤 자금 _ 280
2) 벤처캐피탈 자금 _ 282
2.4 크라우드펀딩 _ 284

제3절 금융회사의 대출 절차와 신용관리 ······ 292
3.1 금융회사 대출 절차 _ 292
3.2 신용보증 _ 295
3.3 신용관리 _ 296

제4절 IR 데모 ······ 298
4.1 IR이란 _ 298
4.2 PPT 작성 _ 298

제5절 출구전략 ······ 299
5.1 기업성장 전략 _ 299

5.2 IPO _ 301
1) 코스닥(KOSDAQ) 시장 _ 304
2) 코넥스(KONEX) 시장 _ 306
3) KSM(KRX Startup Market) 시장 _ 309
5.3 M&A _ 310

Chapter 10 창업교육과 창업지원 정책 _ 313

제1절 대학 창업교육 목적 313
1.1 대학 창업교육 필요성 _ 313
1.2 대학 창업교육 역사 _ 319

제2절 대학 창업교육 현황 321
2.1 창업교육 운영 현황 _ 321
2.2 외국의 대학 창업교육 현황 _ 324

제3절 창업지원 정책 327
3.1 창업지원 법규 _ 327
1) 중소기업창업지원법 _ 327
2) 벤처투자 촉진에 관한 법률 _ 328
3) 벤처기업육성에 관한 특별법 _ 330
4) 중소기업진흥에 관한 법률 _ 331
5) 소상공인 보호 및 지원에 관한 법률 _ 333
6) 사회적기업 육성법 _ 335
3.2 창업지원 기관 _ 337
1) 한국청년기업가정신재단 _ 337
2) 중소벤처기업진흥공단 청년사관학교 _ 339
3) 창조경제혁신센터 _ 341
4) 창업진흥원 _ 343
5) 창업보육센터 _ 344
6) 벤처투자회사 _ 345

7) 중소기업상담회사 _ 346
8) 전문개인투자자 및 개인투자조합 _ 347
9) 창업기획자(엑셀러레이터) _ 349

■ 참고문헌 / 351
■ 찾아보기 / 353

Chapter

창업의 정의와 창업절차

제1절 창업과 startup

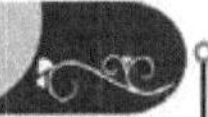

1.1 창업의 정의

창업이라 하는 것은 영리를 추구하기 위해 기업을 설립하는 것이다. 다시 말해 개인이나 집단이 사업 아이디어를 가지고 영리를 목적으로 자본, 자원, 노동 등을 투입하여 재화를 생산하고 판매하거나 서비스를 제공하기 위해 사업 기초를 세우는 것이다.

Ronstadt(1984)는 "창업은 점진적인 부(incremental wealth)를 창조하는 동적인 과정이다. 이러한 부는 재산, 시간 또는 자신의 장래를 담보하고 위험을 감수하려는 사람들에 의해서 창조된다. 창업가들이 제공하는 제품이나 서비스는 새롭거나 독특하지 않을 수도 있으나 그들은 필요한 기술이나 자원을 활용하여 가치를 불어넣어 주어야만 한다."라고 하였다.

또한 Hisrich와 Brush(1985)는 "창업이란 수반되는 재정적 · 심리적 · 사회적인 위험을 감수하고 필요한 시간과 노력을 투자하여 가치 있는 새로운 무엇인가를 창조하여 금전적인 보상과 개인적인 만족 그리고 독립심을 누리려는 과정"이라고 정의하였다.

하버드대학의 경제학 교수였던 Schumpeter는 창업가를 "새로운 제품 또는 서비스의 혁신이나 개발에 초점을 맞추는 기업을 출발 · 성장시키는 데 필요한 자원을 모으고 활용하는 사람"이라고 정의하였다. Schumpeter의 정의에서 주목할 것은 혁신과 창업을 결합시키고 있다는 점이다. 즉, 단순히 사업을 시작한다고 해서 모두 창업가는 아니다.[1)]

창업의 유형과 관련하여 피셔(Fischer)는 2가지 차원을 기준으로 신규기업의 유형을 제시하고 있다. 첫 번째 차원은 창업기업이 기존기업과 독립적인가, 의존적인가의 여부이고, 두 번째 차원은 기업의 형성이 독창적인가, 파생적인가의 여부로 구분된다. 이러한 기준으로 분류하면 4가지 유형으로 분류가 가능한데 독립적 독창기업, 독립적 파생기업, 의존적 독창기업, 의존적 파생기업이 그것이다.

① 독립적 독창기업은 독립적인 기업가의 창의적인 노력에 의해 새로운 기업이 설립되는 것을 의미한다. 여기에는 종업원이 기업을 소유하고 관리하는 협동조합의 창업도 포함된다.

② 독립적 파생기업은 독립적이기는 하나 타 회사의 상표, 기술 및 판매권을 이용하는 등 기존 업체와 기능적인 관계를 유지하는 경우이다. 이 유형에는 프랜차이즈 창업이나 기업인수 등이 대표적이다.

③ 의존적 독창기업의 대표적인 형태가 분공장(branch factory)이다. 이 경우 법적으로는 독립적인 법인으로 되어 있으나 실제로는 모기업의 지배를 받는 경우가 많다.

④ 의존적 파생기업 유형이란 대기업 기업전략의 파생물로 형성되는 기업을 말하며 대표적인 예는 대기업을 여러 개의 회사로 분할하는 것이다. 특히 관리 및 전문 인력의 퇴직 시 기업활동의 일부를 독립시켜 창업토록 지원하는 반면, 대기업은 핵심적인 생산 및 서비스 라인만을 유지하는 경향이 있다.[2)]

---

1) 이건창, '기업가정신', 무역경영사, 2009.03, pp.137~139.

2) 최종열 · 정해주, '벤처창업과 기업가정신', 탑북스, 2013.09, pp.35~36.

피셔(Fischer)의 창업유형에 맞추어 일반적인 창업유형 분류는 창업아이디어와 운영방법 등 모든 창업행위를 독자적으로 신규로 시작하는 독자 창업과 기존 기업을 인수해서 창업하는 인수 창업 그리고 프랜차이즈 가맹점 가입을 통해서 이루어지는 프랜차이즈 창업으로 구분 짓기도 한다.

기업은 개인기업과 법인기업 두 갈래로 구분할 수 있고, 법인기업은 상법상 회사라고 하는 주식회사, 유한회사, 유한책임회사, 합명회사, 합자회사로 구분 지을 수 있다. 개인기업은 인적 · 물적 요소를 갖추어 관할관청으로부터 인허가를 득해서 사업장 소재지 관할 세무서에 사업자등록을 하는 것으로 창업이 이루어진다. 반면, 법인기업의 경우에는 일정한 요건을 갖추어 법원에 상업등기를 하고 인허가 및 사업자등록을 함으로써 회사설립이 이루어진다.

그리고 상법상의 회사는 아니나 민법상의 사단법인과 재단법인 또는 공공기관에 등록된 임의단체의 경우에도 소재지 관할 세무서에 사업자등록을 할 수 있다.

회사라고 하는 것은 한 사람 이상이 발기하여 설립하는 것으로 상법 제20조(회사상호의 부당사용의 금지)에 의거 상법상의 법인기업만 회사라는 표현을 사용할 수 있다. 따라서 개인기업을 개인회사라고 표현하는 것은 적절하지 않다.

법인기업은 기업 자체에게 법인격이 부여되어 권리 · 의무주체로서 민형사상의 권리와 책임을 갖게 된다. 반면에 개인기업은 기업의 대표자가 권리 · 의무주체가 된다.

1.2 startup의 정의

창업의 영문 표기는 establishment 또는 foundation이다. 또 다른 영문 표현으로는 전혀 새로운 사업을 시작하는 것을 start-up, 타인의 사업을 인수하는 것을 buyout이라고 한다.

요즘에 와서 startup이라는 용어가 널리 알려져 있어 창업을 startup으로 이해하는 사람이 많은 실정이다. 띄어 쓰는 start up의 사전적 의미는 개시 또는 시동을 거는 것을 말하며 새롭게 창업을 시작하는 것을 일컫기도 한다.

창업 용어에 있어서 startup이라는 것은 소규모의 사업초기 벤처기업을 일컫는 말이다. 범위를 좁혀서 ICT기반 초기 창업기업을 startup이라 칭하는 경우가 많다.

벤처기업이란 1990년 후반 인터넷 등장과 함께 시작된 닷컴회사를 주로 일컬었다. 이후 닷컴 버블현상으로 수많은 벤처기업이 명멸하면서 벤처기업이라는 용어는 점차 퇴색하고 startup이라는 용어를 많이 사용하는 추세에 있다.

startup 용어는 스탠퍼드 대학 스티브 블랭크(Steve Blank)가 "startup is a temporary organization designed to search for a repeatable and scalable business model"이라고 하면서 사용되기 시작한 것으로 알려져 있다.[3]

스티브 블랭크는 시행착오와 가변적인 사업모델을 위해 임시로 구성된 조직을 'startup'이라고 했는데, 신생 혁신기업을 두고 모험이라고 하는 벤처의 용어를 사용하는 것보다는 새롭게 도약을 시도한다는 뜻을 가진 startup이라는 용어가 보다 긍정적이고 진취적인 느낌을 준다.

이와 같이 startup이라는 것은 혁신적인 기술과 아이디어를 보유한 신생벤처기업을 일컫는 것으로 ICT기반 창업, 스마트폰 연계 창업 등에서 많이 볼 수 있으며 특별한 수익창출원인 비즈니스모델을 가지고 있다. 따라서 음식점, 커피점, 주점업, 의류점, 헬스클럽 등 우리 생활주변 일상의 창업기업은 startup이라고 하지 않는다.

startup은 소규모 신생 벤처기업이기에 자금조달 즉 투자유치를 받는데 매우 어려움을 겪는 특징을 갖는다. 벤처캐피탈과 엔젤마저 쉽게 투자하지 않는 상황에서 startup의 사업초기 자금난을 해결해 줄 수 있는 금융이 최근에 각광받기 시작한 크라우드펀딩이다.

startup은 다양한 마일스톤(milestone, 목표 단계)을 거치며 소규모 자본으로 시작하는 기업이어서 사업궤도에 오르기는 무척 어렵고 개별적 성장보다는 다른 회사와의 합병이나 인수를 통해 성장하는 것이 일반적이다.

---

3) 조성주, '린스타트업 바이블', 새로운 제안, 2014.

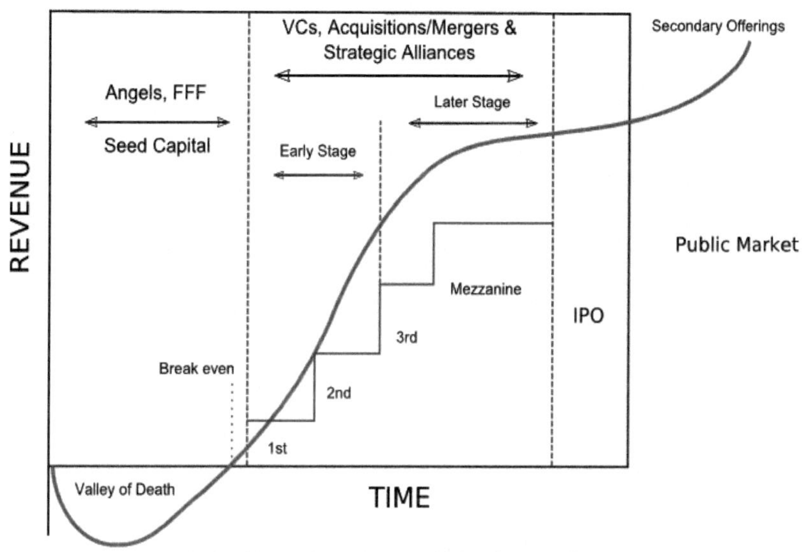

자료 : Diagram of the typical financing cycle for a startup company. Kmuehmel, VC20

〈그림 1-1〉 Startup Financing Cycle

1.3 창업의 유형

Schumpeter는 창업가를 혁신적 아이템으로 사업을 시작하는 사람이라고 정의하면서 단순히 사업을 시작한다고 해서 모두 창업가는 아니라고 했다. 하지만 우리는 일상에서 사업 또는 창업이라는 용어를 무수히 듣거나 사용한다. 창업이라고 하는 것은 사업을 시작하는 것을 일컫는데, 거대한 설비와 자금을 들여서 사업을 시작하는 것도 있겠지만 적은 금액으로 생활 거주지 주변에서 도소매업 · 음식업 · 서비스업을 시작하는 사업도 있다.

또한 참신한 아이디어를 구체화해서 창업 입지를 물색하고 종업원을 채용해서 사업을 시작하는 경우가 있을 것이며, 다른 사람이 일구어 놓은 사업체를 권리금을 지급하고 사업을 시작하는 것도 있을 것이다.

혼자서 감당할 수 있는 사업 규모라면 독자적으로 시작할 것이며, 기술이나 사업 운영 또는 자금조달에 걸쳐서 혼자 감내하기 어려운 경우에는 여러 사람과 협력해서 사업을 시작하기도 한다.

창업의 영어는 establishment이고 사업의 영어는 business이다. business는 바쁘다는 busy에서 비롯됐다고 한다. 그만큼 사업이라고 하는 것은 바쁜 일상의 연속이다. 끊임없는 기술개발, 고객발굴과 유지, 자주 맞닥뜨리게 되는 자금난, 종업원과의 관계관리 등 매일매일 사업 목표 달성을 위해 힘든 과정을 헤쳐 나가야 한다.

피고용자인 종업원은 맡은 직무를 성실하게 이행하는 것만으로 직분을 다 한다고 하겠지만, 창업가인 사업주는 자기 자신의 이익을 도모하는 것은 물론 이거니와 고객, 종업원, 출자자, 채권자 등 이해관계인의 편익에 염두를 두고 사업체를 운영한다.

창업가가 고객, 종업원, 출자자, 채권자 등의 이해관계인을 위한다는 것은 국가 경제발전에 이바지한다는 것으로써 삼성그룹의 창업주 호암 이병철의 기업보국 철학이며 곧 기업가정신이다.

중국의 거대기업 알리바바의 창업주 마윈이 자기 인생의 가장 잘못된 선택은 기업을 하게 된 것이라 했을 만큼 기업가는 개인 생활의 제약을 받는다. 어쩌면 기업가 모두는 국가와 사회에 이바지하는 유공자인 셈이다.

이렇듯 어떤 유형의 창업이 되든 사업가는 나 자신만의 이득 취득을 넘어서 사회에 이바지하고 경제발전의 한 축을 담당한다는 생각을 가져야 한다.

창업의 유형과 관련해서 피셔(Fischer)가 독립적 독창기업, 독립적 파생기업, 의존적 독창기업, 의존적 파생기업의 4가지로 분류한 바 있으나 현실적으로는 아래와 같은 기준으로 구분할 수 있을 것이다.

〈표 1-1〉 창업 유형

분류 기준	창업 유형	
아이템 기준	기술형 창업	생활밀착형 창업
출자 기준	독자 창업	공동 창업
협력 기준	독립 창업	인수 창업(buyout)
	사내 분사(spin off)	프랜차이즈 창업
기업 형태 기준	개인 창업	법인 창업

1) 아이템 기준 창업 유형

일반 기술, 첨단 ICT기술 등을 기반으로 창업하는 기술형 창업과 음식업, 도소매업, 서비스업으로 대별되는 생활밀착형 창업으로 분류할 수 있다.

기술창업은 기존 특허 여부와 비즈니스모델, 시장성, 지속성, 진입장벽 등을 면밀하게 검토해서 창업해야 한다. 특히, 새로운 대체기술이 등장하거나 대기업에서 유사 기술을 개발하게 되면 사업의 지속성을 담보할 수 없기에 창업을 위해서는 세심한 준비가 필요하다.

음식업, 도소매업, 서비스업은 인터넷 확산과 IT기술의 발전으로 인해 유통구조의 대변혁과 소비자 구매성향의 변화를 가져와 급격한 혁신을 맞고 있는 업종이다. 하지만, 거주지 또는 근무지 주변에서 일상생활과 밀착된 업종이기에 조리법, 운영기술, 고객응대, 인・익스테리어, 점포 형상 등의 개발과 개선을 통해서 창업의 호기를 맞이할 수 있는 업종이다. 특히, 이들 업종의 종사자는 고령화가 심화되고 있어 젊은 청년 세대가 새로운 각도에서 창업하는 분위기가 이어지고 있다.

2) 출자 기준 창업 유형

나 홀로 창업자금을 투자하여 사업을 시작하는 형태의 독자 창업과 두 명 이상의 여러 사람이 투자하여 사업을 시작하는 형태의 공동 창업으로 분류할 수 있다. 공동 창업에 있어서 때로는 자금, 건물과 같은 물적 투자자와 기술을 가진 사람이 공동으로 창업하는 경우가 있다.

투자 규모가 얼마 되지 않거나 금액이 다소 크더라도 혼자 감당할 수 있는 규모라면 나 홀로 창업할 수 있을 것이다. 그렇지 않다면 주변 지인이나 공개모집을 통해 공동 투자하여 창업하는 것을 생각해 볼 수 있다.

대체로 공동 창업은 주식회사와 같은 법인 형태로 이루어진다. 개인기업의 경우에도 공동 창업을 자주 볼 수 있는데, 흔히 동업이라는 용어를 사용한다.

공동 창업에 있어서는 권한과 책임에 관해 명확한 구분을 짓는 것이 반드시 필요하다. 특히 개인기업으로 공동 창업하는 경우에는 사업이 잘 되면 수익 배분의 다툼, 잘못되면 책임의 전가로 인해 갈등과 분쟁이 발생할 수 있다. 개인 기업의 공동창업자는 대개 지인 관계이다. 후일의 분쟁에 대비하고 지인 간에 좋은 관계 유지를 위해서라도 공동 창업에 따른 권한과 책임을 문서화하고 공증을 받아두는 지혜가 필요하다.

3) 협력 기준 창업 유형

생산기술, 운영 방법 등에 있어서 기존 사업자의 협력을 받지 않고 독립적으로 개발하여 신규 창업하는 형태의 독립 창업과 타인이 운영하던 사업체를 권리금 등을 지급하고 창업하는 인수 창업이 있다. 또한 같은 회사에서 특정 사업부서를 독립해서 창업하는 사내 창업이 있다. 이외에 프랜차이즈 가맹을 통한 프랜차이즈 창업이 있다.

독립 창업은 새로운 길을 스스로 뚫고 나가야 하기에 보다 도전적인 모험이 필요하며 진취적 기상이 요구되는 덕목이다. 반면에 인수 창업은 기존 사업주가 닦아놓은 시장, 고객, 종업원 그리고 검증된 기술을 그대로 인수하는 것이기에 위험부담이 상대적으로 적다.

인수 창업에 있어서 생활밀착형 창업인 자영업에서는 대개 권리금을 지불하고 인수한다. 권리금이라는 것은 입지성, 메뉴 및 상호 인지도 등에 따라 구축된 고객과 그에 따른 매출 및 수익성을 담보하는 금액이라 볼 수 있다. 때로는 이미 설치된 시설에 대한 비용을 시설 권리금이라고 해서 인수 비용에 포함하기도 한다.

법인기업의 인수는 자산 평가를 통해 인수하게 되는데 M&A(mergers & acquisitions)가 그것이다. 법인기업을 인수하는 것에 대해서는 인수 창업보다는 기업 인수라는 용어를 더 사용한다.

사내 분사는 규모 큰 회사에서 특정 업무를 따로 떼어내 창업을 하는 것을 일컫는데 spin-off 창업이라는 용어로 일컬어진다. 업무의 전문성 강화, 내재된 자금난의 분산, 노사 갈등 요인 차단, 봉직한 임직원에 대한 시혜 등을 위해 분사하는 경우가 많다. 특정 기업을 중심으로 분사 회사가 많을 경우 그 특정 기업은 플랫폼 역할을 하게 된다.

프랜차이즈 본사와의 가맹 계약을 통해 창업하는 프랜차이즈 창업은 브랜드, 로고, 간판 등에 걸쳐 가맹점의 통일성을 기하고 본사로부터 재료 구입과 운영기술을 전수받음으로써 손쉽게 창업할 수 있고 브랜드 인지도에 따른 고객 충성도가 높아서 단기간에 수익을 창출할 수 있는 이점이 있다.

4) 기업 형태 기준 창업 유형

기업의 형태는 개인기업과 법인기업으로 나눌 수 있는데, 이러한 기업 형태에 맞춰 창업하는 유형을 일컫는다.

개인기업은 관할 세무서에 사업자등록만을 마치는 것으로써 창업이 이루어지며, 법인기업은 상법에 맞춰서 주식회사 등의 법인을 설립한 후에 사업자등록을 마침으로써 창업하게 된다.

개인기업의 창업은 주로 소규모의 생활밀착형 자영업에서 많이 이루어지고 법인기업의 창업은 규모 있는 사업 또는 기술 기반 사업에서 많이 발생하는 것을 볼 수 있다.

개인기업은 주로 나 홀로 창업에서, 법인기업은 여러 사람의 출자를 통해 창업하게 된다. 하지만 개인기업의 경우에도 여러 사람이 동업형태로 창업하고, 법인기업에 있어서도 주식회사의 경우 1인을 주주로 한 창업이 있다.

주식회사 설립의 경우 과거에는 7인 이상의 발기인을 필요 요건으로 했으나 이제는 1인의 발기만으로 창업할 수 있게 되었고 설립자본금 최저금액은 100원이면 가능하다.

제2절 창업의 요소

2.1 창업의 5대 요소

마케팅 전략 4P라는 것이 있는데, 상품을 판매하기 위한 핵심 요소로써 Product(상품), Place(판매 장소), Price(판매 가격), Promotion(판촉 활동)을 일컫는다.

창업 준비하는 데에도 중요하게 검토해야 할 핵심적인 요소가 있다. 어떠한 제품을 어느 곳에서 생산하며, 이를 위해 자금은 어떻게 마련하고, 회사 운영을 위한 종업원 채용은 어떻게 할 것이며, 생산된 제품을 어떻게 팔 것인가 하는 것이다. 다시 말해서 창업 아이템, 창업 입지, 창업 자금, 종업원, 판로가 창업의 핵심 요소라고 할 것이다.

번쩍번쩍하는 창업 아이템이라고 해도 창업 자금이 없으면 사업에 착수하지 못하며, 제품을 생산할 장소를 구하지 못하거나 종업원을 채용하지 못하더라도 창업은 물거품이 되고 만다. 최종적으로 제품을 생산했다고 해도 고객을 찾을 수 있는 판로가 확보되지 않는다면 창업 실패를 할 수밖에 없다.

이와 같은 관점에서 창업의 5대 핵심 요소라고 하면 창업 아이템, 창업 입지, 창업 자금, 종업원, 유통채널이라 할 수 있다. 생산설비를 5대 요소에 포함할 수 있겠지만 생산한 제품의 판로를 확보하지 못하면 정상적인 사업궤도에 오르는 것이 어렵기에 유통채널을 더 중요하게 고려할 필요가 있다.

2.2 창업 아이템의 중요성

창업의 첫 단계는 창업 아이템을 갖추는 것이다. 우리 주변에서는 봉급생활을 탈피하기 위해 막연히 언젠가 사업을 할 것이라고 호언장담하는 사람을 접할 수 있다. 하지만 무슨 사업을 목표할 것인가를 결정하지 않고 창업을 준비한다는 것은 말이 성립되지 않는 것 즉 어불성설이다. 따라서 창업을 꿈꾸는 사람들의 첫째 관건은 창업 아이템을 고민하는 것이다.

창업 아이템은 혁신적인 기술이나 IT기술을 접목한 아이템이 있을 것이며 음식업과 같은 생활밀착형 아이템도 있다. 따라서 대학에서의 창업 교육은 IT 기반의 참신한 아이디어 창업을 최선의 목표로 하겠지만 생활밀착형 창업 아이템에 대해 연구하고 교육하는 것도 바람직한 방향일 것이다.

인터넷에 의한 온라인 사업체의 비대면 거래가 성장하면서 생활거주지 주변에서의 도소매업은 매우 위축되었고 전자상거래 기업 쿠팡이 전통적인 대형마트의 매출을 추월하는 이변을 연출하기도 하였다. 그러나 대면 판매의 음식업 또는 서비스업은 고객지향적인 기술개발과 서비스 개선을 통해 청년 세대가 얼마든지 유망 사업 아이템으로 고려할 가치와 매력이 있다.

K-POP의 세계 무대 점령 영향을 받아 우리 고유의 음식이 세계 방방곡곡에서 주목받고 있다. 떡볶이가 해외에서 외국인의 입맛을 사로잡는다거나 중소기업에서 만들어 미국에 수출한 김밥이 하루 이틀 만에 소진된다는 소식은 우리 음식을 세계화할 수 있다는 방증이다.

일찍이 이명박 정부에서 한식의 세계화를 부르짖은 적이 있으나 공염불에 그치고 말았다. 그 원인을 찾아보면 하나의 그릇에 국이나 반찬을 가득 담아서 모두가 함께 떠먹는 우리나라만의 '함께 음식문화'에 있는 것이다. 누군가 최고의 메뉴는 그릇이라고 했다. 한식의 세계화는 외국인의 위생적인 음식 문화에 맞게 각자가 따로 먹을 수 있도록 기품 있는 그릇에 담아내는 '따로 음식문화'로 바꾸는 데에 있다. 이와 같이 우리 한식 문화를 개선하는 방향으로 연구하고 창업에 도전하는 것도 대학생을 비롯한 청년 세대에게 매력 있는 창업 아이템이다

2.3 창업 입지의 중요성

대면 사업에 있어서 좋은 창업 입지 선택은 절반의 성공이다. 따라서 생활밀착형 사업은 상권세, 배후 · 유동 인구, 시계성, 접근성 등을 고려한 우량 입지를 선택하는 것이 매우 중요하다.

배후 인구라 해도 단순히 인구수의 많고 적음에 이끌려서는 안 되고, 창업 아이템의 수요에 적합한 연령대와 소득이 있는 세대가 거주해야 소비를 불러일으킨다. 즉, 아동이 소비하는 아이템은 영유아 또는 초등학생 수가 많은 곳을 배후로 하는 입지가 적합한 것이다. 소득이 높은 사람은 과시 경향이 있어 소비문화가 번창한 지역으로 출역구매 성향을 나타내기에 부자들이 많이 사는 곳이라 해서 반드시 좋은 입지라고 단정하기는 어렵다.

유동 인구 또한 단순히 인구수의 많고 적음만을 따져서는 곤란하다. 유동 인구가 많은 곳은 지하철 역세권, 버스 정류장 주변, 우체국 등의 관공서 주변이다. 이러한 곳에서 세심하게 살펴야 할 것은 유동 인구의 동선과 머무는 정도의 체류성이다. 유동 인구의 동선상에 있어도 머물며 구매하지 않고 흘러가는 곳이라면 입지성이 좋지 않기 때문이다. 해당 상권의 앵커링(anchoring)역할을 하는 대형마트 주변이나 동일한 업종 점포가 밀집한 곳은 여기저기 돌아보며 두루두루 구매 성향을 나타내기에 좋은 입지로 볼 수 있다.

소상공인들이 가게 앞에 있는 전봇대를 옮겨달라고 민원을 제기한다거나 횡단보도 폐쇄를 극구 반대하는 시위를 펼치는 것은 시계성과 접근성을 단절하여 고객을 끌어들이지 못하는 지형지물을 피하고자 하는 것이다. 횡단보도를 없애는 것은 고사하고 100미터만 옆으로 옮겨도 잠재고객의 접근성이 떨어져 매출에 지대한 영향을 미친다.

참신한 기술로 창업을 준비하는 예비 startup의 경우에는 일반적인 입지성을 고려할 필요가 없다. 정부 산하기관 또는 지방자치단체에서 운영하는 창업지원 시설에서 인큐베이팅을 받고 적정규모로 성장할 경우에 졸업해서 기반 시설이 잘 조성된 산업단지 같은 곳에 자리를 잡을 수 있기 때문이다.

2.4 창업 자금의 중요성

예비 창업자에게 창업 준비의 가장 큰 애로점을 물으면 예외 없이 창업자금이라는 답을 받게 된다. 자금이라고 하는 것은 사업체를 운영하기 위한 윤활유이며 피 같은 존재이나 대학생을 비롯한 청년 세대는 창업자금을 스스로 마련할 수 있는 봉급생활과 같은 시간적 기회가 거의 없기에 더욱 애로를 겪게 된다.

창업자금 마련은 크게 자기 자금과 타인 자금의 두 가지 방향에서 얘기할 수 있다. 자기 자금은 창업에 뛰어드는 사람이 자기가 가진 돈을 투자하는 것으로 재무상태표의 자본금계정으로 구성되고 각자 투자한 금액만큼의 지분을 갖게 된다. 타인 자금은 은행을 비롯한 금융권 또는 개인으로부터 차입한 금액을 일컫는데 재무상태표의 부채계정으로 계상된다.

자기 자금에 대해서는 수익이 창출되면 배당을 통해 투자자에게 지급되고, 타인 자금은 약정한 이율과 상환 조건에 따라 이자를 지급하고 기간 내에 상환해야 하는 부담이 따른다. 이 같은 관점에 창업자금 조달의 우선은 자기 자금이 돼야 한다.

타인 자금인 차입금은 재무의 레버리지 효과(leverage effect; 타인자본을 이용한 자기자본이익률 상승효과)를 창출하기에 적정규모의 차입은 바람직한 방향으로 이해할 수 있다. 하지만 과도한 차입금으로 높은 부채비율을 나타내게 되면 거래관계에서 신뢰도를 떨어뜨린다는 것을 알아야 한다.

창업자금은 건물, 기계시설과 같은 고정자산 취득과 원재료 구입비, 종업원 급료와 같은 운영비 등을 고려하여 산정하고, 매출상품의 회전기간에 따른 예비비를 계산해서 여유 있게 운영해야 한다.

정상 운영을 위한 소요 자금보다 많은 자금을 확보하게 되면 타인 자금은 지급이자 부담이 따르고, 적은 자금으로 출발하게 되면 자금난에 허덕이며 사업체를 운영하게 돼서 적정궤도의 사업 기반에 안착하기가 어렵다.

수익이 창출되는 경우에도 사업 초창기 몇 년간은 주주 배당을 자제하고 내부에 적립하는 것이 필요하다. 재무의 건전성을 유지하고 예상치 못한 자금 수요 발생에 대비할 수 있기 때문이다.

무엇보다 중요한 것은 실패하더라도 감내할 수 있을 만큼의 자기 자금 또는 차입금에 의존해야 한다는 점이다. 젊은 혈기의 투지와 의지만으로 사업에 뛰어드는 것도 좋지만 실패했을 경우 재기를 위해서는 있는 돈 없는 돈 퍼부으며 창업하는 것은 절대 금물이다. 자금에 있어서는 "실패는 성공의 어머니"라는 말이 통하지 않는다.

2.5 종업원의 중요성

창조경제라는 언어가 유행하던 박근혜 정부 시대에는 1인 창조기업 또는 창직이라는 용어가 널리 알려졌다.

회사의 업무는 대체로 기획, 구매, 생산, 영업, 자금, 회계, 인사, 연구개발 등으로 구성된다. 인터넷을 기반으로 하는 소규모 기업은 창업자 본인만으로 이 같은 업무를 수행할 수 있겠지만 어느 정도 외형을 나타내는 사업체는 반드시 함께 사업체를 운영할 종사자가 있어야 한다.

취업준비생은 일자리가 없다고 아우성치지만 정작 사업주는 적정 업무를 수행할 직원을 채용하는 데 매우 애로를 겪는 미스매칭이 상존하는 현실이다. 이 같은 것은 소규모 자영업자에서부터 중소 · 중견기업에 이르기까지 광범위하게 일어나는 현상이다. 특히 젊은 청년 세대의 기술기반 또는 ICT분야의 사업에서는 전문성을 갖춘 종업원 채용과 유지에 매우 애로를 겪는다.

과거에는 사업주가 종업원에게 급료를 지급한다는 관점이었으나, 요즘에는 종업원이 사업주의 이득을 창출하는 데 공헌한다는 사고가 지배하고 있는 시대가 되었다. 이러한 관계로 요즘의 젊은 층은 일과 삶의 균형 찾는 워라밸(work-life balance)을 중요하게 생각하며 직장을 찾는다.

종업원은 사업주와 동반 협력관계에 있다는 인식으로 급료는 물론 후생복리, 근무시간에 걸쳐서 우대하며 일하기 좋은 직장(great work place)을 만들어가야 한다.

2.6 유통채널의 중요성

돈이라는 실물로 결제하던 시대에 장사 잘되는 가게는 그날의 수입금액을 밤새워 세는 것이 즐거운 노동이었고 뭇사람들은 그러한 현실에 부딪혀 보는 것이 희망이었던 시절이 있었다. 이후 지폐계수기가 발명되어 이러한 즐거움은 사라졌고 이제는 신용카드 또는 폰뱅킹에 의해 대금결제가 이루어져서 스마트폰에서 잔액을 그 즉시 확인하기에 과거 돈 세는 만큼의 즐거움은 느끼지 못한다.

사업주는 일확천금은 몰라도 적정 수입을 올릴 수 있을 것이라 예상하고 창업했을 것이지만 초창기에는 뜻대로 되지 않는다. 생활밀착형 사업에서는 개업 초기에 많은 고객이 찾아서 기대 이상의 수입이 들어오겠지만 얼마 안 있어 고객 발길이 뜸한 사업체도 있다. 시쳇말로 개업빨 효과 때문이다. 즉, 창업을 응원하는 지인이나 개업 호기심에서 한 번쯤 들러는 고객 때문에 기대 이상의 매출을 올렸을 뿐이다.

이와 같은 제품 판매의 호황 성쇠는 판로 선택에 따라 명암을 달리한다. IMF 사태 발생 직후에 정부출연 연구기관의 연구원 다수가 창업했으나 대부분 실패의 쓴맛을 보았다거나 대학교수의 연구 결과물 창업의 경우에도 실패 소식이 많은 것은 고객분석과 판로에 대해 그다지 고민하지 않고 창업했기 때문이다.

따라서 어떠한 판매 경로를 통해 생산한 제품을 잠재고객에게 소구할 것인가를 잘 선택해야 한다. 소비자 구매성향이 온라인 쇼핑몰로 기울어진 요즘에는 온라인 쇼핑몰에서 판매할 것인가 오프라인 매장을 통해 판매할 것인가를 신중히 고민해야 한다.

온라인 판매는 포털사이트에 입점할 것인지 자사가 개설한 홈페이지를 통할 것인지를 고려해야 하고, 오프라인 판매는 백화점, 대형마트, 동네 슈퍼마켓, 편의점, 개인 점포를 통해 상품을 판매하는 것을 고려해 볼 수 있다. 점포 수 5만여 개 시대의 편의점은 다양한 상품과 서비스를 제공하기에 편의점을 주된 판로로 활용하는 기업과 상품도 많이 있다.

판로에 맞춰서 고려해야 할 것은 광고와 같은 판매촉진(프로모션) 전략이다. 아무리 우수한 기능과 편리성을 가진 제품이라도 소비자에게 인식되지 않으면 판매로 이어지지 않는다. 수많은 프로모션 전략 중에서 자사의 제품을 고객이 가장 잘 인식할 수 있는 최적의 방법을 찾아야 할 것이다.

제3절 창업 절차

3.1 창업 준비

생활밀착형 창업에 임하는 사람들은 대개 적정한 매물 점포를 물색해서 단시일에 일사천리로 창업하는 것을 볼 수 있다. 주변 사람 말에 솔깃해서 막연한 기대감과 주먹구구 계산으로 창업하는 것이다. 기술창업의 경우에는 제품의 우수한 기능에 함몰돼서 꿈에 부풀어 창업하게 된다. 하지만 사업성과는 창업주의 기대대로 흐르지 않는다.

가수는 자신의 노래가 히트할 것이라 믿으면 실패한다고 한다. 노래의 히트 여부는 청취자가 결정하는 것으로써 단 3분 정도의 감상으로 히트될 것을 예상한다는 것이다. 사업이 되고 안 되고도 창업주 본인이 아니라 시장과 잠재고객의 반응에 달려있는 것이다.

이러한 관계로 요목조목 따져보고 종이에 적어가면서 문제점을 짚어보고 경험자 · 전문가 · 컨설턴트의 조언을 받아가면서 빈틈없는 창업을 준비하는 것이 필요하다.

창업을 준비하면서 챙겨봐야 할 것은 창업 아이템에 대한 기존 특허 유무, 사업인허가 가능성, 창업 입지 분석, 자금조달 계획, 사업성 분석, 협력자(종업원) 여부, 유통채널(판로) 확보 등이다.

이러한 창업준비는 사업계획서라는 문서 형태를 만들어 가면 좋을 것이다. 세세하고 전문적인 내용이 아니라도 큰 방향의 틀을 구성해서 그때그때 적어나가는 것이 사업계획서인 것이다. 수십수백 페이지의 분량이 아닌 불과 몇 장이라도 좋다. 적자생존은 적는 자 생존의 법칙이다. 적어가며 하나하나 따져서 출발한다면 성공 창업에 이를 것이다.

1) 창업 아이템의 기존 특허 유무

기술창업에 있어서 가장 먼저 챙겨봐야 할 것은 특허검색을 통해 이미 다른 사람이 특허출원한 것과 동일하거나 유사하지 않는지를 확인하는 것이다. 이러한 확인을 하지 않고 창업을 준비해 나가다가 뒤늦게 기존 특허 사실을 알았을 때는 시간과 금전적인 낭비를 하기 때문이다.

더구나 기존 특허 여부를 확인하지 않은 상태에서 제품을 생산했을 경우 피소를 당하고 손해배상을 해야 하는 상황에 놓일 수 있음은 물론이거니와 사업을 철수해야 할지도 모르기 때문이다.

2) 사업인허가 가능성

사업인허가에는 인 · 허가업종, 신고업종, 등록업종, 자유업종으로 나뉜다. 과거에는 많은 업종에 걸쳐서 허가 업종이 존재했으나 김대중 정부에서부터 규제 완화 차원에서 상당한 업종이 신고 또는 자유업으로 변경됐다. 예를 들면 음식업은 허가 업종이었으나 신고업종으로 변경되었다.

인가는 관리 통제가 필요한 업종으로서 주무관청의 인가를 받아야 사업을 할 수 있는데 은행 · 보험과 같은 업종이 대표적이다. 허가업종은 대체적으로 공중의 위생 · 보건 · 안전을 요하는 업종이 해당된다. 신고업종은 사업요건을 갖춰서 창업한 다음에라도 해당 관청에 사업 신고를 하면 된다.

인 · 허가 업종과 등록업종의 사업인허가를 득하기 위해서는 인적 · 물적 요건이 따른다. 인적 요건은 관련 자격요건을 갖춘 자 몇 명이 참여해야 한다는 것 등이다. 물적 요건은 자본금, 기계 설비와 시설, 공간 면적 등을 갖춰야 하는 것이 있다.

따라서 사업인허가를 받아야 하는 업종일 경우 인허가 요건을 파악해서 요건을 충족시킬 수 있도록 창업 전에 하나하나 준비해 나가야 할 것이다.

3) 창업 입지 분석

일반적으로 창업 입지를 얘기할 때 잠재고객의 유효수요 관점에서 분석하는 것을 일컫는데, 여기에 더해 살펴봐야 할 것은 사업인허가를 받을 수 있는 곳인지를 챙겨보는 것이다.

기술창업에 있어서 규모 있는 공장을 설립할 경우에는 환경오염, 용수, 전력 인입, 토지의 용도에 걸쳐서 관계 기관의 허가, 주민의 민원 등을 고려해야 한다.

생활밀착형 창업에 있어서 검토해야 할 사항은 학교 주변을 보호하기 위한 교육환경보호구역 저촉여부이며 절대보호구역과 상대보호구역으로 나뉜다.

절대보호구역은 학교출입문으로부터 직선거리로 50미터까지인 지역(학교 설립예정지의 경우 학교경계로부터 직선거리 50미터까지인 지역), 상대보호구역은 학교경계 등으로부터 직선거리로 200미터까지인 지역 중 절대보호구역을 제외한 지역을 일컫는다.

교육환경보호구역에서는 학생의 보건 · 위생, 안전, 학습과 교육환경 보호를 위하여 유해 사업을 할 수 없다. 다만 상대보호구역에서는 지역위원회의 심의를 거친 경우에는 예외이다.

4) 창업 자금 조달 계획

대박을 터트릴 사업이라고 해도 사업에 착수할 자금이 없다면 헛수고로 끝나는 것은 자명한 사실이다. 소요 금액을 정확히 파악해서 자금조달 계획과 방법을 꼼꼼하게 챙겨야 할 것이다.

창업을 준비하는 과정에서는 제도권 금융기관을 이용하는 것은 어려운 난제이며, 엔젤 자금 역시 창업을 한 다음 가시적 성과가 보일 때에 조달할 수 있다고 보면 된다.

기술창업을 준비하는 경우에 문을 두드릴 곳은 요즘 주목받는 크라우드펀딩이다. IR(investor relations)을 통해 크라우드펀딩을 받는 것도 창업자금 조달의 한 방법이다.

5) 협력자(종업원) 여부와 유통채널 확보

사업체를 운영하기 위해서는 종업원 도움이 필수 조건이다. 업무에 적합한 종업원을 채용할 수 있는지를 살펴보고 때로는 미리 확보해 두는 것이 필요하다.

인구의 수도권 집중화는 산업이 수도권에 몰려있기 때문이라고 한다. 한편 산업체는 인재가 수도권에 모여 있기에 수도권에서 사업을 할 수밖에 없다고 한다. 생활밀착형 사업인 자영업에서도 종업원 채용하는 데에 많은 애로를 겪고 있다. 나 홀로 사업이 아니면 종업원 고용하는 데에 많은 정성을 기울여야 한다.

사업운영의 최종단계인 판로 확보 또한 창업 준비 단계에서 챙겨봐야 할 항목이다. 사업의 성패는 소비자의 선택에 있기에 어쩌면 창업의 검토 단계에서 가장 먼저 떠올려야 할 것이 판로이다.

인터넷 온라인 판매, TV홈쇼핑 판매와 같은 무점포 판매가 대세이고 휴대폰을 통해 상품 검색, 구매, 대금결제가 이루어지는 시대에 유통채널의 선택은 매우 중요하다.

6) 사업성 분석

기술형 창업이나 생활밀착형 창업에 관계없이 사업성 분석을 꼭 해봐야 한다. 그러나 현실적으로 사업성 분석을 제대로 이행하는 예비 창업자는 거의 찾아볼 수 없다.

사업성 분석에는 기술성, 시장성, 수익성이라는 크게 세 가지 범주로 구성할 수 있다.

기술형 창업을 준비하는 경우에는 기술의 우위성, 혁신성에 몰입한 나머지 시장성 또는 수익성을 미쳐 분석하지 않고 사업에 도전하는 경우가 많을 것이다.

시장성이란 우리 제품의 잠재고객이 어디에 있는 누구인지의 목표를 정하고, 경쟁사 또는 경쟁제품이 있는지를 살펴봐야 한다.

수익성에 있어서는 손익분기점을 초과하는 매출을 얼마나 올려야 하고, 1~3개년의 추정 손익계산을 해보는 것이다.

〈표 1-2〉 창업 준비 점검 사항

기술형 창업	점검 사항	생활밀착형 창업
필수	특허 검색	불필요
필요	사업인허가	필요
인큐베이팅 기관 입주	창업 입지 분석	필수
필수	자금조달	필수
필수	협력자(종업원)	필수
필수	유통채널(판로)	점포 판매
필수	사업성 분석 (기술성, 시장성, 수익성)	필수

3.2 창업 실행

좁은 의미의 창업은 법인설립을 하고 사업자등록을 하는 행위를 말한다. 광의로는 이 행위 이전의 사업타당성 분석과 사업 준비과정을 포함하는 행위를 일컫는다.

계약은 법률행위의 주체가 있어야 한다. 법인기업으로 사업할 것이면 법인을 설립한 다음에 사업장 계약, 사업인허가, 창업자금 조달, 기계설비 구입, 종업원 채용 등의 계약 행위가 이루어지게 된다.

그렇지만 이러한 것은 세밀한 검토와 상당한 시간이 소요되기에 사업계획을 짜서 미리 준비해 뒀다가 법인설립 직후에 계약 행위로 들어가야 한다.

1) 사업 타당성 분석에 따른 추진 향방

창업 준비과정의 사업 타당성 분석을 통해 문제점이 도출되면 하나하나 보완해서 창업을 준비해 나가면 될 것이다. 이를테면 혼자서 사업에 착수하지 못할 것이면 함께 할 사람을 구하면 되고 예정 사업장의 입지성이 약할 경우에는 다른 후보지를 물색하는 것이다.

기술형 창업에서는 혁신적 참신한 아이템이기는 하나 자금 또는 협력자를 구할 수 없는 경우에 굳이 무리하게 창업을 준비해 나가는 것보다 타기업에 기술을 파는 기술거래를 하는 것도 하나의 방법일 것이다. 대학에서의 연구 결과물이 기업에 기술거래로 활발하게 이어지는 것이 한 예이다.

한편, 사업 타당성 분석을 통해 사업성이 마땅치 않다고 판단되면 과감하게 창업을 포기하는 것이 바람직한 의사결정이다. 기업가정신은 곧 도전정신이라는 말에 현혹되는 일은 없어야 하는 것이다.

중소기업창업지원법에서는 사업 개시일부터 7년 이내 기업을 창업기업으로 정의하고 있다. 이러한 관점에서 대략 3년 이상 사업이 지속될 수 있을 것인지를 예측하는 것도 창업 의사결정에 고려해야 할 사항이다. 3년 이상 지속할 수 없는 사업이라고 판단되면 이 역시 창업 진행 여부 결정에 반영해야 할 것이다.

〈그림 1-2〉 사업 타당성 분석에 따른 창업 준비 향방

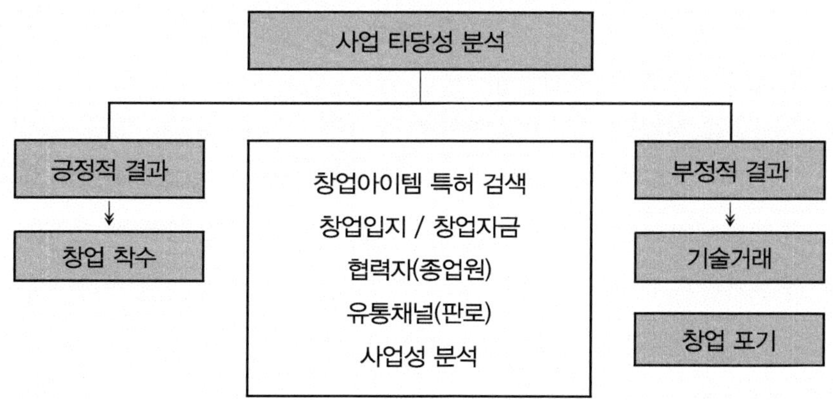

자금조달을 하는 데모행사에서 엔젤 투자자가 눈여겨보는 것은 출구전략이다. 엔젤은 투자자금을 기업공개 또는 M&A를 통해 회수하는 전략을 펼친다. 3년 이상의 사업 전망은 밝으나 규모가 커져 사업체를 이끌어갈 능력이 미치지 못할 것이라는 예측을 하게 되면 이 같은 출구전략을 염두에 두는 것이 좋을 것이다.

2) 창업 착수

사업 타당성 분석을 통해 창업하기로 결정했다면 구체적으로 창업을 준비해 나가는 것이다. 창업의 최종단계는 법인설립과 사업자등록이다. 법인기업은 법인을 설립한 다음에 사업자등록을 하고, 개인기업은 관할관청에 사업자등록을 하는 것만으로 창업은 완료된다.

자금조달의 차입금 계약, 사업장의 임대차계약 등에 있어서 계약의 주체가 있어야 하는데, 법인기업은 법인을 설립한 이후에 이러한 계약을 진행할 수 있다. 따라서 법인기업은 설립하기 전에 계약 대상에 관한 사항을 미리 준비해 두는 것이 필요하다.

창업실행에 임박해서는 기업의 상호를 어떻게 정할 것인가를 비롯해 생산제품 또는 서비스의 상표등록을 염두에 둬야 한다. 특히 상표는 지식재산권이기에 기존 출원여부를 따져보고, 향후 가치가 형성되는 점을 고려해서 매력 있는 브랜드와 로고를 가지도록 신중을 기하는 것이 필요하다.

창업을 하게 되면 곧장 따라오는 것이 종사자 후생복리의 일부라 할 수 있는 4대보험 가입과 취업규칙 제정이다. 또한 매일의 거래를 장부에 기장해야 하는 것도 사업 개시와 함께 발생되는 일이다.

이제 막 사업을 시작한 신생기업 대부분은 장부 기장할 인력이 없을 것이며, 막연하게 세금에 대한 부담을 갖는다. 세금은 기말 결산을 통해 순이익이 발생할 경우에 법인세법(법인기업)·소득세법(개인기업)의 세율에 따라 납부하는 것이며, 장부기장은 소규모 기업의 경우 회계사무소에 기장을 맡기거나 전문적으로 장부기장만을 온라인으로 대행하는 업체가 있어 여기에 의지하는 것도 하나의 방법이다.

〈표 1-3〉 **창업프로세스**

관할 관청	업무명	비고
법원	법인설립	상법상의 회사
	창업자금 조달	
	사업장 확보	정식 계약은 사업자등록을 한 이후 실행
	기계장치 구입 및 설비공사	
주무관청	사업인허가	
세무서	사업자등록	개업 · 법인기업
법원(상호), 특허청(상표)	상호 · 상표등록	
	종업원 채용	
국민건강보험공단 등	4대보험 가입	
	취업규칙 제정	상시 10인 이상 근로자 사업장
	개업	
	사업체 운영	
세무서	부가가치세 신고 · 납부	
세무서	법인세 · 사업소득세 신고 · 납부	

자료 : 하태호, 초보자를 위한 창업문답 100, 도서출판 두남, 2012.02.

창업의 모든 것을 한 권에 담은

기업 이해와 창업 설계

Chapter

기업의 유형과 기업 설립

제1절 기업의 유형

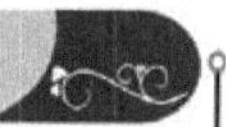

1.1 기업의 분류

회사라는 것은 1명 이상이 발기하여 설립하는 것으로 상법 제20조(회사상호의 부당사용의 금지)에 의거 상법상의 법인기업만 회사라는 표현을 사용할 수 있다. 따라서 개인기업을 개인회사라고 표현하는 것은 적절하지 않다.

법인기업은 기업 자체에 법인격이 부여되어 권리 · 의무 주체로서 민형사상의 권리와 책임을 갖게 된다. 반면에 개인기업은 기업의 대표자가 권리 · 의무 주체가 된다.

기업은 자산총액, 매출액, 상시 근로자수 등을 기준으로 소상공인, 소기업, 중기업, 중견기업, 대기업으로 분류된다.

자영업자라고 하는 것은 통상적으로 불리는 용어이며, 중소기업청(현 중소벤처기업부)에서 1999년 2월에 소상공인지원센터를 발족하여 자영업 지원에 나서는 한편 '소기업지원을 위한 특별 조치법'을 2000년 12월 29일에 '소기업 및 소상공인을 위한 특별 조치법'으로 개정하면서 소상공인이라는 용어를 도입하였다.

〈표 2-1〉 기업의 분류

법인격	책임한계	회사규모	혁신기술 등	사업주 종사 지위
o 개인기업 o 법인기업	o 개인기업 o 유한회사 o 유한책임회사 o 주식회사 o 합자회사 o 합명회사	o 대기업 o 중견기업 o 중기업 o 소기업 o 소상공인	o 벤처기업 o 이노비즈기업 o 스타트업 o 사회적기업	o 일반기업 o 자영업

※ 2011.04.14. 개정하여 2012.04.15. 시행한 상법 제170조(회사의 종류)에 의거, 회사는 유한책임회사를 추가하여 5종류가 있음

〈표 2-2〉 규모에 따른 기업 유형

<table>
<tr><th colspan="2">구분</th><th>소상공인</th><th>소기업</th><th>중기업</th><th>중견기업</th><th>대기업</th></tr>
<tr><td rowspan="4">기준</td><td rowspan="3">규모</td><td rowspan="3">o광업 · 제조업 · 건설업 및 운수업 : 10명 미만
o그 밖의 업종 : 5명 미만</td><td colspan="2">자산 5천억 원 미만 및 업종별 매출액 등 아래 이하</td><td rowspan="3">자산 5천억 원 이상 및 중소기업 기준 매출 초과</td><td rowspan="4">o상호출자제한기업집단 또는 채무보증 제한기업집단 소속회사
o자산총액 10조원 이상인 법인의 피출자기업</td></tr>
<tr><td>10억원 이하 ~120억원 이하</td><td>400억원 이하 ~1500억원 이하</td></tr>
<tr><td colspan="2">업종별 매출액 기준 상이함</td></tr>
<tr><td>독립성</td><td></td><td colspan="2">o 「독점규제 및 공정거래에 관한 법률」 제14조제1항에 따른 공시대상기업집단에 속하는 회사 또는 제14조의3에 따라 공시대상기업집단의 소속회사로 편입 · 통지된 것으로 보는 회사는 제외
o 자산총액 5천억 원 이상인 법인이 주식 등의 100분의 30이상을 소유한 경우로서 최다출자자인 기업 제외
- 주식 등을 소유한 자가 법인인 경우 : 그 법인의 임원
- 주식 등을 소유한 자가 1)에 해당하지 아니하는 개인인 경우 : 그 개인의 친족
o 관계기업에 속하는 경우 평균매출액 등이 중소기업규모기준 맞지 않는 기업 제외</td><td>o 「독점규제 및 공정거래에 관한 법률」 제14조제1항에 따른 상호출자제한기업집단 또는 채무보증제한기업집단에 속하는 기업이 아닐 것
o 자산총액 10조원 이상인 기업이 해당 기업의 주식 등을 30% 이상 직 · 간접 소유하면서 최다출자자인 기업이 아닐 것
o 「통계법」 제22조에 따라 통계청장이 고시하는 한국표준산업분류상의 금융업(64), 보험 및 연금업(65), 금융 및 보험 관련 서비스업(66)을 영위하는 기업이 아닐 것
o 「민법」 제32조에 따라 설립된 비영리법인이 아닐 것</td></tr>
<tr><td colspan="2">관련 법규</td><td>소상공인기본법 시행령 제3조(소상공인의 범위 등)</td><td colspan="2">중소기업기본법 제2조(중소기업자의 범위) 및 중소기업기본법 시행령 제8조(소기업과 중기업의 구분)</td><td>중견기업 성장촉진 및 경쟁력 강화에 관한 특별법 제2조(정의) 및 동법 시행령 제2조</td><td>독점규제 및 공정거래에 관한 법률</td></tr>
</table>

〈표 2-3〉 소기업 · 중기업 분류 기준

<table>
<tr><th rowspan="2">순번</th><th rowspan="2">분류 기호</th><th rowspan="2">해당기업의 주된 업종</th><th colspan="2">평균매출액 등 * 단위 : 억 원 이하</th></tr>
<tr><th>소기업</th><th>중기업</th></tr>
<tr><td>1</td><td>C10</td><td>식료품 제조업</td><td rowspan="17">120</td><td>1,000</td></tr>
<tr><td>2</td><td>C11</td><td>음료 제조업</td><td>800</td></tr>
<tr><td>3</td><td>C14</td><td>의복, 의복액세서리 및 모피제품 제조업</td><td rowspan="2">1,500</td></tr>
<tr><td>4</td><td>C15</td><td>가죽, 가방 및 신발 제조업</td></tr>
<tr><td>5</td><td>C19</td><td>코크스, 연탄 및 석유정제품 제조업</td><td rowspan="2">1,000</td></tr>
<tr><td>6</td><td>C20</td><td>화학물질 및 화학제품 제조업 (의약품제조 제외)</td></tr>
<tr><td>7</td><td>C21</td><td>의료용 물질 및 의약품 제조업</td><td rowspan="2">800</td></tr>
<tr><td>8</td><td>C23</td><td>비금속 광물제품 제조업</td></tr>
<tr><td>9</td><td>C24</td><td>1차 금속제조업</td><td>1,500</td></tr>
<tr><td>10</td><td>C25</td><td>금속가공제품 제조업 (기계 및 가구제조 제외)</td><td rowspan="2">1,000</td></tr>
<tr><td>11</td><td>C26</td><td>전자부품, 컴퓨터, 영상, 음향 및 통신장비 제조업</td></tr>
<tr><td>12</td><td>C28</td><td>전기장비 제조업</td><td>1,500</td></tr>
<tr><td>13</td><td>C29</td><td>그 밖의 기계 및 장비 제조업</td><td rowspan="2">1,000</td></tr>
<tr><td>14</td><td>C30</td><td>자동차 및 트레일러 제조업</td></tr>
<tr><td>15</td><td>C32</td><td>가구 제조업</td><td>1,500</td></tr>
<tr><td>16</td><td>D</td><td>전기, 가스, 증기 및 공기조절 공급업</td><td rowspan="7">1,000</td></tr>
<tr><td>17</td><td>E36</td><td>수도업</td></tr>
<tr><td>18</td><td>A</td><td>농업, 임업, 어업</td><td rowspan="14">80</td></tr>
<tr><td>19</td><td>B</td><td>광업</td></tr>
<tr><td>20</td><td>C12</td><td>담배 제조업</td></tr>
<tr><td>21</td><td>C13</td><td>섬유제품 제조업(의복 제조업 제외)</td></tr>
<tr><td>22</td><td>C16</td><td>목재 및 나무제품 제조업 (가구 제조업 제외)</td></tr>
<tr><td>23</td><td>C17</td><td>펄프, 종이 및 종이제품 제조업</td><td>1,500</td></tr>
<tr><td>24</td><td>C18</td><td>인쇄 및 기록매체 복제업</td><td>800</td></tr>
<tr><td>25</td><td>C22</td><td>고무제품 및 플라스틱제품 제조업</td><td>1,000</td></tr>
<tr><td>26</td><td>C27</td><td>의료, 정밀, 광학기기 및 시계 제조업</td><td>800</td></tr>
<tr><td>27</td><td>C31</td><td>그 밖의 운송장비 제조업</td><td>1,000</td></tr>
<tr><td>28</td><td>C33</td><td>그 밖의 제품 제조업</td><td>800</td></tr>
<tr><td>29</td><td>F</td><td>건설업</td><td>1,000</td></tr>
<tr><td>30</td><td>H</td><td>운수 및 창고업</td><td>800</td></tr>
<tr><td>31</td><td>K</td><td>금융 및 보험업</td><td>400</td></tr>
<tr><td>32</td><td>G</td><td>도매 및 소매업</td><td rowspan="2">50</td><td>1,000</td></tr>
<tr><td>33</td><td>J</td><td>정보통신업</td><td>800</td></tr>
<tr><td>34</td><td>E</td><td>수도, 하수 및 폐기물 처리, 원료재생업 (E36 수도업 제외)</td><td rowspan="4">30</td><td>800</td></tr>
<tr><td>35</td><td>L</td><td>부동산업</td><td>400</td></tr>
<tr><td>36</td><td>M</td><td>전문•과학 및 기술 서비스업</td><td rowspan="2">600</td></tr>
<tr><td>37-1</td><td>N</td><td>사업시설관리, 사업지원 및 임대 서비스업</td></tr>
<tr><td>37-2</td><td>N76</td><td>임대업</td><td>×</td><td>400</td></tr>
<tr><td>38</td><td>R</td><td>예술, 스포츠 및 여가 관련 서비스업</td><td>30</td><td rowspan="2">600</td></tr>
<tr><td>39</td><td>C34</td><td>산업용 기계 및 장비 수리업</td><td rowspan="5">10</td></tr>
<tr><td>40</td><td>I</td><td>숙박 및 음식점업</td><td rowspan="2">400</td></tr>
<tr><td>41</td><td>P</td><td>교육 서비스업</td></tr>
<tr><td>41</td><td>Q</td><td>보건 및 사회복지 서비스업</td><td rowspan="2">600</td></tr>
<tr><td>43</td><td>S</td><td>수리 및 기타 개인서비스업</td></tr>
</table>

소상공인이라는 명칭과 소상공인시장진흥공단의 변천과정

부산울산지방중소기업청장과 한국가스기술공사 사장을 역임한 신종현에 따르면 소상공인이라는 용어는 IMF금융위기 사태 직후 김대중 대통령을 알현하는 자리에서 피폐한 자영업을 지원함과 아울러 실업 대책의 일환으로 기업퇴직 인원들로 구성된 자영업 지원조직 설립을 건의하는 과정에서 대통령은 자영업이 아닌 소상공인으로 명명하는 것이 좋겠다는 안을 제시하게 된 데서 기인하였다고 한다.

이를 계기로 1999년 2월 중소기업청(현 중소벤처기업부) 내에 소상공인 지원센터가 발족하였고, 이후 전통시장 지원을 전담하는 시장경영진흥원(2005년 3월 설립)과 소상공인 지원 부문을 달리하는 소상공인진흥원(2006년 5월 설립)이 설립되어 한동안 운영되었다.

이후 다양한 분야의 지원업무를 효율적으로 수행하기 위해 3개 기관을 한데 묶어 2014년 1월에 소상공인시장진흥공단을 발족시켰다.

〈표 2-4〉 주식회사 · 유한회사 · 유한책임회사의 비교

<table>
<tr><th>구분</th><th>주식회사</th><th>유한회사</th><th>유한책임회사</th></tr>
<tr><td>발기인 수</td><td>1인 이상</td><td>1인 이상</td><td>1인 이상</td></tr>
<tr><td>설립 최저자본금</td><td colspan="3">제한 없음</td></tr>
<tr><td>1주(좌)당 금액</td><td>1주당 100원 이상</td><td>1좌당 100원 이상</td><td>■ 별도 조항 없음
(지분 증권 발행되지 않음)</td></tr>
<tr><td>책임한도</td><td colspan="3">출자금액 한도 유한책임</td></tr>
<tr><td rowspan="2">업무집행자</td><td rowspan="2">대표이사</td><td rowspan="2">이사 또는 대표이사</td><td>사원 또는 사원 아닌 자
- 정관에 정함 -</td></tr>
<tr><td>■ 상법287조의12</td></tr>
<tr><td rowspan="2">(의결)기관</td><td rowspan="2">■ 주주총회
■ 이사회(3인 이상)
*자본금 10억원미만 회사는 2인이하
■ 대표이사
■ 감사</td><td rowspan="2">■ 사원총회
■ 이사(1인 이상)
■ 감사(임의기관)</td><td>■ 업무집행자
- 유한책임회사를 대표
- 업무집행자가 둘 이상인 경우 정관 또는 총사원 동의로 대표 선정 가능
- 둘 이상 공동 대표 가능</td></tr>
<tr><td>■ 상법287조의19</td></tr>
<tr><td rowspan="3">의결권</td><td rowspan="3">1주당
1의결권</td><td rowspan="3">출자 1좌당
1개 의결권</td><td>■ 별도 조항 없음
(1인 1 의결권)</td></tr>
<tr><td>■ 업무집행자 아닌 사원의 감시권</td></tr>
<tr><td>■ 상법287조의14</td></tr>
<tr><td rowspan="2">지분양도</td><td>자유</td><td>자유</td><td rowspan="2">다른 사원 동의 필요</td></tr>
<tr><td>상법335조 이사회 승인 가능</td><td>정관으로 제한 가능</td></tr>
</table>

2011년 개정된 상법에 의해 도입된 유한책임회사는 출자한도 내에서 유한책임을 지는 것 외에는 주식회사, 유한회사와는 많이 다른 구조이다.

- 출자금을 증권화하지 않고 지분권을 갖는다.
- 출자금 지분에 관계없이 1인 1의결권을 갖는다.
- 지분을 양도하려면 다른 사원의 동의를 받아야 한다.
- '이사'라는 기관이 없고 사원 또는 사원 아닌 자 중에서 업무집행자를 선임해서 업무를 대표한다. 둘 이상의 공동 대표도 가능하다.
- 출자한 사원 모두가 경영에 참여할 수 있다. 즉, 주식회사와 달리 소유와 경영이 분리되지 않는 형태이다.

신속한 의사결정과 탄력적 운영이 가능하므로 창의적인 인적자원이 중요한 startup, 벤처기업에 적합한 법인 형태이다. 다만, 지분 증권이 발행되지 않고 지분양도는 다른 사원의 동의가 필요하기에 지분 참여에 의한 자금 조달에는 적합하지 않는 구조이다.

〈표 2-5〉 소상공인과 자영업자의 구분

기업 분류	소상공인	자영업자 (고용주, 자영자, 무가족 종사자)
구분 기준	상시근로자 수	종사상 지위 (status of workers)
근거 규정	소상공인기본법 및 동법 시행령	통계청 사용 용어 근로기준법 : 사용자 고용보험법 : 사업주
구분	• 광업 · 제조업 · 건설업 · 운수업 : 10명 미만 • 기타 업종 : 5명 미만	자영업주 : 자영자 + 고용주 자영업주 = 자영업자 • 자영자(own account works) : 단독 또는 무급가족종사자와 함께 사업체를 운영하는 사람 • 고용주 : 임금근로자를 고용하여 사업체를 운영하는 사람 • 무급가족 종사자(unpaid family works) : 정기 보수 없이 상시종사자 작업시간의 1/3 이상 작업한 사람

자료 : 하태호, '자영업 컨설팅 성과의 제결정요인에 관한 연구', p.11

〈표 2-6〉 기업 수 및 종사자 수

연도	구분	소상공인	소기업	중기업	대기업	계
2021	기업수	7,335,397	266,760	111,738	9,972	7,723,867
	비율	94.97	3.45	1.45	0.13	100%
	종사자수	10,461,890	3,983,951	4,046,773	4,372,877	22,865,491
	비율	45.75	17.42	17.70	19.13	100%
2019	기업수	6,441,928	344,180	102,327	5,271	6,893,706
	비율	93.45	4.99	1.48	0.08	100%
	종사자수	9,219,369	4,282,682	3,937,544	3,636,987	21,076,582
	비율	43.74	20.32	18.68	17.26	100%

자료 : 중소기업중앙회, '중소기업기본통계'

1.2 벤처기업

벤처기업은 1990년대 후반 인터넷 등장과 함께 시작된 닷컴 회사를 주로 일컫는 용어이다. 굴뚝 없는 산업인 인터넷기업의 등장으로 코스닥시장은 한때 용광로처럼 끓어오르기도 했다.

벤처기업의 역사를 살펴보면 미국의 경우 1950년대 NASA 중심의 군사 · 우주개발기술과 인력들이 냉전체제의 와해로 인해 새로운 일자리 및 기회 창출의 필요성을 가지게 되었다. 이들은 우수한 군사 · 우주개발기술을 민수용 제품의 생산에 활용하고자 서부의 실리콘밸리, 동부의 루트128 지역을 중심으로 기술기반기업 창업 붐을 가져왔다. 60년대 반도체 산업, 70년대 유전공학과 전통적 전자공학 기업 및 80년대에 들어 우주항공산업, 정보통신산업 및 S/W산업의 발전의 근간이 되었다.

일본의 경우는 기술도입 및 모방에 의한 기술혁신 패턴을 보이고 있으며, 우리나라의 경우 80년대 초 큐닉스, 삼보컴퓨터 등 최초의 벤처기업이 전지전자 산업에서 시작되었다. 80년대 중반 한글과 컴퓨터, 메디슨, 미래산업 등 벤처 1세대라고 불리는 초기 벤처기업이 탄생하였다. 1986년 '중소기업창업지원법'이 제정되어 중소기업 육성의 기반을 만들었고, 1997년 '벤처기업육성에 관한 특별조치법(2024년 7월 10일부터 '벤처기업육성에 관한 특별법'으로 명칭 변경)'이 제정되어 본격적인 벤처기업 육성이 시작되었다.[1)]

우리 일상에서는 벤처기업 설립이라는 용어가 널리 사용되고 있는 것을 접할 수 있다. 모험적인 사업을 일으키는 것을 벤처기업 설립이라고 일컬을 수는 있겠으나 제도적으로 벤처기업의 설립을 지원하는 정책은 없다. 다만, 기업을 설립한 다음에 일정한 기준에서 해당 기관으로부터 벤처기업 확인을 받게 되면 비로소 벤처기업이라고 칭할 수 있는 것이다. 벤처기업육성에 관한 특별조치법 초창기에는 중소기업청(현 중소벤처기업부)을 중심으로 벤처기업 인증절차를 거쳤지만 지금은 기술보증기금을 중심으로 벤처기업 확인을 받게 되어 있다.

닷컴 열풍의 시대에 벤처기업을 육성하기 위해 제정된 것이 1997년 10월 1일 시행된 '벤처기업육성에 관한특별조치법'이다. '벤처기업육성에 관한특별조치법'은 기존 기업의 벤처기업으로의 전환과 벤처기업의 창업을 촉진하여 산업의 구조조정을 원활히 하고 경쟁력을 제고하는 데 기여함을 목적으로 한다.

벤처기업으로 확인을 받게 되면 특별한 사업 노하우를 가진 기업이라는 이미지와 상징성을 갖는 외에 여러 가지 지원 혜택이 따른다.

〈표 2-7〉 벤처확인 요건

벤처유형	기준요건	평기기관
벤처투자 유형	• 중소기업기본법 제2조에 따른 중소기업일 것 • 적격투자기관의 투자금액의 합계가 5천만 원 이상일 것 * 적격투자기관 : 중소기업창업투자회사, 한국벤처투자, 벤처투자조합, 농식품투자조합, 신기술사업금융업자, 신기술사업투자조합, 창업기획자(엑셀러레이터), 개인투자조합, 전문개인투자자(전문엔젤), 크라우드펀딩, 한국산업은행, 중소기업은행, 일반은행, 기술보증기금, 신용보증기금, 신기술창업전문회사, 공공연구기관 첨단기술지주회사, 산학협력기술지주회사, 경영참여형 사모집합투자회사) • 기업의 자본금 중 투자금액의 합계가 차지하는 비율이 10% 이상인 기업(문화산업진흥 기본법 제2조제12호에 따라 문화상품을 제작하는 법인이면 자본금의 7% 이상)	한국벤처캐피탈협회

1) 최종열 · 정해주, '벤처창업과 기업가정신', 탑북스, 2013.09, pp.38~39.

〈계속〉

벤처유형	기준요건	평기기관
연구개발 유형	• 중소기업기본법 제2조에 따른 중소기업일 것 • '기초연구진흥 및 기술개발지원에 관한 법률' 제14조의2 제1항에 따라 인정받은 기업부설연구소 또는 연구개발 전담부서 및 '문화산업진흥 기본법' 제17조의3제1항에 따라 인정받은 기업부설창작연구소 또는 기업창작전담 부서 중 1개 이상 보유 • 벤처기업확인요청일이 속하는 분기의 직전 4분기 기업의 연간 연구개발비가 5천만 원 이상이고, 연간 총매출액에 대한 연구개발비의 합계가 차지하는 비율이 5% 이상 • 벤처기업확인기관으로부터 사업의 성장성이 우수한 것으로 평가받은 기업	신용보증기금 중소벤처기업진흥공단
혁신성장 유형	• 중소기업기본법 제2조에 따른 중소기업일 것 • 벤처기업확인기관으로부터 기술의 혁신성과 사업의 성장성이 우수한 것으로 평가받은 기업	기술보증기금, 나이스평가정보(주) 연구개발특구진흥재단 한국과학기술정보연구원 한국농업기술진흥원 한국발명진흥회 한국생명공학연구원 한국생산기술연구원 한국평가데이터(주)
예비 벤처기업	• 법인설립 또는 사업자등록을 준비중인 자 • 벤처기업확인기관으로부터 기술의 혁신성과 사업의 성장성이 우수한 것으로 평가받은 기업	기술보증기금

자료 : (사)벤처기업협회 홈페이지

〈표 2-8〉 벤처기업 우대 지원제도

〈세제〉 조특법 §6② 지특법 §58의3②	• 법인세 · 소득세 최초 벤처확인일부터 최대 5년간 50% 감면 - 대상 : 창업벤처중소기업(창업 이후 3년 이내에 벤처확인을 받은 기업) • 취득세 75% 감면 • 재산세 최초 벤처확인일부터 3년간 면제, 이후 2년간 50% 감면 - 대상 : 창업벤처중소기업은 최초 벤처확인일부터 4년 이내, 청년창업벤처기업의 경우에는 최초 벤처확인일부터 5년 이내 취득한 부동산
〈금융〉 기보규정 코스닥시장	• 기술보증기금 보증한도 확대 - 일반30억원 → 벤처 50억원, 벤처기업에 대한 이행보증과 전자상거래 담보보증 70억원

상장규정§28①2	• 코스닥상장 심사기준 우대 - 자기자본 : 30억원 → 15억원 - 법인세비용차감전계속사업이익 : 20억원 → 10억원 - 기준 시가총액 90억원 이상이면서 법인세비용차감전계속사업이익 20억원 → 10억원 이상 - 법인세비용차감전계속사업이익이 있고 기준 시가총액 200억원 이상이면서 매출액 100억원 → 50억원 이상 - 기준 시가총액 300억원 이상이면서 매출액 100억원 → 50억원 이상
〈입지〉 지특법 §58②④	• 취득세 · 50%, 재산세 35% 경감 - 기한 : 2025년 12월 31일까지 - 대상 : 벤처기업육성 촉진 지구 내 벤처기업 • 취득세(2배), 등록면허세(3배), 재산세(5배) 중과 적용 면제 - 기한 : 2023년 12월 31일까지 - 대상 : 수도권과밀억제권역 내 벤처기업집적시설 또는 산업기술단지에 입주한 벤처기업
〈M&A〉 공정거래법 시행령 §5②5	• 대기업이 벤처기업을 인수 · 합병하는 경우 상호출자제한기업집단으로의 계열편입을 7년간 유예
〈인력〉 기초연구법 시행령 §16의2①3 문산법 시행령 §26의① 벤처법 §16의3① 벤처법 시행령 §11의3⑦	• 기업부설연구소 또는 연구개발전담부서의 인정기준 완화 - 연구전담요원의 수 : 소기업 3명(3년 미만 2명), 중기업 5명, 매출 5천억원 미만 중견기업 7명, 대기업 10명 이상 → 벤처기업 2명 이상 • 기업부설창작연구소 또는 기업창작전담부서의 인정기준 완화 - 창작전담요원의 수 : 일반 10명, 중소기업 5명 이상 → 벤처기업 3명 이상 • 스톡옵션 부여 대상 확대 - 임직원 → 기술 · 경영능력을 갖춘 외부인, 대학, 연구기관, 벤처기업이 주식의 30% 이상 인수한 기업의 임직원 • 총 주식수 대비 스톡옵션 부여 한도 확대 - 일반기업 10%, 상장법인 20% → 벤처기업 50%
〈광고〉 방송광고진흥공사 자체규정	• TV · 라디오 광고비 3년간 최대 70% 할인 : 정상가 기준 35억원(105억/3년) 한도 • TV · 라디오 광고제작비 지원(택 1) : TV 최대 50%, 라디오 최대 70% 지원 - 대상 : 한국방송광고진흥공사에서 자체 규정에 따라 별도 선정

자료 : 벤처확인종합관리시스템(www.smes.go.kr)

〈표 2-9〉 연도별 벤처기업 수

연도	기업 수	비고	연도	기업 수	비고
1998년	2,042		2011년	26,148	
1999년	4,934		2012년	28,193	
2000년	8,798		2013년	29,135	
2001년	11,392		2014년	29,910	
2002년	8,778		2015년	31,260	3만 개 돌파 2015.1.13(30,021개)
2003년	7,702		2016년	33,360	
2004년	7,967		2017년	35,282	
2005년	9,732		2018년	36,820	
2006년	12,218		2019년	37,008	
2007년	14,015		2020년	39,511	
2008년	15,401		2021년	38,319	
2009년	18,893		2022년	35,123	
2010년	24,645	2만 개 돌파 2010.5.19(20,044개)	2023년	40,081	

자료 : 벤처확인종합관리시스템(www.smes.go.kr)

〈표 2-10〉 벤처확인기업 현황

(2023년 말 현재)

■ 유형별 현황

구분	벤처투자	연구개발	혁신성장	예비벤처	합 계
업체수	6,930	6,931	25,953	267	40,081
비율(%)	17.3	17.3	64.7	0.7	100

〈계속〉

■ 업종별 현황

구분	제조업	정보처리 S/W	연구개발 서비스	도소매업	건설운수	농 · 어 임 · 광업	기타	계
업체수	23,264	8,676	1,508	1,559	876	179	4,019	40,081
비율(%)	58.0	21.6	3.8	3.9	2.2	0.4	10.0	100

■ 지역별 현황

서울	경기	인천	강원	세종	대전	충남	충북	광주
11,675	12,571	1,861	701	213	1,576	1,320	1,002	717
29.1	31.4	4.7	1.7	0.5	3.9	3.3	2.5	1.8
전남	**전북**	**제주**	**부산**	**울산**	**경남**	**대구**	**경북**	**계**
748	903	279	1,814	473	1,465	1,337	1,426	40,081
1.9	2.3	0.7	4.5	1.2	3.7	3.3	3.5	100

자료 : 벤처확인종합관리시스템(www.smes.go.kr)

1.3 이노비즈기업

Innovation(혁신)과 Business(경영)의 합성어로서 R&D 역량이 뛰어난 기술혁신형 중소기업을 일컫는다. 인증 대상은 설립 3년 이상인 중소기업기본법 상의 중소기업이며, 온라인 자가진단(650점 이상 통과)과 기술보증기금 현장평가(700점 이상 통과)를 통해서 중소벤처기업부(관리기관 이노비즈협회)로부터 기술혁신형 중소기업(INNOBIZ) 확인서를 발급받게 된다. 인증 유효기간은 3년(연장 가능)이다.

이노비즈기업에 대해서는 금융, 세제, 인력, R&D, 판로수출 등에 대해 우대하는 제도가 있기에 대외 인지도 향상을 불러올 수 있다.

〈표 2-11〉 이노비즈 기업 선정기준

온라인 자가진단 (예비평가)	• 기술혁신시스템 평가(1,000점 만점) : 650점 이상 • 기술혁신 시스템 평가는 4개 분야(기술혁신능력, 기술사업화능력, 기술혁신경영능력, 기술혁신성과), 60개 내외 평가 항목으로 구성
기술보증기금의 현장평가	• 기술혁신시스템 평가(1,000점 만점) : 700점 이상 - 자가진단(예비평가)시 평가지표를 그대로 적용, 기술보증기금의 전문평가인력에 의한 평가 - 개별기술수준 평가(14등급제) : B등급 이상 - 개별기술수준 평가는 4개 분야(경영주 기술능력, 기술성, 시장성, 사업성 및 수익성), 34개 내외 평가 항목으로 구성 • 개별기술수준 평가등급 AAA, AA, A+, A, BBB+, BBB, BB+, BB, B+, B, CCC, CC, C, D의 14개 등급으로 구성
선정대상기업 추천 (기술보증기금)	• 평가결과를 온라인상(www.innobiz.net)에 등록 게재 • 현장평가결과 기술혁신 평가기준을 동시에 만족해야 함
Inno-Biz (중소벤처기업부- 지방중소벤처기업청)	• 온라인상(www.innobiz.net)의 평가결과를 확인 후, 인증서 번호 부여 • 최종 선정기업에 대해서는 Inno-Biz 확인서를 발급하고 중소벤처기업진흥공단, 협약은행 등에 업체현황 통보

자료 : 이노비즈협회 (http://www.innobiz.or.kr/IB)

〈표 2-12〉 이노비즈기업 인증현황

■ 연도별 인증현황

연도	인증기업 수	연도	인증기업 수	연도	인증기업 수
2006	7,183	2011	16,944	2016	17,708
2007	11,526	2012	17,298	2017	18,091
2008	14,626	2013	17,080	2018	18,142
2009	15,940	2014	16,878	2019	18,345
2010	16,243	2015	17,472	2020	18,926

■ 지역별 인증현황

경기 인천	서울	대구 경북	경남	대전 충남 세종	부산 울산	광주 전남	충북	전북	강원	제주	계
7,694	3,219	1,724	1,246	1,386	1,239	910	658	432	343	75	18,926

자료 : 이노비즈협회 충북지회

1.4 사회적기업과 사회적 경제기업

사회적기업에 대해 많은 사람들이 약자를 대상으로 하는 공공봉사 사업으로 이해하는 경우가 있고 젊은 층 사이에서도 이 같은 개념의 사회적기업을 운영해 보겠다는 생각을 가진 사람이 의외로 많음을 발견할 수 있다. 사회적기업이란 것은 2007년 7월 1일자로 제정 · 시행된 '사회적기업 육성법'에 근간을 두고 있으며 영리 · 비영리 조직을 갖추고 일정기준의 영업수입이 발생되어야 인증을 받을 수 있다.

사회적경제라는 것은 구성원간 협력 · 자조를 바탕으로 재화 · 용역의 생산 및 판매를 통해 사회적 가치를 창출하는 민간의 모든 경제적 활동(사회적경제 활성화 방안, '17.10)을 말하며 사회적기업, 협동조합, 마을기업, 자활기업을 4대 사회적 경제기업이라고 한다.

1) 사회적기업

사회적기업 육성법 제2조(정의)에서는 사회적기업이란 취약계층에게 사회서비스 또는 일자리를 제공하거나 지역사회에 공헌함으로써 지역주민의 삶의 질을 높이는 등의 사회적 목적을 추구하면서 재화 및 서비스의 생산 · 판매 등 영업활동을 하는 기업으로서 사회적기업 육성법 제7조에 따라 인증받은 자를 말한다.

취약계층이란 자신에게 필요한 사회서비스를 시장가격으로 구매하는 데에 어려움이 있거나 노동시장의 통상적인 조건에서 취업이 특히 곤란한 계층을 말하며, 그 구체적인 기준은 대통령령으로 정한다.

사회서비스란 교육, 보건, 사회복지, 환경 및 문화 분야의 서비스, 그 밖에 이에 준하는 서비스로서 대통령령으로 정하는 분야의 서비스를 말한다.

사회적기업의 인증을 받으려면 소정의 요건을 갖추어 고용노동부의 고용정책심의회의 심의를 거쳐 고용노동부장관의 인증을 받아야 한다.

사회적기업의 인증을 받기 위해서는 다음의 요건을 갖춰야 한다.

(1) 조직형태

민법에 따른 법인 · 조합, 「상법」에 따른 회사 · 합자조합, 특별법에 따라 설

립된 법인 또는 비영리민간단체 등 대통령령으로 정하는 조직 형태를 갖출 것

(2) 유급근로자 고용

유급근로자를 고용하여 재화와 서비스의 생산 · 판매 등 영업활동을 할 것

(3) 지역사회 공헌

취약계층에게 사회서비스 또는 일자리를 제공하거나 지역사회에 공헌함으로써 지역주민의 삶의 질을 높이는 등 사회적 목적의 실현을 조직의 주된 목적으로 할 것. 구체적인 판단기준은 대통령령으로 정함

(4) 의사결정 구조

서비스 수혜자, 근로자 등 이해관계자가 참여하는 의사결정 구조를 갖출 것

(5) 수입기준

영업활동을 통하여 얻는 수입이 대통령령으로 정하는 기준 이상일 것

(6) 정관 또는 규약

아래 내용을 정관 또는 규약에 명시할 것

① 목적

② 사업내용

③ 명칭

④ 주된 사무소의 소재지

⑤ 기관 및 지배구조의 형태와 운영 방식 및 중요 사항의 의사결정 방식

⑥ 수익배분 및 재투자에 관한 사항

⑦ 출자 및 융자에 관한 사항

⑧ 종사자의 구성 및 임면(任免)에 관한 사항

⑨ 해산 및 청산에 관한 사항(「상법」에 따른 회사 · 합자조합인 경우에는 배분가능한 잔여재산이 있으면 잔여재산의 3분의 2 이상을 다른 사회적기업 또는 공익적 기금 등에 기부하도록 하는 내용이 포함되어야 한다)

⑩ 그 밖에 대통령령으로 정하는 사항

(7) 이윤의 사회적 목적 사용

회계연도별로 배분 가능한 이윤이 발생한 경우에는 이윤의 3분의 2 이상을 사회적 목적을 위하여 사용할 것(상법의 회사 · 합자조합인 경우만 해당)

〈표 2-13〉 지역별 사회적기업 수

(2023년 기준)

서울	부산	대구	인천	광주	대전	울산	세종	경기
615	178	136	216	158	122	120	31	655
강원	충북	충남	전북	전남	경북	경남	제주	계
207	160	153	215	209	267	200	95	3,737

〈표 2-14〉 조직형태별 현황

구분	2020년	2021년	2022년
민법상 법인	280	343	304
비영리 민간단체	71	74	61
사회복지법인	76	72	74
상법상 회사	1,808	1,993	2,304
소비자생활협동조합	10	11	11
영농조합법인	99	100	118
일반/사회적협동조합	394	466	569
기타		4	

〈표 2-15〉 인증유형별 사회적기업 수

구분	2020년	2021년	2022년
일자리 제공형	1,809	2,036	2,289
사회서비스 제공형	175	221	266
혼합형	196	194	202
기타(창의/혁신형)	349	366	385
지역사회 공헌형	209	246	299

자료 : 사회적기업 포털 (www.seis.or.kr)

2) 마을기업

행정안전부가 지원하는 사업으로서 지역주민이 각종 지역자원을 활용한 수익사업을 통해 공동의 지역문제를 해결하고, 소득 및 일자리를 창출하여 지역공동체 이익을 효과적으로 실현하기 위해 설립·운영하는 마을단위의 기업을 말한다. 마을기업으로 지정받기 위해서는 기업성, 공동체성, 공공성, 지역성을 갖춰야 한다.

(1) 기업성

마을기업은 수익을 추구하는 경제조직이어야 하며, 기업으로서의 조직형태는 민법에 따른 법인, 상법에 따른 회사, 협동조합기본법에 따른 협동조합, 농어업경영체 육성 및 지원에 관한 법률에 따른 영농조합법인 등 법인이어야 한다.

마을기업 사업은 시장경쟁력이 있는 것으로서 지속가능해야 하고, 장기적으로 주수입이 사업에서 나와야 하며 순수 민간기업과의 경쟁이 치열한 사업은 마을기업으로 부적합하다. 또한 순이익의 10% 이상을 사업 추진에 대한 손실금 충당을 위해 적립하여야 하고(보조금을 지원 받은 해에는 30% 이상을 적립) 순이익의 50% 이상을 재투자를 위한 유보금으로 적립해야 한다.

(2) 공동체성

마을기업은 출자자 개인의 이익과 함께 마을기업 전체의 이익을 실현해야 하며 모든 회원은 마을기업(법인)에 출자하는 것을 원칙으로 하며, 공동체 일원으로서 마을기업의 계획과 운영에 참여하여야 한다.

마을기업의 출자자는 5인 이상이어야 하고 마을규모, 지역범위, 사업내용 등에 비추어 공동체성을 보장할 만큼의 충분한 수의 출자자를 갖추도록 노력해야 한다. (10인 이상이 출자할 것을 권장함.)

마을기업의 회원 외에도 구매자, 소비자, 고용자 등 다양한 지역주민 및 지역 내 이해당사자의 의견을 중요하게 반영해야 하며, 지역순환경제 구축을 위해 노력해야 한다.

(3) 공공성

마을기업은 사업계획 및 운영 방침을 민주적 절차에 의해 스스로 결정하고 일자리 및 소득창출을 위해 노력해야 하며 사업계획서상의 지역사회공헌활동(또는 이에 상응하는 공헌)을 반드시 이행해야 한다.

최대 출자자 1인의 지분은 30% 이하여야 하며, 특정 1인과 그 특수관계인의 지분의 합이 50%이하여야 한다.

(4) 지역성

마을기업은 지역에 소재하는 자원을 활용한 사업을 해야 하되 지역 간 유동이 쉬운 자원은 마을기업 사업으로 부적합하며 지역에 뿌리를 두고 설립 · 운영 되어야 한다.

마을기업은 출자자(회원)의 70% 이상, 고용인력의 70% 이상은 지역주민이어야 한다. 다만 출자자가 5인인 경우는 5인 모두 주민이어야 한다.

〈표 2-16〉 마을기업과 사회적기업의 비교

구분	마을기업	사회적기업
주관부처	행정안전부	고용노동부
근거법령	마을기업 육성사업 시행지침(2011)	사회적기업 육성법
조직형태	민법상 법인, 영농조합, 협동조합, 상법상 회사 등 법인체	민법상 법인, 상법상 회사, 비영리 단체
사업목표	마을단위의 안정적 일자리 창출, 지역공동체 활성화 및 지역발전	취약계층을 위한 사회서비스 및 일자리 제공
사업주체	지역주민(지역공동체)	사회적 사업가 중심의 취약 계층 고용
사업수단	사업화 가능한 지역특화자원 발굴·활용을 통한 창업	사회서비스제공을 위한 취약계층 고용
지역성	지역공동체를 중심으로 한 지역단위 사업	지역적 개념 없음
요건	• 법인 • 선정심사기준 - 공동체 구성(주민참여도 및 의사결정 구조) - 재정건전성(10%자부담 비율 등) - 지속적 수익창출 가능성 - 안정적 일자리 창출가능성	• 법인, 비영리 단체 등 • 유급근로자 채용 • 취약계층고용 등 • 민주적 의사결정 • 수입 〉 노무비의 30% • 정관,규약 보유 • 이윤의 2/3이상 사회 환원

〈표 2-17〉 전국마을기업현황

(2023년 기준)

서울	인천	경기	강원	대전	세종	충남	충북	광주	전남	전북	부산	울산	경남	대구	경북	제주	계
96	56	183	122	53	30	134	88	61	161	110	78	44	120	89	131	36	1,592

자료 : (사)한국마을기업중앙협회

3) 협동조합과 사회적협동조합

2012년 12월에 시행된 '협동조합 기본법'은 협동조합과 사회적협동조합의 설립과 운영을 규정하고 있다.

협동조합은 재화 또는 용역의 구매 · 생산 · 판매 · 제공 등을 협동으로 영위함으로써 조합원의 권익을 향상하고 지역 사회에 공헌하고자 하는 사업조직을 말하며, 5인 이상의 조합원 자격을 가진 자가 발기인이 되어 정관을 작성하고 창립총회의 의결을 거친 후 주된 사무소의 소재지 관할 시 · 도지사에게 신고하여야 한다.

사회적협동조합은 지역주민들의 권익 · 복리 증진과 관련된 사업을 수행하거나 취약계층 사회서비스 또는 일자리를 제공하는 등 영리를 목적으로 하지 아니하는 협동조합을 말하며, 5인 이상이 조합원 자격을 가진 자가 발기인이 되어 정관을 작성하고 창립총회의 의결을 거친 후 기획재정부장관에게 인가를 받아야 한다.

〈표 2-18〉 협동조합과 사회적협동조합의 비교

<table>
<tr><th colspan="2">구분</th><th>협동조합</th><th>사회적협동조합</th></tr>
<tr><td colspan="2">조합원 자격</td><td colspan="2">① 설립 목적에 동의하고 조합원으로서의 의무를 다하고자 하는 자
② 1좌 이상 출자
③ 1인의 출자좌수는 총 출자좌수의 30% 이내</td></tr>
<tr><td colspan="2">조합원 책임</td><td colspan="2">출자액을 한도로 유한 책임</td></tr>
<tr><td colspan="2">의결권</td><td colspan="2">출자좌수와 관계없이 1개의 의결권과 선거권</td></tr>
<tr><td colspan="2">법인격</td><td>법인</td><td>비영리법인</td></tr>
<tr><td rowspan="2">설립 인허가</td><td>요건</td><td colspan="2">① 5인 이상 조합원 자격 가진 자의 발기
② 정관작성
③ 창립총회 의결</td></tr>
<tr><td>인허가</td><td>① 시·도지사에게 신고 → 신고확인증 발급
② 시·도지사는 접수 후 기획재정부장관에게 통보</td><td>① 기획재정부장관 인가
② 신청일로부터 60일 이내 인가</td></tr>
<tr><td colspan="2">설립 등기</td><td>① 주된 사무소 소재지에 설립등기
② 출자금 납입 완료일로부터 14일 이내</td><td>① 주된 사무소 소재지에 설립등기
② 설립인가 받은 날부터 60일 이내</td></tr>
<tr><td rowspan="2">연합회</td><td>명칭</td><td>협동조합연합회</td><td>사회적협동조합연합회</td></tr>
<tr><td>인허가</td><td>① 셋 이상의 협동조합 발기인
② 기획재정부장관 신고</td><td>① 셋 이상의 사회적협동조합 발기인
② 기획재정부장관 인가</td></tr>
</table>

〈표 2-19〉 협동조합 현황

(2023년 기준)

이종 협동조합 연합회	사회적 협동조합 연합회	사회적 협동조합	일반 협동조합 연합회	일반 협동조합	전체
14	28	5,417	103	20,606	26,168

〈표 2-20〉 일반협동조합 지역별 현황

서울	인천	경기	강원	대전	세종	충남	충북	광주
3,431	624	3,753	1,275	778	175	1,104	725	994
전남	**전북**	**부산**	**울산**	**경남**	**대구**	**경북**	**제주**	**계**
1,432	1,526	1,005	382	1,047	875	1,105	375	20,606

자료 : 한국사회적기업진흥원 홈페이지

4) 자활기업

국민기초생활보장법(2012)에 근거하여 지역자활센터의 자활근로사업을 통해 습득된 기술을 바탕으로 1인 혹은 2인 이상의 수급자 또는 저소득층 주민들이 생산자협동조합이나 공동사업자 형태로 운영되는 기업이며 소관부서는 보건복지부이다.

〈표 2-21〉 자활기업 현황

(2023년 기준)

■ 규모별 분포

지역자활기업	광역자활기업	전국자활기업	계
1,170	38	3	1,211

■ 형태별 분포

개인사업자	유한회사	주식회사	협동조합	계
789	66	208	107	1,170

■ 지역별 분포

서울	인천	경기	강원	대전	세종	충남	충북	광주	전남	전북	부산	울산	경남	대구	경북	제주	계
147	44	175	77	22	10	52	56	55	84	101	79	18	81	44	105	20	1,170

■ 업종별 분포

청소	집수리	배송	사회서비스	음식점	식품	재활용	유통	생활용품	세탁	농산물	기타	합계
277	200	125	104	142	67	54	54	46	30	28	43	1,170

자료 : 한국자활기업협회 홈페이지

Memo

■ **사회적 경제**

자본주의가 발전하면서 나타난 경제적 불평등이나 환경오염 등의 사회적 문제를 해결하기 위해 등장했다. 경제적 이익을 극대화하는 기존 시장경제와 달리 자본주의의 장점을 살리면서도 사람과 분배, 환경 보호 등의 가치를 중심에 두는 점이 특징이다.

사회적 경제는 1800년대 초 유럽과 미국에서 처음 등장했다. 한국에서는 1920년대에도 농민협동조합 등의 형태로 시작되었으며 1997년 외환위기 전후로 크게 발전했다. 당시 높은 실업률과 고용 불안정, 빈부 격차 심화 등의 문제로 사회적 경제가 대안으로 등장했기 때문이다. 이후 2007년과 2012년에 각각 「사회적기업 육성법」과 「협동조합기본법」이 제정되면서 사회적 경제와 관련된 법적 근거가 마련되었다.

사회적 경제의 목적은 소수의 개인이 아닌 공동체 보편의 이익을 실현하는 것이다. 따라서 이윤 추구보다는 구성원들에게 서비스를 제공하는 것을 우선시하며 자본이 아닌 노동 중심으로 수익을 배분한다. 또한, 의사결정과정에서 구성원들의 민주적 참여를 중시하고 조직을 자율적으로 운영한다는 특징도 있다. 대개 지역 공동체를 기반으로 하는 만큼 경제활동이 지역 사회와 생태계에 미치는 영향력을 고려해 지속 가능한 발전을 지향하는 경우가 많다.

■ **사회적 경제 활동의 형태**

- **공정무역**(Fair Trade) : 생산자들이 경제적으로 불이익을 받지 않도록 노동조건이나 가격, 환경보호 등의 여러 측면에서 더 나은 조건을 제공하는 국제무역이다.
- **사회적기업** : 사회적 가치를 추구하면서 생산이나 판매, 서비스 등 영리활동을 하는 기업이나 조직을 말한다. 취약계층에 일자리나 서비스를 제공하거나 지역 주민의 삶의 질을 높여 지역사회에 공헌하는 형태 등이 해당한다.
- **지역화폐** : 특정 지역의 공동체에서만 쓰이는 화폐다. 지역교환 거래체계(Local Exchange Trading Systems)의 약자로 흔히 레츠(LETS)라 부른다. 품앗이와 유사한 개념으로 공동체 회원들은 지역화폐를 통해 해당 지역 내에서 노동과 물건을 거래할 수 있다.
- **마을기업** : 마을 공동체에 기반을 둔 기업 활동이다. 주민이 자발적으로 참여한다는 점에서 협동조합과 유사하며 대개 지역에서 필요로 하는 문제를 다룬다.

자료 : 다음 백과

제2절 기업 설립

2.1 주식회사 설립

개정된 상법에 의한 회사 유형에는 합명회사, 합자회사, 유한책임회사, 주식회사, 유한회사의 5가지가 있다. 이 중에서 가장 많은 비중을 차지하고 있는 것이 주식회사이다.

주식회사 설립자본금은 1984년 8월에 개정 · 시행된 법률에서는 최소 5천만 원이었다. 이 금액은 서울 강남 집값 몇 채에 해당되는 거금이었기에 주식회사를 설립하는 것은 여간 난제가 아니었다. 그 당시 유행했던 것이 주금 가장납입이었으며, 주식회사는 곧 큰 회사로 인식돼 주식회사에 근무한다는 것을 자랑으로 여기기도 했다. 이러한 설립자본금 난제를 완화하기 위해서 한때 벤처기업은 자본금 5백만 원, 소상공인은 최저 자본금을 제외하기도 했다.

현재는 설립자본금 제한이 없고, 1주의 금액은 100원 이상이면 된다. 따라서 자본금 100원의 주식회사 설립도 가능하다. 발기인도 과거에 7인에서 3인으로 축소되는 과정을 거쳐 지금은 단 한 명만으로 설립이 가능하다.

〈표 2-22〉회사의 종류와 주식회사의 설립 기본 요건 변천

구분		법 조항	상법 제 · 개정 및 시행일						
			'63.01.01. 시행	'84.09.01.	'96.10.01.	'98.12.28.	'01.07.24.	'10.05.29.	'12.04.15.
			'62.01.20. 제정	'84.04.10.	'95.12.29.	'98.12.28.	'01.07.24.	'09.05.28.	'11.04.14.
회사의 종류		170조	4종류	좌동	좌동	좌동	좌동	좌동	5종류
주식회사	발기인	288조	7인 이상	좌동	3인 이상	좌동	제한 폐지	제한 폐지	제한 폐지
	자본의 구성	329조	없음	5천만 원 이상	좌동	좌동	좌동	삭제	삭제
	1주의 금액		5천 환 이상	5천 원 이상	좌동	100원 이상	좌동	좌동	• 100원 이상 • 무액면 주식발행가능

〈표 2-23〉 벤처기업 및 소상공인법의 주식회사 설립 기본 요건

<table>
<tr><th rowspan="3">법 조항</th><th rowspan="3">구분</th><th colspan="5">벤처기업육성법 제 · 개정 및 시행일</th></tr>
<tr><th>'97.10.01.시행</th><th>'98.12.28.</th><th>'98.12.30.</th><th>'05.10.30.</th><th>'10.01.27.</th></tr>
<tr><th>'97.08.28.제정</th><th>'98.12.28.</th><th>'98.12.30.</th><th>'05.07.29.</th><th>'10.01.27.</th></tr>
<tr><td>10조의 2</td><td>자본금</td><td>**</td><td>**</td><td>2천만 원 이상</td><td>5백만 원 이상</td><td>삭제</td></tr>
<tr><td>10조</td><td>1주의 금액</td><td>100원</td><td>삭제</td><td>삭제</td><td>삭제</td><td>삭제</td></tr>
</table>

<table>
<tr><th rowspan="3">법 조항</th><th rowspan="3">구분</th><th colspan="2">소기업 및 소상공인 지원을 위한 특별조치법 개정 및 시행일</th></tr>
<tr><th>'01.06.30. 시행</th><th>'09.12.30. 시행</th></tr>
<tr><th>'00.12.29. 개정</th><th>'09.12.30. 개정</th></tr>
<tr><td rowspan="2">8조의2</td><td>자본금</td><td>5천만 원 미만 가능</td><td>삭제</td></tr>
<tr><td>발기인</td><td>1인 이상</td><td>삭제</td></tr>
</table>

※ '소기업 및 소상공인 지원을 위한 특별조치법'은 '소상공인 보호 및 지원에 관한 법률(통칭: 소상공인법)'로 명칭 변경

이렇게 최저자본금 등이 폐지되면서 주식회사 설립의 진입장벽이 해소됨으로써 누구나 손쉽게 주식회사를 설립할 수 있는 길이 열렸으며, 설립절차 또한 과거에는 까다로워서 법무사를 통하지 않으면 어려웠으나 최근에는 온라인 주식회사 설립 시스템을 통해 스스로 주식회사 설립 절차를 밟을 수 있게 되어 있다.

주식회사를 설립하려면 ① 설립 자본금 ② 주주 ③ 정관이라는 3가지 기본 요소를 갖추어야 한다.

요즘은 행정업무의 상당한 부분을 민원인 스스로가 해결하는 추세에 있다. 그러나 주식회사 설립은 15여 가지에 이르는 서류와 복잡한 절차를 거쳐야 하기에 소위 DIY(Do It Yourself)에 의한 설립이 그다지 쉽지만은 않다. 따라서 다소의 수수료가 들더라도 법무사를 통해 법인 설립을 하는 경우가 많다.

1인 주주의 자본금 1천만 원 이내와 같이 소규모 회사를 설립하고자 한다면 중소벤처기업부의 온라인 법인설립 시스템(www.startbiz.go.kr)을 통해 스스로 창업절차를 밟아보는 것도 시도할 가치가 있다.

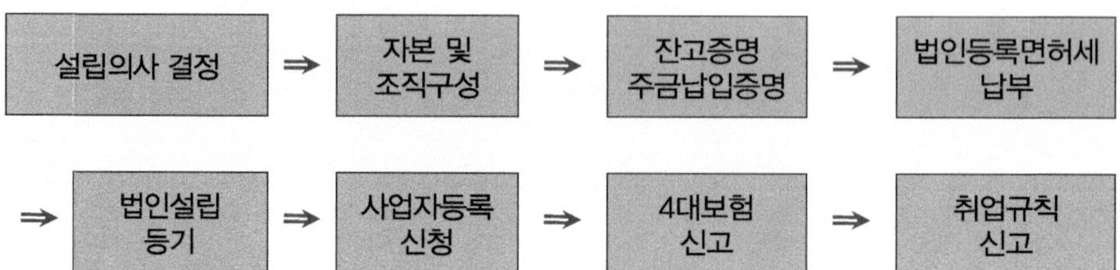

자료 : 온라인 법인설립 시스템(www.startbiz.go.kr)

〈그림 2-1〉 주식회사 설립 흐름도

〈표 2-24〉 주식회사 설립 구비 서류

번호	구비서류명	비고
1	정관	
2	잔액(고)증명 신청서	
3	발기인회 의사록	
4	이사회 의사록	사내이사가 3명 이상일 경우
5	법인등록 면허세 신고서	
6	법인설립등기 신청서	
7	사업자등록 신청서	
8	법인인감 신고서	
9	주주명세서	
10	사전동의서	
11	주식발행사항 동의서	
12	주식 인수증	
13	취임 승낙서	
14	주주명부	
15	이사/감사 조사보고서	

자료 : 온라인 법인설립 시스템(www.startbiz.go.kr)

2.2 사업자등록

사업자등록은 사람이 출생신고를 함으로써 국민의 권리와 의무를 누리듯이 관할 세무서에 등록을 함으로써 사업자로서의 권리와 의무를 갖는 것이다.

예비창업자들이 사업자등록에 앞서 걱정하는 것은 사업자등록절차를 어떻게 밟아야 하는 것인지, 사업자등록을 하게 되면 세금이라는 봉변을 맞는 것은 아닌지 하는 우려이다.

사업자등록절차는 개인사업자의 경우 사업장 임대차계약서와 주민등록증을 제시하면 당일에 등록 완료된다. 다만, 인 · 허가를 요하는 업종의 경우에는 사전에 관할관공서로부터 받은 인 · 허가증을 첨부해야만 한다.

많은 사람들이 세금에 대해 먼저 겁을 먹는 것은 세금에 대한 지식이 부족하기 때문일 것이다. 세금은 벌어들인 금액에서 각종 원가와 비용을 제하고 난 다음의 순수익에 대해 일정률의 세율을 곱해 산출하는 것이기에 그다지 부담이 되지 않으며 손해가 발생했을 경우에는 세금이 부과되지 않는다.

사업자등록을 함으로써 누릴 수 있는 혜택이나 권리는 아무래도 사업자금 조달이라고 볼 수 있을 것이다. 저리의 공공기관 정책자금은 사업자등록을 갖춘 자에게 지원이 되고 금융기관에서도 사업자금 대출은 사업자등록증 제출이 필수 사항이다.

사업자등록번호는 3단위 - 2단위 - 5단위로 구성돼 있다. 맨 앞쪽의 3단위는 관할세무서의 기관코드이며, 중간 2단위는 개인 · 법인 · 국가 · 지방자치단체 · 외국법인 등의 구분 코드이다. 마지막 5단위 중 앞의 네 자리는 개인별 일련번호이며, 마지막 한 자리는 오류검증코드이다.

▌사업자등록 번호 10자리 체계▐

□□□ - □□ - □□□□□

세무서번호 3 / 개인 · 법인 구분코드 2 / 일련번호 4 + 검증번호 1

■ 사업자 구분 코드

개인구분 코드	
개인과세사업자	01~79
개인면세사업자	90~99
종교단체	89
아파트관리사무소 및 다단계판매업자 등	80

법인성격 코드	
영리법인의 본점	81, 86~88
비영리법인의 본점 및 지점	82
국가, 지방자치단체, 지방자치단체조합	83
외국법인의 본 · 지점	84
영리법인의 지점	85

▌법인등록 번호 13자리 체계▐

□□□□ □□ - □□□□□□ □

등기관서 4 + **법인종류** 2 / **일련번호** 6 + **검증번호** 1

■ 법인종류별 분류번호

법인유형		분류번호	법인유형		분류번호	법인유형		분류번호
상법법인	주식회사	11	특수법인	학교법인	31	외국법인	주식회사	81
	합명회사	12		사회복지법인	32		합명회사	82
	합자회사	13		의료법인	33		합자회사	83
	유한회사	14		회계법인	34		유한회사	84
	유한책임회사	15		특별법의 은행	35		유한책임회사	86
민법법인	사단법인	21		단위농협협동조합	36		기타	85
	재단법인	22		의료보험조합	45	기타 분류할 수 없는 법인		71
				법무법인	46			

자료 : 법인 및 재외국민의 부동산등기용등록번호 부여에 관한 규칙[시행2024.04.01.]

〈그림 2-2〉 **사업자등록번호 • 법인등록번호 체계**

2.3 사업인허가

예비창업자들이 창업을 준비하면서 궁금해 하는 것은 사업을 하는데 허가를 받아야만 하는 것인지, 허가를 받으려면 어디를 가야 하는지, 사업자등록은 또 어떻게 하는 것인지에 대한 것이다.

사업의 유형에는 인 · 허가업종, 신고업종, 등록업종, 자유업종의 4가지 유형으로 크게 구분해 볼 수 있다. 과거에 인 · 허가를 받아야만 사업을 영위할 수 있었던 주유소 사업의 경우에는 사업체를 가지고 있다는 것만으로 부의 상징이기도 했다. 또한 음식업의 경우에는 조리사 자격증을 갖추고 영업허가를 받아야 했으나 지금은 일정한 시설요건만 갖추고 신고하는 것만으로 사업을 할 수 있고 무역업의 경우에는 한국무역협회(www.kita.net)에 무역업 고유번호 부여만으로 사업을 할 수 있다.

2000년대에 들어서면서 규제완화 차원에서 대부분 업종이 자유업종으로 풀렸다. 다만 일정한 공인자격증을 갖춰야 한다거나 공중의 보건위생에 관련된 업종 등은 여전히 인 · 허가 등을 받아야만 한다.

인 · 허가 등은 사업자 등록 전에 취득해야 하며 당해 업종에 따라 시 · 구 · 군청, 경찰청, 교육청, 노동청 등으로부터 절차를 밟아야 한다.

인 · 허가의 요건과 구비서류는 관할 관청의 홈페이지에 대부분 공개되어 있어 다운로드 받아볼 수 있기에 그다지 수고를 하지 않아도 된다.

〈표 2-25〉 주요 인 · 허가 업종 목록

인 · 허가 유형	업종	필요 자격증	인 · 허가 관청
인가	유치원	정교사(1 · 2급), 준교사	시 · 도교육관서
허가	근로자파견업		지방노동관서
	단란 · 유흥주점		시 · 군 · 구
	생활폐기물처리업		시 · 도
면허	주류제조 · 판매		관할세무서
등록	다단계판매업		시 · 도
	부동산중개업	공인중개사	시 · 군 · 구
	석유판매업		시 · 도
	일반여행업		문화체육관광부
	국외여행업		시 · 도
	국내여행업		시 · 도
	비디오감상실		시 · 군 · 구
	노래연습장		시 · 군 · 구
	자동차 매매 · 정비 · 폐차업		시 · 군 · 구
	자동차대여 500대 이상		국토해양부
	자동차대여 500대 미만		시 · 도
	국내직업소개업	직업상담사	시 · 군 · 구
	골프연습장		시 · 군 · 구
	일반학원		교육관서
	자동차학원		지방경찰서
	화물자동차운송		시 · 도
	안경업	안경사	시 · 군 · 구
신고	교습소		교육관서
	수입쇠고기전문 판매		시 · 군 · 구
	식품운반업		시 · 군 · 구
	영유아보육시설	보육교사	시 · 군 · 구
	위생처리업		시 · 군 · 구
	통신판매업		시 · 군 · 구
	의료용구판매		시 · 군 · 구
	숙박업		시 · 군 · 구
	음식업	복어요리: 조리사 집단급식소: 조리사, 영양사	시 · 군 · 구
지정	담배 소매		시 · 군 · 구
통보	유료주차장		시 · 군 · 구
	목욕장업		시 · 군 · 구
	이 · 미용업	이 · 미용사	시 · 군 · 구
	세탁업		시 · 군 · 구

2.4 사업자의 종류

사업자의 유형은 부가가치세 부과 여부에 따라 과세사업자와 면세사업자 그리고 영세율 사업자로 나눌 수 있다. 과세사업자는 매출액 또는 개인 · 법인사업자에 따라 간이과세자와 일반과세자로 등록할 수 있다.

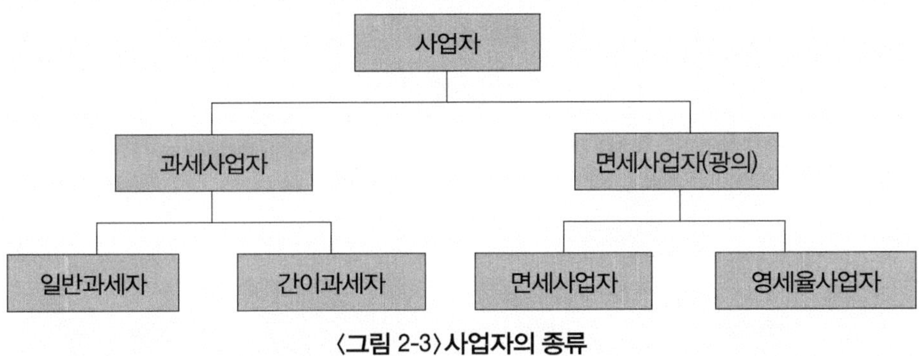

〈그림 2-3〉사업자의 종류

1) 일반과세자와 간이과세자

직전 연도의 매출액이 1억 4백만 원 미만인 개인사업자(부동산임대업 등은 연간 매출액 4,800만원 미만)는 간이과세자로 등록할 수 있고 그 이상의 금액의 개인사업자는 일반과세자로 등록하여야 한다.(2024년 7월 1일부터 변경된 간이과세자 적용기준) 다만, 사업 초년도에는 매출(예상)액과 관계없이 간이과세자로 사업자등록을 할 수 있다. 개인사업자가 아닌 법인사업자인 경우에는 매출(예상)액에 관계없이 일반과세자로만 등록하여야 한다.

2) 면세사업자

면세사업이라는 것은 부가가치세가 면세되는 사업을 말한다. 면세제도는 주로 기초 생필품 또는 국민후생용역과 관련하여 최종소비자의 세부담을 줄이기 위하여 운용되고 있다. 이는 재화나 용역의 공급에 있어 그 최종소비단계에서 면세를 적용하면 면세사업자가 창출한 부가가치만큼 최종소비자의 세부담이 경감되기 때문이다.

3) 영세율 사업자

'영세율'이라 함은 재화와 용역의 공급에 대하여 "0"의 세율을 적용하는 것을 말한다. 부가가치세의 과세방법은 전단계 세액공제방식에 의하고 있으므로 매출세액에서 매입세액을 공제하여 납부세액을 계산하게 된다. 이 경우 영세율을 적용하면 매출세액이 발생하지 아니하는 반면 사업자가 부담한 매입세액은 전액 환급받게 되어 부가가치세 부담이 완전히 면제된다. 이처럼 영세율제도는 당해 거래단계에서 창출된 부가가치뿐만 아니라 그 이전 단계에서 창출된 부가가치에 대하여도 과세되지 않는 효과가 있기에 완전면세제도라고 한다.

〈표 2-26〉 사업자 유형별 차이점

■ 면세사업자와 영세율사업자의 차이점

구분	면세사업자	영세율사업자
대상 사업	기초생필품 및 국민후생과 관련된 사업	수출 사업자
부가가치세 부과	면세	'0' 세율 적용
매입 부가가치세액 환급	환급 불가	환급 가능

■ 일반과세자와 간이과세자의 차이점

구분	일반과세자	간이과세자
사업자 전환 가능성	간이과세자로 전환 불가	일반과세자로 전환 가능
법인의 사업자 유형 선택	일반과세자에 한함	간이과세자로는 불가
회계 및 장부기장	복식부기 사용	복식/단식부기 사용
	일정 수입금액 이하의 경우 간편장부 작성 가능	간편장부 작성 가능
세금계산서 교부	• 세금계산서 교부해야 함 단, 소매업, 음식·숙박업 등과 같이 최종소비자와 거래할 경우에는 영수증, 신용카드 매출전표, 금전등록기 계산서 등 교부 가능	• 세금계산서 교부 불가함 • 영수증, 신용카드매출전표, 금전등록기, 계산서만 발급 가능
매입 부가가치세액 환급	환급 가능	환급 불가

2.5 법인기업과 개인기업

회사 설립에 앞서 고민하는 것 중의 하나가 법인으로 할 것이냐 개인으로 할 것이냐 하는 회사의 형태일 것이다.

많은 사람들이 법인으로 설립하면 세금이 낮게 부과된다고 알고 법인 설립을 검토하기도 한다. 그러나 과표 구간에 따라 세율이 다르기에 법인이라고 해서 반드시 개인사업자보다 세율이 낮지는 않다.

회사 설립 유형을 검토할 때에는 비단 세율만 볼 것이 아니라 회사의 신뢰도, 계속성 등을 종합적으로 고려해서 신중하게 선택해야 한다. 때로는 거래 상대방이 법인에 한해서만 거래를 터겠다고 나오는 경우도 있다. 특히 관공서나 공공기관에서는 사업 발주할 때 법인으로 제한을 두기도 한다.

법인으로 하게 되면 개인사업자와 달리 반드시 복식부기에 의해 회계처리를 해야 하는 복잡한 상황이 존재한다. 따라서 한두 명의 개인이 사업을 하려고 하면 먼저 개인사업자로 사업을 시작해서 법인으로 운영해야 할 필요성이 대두될 때 법인으로 전환하는 방법을 선택하여도 좋을 것이다.

〈표 2-27〉 법인기업과 개인기업의 비교

구분	법인 기업	개인 기업
설립 난이도	높음	낮음
회사 청산 절차	복잡	단순
사업 참여자	다수	소수
설립비용	많음	적음
대외 신뢰도	높음	낮음
회계처리	복식부기	복식부기/단식부기
	간편장부 불가	간편장부 가능
	단순 · 기준경비율 적용 불가	단순 · 기준경비율 적용 가능
기업 계속성	장기	단기
책임성	유한성/무한성	무한성
참여지분 처분	쉬움	어려움
기업공개	가능	불가

〈계속〉

<table>
<tr><th>구분</th><th colspan="2">법인 기업</th><th colspan="2">개인 기업</th></tr>
<tr><td>외부감사제도</td><td colspan="2"><table>
<tr><th>구분</th><th>주식회사</th><th>유한회사</th></tr>
<tr><td>자산 기준</td><td colspan="2">직전 사업 연도 말 자산 500억 이상</td></tr>
<tr><td>매출 기준</td><td colspan="2">직전 사업 연도 말 매출 500억 이상
(12개월 미만은 12개월로 환산)</td></tr>
<tr><td rowspan="3">일정 규모</td><td colspan="2">직전 사업 연도 아래</td></tr>
<tr><th>2가지 이상</th><th>3가지 이상</th></tr>
<tr><td colspan="2">1. 자산120억 이상
2. 부채 70억 이상
3. 매출100억 이상
4. 종업원수 100명 이상
5. 사원수50명 이상(유한회사)</td></tr>
</table></td><td colspan="2">없음</td></tr>
<tr><td rowspan="11">세율</td><th>과세표준</th><th>세율</th><th>과세표준</th><th>세율</th></tr>
<tr><td>2억원 이하</td><td>9%</td><td>1,400만원 이하</td><td>6%</td></tr>
<tr><td rowspan="2">2억원 초과
200억원 이하</td><td rowspan="2">1천800만원 + 2억원 초과금액의 19%</td><td>1,400만원 초과
5,000만원 이하</td><td>84만원 + 1,400만원 초과금액의 15%</td></tr>
<tr><td>5,000만원 초과
8,800만원 이하</td><td>624만원 + 5,000만원 초과금액의 24%</td></tr>
<tr><td rowspan="2">200억원 초과
3천억원 이하</td><td rowspan="2">37억8천만원 + 200억원 초과금액의 21%</td><td>8,800만원 초과
1억5천만원 이하</td><td>1,536만원 + 8,800만원 초과금액의 35%</td></tr>
<tr><td>1억5천만원 초과
3억원 이하</td><td>3,706만원 + 1억5천만원 초과금액의 38%</td></tr>
<tr><td rowspan="3">3천억원 초과</td><td rowspan="3">625억8천만원 + 3천억원 초과금액의 24%</td><td>3억원 초과
5억원 이하</td><td>9,406만원 + 3억원 초과금액의 40%</td></tr>
<tr><td>5억원 초과
10억원 이하</td><td>1억7,406만원 + 5억원 초과금액의 42%</td></tr>
<tr><td>10억원 초과</td><td>3억8,406만원 + 10억원 초과금액의 45%</td></tr>
<tr><td colspan="2">법인세법 55조(세율)</td><td colspan="2">소득세법 55조(세율)</td></tr>
<tr><td colspan="4">2024년 현재 시행 법률</td></tr>
</table>

2.6 상호등기

상호라는 것은 사람에게 이름이 있는 것과 마찬가지로 회사가 갖는 이름을 말한다. 사람의 이름은 출생신고로 가족관계등록부에 등재가 되고 상호는 법원에 등기함으로써 그 효과가 나타난다.

법인회사의 상호는 설립등기 사항에 포함되므로 반드시 등기하여야 하고 회사 종류에 따라 합명회사, 합자회사, 유한책임회사, 유한회사, 주식회사의 문자를 사용하여야 하며, 회사가 아니면 상호에 회사임을 표시하는 문자를 사용하지 못한다.

회사 이름을 어느 위치에 놓게 하는가는 자유이다. 즉, 주식회사 반딧불로 하거나 반딧불주식회사로 하거나 상관이 없는 것이다. 회사가 아니면 상호에 회사임을 표시하는 문자를 사용하지 못한다. 회사의 영업을 양수한 경우에도 같다.

타인이 등기한 상호는 동일한 특별시 · 광역시 · 시 · 군에서 동종영업의 상호로 등기하지 못한다. 동일한 특별시 · 광역시 · 시 · 군에서 동종영업으로 타인이 등기한 상호를 사용하는 자는 부정한 목적으로 사용하는 것으로 추정한다. 누구든지 부정한 목적으로 타인의 영업으로 오인할 수 있는 상호를 사용하지 못하며 이로 인하여 손해를 받을 염려가 있는 자 또는 상호를 등기한 자는 그 폐지를 청구할 수 있다.

상호는 영업을 폐지하거나 영업과 함께 하는 경우에 한하여 이를 양도할 수 있으며, 상호의 양도는 등기하지 아니하면 제3자에게 대항하지 못한다.

상호를 등기한 자가 정당한 사유 없이 2년간 상호를 사용하지 아니하는 때에는 이를 폐지한 것으로 본다.

이미 등기된 상호가 있는지는 관할법원 등기과 또는 대법원 인터넷 등기소(www.iros.go.kr)에서 조회를 통해 알 수 있다.

2.7 상호와 상표

상호라는 것은 회사의 이름이다. 반면에 상표라는 것은 상품을 생산 · 가공 · 증명 또는 판매하는 것을 업으로 영위하는 자가 자기의 업무에 관련된 상품을 타인의 상품과 구별하기 위해 사용하는 시각적 기호 또는 도안을 말하며 흔히 브랜드(Brand)라고 일컬어진다.

상호는 법원에 등기를 해야 하고 상표는 특허청에 등록을 해야 한다. 상표등록을 하게 되면 설정등록일로부터 10년간 그 등록상표를 지정상품에 독점적으로 사용할 권리, 이른바 상표권이 생기게 되어 타인이 상표권자의 등록상표와 동일한 또는 유사한 상표를 사용하는 행위는 상표권의 침해를 구성한다. 상표는 존속기간 갱신등록에 의해 10년씩 갱신할 수 있기에 필요에 따라 무한정 독점적으로 사용할 수 있다.

오랜 세월 소비자에게 각인된 브랜드 파워로 인해 상표는 곧 돈으로 여길 수 있다. 이런 관계로 상표 도용에 대해서는 엄격하게 다룬다.

〈표 2-28〉 상호와 상표의 구분

구분	구성	지역	권리발생요건	등록 수	사용권
상호등기	문자	해당 행정구역내	등기 시에는 타인이 해당 행정구역내에서 사용불가	1개	사용권 설정 불가
상표등록	문자, 도형, 기호의 결합	대한민국 전역	등록 필수	무제한	타인에게 사용권 부여가능

사업을 크게 일구어 보려면 상표등록을 해두는 것이 바람직하다. 상당한 금액을 들여서 광고를 하고 오랜 기간에 걸쳐 수많은 사람들에게 알려진 상표인데 상표등록을 하지 않은 사이에 다른 사람이 상표등록을 하면 그 동안 쌓아온 브랜드 파워는 한 순간에 물거품이 되거나 로열티를 지불하고 사용할 수밖에 없는 상황에 놓이게 된다.

상표등록은 회사명이라도 무방하다. 예컨대 '남산골한정식'이라는 상호를 상표등록(서비스표)하게 되면 다른 사람이 사용할 수 없게 된다.

상표법에서는 상표를 5가지로 세분하고 있다.

① 상표(Trade Mark)

상품을 생산 · 가공 · 증명 또는 판매하는 것을 업으로 영위하는 자가 자기의 업무에 관련된 상품을 타인의 상품과 식별되도록 하기 위하여 사용하는 기호 · 문자 · 도형 · 입체적 형상 · 색채 · 홀로그램 · 동작 또는 이들을 결합한 것과 그 밖에 시각적으로 인식할 수 있는 표장

② 서비스표(Service Mark)

서비스업(광고업, 통신업, 은행업, 운송업, 음식업 등 용역의 제공업무)을 영위하는 자가 자기의 서비스업을 타인의 서비스업과 식별되도록 하기 위하여 사용하는 표장

예〉 음식점 등의 상호

③ 단체표장(Collective Mark)

상품을 생산 · 제조 · 가공 · 증명 또는 판매하는 것 등을 업으로 영위하는 자나 서비스업을 영위하는 자가 공동으로 설립한 법인이 직접 사용하거나 그 감독하에 있는 소속단체원으로 하여금 자기 영업에 관한 상품 또는 서비스업에 사용하게 하기 위한 표장

예〉 협동조합

④ 지리적 표시 단체표장(Collective Mark for Geographical Indications)

상품의 특정 품질 · 명성 또는 그 밖의 특성이 본질적으로 특정 지역에서 비롯된 경우에 그 지역에서 생산 · 제조 또는 가공된 상품임을 나타내는 표시를 사용할 수 있는 상품을 생산 · 제조 또는 가공하는 것을 업으로 영위하는 자만으로 구성된 법인이 직접 사용하거나 그 감독하에 있는 소속단체원으로 하여금 자기 영업에 관한 상품에 사용하게 하기 위한 단체표장

예〉 영농조합법인

⑤ 업무표장(Business Emblem Mark)

영리를 목적으로 하지 아니하는 업무를 영위하는 자가 그 업무를 표상하기 위하여 사용하는 표장

예〉 대한적십자사, 청년회의소, 로타리클럽, 한국소비자보호원

견본 준비	가로, 세로 각각 8cm의 견본 1통 준비

선출원 · 등록상표 조사	특허청(www.kipo.go.kr), 한국특허정보원(www.kipris.or.kr)에서 등록하고자 하는 상표와 동일 또는 유사한 상표의 선출원 · 선등록 여부 조사

출원인코드부여신청 (사전등록절차)	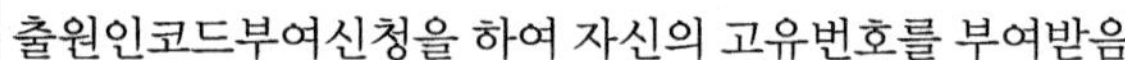 출원인코드부여신청을 하여 자신의 고유번호를 부여받음

출원서 작성	【출원구분】란에 상표등록출원을 선택하고 【권리구분】란에 상표, 서비스표, 상표서비스표, 단체표장, 지리적표시단체표장, 업무표장 중 출원하고자 하는 권리를 선택

제출서류 준비	출원서(상품견본 포함)1통, 기타 서류별 해당 증명서류(정관, 정관요약서, 경영사실 입증서류 등)1통

접수 및 출원번호 통지서 수령	방문 또는 우편 접수 접수 즉시 출원번호통지서와 납부고지서 발급

수수료 납부	특허청에서 발급하는 납부자 번호 및 금액이 기재된 납입고지서에 의해 납부

↓

심사 및 의의 신청	• 출원 순서에 따라 등록여부를 결정하며 거절이유 발견시에는 출원인에게 의견제출통지서 발송함 • 심사착수시기는 대략 출원일로부터 상표는 약 7개월, 서비스표는 약 8개월 정도임 • 심사후 거절이유가 없는 경우에는 출원공고를 하게 되며 출원공고일로부터 2개월 이내에 누구든지 당해 상표가 등록될 수 없다는 이의신청을 할 수 있음

등록료 납부	특허청에서 등록결정서와 함께 납부자번호,출원번호,등록료,지방교육세,총금액,정상납부기일이 기재된 납입고지서를 받게 되면 등록결정서를 송달받은 날로부터 2월 이내에 등록료를 납부함

〈그림 2-4〉 상표등록 절차

Chapter

혁신과 기업가정신

제1절 혁신과 혁신경제

1.1 혁신의 정의

혁신이란 용어의 경제학적 정의는 오스트리아 태생의 미국 경제학자였던 조지프 알로이스 슘페터(Joseph Alois Schumpeter, 1883~1950)의 '자본주의, 사회주의 그리고 민주주의(capitalism, socialism and democracy)'라는 저서에 기초를 두고 있다. 그는 이 책에서 기술혁신을 창조적인 파괴라고 표현하였다.

Innovation에 대해 두산백과에서는 "J.A.슘페터의 경제발전론의 중심 개념으로, 생산을 확대하기 위하여 노동 · 토지 등의 생산요소의 편성을 변화시키거나 새로운 생산요소를 도입하는 기업가의 행위로서 생산기술의 변화만이 아니라 신시장이나 신제품의 개발, 신자원의 획득, 생산조직의 개선 또는 신제도의 도입 등도 포함하는 보다 넓은 개념이다."고 표기하고 있다.

기업의 이윤과 관련하여 애덤 스미스(Adam Smith, 1723~1790), 데이비드 리카도(David Ricardo, 1772~1823), 카를 마르크스(Karl Heinrich Marx, 1818~1883)가 기업이 생산하는 부가가치는 재화와 용역을 생산하는 노동자에 의해 창출된다는 '노동가치설'을 역설한 데 반해 슘페터는 기업가의 창조적 파괴(creative destruction)과정을 통해 이윤이 발생되며 기업가의 이윤으로 돌아가는 몫은 이러한 모험의 대가로 보았다. 또한, 1930년 대 미국의 대공황의 원인을 보는 시각에서 슘페터와 같은 시대의 화폐경제학자인 케인스(John Maynard Keynes, 1883~1946)는 대공황의 원인은 유효수요의 부족이라고 주장한 반면, 슘페터는 제1차 세계대전 이후 경제를 이끌었던 기술혁신이 새로운 창조적 파괴를 기다리며 숨 고르는 시간이라고 보았다.[1)]

슘페터가 창조적 파괴(creative destruction)를 역설하였다면, 클레이튼 크리스텐슨(Clayton M. Christensen) 하버드대 경영대학원 석좌교수는 1997년 발표한 '혁신기업의 딜레마(The Innovator's Dilemma)'에서 혁신을 '존속적 혁신(sustaining innovation)'과 '파괴적 혁신(disruptive innovation)'으로 구분한다. 존속적 혁신이란 기존 시장에 영향을 미치지 않는 형태의 혁신을 의미하고 파괴적 혁신은 새로운 시장을 만들어 내서 기존 시장을 파괴하는 혁신으로서 기업이 위기의 순간을 넘기 위해서는 새로운 시장과 가치 네트워크를 창출해 기존 것들을 완전히 바꾸는 파괴적 혁신이 필요하다고 보았다.

또한, 캘리포니아 대학교 하스 경영대학원 교수인 헨리 체스브루(Henry W. Chesbrough)는 'Open Innovation'에서 혁신을 폐쇄형 혁신(closed innovation)과 개방형 혁신(open innovation)으로 구분하고 있다. 폐쇄형 혁신은 내부의 지식과 기술에 의존한 기술혁신으로서 한계 도달에 이르기 쉽고 개방형 혁신은 기술 영역 간 장벽을 허물고 이종기술 간 융합을 기반으로 하는 혁신방법론으로서 혁신의 비용을 줄이고 성공 가능성을 제고하며 부가가치 창출을 극대화하는 기업혁신 방법론이라고 했다.

명승은 등(2012)은 "이 시대의 혁신은 스마트폰을 축으로 하는 스마트 혁명이다. 스마트 혁명은 인류의 미래를 좌우하는 거대한 패러다임 변화다. 유행의 변화가 '패션'이고 가치의 변화가 '트렌드'라면 '패러다임'은 가치 체계 본질의 변화다. 전세계는 스마트폰과 인간이 융합하는 새로운 스마트 경제로 진입하

---

1) 이영직, '(슘페터가 들려주는)기업가정신 이야기', 자음과모음, 2012.

고 있다. 인류가 스마트폰과 소셜 네트워크와 결합하여 새롭게 진화를 시작하고 있다."고 했다.[2)]

창조적 파괴와 관련지어 본다면, 다양한 전통 산업분야에 두루 돌풍을 불러일으킨 월드와이드웹을 들 수 있다. 그중 가장 두드러진 분야의 하나는 활자신문 산업이다. 신문사들은 월드와이드웹이 자신들의 기존 사업모델에 치명적인 타격을 가져올 것임을 제대로 인지하지 못하였다. Rocky Mountain News나 Tucson Citizen 같이 폐업하는 신문사도 속출하였다. Christian Science Monitor나 Seattle-Post Intelligencer와 같은 매체는 현재 활자신문을 폐간하고 웹에서만 서비스를 제공하고 있다. 유력 신문사였던 Tribune Company, the Minneapolis Star Tribune, Philadelphia Newspaper, the Sun-Times Media Group 등은 파산 신청하였다. 2009년에 125년 역사를 자랑하던 Editor and Publisher가 사라진 것은 신문산업의 곤경을 여실히 대변한 사건이었다.[3)]

1.2 혁신경제

이 시대 인간은 여태 인류가 누리지 못한 편리하고 편안한 정말 좋은 세상에 살고 있다. 먹고, 입고, 자고, 배우고, 치유하고, 즐기는 모든 것들이 ICT(Information & Communication Technology) 기반의 컴퓨터 자동화와 바이오산업의 발달로 건강 100세 세상에 살고 있는 것이다.

앨빈 토플러(Alvin Toffler)는 "인류문명의 발전 과정에서 커다란 물결이 기존과는 확연히 다른 새로운 일과 생활의 방식을 가져왔다. 이러한 물결에는 수렵채취 시대에서 농경문화 시대로 전환시킨 제1의 물결, 공업기술 시대로 바꾼 제2의 물결, 지식정보 사회로의 변화를 가져온 제3의 물결 그리고 미래 인류의 삶에 더 큰 변화를 가져올 바이오 기술을 바탕으로 한 제4의 물결이 그것이다."

2) 벤처스퀘어(명승은, 이민화 외 12명), 「지금, 당신의 스타트업을 시작하라」, 클라우드북스, 2012.11, pp.61-62.

3) William Bygrave · Andrew Zacharakis저, 이민화 · 이현숙 옮김, '기업가정신', 동서미디어, 2013, p.13.

고 했다.[4)]

4차 산업혁명이라는 이 시대는 2007년 9월 스티브 잡스(Steve Jobs)가 "Wide screen iPod with touch control, Revolutionary mobile phone, Breakthrough Internet communicator. Today, today, Apple reinvents the phone. iPod, Phone, Internet. These are not three separate devices. These are one device!" 라고 데모(demonstration)를 하면서 MP3와 휴대폰 및 인터넷을 하나의 휴대전화기에 융합한 iPhone을 세상에 내놓은 것을 시작으로 모든 산업형태가 스마트폰 속으로 빨려 들어가면서 여러 분야에 걸쳐 혁신을 불러오고 있다.

스마트폰의 등장으로 세상은 빛의 속도로 빠르게 변하고 있고 전혀 새로운 세상이 펼쳐지고 있다. IoT(Internet of Things), 웨어러블(wearable), 가상현실(VR, virtual reality) · 증강현실(AR, augmented reality) 기술의 발달로 무인자동차와 드론산업이 스마트폰과 연결되어 개발되고, 의료기술 역시 인체부위를 자동차부품 갈아 넣듯 급격한 발전이 이루어지고 있다.

2016년 3월 서울 포시즌호텔에서는 바둑기사 이세돌과 인공지능(artificial intelligence) 알파고(AlphaGo) 간의 바둑대결에서 알파고가 4 : 1로 승리함으로써 인간이 단순한 기계 이상의 지능형 로봇을 창조할 수 있다는 사실을 전세계에 알리는 계기가 되었다. 알파고가 바둑게임에 설계된 것과 달리 IBM이 개발하고 있는 왓슨(Watson)은 사람의 말과 글을 이해하는 능력에 초점을 맞춰 인터넷상의 문서와 동영상 등 다양한 자료를 분석해 지식을 쌓는다. 왓슨은 의료, 유통, 금융, 관광, 제조에 이르기까지 광범위한 분야에 걸쳐 인간활동을 대체할 것으로 예상된다.

예루살렘히브리대학교 유발 하라리(Yuval Noah Harari, 1976.2.24.~) 교수는 저서 Sapiens(원제, 'From Animal to God')에서 하이에나처럼 죽은 짐승 골수나 빼먹던 미미한 존재가 이제는 유전자 조작과 사이보그(cyborg) 기술로 설계자와 신(神)의 영역에 도전하고 있다고 했다.

뭔가 새로운 것을 만들어 내는 것을 발명이라고 한다면 혁신이라는 것은 기

4) 최종열 · 정해주, '벤처창업가 기업가정신', 탑북스, 2013.09, p.19.

업측면에서 좀 더 생활편익을 가져다주는 ICT기반 발명이라는 뉘앙스가 묻어난다. 여기에 더해 혁신경제라는 것은 새로운 아이디어를 사업화로 이어지게 하고 더욱 발전하여 총체적 집약된 힘을 발휘하며 고용을 창출하고 새로운 산업을 견인하여 국가성장 동력으로 발전하게 하는 것이라고 할 수 있다.

혁신경제는 상상과 영감에 그 바탕을 두고 있다. 떠오르는 영감을 합리적으로 정리하면 창의적 아이디어가 되고 창의적 아이디어를 성과물로 도출하게 되면 혁신발명품이 된다. 혁신발명품을 고객을 목표로 사업화해서 새로운 소비와 고용을 창출하게 되면 혁신경제가 된다.

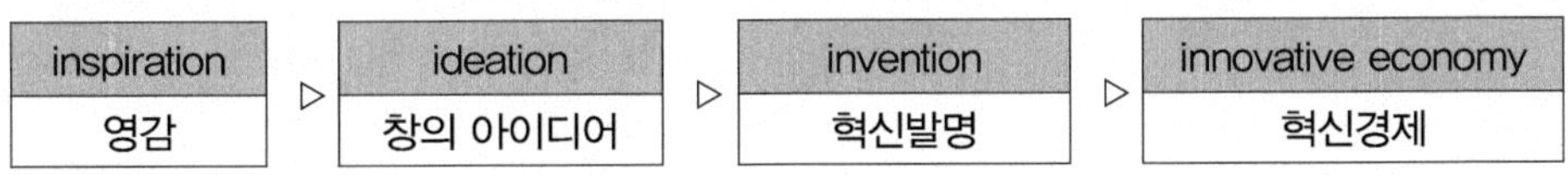

〈그림 3-1〉 혁신경제 실현 단계

1.3 혁신경제의 시대적 과제

우리나라 경제를 수십 년 떠받쳐온 산업은 건설, 자동차, 조선, 중화학 부문이다. 이들 산업은 영 · 미 · 일 등 선진국으로부터의 기술이전과 노동생산성을 우위로 '한강의 기적'을 탄생시키며 한국경제를 견인해 왔던 것으로서 추격형 산업이라고 일컫는다. 이들 산업부문은 중국을 비롯한 후발국가에서 빠른 속도로 따라오고 있어 더 이상 한국경제의 버팀목을 유지하기에는 한계에 다다르고 있는 실정이다.

실리콘 밸리의 구루(guru) 마크 앤드리슨(Marc Andreessen)은 2011년 8월 20일자 'The Wall Street Journal'에서 소프트웨어가 세계를 삼키고 있다(In short, software is eating the world.)고 주창했다. 자동차 한 대 가지지 않은 세계 최대의 택시회사 우버(Uber)의 기업가치는 2018년 기준 1200억 달러로서 창립 10년 만에 100년 이상 역사를 지닌 포드(351억 달러)와 GM(453억 달러), FCA(318억 달러)를 합친 것보다 많으며, 2008년 8월에 창립하여 건물 하나 소유하지 않은 숙박업체 에어비앤비(Airbnb)의 기업가치는 300억 달러로 거대 호텔 체인회사보다 높은 가치를 형성하고 있다. 이들 기업은 고객의 스마트폰을 축으로 하는 공유경제(sharing economy)로 출발하여 단시간에 성장한 기업이다.

이와 같이 ICT기반 무형산업이 기존산업의 존립을 무너뜨리는 세상의 변화가 일어나고 있어 혁신과 창조를 통해 새로운 산업을 선도적으로 창출해야만 국가경제가 부흥하고 개인 일자리가 창출될 수 있다.

소프트웨어에 기반한 무형산업은 누가 먼저 아이디어를 창안하여 사업화에 올라서느냐 하는 선점효과와 더불어 다수고객을 단시간에 끌어들이는 확산효과가 사업성패의 주요 요인이다. 따라서 창업 및 혁신경제 문화확산을 통해 국민 누구나의 머릿속에 잠재되어 있는 아이디어를 끌어내는 idea pumping이 필요한 것이다.

경소단박의 ICT산업은 투자금이 적고 단시간에 성장기반에 올라설 수 있다. 반면에 산업연관효과와 낙수효과가 적어서 고용창출과 경제성장에 기여하는 바는 중후장대산업보다 적다. 그러나 시대의 흐름에 맞춰 전통적인 중후장대산업에 ICT를 접목하는 기술혁신의 혁신경제가 요구된다.

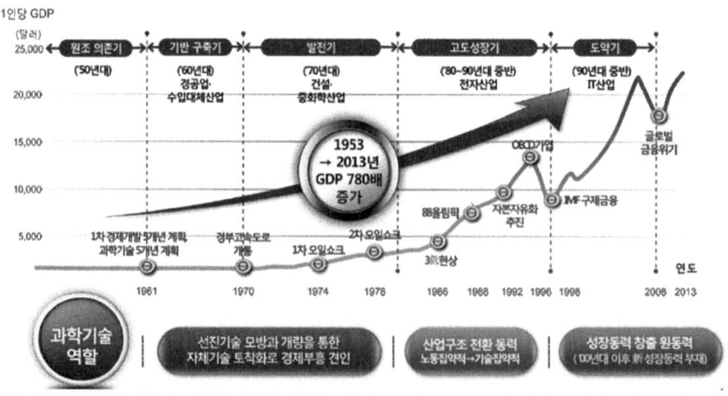

자료 : 미래창조과학부

〈그림 3-2〉 과학기술 경제성장의 원동력

1.4 혁신을 위한 환경

혁신이라는 용어는 일반적으로 단순한 발명 단계를 넘어서 기업경영과 연계시켜 생각하게 된다. 즉, 기업경영의 애로점 해결이나 성장 정체를 뛰어 넘을 수 있는 새로운 아이디어 도출이 혁신이라고 생각하는 것이다.

혁신을 위한 창의성 발휘를 위해서는 자유분방한 즐거운 분위기와 자율성을 제공하여야 한다는 것이 일반적 사고이다. 예를 들면 혁신의 모델로 거론되는 구글은 엔지니어들의 근무시간 20%는 맡은 업무와 무관한 일을 허용하는 '20% 규칙'을, 소프트웨어 개발 업체 셈코(Semco)는 출퇴근 시간과 근무 장소, 휴가 일정 등을 자유롭게 결정하는 '주 7일 주말 근무제(the seven-day weekend)'를 시행한다. 또한 온라인 쇼핑몰 자포스(Zappos)는 근무 자율성과 수평적 관리구조인 홀러크러시(holacracy)를 통해 관리자 직급이 따로 없고 직원들이 동등한 의사 결정권을 행사하는 경영 체계를 갖추고 있다.

이와 달리 마이크로소프트, 하이네켄, HSBC 등 전 세계 기업의 자문에 응한 혁신 전문가 데이비드 로버트슨(David C. Robertson) 미 펜실베이니아대 와튼스쿨 교수는 다른 기업을 따라 하기보다 각자 본질에 맞는 사업 목표를 설정하고 관리 체계를 정비하는 편이 더 효율적이라고 주장한다. 즉, 단순히 직원들에게 많은 자율성과 예산을 줄게 아니라 직원들이 다양한 아이디어를 실험해 볼 수 있는 업무 체계를 만드는 게 더 효율적이며, 컨설팅 업체의 조언도 아이디어 수집 차원에서만 활용해야 한다고 보았다.

로버트슨 교수는 미국과 유럽의 주요 기업을 대상으로 50건 넘는 사례 연구를 진행해, 혁신에 성공한 기업들은 공통적으로 기본에 충실했다고 분석했다. 그중에서 장난감 업체 레고를 기본에 충실해 혁신을 이룬 모범 사례로 꼽고, '레고, 어떻게 무너진 블록을 다시 쌓았나(원제 Brick by brick)'라는 책에서 '체계(system)의 혁신'을 강조한다. 경영난에 빠진 기업의 경영진이 가장 먼저 해야 할 일은 회사가 추구할 목표와 방향을 분명하게 정해 이를 직원들과 공유하는 것, 다음으로 회사의 관리 체계와 업무 체계를 수정하는 것이라고 그는 얘기한다.

한편, 로버트슨 교수는 혁신은 고객관점에서 이루어져야 한다고 강조한다. 이러한 것은 일본의 소니 카메라는 화소가 더 높고 화면 보정 등 기능도 다양하며 가격은 미국의 고프로 제품보다 3분의 1 정도 싼데도 불구하고 더 비싸고 기능이 적은 고프로의 액션 카메라가 소니 제품보다 7배 넘게 많이 팔리는 것에서 사례를 들고 있다. 이것은 소니는 소비자들이 어떤 기능을 원할 것인가의 기능향상에 집중한 반면, 고프로는 촬영한 사진을 편집하고 공유하는 콘텐츠를 제작할 수 있는 웹사이트(고프로 스튜디오)를 운영하는 등의 액션 카메라 사용자들이 어떤 경험을 원하는가에 초점을 맞췄기 때문이라고 성공실패 원인을 제시하고 있다.[5)]

제2절 기업가정신

2.1 기업가정신의 정의

기업가정신이라는 용어가 주목받기 시작한 것은 1980년대 후반 빌 게이츠, 스티브 잡스 등이 IT혁명을 가져오게 되면서부터이다. 그 이전까지만 하여도 미국의 대부분 MBA졸업생들은 IBM, GE, P&G, Boeing 등에 입사하여 기업의 중역이 되는 것이 목표였다.

기업가정신(entrepreneurship)은 범인들과 차별적인 기업가의 정신적 특성(trait)으로서 시작하다(commence) 또는 모험하다(undertake)의 의미를 가진 프랑스어 entreprendre에서 유래되었다. Indiana 대학 Kelly 스쿨의 도널드 쿠라트코(Donald Kuratko) 교수는 기업가정신은 기업가의 정신적 상태나 심리적 요소, 태도만을 의미하는 것이 아니라 기업가의 개인적 특성(personality)과

5) [Weekly BIZ] 회사 밖에서 답 찾지 마라 … 핵심 제품 개선하고 충성 고객 공략하는 '상자 안 혁신'이 더 효과적, 2016.03.26.

행동(behavior), 역량(ability) 등을 총괄적으로 포함하는 개념이라고 했다.

기업가(entrepreneur)라는 용어를 처음 사용한 리차드 드 칸틸런(Richard de Cantillon)은 기업가는 "위험을 부담하는 자"이며, "기업가의 소득은 토지임대료나 임금이 아닌 이윤으로 구성된다."고 정의하였으며 나이트(Frank H. Knight)에 의해 기업가정신으로 발전되었다. 6)

entrepreneurship이라는 용어가 위와 같이 모험을 걸고 사업을 시작한다는 의미에서 유래된 것이라면 기업가정신에서 기업가의 漢字 표현은 사업을 도모한다는 企業家보다는 사업을 일으킨다고 하는 起業家가 보다 더 합당한 용어로 와닿으며 또 다른 표현으로는 創業家가 적합한 것으로 주장하는 학자도 있다.

기업가의 남다른 특성이라고 한다면 일반적으로 모험정신과 개척정신을 갖추고 새로운 사업을 시도하는 도전정신을 내세운다. 기업가의 특질에 대해서는 Knight(1921), Schumpeter(1934)를 비롯해서 최근의 Kurato & Hodgetts(2007)에 이르기까지 많은 학자들의 연구가 이어져 왔다.

기업가정신에 대해서 리차드 드 칸틸런 이후 여러 경제 · 경영학자들과 경영자들에 의해 조금씩 그 의미가 확장 · 변화되어 오고 있으나 행동과 실천이 중요한 요소이다.7)

기업가의 개인 특성론적 관점과 관련하여 제닝스(William E. Jennings)는 기업가들에게 일련의 속성들의 리스트를 제시하고 성공을 위해 중요하게 요구되는 것의 순위를 매기도록 한 연구결과에서 일곱 가지 최상위 자질로는 집요함, 열망과 의지, 경쟁심, 독립독행심, 성취욕구, 자신감, 육체적 강건함 등의 순으로 나타났다. 한편, 직크(Todd Jick)와 그 동료들은 융통성, 도전정신, 박력, 리더십 등 기업가정신을 이루는 다양한 요소들을 포함하고 있는 기업가정신을 측정하는 설문지를 개발한 바 있다.8)

---

6) 김홍길, '기업가정신과 창업경영론', 탑북스, 2014.03, p.177.

7) 김진수 · 이창영, '창조경제시대의 기업가정신과 창업론', 문영사, 2014, pp.52~82.

8) 김홍길, '기업가정신과 창업경영론', 탑북스, 2014.03, pp.188~189.

〈표 3-1〉 기업가정신 측정 설문 문항

기업가정신의 요소	−2	−1	0	+1	+2
	전혀 갖고 있지 않다	갖고 있지 않다	잘 모르겠다	약간 갖고 있다	대단히 많이 갖고 있다
융통성					
도전성					
박력					
리더십					
타인과의 동화					
다른 사람 의견에 관심 가짐					
비판적인 견해에 귀 기울임					
끈기					
자금동원 능력					
성취욕					
주도적으로 일을 함					
독립심					
앞을 내다보는 능력					
이익 지향성					
낙관적 태도					
다양한 재주					
타인에 대한 긍정성					
계획에 의한 실천성					
※ 점수가 높을수록 기업가정신이 강함					

자료 : Todd Jick, Robert D. Marx and Peter Frost, 'Management Live!: The Video Book, Englewood Cliffs, NJ: Prentice Hall, 1999.
김흥길, 기업가정신과 창업경영론, 탑북스, 2014.03에서 재인용

기업가정신에 대해 학자들의 주장과 혁신기업가들의 기업철학을 함께 엮어 정리해 보면 ① 문제의식을 갖고 사업아이디어를 발굴하는 개척정신 ② 착안한 아이디어를 사업으로 연결시켜보겠다는 도전정신 ③ 사업성공을 통해 사회에 이바지하겠다는 공헌정신으로 크게 대별해 볼 수 있다.

개척정신은 창업아이디어 발상단계에서 출발한다고 볼 수 있다. 대체적으로 범인들은 일상생활, 직장생활에서 보거나 일어나는 사건 · 사물을 별다른 관심 없이 지나치지만 기업가는 문제의식을 갖고 새로운 해결점을 찾는다. 문제의식은 관찰을 통해서 이루어지며 관찰은 흥미를 갖고 접근해야 한다. 도출된 문제의 해결은 창의적 사고를 통해 혁신적 아이디어로 탄생하게 된다.

창의성은 상상력에서 출발한다. 알버트 아인슈타인은 "지식보다 중요한 것은 상상력이다"고 했다. 상상력은 발상의 전환이 필요하다. 발명왕 에디슨은 "상식을 뛰어넘어라. 당연하다고 여기는 생각 속에 새로운 문제 해결의 실마리는 없다."고 했다.

기업가적인 창의성에는 심미성도 따른다. 스티브 잡스가 애플을 아름답게 하는 것은 기술과 인문학을 결합한 것이라고 했듯이 혁신기업가는 미적 감각과 예술성의 특질도 남다르다.

도전정신은 떠오른 아이디어를 실질적으로 구사해 보는 것이다. 우리는 일상에서 타인이 운영하는 사업아이템 중에서 나도 생각했던 아이템이라고 말하거나 별것 아닌 것으로 보였던 것이 버젓이 사업으로 이어져 활황을 타고 있는 것을 볼 수 있다. 이와 같이 기업가가 범인과 다른 또 하나의 특질은 혁신적 아이디어를 사업으로 가져가는 사업기회포착 능력을 가졌다는 것이다. 여기에 더해 기업가는 남다른 열정과 몰입 그리고 성취욕구를 가진 것을 볼 수 있으며 상황을 잘 판단하고 결단하는 능력 또한 뛰어나다.

우리 속담에 '구슬이 서 말이라도 꿰어야 보배'라는 말이 있다. 아무리 참신한 아이템이라도 사업화를 시도해 보지 않는다면, 단순한 발명 아이디어에 머무르게 되고 그 사람은 발명가에 지나지 않는다. 현대그룹의 창업주 아산 정주영의 "이봐, 해 봤어"라는 말은 기업가가 갖춰야 하는 사업실행을 위한 도전정신을 함축적으로 표현하는 것으로 인용되고 있다.

도전정신과 관련하여 미국의 출판작가였던 윌리엄 훼더(William A. Feather, 1889~1981)는 "성공이란 다른 사람들이 모두 포기해 버린 후에도 여전히 포기하지 않고 남아 있느냐 그렇지 않느냐의 문제이다"라고 했고, 필리스 바텀

(Phyllis Battome)은 "난관을 맞는 두 가지 방식이 있다. 난관을 바꾸거나 아니면 난관에 봉착하여 자신을 바꾸거나"고 했다.9)

한편, 기업가는 타인의 말에 귀를 기울이고 마음을 열어야 한다. 호암 이병철 삼성그룹 창업주가 아들 이건희에게 기업가로서 갖춰야 할 덕목의 하나로 가르친 것은 경청이었다. 경청과 관련하여 고대 그리스의 철학자 탈레스(Thales, B.C. 624~546)는 세상에서 가장 쉬운 일은 남에게 충고하는 것이요, 세상에서 가장 어려운 일은 나 자신을 아는 것 "The most difficult thing in life is to know yourself."라는 말을 남겼다.

가끔은 사업 경험과 지식 부족이 사업가에게 유리하게 작용하기도 한다. 이러한 현상을 '무지의 중요성'이라 표현한다. 모르기 때문에 오직 최종 결과만 생각하고 중간에 맞닥뜨리는 장애는 잘 인식하지 못하기 때문이다. 관습적인 사고방식을 따르면 '틀에 박힌 사고'를 할 수밖에 없다. 그러나 사업가는 '틀에서 벗어난 사고'를 해야 한다. 배경지식이 부족하다면 오히려 편견이 없기 때문에 다른 사람이라면 결코 시도하지 않을 불확실성에 도전해 목표를 성취할 수 있다. 10)

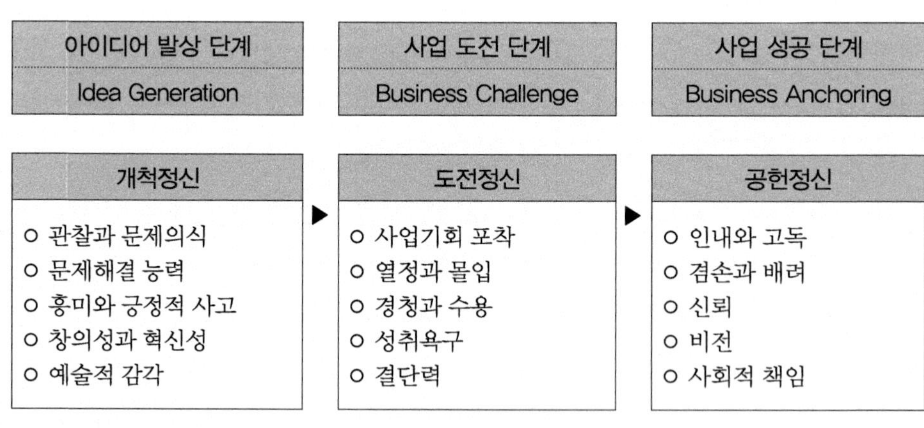

〈그림 3-3〉 기업가정신 3단계

9) 성형철, '기술창업으로 성공하기', 박영사, 2014.08, pp.13-14.

10) 사하 & 보비 하세미 저, 안기순 옮김, '나의 첫 사업계획서', ㈜황금가지, 2005.04, pp.19~23.

기업가정신의 마지막 단계는 공헌정신이다. 단순한 돈벌이가 목적이 아닌 사회에 이바지하겠다는 헌신정신으로 인내와 고독을 감내하며 꿋꿋하게 정진해야 한다. 삼성그룹 창업주 호암 이병철은 1976년 4월 서울경제신문에 기고한 글에서 "모든 것은 나라가 기본이다. 자기만 잘 살아보겠다는 것은 기업의 목적이 될 수 없다. 국가와 사회가 먼저 있고 그 다음에 기업이 있다. 참다운 기업인은 거시적 안목으로 기업을 발전시키고 국부 형성에 이바지하도록 해야 한다. 이것이 참다운 기업가정신이다."라고 사업보국의 철학을 갖추고 있었다.

startup이 5년 후에 살아남아 성공할 확률은 불과 5% 미만이다. 사업에 착수해서 성공하기까지의 기나긴 세월 동안에 자금난, 매출확보, 종업원 관계, 거래처 관리 등 갖은 난관에 봉착하게 된다. 기업가는 이 같은 어려운 난관을 슬기롭게 헤쳐 나갈 수 있는 인내가 남다르다. 에어비앤비 공동설립자 네이선 블레차르지크(Nathan Blecharczyk)는 1년간 신용카드 돌려막기를 하며 자금난을 버텨낸 경험을 바탕으로 바퀴벌레처럼 버텨야 한다고 조언한다.

대체로 기업가에 대해서 카리스마가 있고, 호방하며, 외향적이라는 선입견을 갖는다. 하지만 기업가의 세밀함, 인내심, 진취성은 깊은 사색과 고독, 성찰에서 비롯된다. 스티브 잡스가 동양철학에 심취한 것도 그렇거니와 명지대학교 교수를 역임한 김정운 문화심리학박사의 경우에도 저서 '가끔은 격하게 외로워야 한다.'에서 성찰을 할 수 있는 고독이 필요하다고 했다.

사업성공에 이르기까지에는 겸손과 배려의 미덕과 더불어 신뢰가 바탕이 되어 관계 유지를 잘해야 한다. '배달의 민족'으로 유명세를 타고 있는 우아한형제들 김봉진 전 대표와 국내 창업교육의 선봉에 있는 서울과학기술대학교 이채원 교수의 경우에도 기업가정신의 핵심은 관계유지라고 주창한다. 한편, 창업 열풍이 일고 있는 중국 광둥성 선전에서 창업을 진두지휘하고 있는 마싱루이(馬興瑞) 선전시 서기는 청년사업가는 교만함과 성급함을 경계하고 몽상이 아닌 현실에 기반해 실질적인 것을 추구하라고 강조한다.

〈표 3-2〉 기업가정신에 대한 다양한 정의들

연구자	정의	중심 내용
Knight(1921)	불확실성과 위험의 부담으로부터 생기는 이윤을 추구하는 행위	위험 감수 이윤 추구
Schumpeter(1934)	생산적 요소의 새로운 조합을 발견하고 촉진하는 창조적 파괴의 과정	새로운 결합 촉진
McClelland(1961)	개인의 적절한 위험 도전 성향	위험 감수
Leibenstein(1968)	조직의 비효율성을 제거하고 조직의 엔트로피를 역전시키는 과정/활동	비효율성 제거 가치 창출
Casson(1982)	희소자원을 조정하는 의사결정 활동과 과정	자원의 조정
Stevenson(1983)	현재 보유하고 있는 자원에 구애받지 않고 기회를 추구하는 것	기회 추구
Burgelman(1983)	사내 벤처(팀)를 창출하는 과정	조직체 창조
Ronstadt(1984)	점진적인 부 창출을 창조하는 역동적 과정	이윤 추구
Gartner(1985)	신조직의 창조(과정/활동)	혁신(자원의 할당)
Drucker(1985)	새로운 부 창출 능력을 가진 기존 자원의 할당을 포함한 혁신의 한 행동	혁신 (자원의 할당)
Hisrich(1985)	또 다른 가치를 창조하는 과정	가치 창출
Schuler(1986)	사내 기업가들의 혁신적, 위험 감수적 활동	혁신과 위험 감수
Stevenson & Jarillo-Mossi(1986)	기회를 개발하기 위해 자원을 결합함으로써 가치를 창조하는 과정	가치 창출
Amit, Glosten & Muller(1993)	불확실하고 모호한 환경 하에서 새롭고, 독특하고, 가치 있는 자원의 조합으로부터 수익을 창출하는 과정	자원의 조합
Timmons(1994)	기회에 초점을 두고 총체적 접근방법과 균형 잡힌 리더십을 바탕으로 하는 사고/추론/행동 방식	기회추구/ 사고/추론/행동 방식
Kao(1995)	부가가치를 창출하는 과정	가치 창출
Limpkin & Dess(1996)	조직의 신규 진입	조직체 창조
Sexton & Smilor(1997)	지속적인 성장을 위해 새로운 사업 기회를 추구하는 행위	사업 기회 추구와 성장성
Ireland & Hitt(1997)	파악된 기회의 이점을 취하기 위해 자원을 수집하고 통합하는 것	자원 수집과 통합 이윤 추구
배종태·차민석	현재 보유하고 있는 자원이나 능력에 구애받지 않고 기회를 포착하고 추구하는 사고방식 및 행동 양식	기회추구 사고방식 및 행동양식

자료 : 배종태·차민석, 한국형 기업가정신 모델 정립에 관한 연구, KAIST 혁신 및 기업가정신 연구센터, 2009.

인내 또는 겸손과 관련하여 명승은 등은 "창업자가 되면 상사는 없어지지만 고객, 고객사, 협력업체 등 여러분들이 상사 역할을 대신해 준다. 그야말로 멀티 상사모드, 즉 '멘붕'이다 지금 당신의 상사가 여러 명이 된다는 상상을 해보라."고 했다.[11)]

막대한 재산을 일군 사업가의 면모를 들여다보면 대부분 구체적이고 비재정적인 목표를 수립했다. 빌 게이츠가 내세운 사업의 모토는 "세계 최고의 갑부가 되자."가 아니고 "모든 책상과 모든 가정에 개인용 컴퓨터를 보급하자."였다. "돈을 쫓아가지 마라, 돈이 너희를 쫓아오게 하라." 정말 좋은 아이디어가 있다면 헌신해서 그 아이디어를 실행에 옮긴다면 정말로 돈이 당신을 쫓아올 것이다. 열정이 사업 추진의 연료라면 헌신은 엔진 역할을 한다.[12)]

기업가는 무엇보다 고용을 창출하고 혁신을 통해 국가경제발전에 기여하는 넓은 안목의 비전(vision,飛展)을 가져야 한다. 이와 같이 혁신적 사고로 출발해서 국가사회에 이바지할 수 있는 큰 목표를 갖고 이윤추구를 벗어나 사회에 긍정적 영향을 끼칠 수 있는 사회적 책임(corporate social responsibility)을 다하는 것이야 말로 진정한 기업가정신이라고 일컬을 수 있다.

2.2 기업가정신 DNA와 후천적 환경

기업가정신과 관련하여 흔히 사람들은 기업가는 창조적으로 생각하는 능력을 선천적으로 가지고 있다고 믿는다. 즉, 스티브 잡스 같은 사람은 창조적 유전자를 타고났다고 믿는 것이다. 하지만, 비즈니스 혁신영역에서는 누구나 일정 수준의 창조력과 혁신적 사고 능력을 갖고 있다.

지금 애플의 모태가 된 애플Ⅱ는 컴퓨터 팬 소음을 없애기 위해 스티브 잡스가 40대쯤의 아타리 출신 로드 홀트를 애플에 합류시켜 과거 50년간 사용되어 온 리니어 유니트 방식에서 스위칭 전력 공급기로 전자제품 전력공급 방식의

---

11) 벤처스퀘어(명승은, 이민화 외 12명), 「지금, 당신의 스타트업을 시작하라」, 클라우드북스, 2012.01, pp.69-70.

12) 사하 & 보비 하세미 지음, 안기순 역, '나의 첫 사업계획서', ㈜황금가지, 2005.04, pp.26~28.

혁명을 불러일으켜 탄생하였다. 불교의 선(禪)을 공부하고 명상하면서 조용한 컴퓨터를 지향한 스티브 잡스의 집념과 팬이 필요 없는 혁신적 전력 공급기를 개발한 홀트의 능력이 결합하면서 가장 조용하고 작은 퍼스널 컴퓨터 애플Ⅱ가 만들어진 것이다.

매킨토시는 레이저라이터(LaserWriter) 프린트 기능을 장착한 데스크톱을 처음으로 대중에게 선보인 컴퓨터였다. 스티브 잡스는 오리건 소재 리드대학을 다닐 때 캘리그라피(calligraphy, 조형적 차원에서 글씨를 아름답게 쓰는 기술) 수업을 빠지지 않고 들으면서 글씨를 아름답게 쓰는 공부를 하였고 10년이 지나 맥을 설계하는 과정에서 그때 배운 것을 적극 활용하여 아름다운 글자체를 가진 최초의 컴퓨터를 만들어낼 수 있었다.

스티브 잡스의 아이디어들을 잘 살펴보면 ① 역발상의 질문 ② 기술 또는 기업이나 고객에 대한 관찰 ③ 새로운 것에 대한 경험이나 실험 ④ 다른 사람과의 교류를 통해 얻는 중요한 지식이나 기회가 있다는 것이다.

스티브 잡스에서 보는 바와 같이 창조력이란 유전으로 물려받는 것만도, 인지적 스킬만으로 이루어지는 것도 아니다. 오히려 행동 스킬에서 창조적 아이디어가 나온다.[13)]

1) 아이디어에 대한 열정

기업가는 리더십이 있어야 하고 무엇이든 척척 만들어내는 연금술사 같은 능력이 있다고 생각하기도 한다. 하지만 기업가정신은 열정이 기본이며 열정은 몰입에서 비롯되고 몰입은 매료에서 시작한다.

대부분의 기업가는 사업에 대해 잘 알지 못한 상태에서 시작하며 자신의 제품을 좋아하고 이상을 향해 헌신하면서 사업을 구축한다. 따라서 보편적 사업가 유형이란 존재하지 않으며 공통된 특징도 없어서 어떤 특징을 갖고 있으면 사업에서 성공할 가능성이 높다고 단정할 수도 없다. 기업가정신은 가지고 태

13) Jeff Dyer, Hal Gregersen and Clayton Christensen, 송영학 · 김교식 · 최태준 옮김, '이노베이터 DNA', 세종서적, 2012, pp.28~33.

어나는 것이 아니라 키워지는 것이다. 기업을 수행하면서 내면의 도구인 근면, 헌신, 인내, 결단력 등에 의해 기업가로 발전하는 것이다. 기업가는 늘 내면의 도구를 활성화시켜야 하는 데 그 촉매는 다름 아닌 아이디어에 대한 열정이다.[14)]

2) 어린시절 영향

어린이는 칭찬과 사랑으로 원대하게 성장한다. 기업가정신 형성에서도 어린 시절 인격 형성기의 인상적인 경험이 중요한 작용을 한다. 이런 경험들에는 부모의 애정, 자유로운 탐구를 가능하게 하는 자유방임 분위기, 어린 시절의 정신적 충격, 끝없이 바뀌는 일상, 소설 속 영웅에 대한 동경 등 다양한 형태를 가진다.

예를 들면, 어릴 때 위대한 인물로부터 "대단히 크게 될 인물"이라는 소리를 들었다든지, 이모로부터 "앞으로 훌륭한 사업가가 될 거야"와 같은 이야기를 들었을 때 감수성이 예민한 시기에 있는 어린이는 이 같은 가장 단순한 말 한마디에 자아를 형성하는 이미지를 각인시킨다.

어렸을 때 미시간 농장 근처에서 말 없는 수레를 보고 가슴이 뛴 열두 살의 헨리 포드는 너무 놀라 말이 끌던 아빠의 마차에서 뛰어내렸고 '자체의 동력으로 움직이는 탈 것'에 매혹되고 말았다. 50년이 흐른 후에 포드는 그때 자동차의 개념에 홀딱 반해 삶 자체가 변화되었다고 말했다.

리처드 브랜슨의 어머니는 아들이 다가올 인생의 도전에 당당히 맞설 수 있도록 교육시키기 위해 부단히 노력했다. 리처드 브랜슨이 여덟 살 때, 그녀는 아들을 차에 태워 런던 시내를 가로질러 집 반대편에 있는 어느 공원에 내려놓고는 집을 찾아오도록 했다. 닥칠 위험보다는 배우는 것이 더 많을 것이라고 생각했던 것이다. 당초 계획대로 리처드 브랜슨은 어떤 사업도 감당할 수 있는 두려움을 모르는 기업가로 성장했다.

샘 월튼은 고등학교 시절 미식축구의 쿼터백으로 격렬한 경쟁에서도 절대 지는 것을 상상하지 않아야 한다고 배웠다. 샘 월튼의 자서전에는 이런 구절이

14) 사하 & 보비 하셰미 지음, 안기순 역, '나의 첫 사업계획서', ㈜황금가지, 2005.04, pp.17~19.

있다. "고등학교 때 나는 한 번도 지는 추구 경기를 해본 적이 없다. 그리고 그 때의 경험은 나에게 큰 영향을 미쳤다. 나는 항상 승리를 예상해야 한다고 배웠다."

이 모든 사례들은 인격형성기에 겪은 인상적인 경험들이 평생의 목표와 행동을 발전시키는 데 큰 역할을 한다는 것을 말해준다. 그런 경험들은 내재된 열정에 담겨 평생의 업적을 이룩할 수 있도록 도와준다.15)

3) 기업가정신 잉태의 환경적 요소

캘리포니아 주립대의 성격측정과 연구를 위한 연구소에서 30년에 걸쳐 건축가들을 대상으로 실시한 연구에서 어렸을 때부터 높은 수준의 자신감을 보인 실험 대상자들은 부모 중 한 명 이상이 자영업에 종사하는 가정이었다. 또 같은 실험 대상자를 상대로 한 다른 연구에서는 이 사람들이 보다 독립적이고, 자급자족 능력과 모호함에 대처하는 능력이 뛰어난 것으로 나타났다. 반대로 봉급생활자나 다른 사람에게 고용된 부모를 둔 아이들은 기업가적인 모험을 추구하기보다는 어딘가에 고용되기를 원하는 것으로 밝혀졌다.

Gene N. Landrum의 책 'Entrepreneurial Genius'에 수록된 10명의 기업가들 역시 대부분 자급자족 능력을 주입시킨 자영업을 하는 아버지를 두고 있었다. 감수성이 예민한 시기에 최초로 이들의 역할 모델이 되었던 부모들이 생계를 위해 다른 사람에게 의존하는 모습을 보이지 않았던 것이다. 기업가 부모를 둔 사람이 기업가가 될 가능성이 높다는 결과들은 기업가정신이 유전으로 결정된다는 증거가 될 수도 있겠지만, 아직까지는 환경적인 요소가 더 큰 영향을 미친다.16)

15) 김홍길, '기업가정신과 창업경영론', 탑북스, 2014.03, pp.92~93.
16) 김홍길, '기업가정신과 창업경영론', 탑북스, 2014.03, p.94.

〈표 3-3〉 천재 기업가들의 가족 요소

기업가	아버지의 직업	출신 계층	결혼 횟수	초혼 연령	자녀 수
헨리 포드	농부	중하	1	22	1
코코 샤넬	떠돌이 집시	하	0	미혼	-
샘 월튼	농업	중	1	23	4
휴 헤프너	회계사	중	2	23	4
로스 페로	경매인/면화상인	중	1	26	5
마사 스튜어트	판매원	중하	1	19	1
도널드 트럼프	개발업	중상	2	31	4
리처드 브랜슨	변호사	중	2	22	2
제프 베조스	엑슨Exxon 이사	중	1	30	1
마이클 델	치과의사	중상	1	24	4

자료 : 김흥길, 기업가정신과 창업경영론, 탑북스, 2014.03.

4) 기업가적 자질과 IQ의 관련성

IQ는 알프레드 비네(Alfred Binet)에 의해 최초로 고안되었고, 이후 1921년 스턴(Stern)에 의해 지수화 되었다. IQ는 원래 프랑스의 학교에서 보충교육이 필요한 학생을 가려내기 위해 사용한 것이다.

1994년 하버드 대학의 두 심리학자인 헌스타인과 머레이는 「The bell Curve : The Reshaping of American Life by Difference in Intelligence」라는 책에서 IQ가 유전될 수 있고 또 종족별로 차이가 난다고 주장하면서 IQ에 대한 도전장을 내밀고, IQ와 관련된 논쟁을 이끌었다. "아인슈타인과 모차르트 중에 누가 더 똑똑한가?"와 같은 질문은 단순히 IQ 테스트만 하면 쉽게 대답할 수 있는 문제가 된다. 그러나 일부 심리학자들은 과학적 탐구의 영역과 음악 창작은 별개의 재능 또는 지능이라고 주장했다.

하버드대 교수인 하워드 가드너를 비롯한 일부 학자들은 지능이 최소 7개의 다른 부분으로 구성된 '다중 지능'이 존재한다고 보고 창의력이 뛰어난 사람들은 지적 능력보다는 독특한 개성을 갖고 있는 경우가 많으며 야망과 자신감,

일에 대한 열정 면에서 다른 동료들과 구분된다고 하였다.

미국 심리학자인 폴 토런스는 "IQ가 아무리 높아도 창의력과는 거의 관계가 없다. 창의적 재능은 IQ 최하위 점수대에서 고루 발견된다."라고 하며 다중 지능의 개념을 지지한다. 또한, 캘리포니아 주립대학에서 혁신적인 성공에 지능이 미치는 영향을 연구한 프랭크 배런은 "창의력이 필요한 활동을 위해서는 최소한도의 IQ가 필요하다. 그러나 이 최소한도의 IQ는 놀랄 만큼 낮은 수준이며, 이 정도의 지능지수를 갖추고 있는 상태에서는 IQ와 창의력은 거의 관련이 없다."라고 하였다.

뛰어난 기업가들은 IQ가 아인슈타인 수준은 아니더라도 평균 이상의 지능을 갖춘 것은 분명하다. 그러나 그들은 다른 재능을 갖고 있었고, 훗날의 성공에 IQ만 작용하지는 않는 것을 보여 줬다. 학자들 사이에는 115까지의 IQ와 기업가적 재능과는 정적인 상관관계가 있지만 120 이상의 IQ와는 큰 상관관계가 없다는 데 의견의 일치를 보았다. 이 사실은 천재 기업가는 IQ와 큰 상관이 없다는 점을 말해준다.[17)]

2.3 혁신기업가는 무엇이 다른가

머튼 레즈니코프, 조지 도미노, 캐럴린 브리지스 등은 15세부터 22세에 이르는 일란성과 이란성 쌍둥이 117쌍을 대상으로 창조력을 살펴봤다. 열 가지나 되는 창조력 검사결과 일란성 쌍둥이의 30퍼센트만이 창조력을 유전으로 물려받은 것이 확인되었다. 반대로 일반 지능지수(IQ)의 경우에는 쌍둥이들의 약 80~85퍼센트가 유전된 것으로 밝혀졌다. 즉, 지능지수는 선천적으로 물려받는 반면, 창조력은 그렇지 않다는 것이다. 창조력에 관한 한 선천보다 후천인 셈이다.

혁신가들이 태어나는 존재가 아니라 만들어지는 존재라고 한다면 이들은 어떻게 해서 훌륭한 새 아이디어들을 끌어낼 수 있게 되었을까?

---

17) 조혜진 역, Gene N. Landrum, '기업의 천재들, enterpreneurial genius', 말글빛냄, 2006.

제프 다이어, 할 그레거슨, 클레이튼 M, 크리스텐슨은 피에르 오미디야르(이베이), 제프 베조스(아마존닷컴), 마이크 라자리디스(리서치 인 모션), 마크 베니오프(세일즈포스닷컴), 마이클 델(델 컴퓨터), 니클라스 젠스트롬(스카이프), 스콧 쿡(인투이트), 피터 시엘(페이팔), 데이비드 닐먼(젯블루 항공) 등 유명 혁신가들 100명 이상을 인터뷰하는 등 약 500명의 혁신가들과 약 5,000명의 일반 경영자들을 8년간에 걸쳐 비교 연구하여 다섯 가지 발견 스킬이 혁신가와 일반 경영자들의 차이를 가르는 요인으로 나타났음을 확인하였다.

무엇보다도 혁신가들은 '연결하기'라고 부르는 인지적 스킬을 중시하고 있었다. 연결하기는 뇌의 조합 기능이 작용하여 새로운 입력물을 이해하려고 할 때 이루어진다. 혁신가들은 이 연결하기 과정을 통해 전혀 상관없어 보이는 문제나 아이디어를 서로 연결시켜서 새롭게 나아갈 방향을 찾아낸다. 다양한 원리와 분야가 교차하는 지점에서 혁신적 아이디어가 창출되는 것이다. 프란스 요한슨은 이런 현상을 '메디치 효과(medici effect)'라고 불렀다. '메디치 효과(medici effect)'란 르네상스 시대에 메디치 가문이 조각가, 과학자, 시인, 철학자, 화가, 건축가 등 다방면의 전문가들을 불러 모아 후원하면서 창조적 걸작들이 폭발적으로 나온 데서 그 유래를 찾는다.

'연결하여 사고하기'과정은 네 가지 발견 스킬을 통해 촉진되는데 이 네 가지 발견 스킬이 바로 혁신가들의 창조적 아이디어 구축에 원동력이 된다. 특별히 혁신가들이 더 자주 사용하고 있는 네 가지 스킬을 살펴보면 다음과 같다.

1) 질문하기

혁신가들은 질문의 달인이다. 그들은 열정적으로 현상에 질문을 던진다. 스티브 잡스가 "왜 컴퓨터에 팬이 있어야 하는 거지?"하고 질문했던 것이 바로 그 예이다. 혁신가들은 이런 질문을 즐겨한다. "이걸 해보면 어떤 결과가 나타날까?" 스티브 잡스와 같은 혁신가들은 현재 상황을 파악하기 위해 질문하고, 왜 상황이 그렇게 되어야 하는지 질문하며, 어떻게 하면 변화할 수 있는지, 또는 어떻게 하면 파괴할 수 있는지 질문한다. 그러한 질문 덕분에 새로운 통찰력,

연계성, 가능성, 방향성이 확보된다.

2) 관찰하기

혁신가들은 관찰 면에서도 탁월한 능력을 보인다. 그들은 고객, 제품, 서비스, 기술, 조직을 포함해 주변 모든 세계를 세밀하게 살펴본다. 그런 관찰을 통해 통찰력을 얻고 새로운 아이디어를 얻는다. 스티브 잡스가 제록스 파크에서 관찰하는 과정을 통해 매킨토시의 혁신적인 운영체계와 마우스를 개발하고 애플의 OSX 운영 체제를 만들어내는 통찰력을 얻었던 것처럼 말이다.

3) 네트워킹

혁신가들은 배경이나 관점이 아주 많이 다른 다양한 부류의 사람들을 통해 아이디어를 찾고 테스트하는 데 많은 시간과 노력을 기울인다. 단순히 사교적 차원 또는 인맥 차원의 네트워킹보다는 현상에 대해 급진적일 정도로 다른 시각을 내놓을 수 있는 사람들과 대화를 하면서 새로운 아이디어를 적극 찾아 나서는 것이다. 예를 들어 스티브 잡스는 앨런 케이라고 하는 애플 펠로(애플 최고의 엔지니어로 꼽히는 사람에게 붙이는 명예호칭)와 이야기를 나누던 중 "캘리포니아 산라파엘로 가서 이 미친 친구들을 만나보라."는 말을 듣게 된다. 이 '미친 친구들'은 바로 에드 캣멀과 앨비 레이로서 당시 인더스트리얼 라이트 앤드 매직이라는 소규모 컴퓨터 그래픽 사업을 하고 있었다. 이 업체는 조지 루카스 영화의 특수 효과 제작을 맡은 바 있었다. 이들의 사업에 매료된 스티브 잡스는 인더스트리얼 라이트 앤드 매직을 1,000만 달러에 매입하여 픽사로 개명하게 되는데, 나중에 이 업체를 공개할 당시 기업 가치는 10억 달러에 달했다.

4) 실험하기

혁신가들은 끊임없이 새로운 아이디어를 실험하고 연구한다. 실험가들은 지적 능력과 경험을 총동원하여 확신이 설 때까지 주변 세계를 끊임없이 탐구하고 가설을 테스트한다. 새로운 장소를 찾아가 보고, 새로운 일을 시도해 보고,

새로운 정보를 찾아 나서며, 새로운 것들을 배우기 위해 실험한다. 스티브 잡스의 경우, 인도의 수도원에서 명상 생활을 하고 자퇴생 신분임에도 리드대학에서 캘리그라피 수업을 빠지지 않고 듣는 등 평생 새로운 경험을 시도하면서 살았다.[18)]

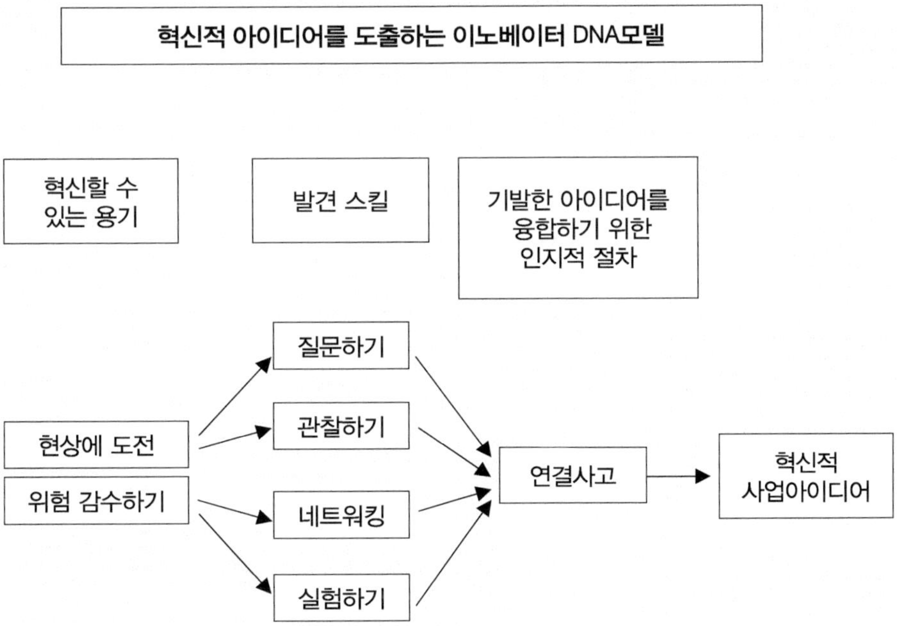

혁신적 아이디어를 도출하는 이노베이터 DNA모델

혁신할 수 있는 용기	발견 스킬	기발한 아이디어를 융합하기 위한 인지적 절차

현상에 도전 / 위험 감수하기 → 질문하기, 관찰하기, 네트워킹, 실험하기 → 연결사고 → 혁신적 사업아이디어

자료 : 제프 다이어 외 '이노베이터 DNA', 송영학 등 옮김, 세종서적, 2012.

〈그림 3-4〉이노베이터 DNA모델

5) 발견 스킬과 실행 스킬

제프 다이어 등은 '비즈니스위크'에서 선정한 상위 100대 혁신기업 최고 경영자들의 다섯 가지 발견 스킬(연결하기, 질문하기, 관찰하기, 네트워킹, 실험하기)과 네 가지 실행 스킬(분석하기, 기획하기, 세부 업무 추진하기, 절도 있게 업무 처리하기)에 대한 백분위 점수를 구하고 이 같은 다섯 가지 백분위 점

18) Jeff Dyer, Hal Gregersen and Clayton Christensen, 송영학. 김교식. 최태준 옮김, 'The Innovator's DNA: Mastering the Five Skills of Disruptive Innovators, 이노베이터 DNA 성공하는 혁신가들의 5가지 스킬', 세종서적, 2012, pp.34~41.

수를 DQ(Discovery Quotient)라고 부른다.

지능지수(IQ)검사가 일반적인 지능을 측정하기 위해 고안되었고, 감성지수(EQ)가 감성적 지능을 측정하기 위해 고안된 것처럼, 발견지수(DQ)는 새로운 사업이나 제품, 프로세스 아이디어를 끌어낼 수 있는 능력을 측정하기 위해 고안했다.

실험결과 혁신적 능력이 뛰어난 기업가는 발견 스킬에서 백분위 점수 88을 얻은 반면 실행 스킬에서는 백분위 점수 56밖에 얻지 못했다. 또한 비창업자 CEO들은 실행 스킬에서는 백분위 점수 80을 받았지만 발견 스킬에서는 겨우 평균을 상회하는 수준(백분위수 62)으로 나타났다. 이 결과를 보면 혁신가들은 발견 능력이 높은 반면 실천능력이 떨어지고, 비창업CEO들은 실천능력은 높은 반면 발견 능력이 떨어짐을 알 수 있다.

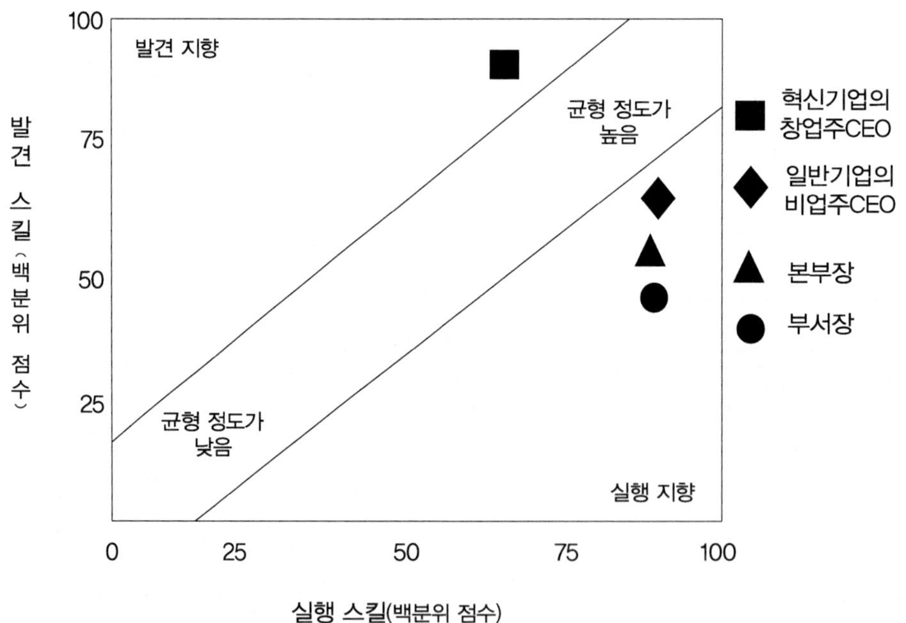

자료 : 제프 다이어 외 '이노베이터 DNA', 송영학 등 옮김, 세종서적

〈그림 3-5〉 발견 - 실행 스킬 매트릭스

성격 진단, 발견 · 실행 스킬, 창업가 자질 진단

실습

나의 성격 진단하기

■ 성격진단표

		전혀 아니다	별로 아니다	중간이다	약간 그렇다	매우 그렇다	점수
1	모르는 사람에게 먼저 말을 건다.						
2	다른 사람이 편안하고 행복한지 확인한다.						
3	그림, 글, 음악을 창작한다.						
4	모든 일을 사전에 준비한다.						
5	울적하거나 우울함을 느낀다.						
6	회식, 파티, 사교모임을 계획한다.						
7	사람들을 모욕한다.						
8	철학적이거나 영적인 문제들을 생각한다.						
9	일이나 물건을 정리하지 않고 어지럽게 둔다.						
10	스트레스나 걱정을 느낀다.						
11	어려운 단어를 사용한다.						
12	타인의 감정에 공감한다.						

■ 다음 수치를 가지고 각 설문에 대한 점수를 기록하시오.

1~6번, 10~12번에 대한 응답점수	7~9번에 대한 응답점수
전혀 아니다 = 1	전혀 아니다 = 5
별로 아니다 = 2	별로 아니다 = 4
중간이다 = 3	중간이다 = 3
약간 그렇다 = 4	약간 그렇다 = 2
매우 그렇다 = 5	매우 그렇다 = 1

■ 다음에 제시된 대로 각 문항 점수를 합해 5대 성격 각각에 대한 자신의 점수를 계산하시오.

성격특성	다음 문항의 점수를 더할 것	자신의 점수				성격 해석
외향성	1번 + 6번				=	
신경성	5번 + 10번				=	
성실성	4번 + 9번				=	
친화성	2번 + 7번 + 12번				=	
개방성	3번 + 8번 + 11번				=	

실습

구분	점수	수준
■ 외향성, 신경성, 성실성	2~4점	낮음
	5~6점	중간
	7~8점	중상
	9~10점	높음
■ 친화성–남성의 경우(다른 남성과 비교할 때)	9점 이하	낮음
	10~11점	중간
	12~13점	중상
	14~15점	높음
■ 친화성–여성의 경우(다른 여성과 비교할 때)	11점 이하	낮음
	12~13점	중간
	14점	중상
	15점	높음
■ 친화성–모든 사람의 경우	10점 이하	낮음
	11~12점	중간
	13점	중상
	14~15점	높음

※ 친화성은 성별로 점수의 의미가 다르다. 남성과 여성을 따로 놓고 볼 때, 최고 점수인 15점을 기록한 비율은 여성은 약16%, 남성은 약 4%로 여성이 상당히 높다.

구분	점수	수준
■ 개방성	8점 이하	낮음
	9~10점	중간
	11~12점	중상
	13~15점	높음

자료 : 대니얼 네틀 지음/ 김상우 옮김, 성격의 탄생 Personality, 와이즈 북

실습

▌발견 스킬과 실행 스킬 점수 테스트 ▌

		1 매우 동의하지 않음	2 별로 동의하지 않음	3 동의도 동의하지도 않음	4 어느 정도 동의함	5 매우 동의함
1	나의 아이디어 관점이 다른 사람들의 관점과 매우 다른 경우가 자주 있다.					
2	나는 내 업무에서 어떤 실수도 하지 않도록 매우 주의를 기울인다.					
3	나는 현상에 도전하는 질문을 정기적으로 한다.					
4	나는 업무를 조직적으로 잘 수행한다.					
5	사람들과 제품이나 서비스와의 관계를 직접 관찰하는 동안 새로운 아이디어가 떠오르는 경우가 자주 있다.					
6	나는 배정받은 업무를 완수할 때 모든 것이 '완전히 제대로' 마무리 되어야 직성이 풀린다.					
7	나는 다른 업종이나 현장, 종목에서 개발된 해결책이나 아이디어를 통해서 내 문제의 해결점을 구하는 경우가 자주 있다.					
8	나는 새로운 프로젝트나 사업으로 뛰어들기 전에 문제가 될 수 있는 모든 면에 대해 주의 깊게 생각한다.					
9	나는 새로운 방법을 찾아내기 위해 자주 실험하는 편이다.					
10	나는 어떤 장애가 있어도 늘 업무를 철저하게 완수하는 편이다.					
11	나는 새로운 아이디어를 찾거나 다듬기 위해 다양한 분야의 사람들(예를 들어 다른 부서, 다른 조직, 다른 업종, 다른 지역 등)과 정기적으로 대화를 나눈다.					
12	나는 목표나 계획을 더 작은 단위로 세분화시키는 능력이 뛰어난 편이다.					
13	나는 새로운 사람들을 만나고 그들이 어떤 문제를 안고 있는지 알아보기 위해 모임(전문 분야뿐 아니라 관계없는 분야까지도)에 참석한다.					
14	나는 업무의 세세한 부분까지 신경 써서 간과되는 부분이 없게 한다.					
15	나는 새로운 트렌드를 적극적으로 파악하기 위한 노력의 일환으로 서적이나 논문, 잡지, 블로그 등을 읽는다.					

실습

		1	2	3	4	5
		매우 동의 하지 않음	별로 동의 하지 않음	동의도 동의 하지도 않음	어느 정도 동의함	매우 동의함
16	나는 내 자신이든 다른 사람이든 결과에 대해 분명하게 책임지도록 하는 편이다.					
17	나는 "이렇게 하면 어떻게 될까?"하고 자주 질문하면서 새로운 분야나 가능성을 탐색한다.					
18	나는 한번 시작한 일이면 혼신의 힘을 다해서 밀고 나가며 끝까지 완수하고 만다.					
19	나는 고객이나 공급처, 다른 조직들이 하는 일을 정기적으로 관찰하면서 새로운 아이디어를 얻는다.					
20	나는 업무 완수를 위해 늘 세부적인 계획을 세운다.					

발견 스킬 또는 실행 스킬 척도	발견 스킬 점수	실행 스킬 점수
	홀수 번호 합계	짝수번호 합계
매우 높은 수준	45점 이상	
높은 수준	40 ~ 45점	
약간 높은 수준	35 ~ 40점	
약간 낮은 수준	29 ~ 34점	
매우 낮은 수준	28점 이하	

자료 : 제프 다이어 등 '이노베이터 DNA' 송영학 등 옮김, 세종서적, 2012.

실습

▌나의 창업가 자질 진단 ▌

창업가 자질 평가표

번호	질문	정말 그렇다	그렇다	그렇지 않다	전혀 그렇지 않다
		4	3	2	1
1	나는 육체적으로나 정신적으로 어떠한 힘든 일도 할 수 있다.				
2	나는 비교적 마음이 평온하다.				
3	나는 사업에 필요한 재능을 가지고 있다고 생각한다.				
4	나는 내가 구상하고 있는 사업에 대해 잘 알고 있다.				
5	나는 창조적인 일을 좋아한다.				
6	나는 모험심이 강하다.				
7	나는 책임감이 강하다.				
8	나는 성실하고 부지런하다.				
9	나는 무슨 일이든 해낼 수 있는 자신감을 가지고 있다.				
10	나는 판단력이 정확하고 결단력이 빠르다.				
11	나는 남에게 지는 것을 싫어한다.				
12	나는 집념이 강한 사람이다.				
13	나는 인덕이 있다거나 인간적인 매력을 가지고 있다는 주위의 말을 자주 듣는다.				
14	나는 기업은 법을 지켜야 하고 사업상 관련된 사람들의 의견을 고려하여 의사결정을 해야 한다고 생각한다.				
15	나는 기업은 사회적인 윤리는 지켜야 한다고 생각한다.				
16	나는 복잡한 일을 잘 정리하고 분석할 수 있다.				
17	나는 직관력과 예측력이 뛰어나다고 생각한다.				
18	나는 기획력이 뛰어나고 치밀하다고 생각한다.				
19	나는 처음 만나는 사람도 그 성격을 빨리 파악할 수 있다.				
20	나는 리더십이 뛰어나다는 소리를 자주 듣는다.				
21	나는 남의 어려움을 잘 해결해 준다.				
22	나는 다른 사람들과 빨리 친해진다.				
23	나는 주위 사람들로부터 넉넉하고 자상한 사람이라는 평을 듣는다.				
24	나는 주위 사람들로부터 여러 가지 창업정보를 수집한다.				
25	나는 남에게 내 주장을 고집하지 않는다.				
계					

실습

창업가 자질 평가 판정표

번호	점수	자질평가
1	84~100점	사업가의 자질이 극히 우수하다.
2	60~83점	사업가의 자질이 비교적 우수하다.
3	48~59점	사업가의 자질이 어느 정도 있다.
4	36~47점	사업가의 자질이 약간 빈약하다.
5	24~35점	사업가의 자질이 상당히 빈약하다.
6	1~23점	사업가의 자질이 극히 빈약하다.

자료: 윤종록 · 김형철 · 김오순 · 강소성, '창업과 경영', 형설출판사. 2006.08.pp.86-87.

Chapter

창업아이디어 도출

제1절 창의적 사고의 원천

1.1 상상과 창의적 발상

창의적 발상은 무한 상상에서 시작되고 무한 상상은 마치 어린아이가 말문을 처음으로 터기까지 수많은 학습이 이루어지는 것과 같이 즐겁고 아름다우며 신기한 것을 비롯해 더럽고 지저분한 것에 이르기까지 수많은 것을 보고 느껴야 영감으로 떠오른다.

이와 관련 스티븐 존슨(Steven Johnson)은 'Where Good Ideas Come From'에서 "새로운 아이디어는 특정한 뉴런 무리가 뇌 속에서 동시에 발화하면 아이디어가 의식 속에서 팡! 하고 터진다. 뉴런이 고작 3개 발화해서는 어떤 통찰도 할 수 없다. 우리의 두뇌에는 약 1천억 개의 뉴런이 있는데, 이 엄청난 수의 뉴런들은 서로 정교하게 연결되지 못하면 아이디어를 만들어내는 데 아무 쓸모가 없다. 평균적인 뉴런 하나는 두뇌 곳곳에 흩어져 있는 다른 뉴런 1천 개와 연결을 맺는다. 그리하여 성인의 두뇌에는 뉴런의 연결이 1백조 개 정도 존재한다. 푸앵카레가 말했듯이 아이디어는 무리를 지어 나타난다. 아이디어는 연

결이 더 가치 있는 유동적 네트워크에서 생겨난다."고 하였다.[1)]

창의란 떠오른 영감을 여기저기 흩어져 있는 것들과 조합하고 연결하여 새로운 사물을 만들어내는 것이다. 이와 관련 스티브 잡스는 "창조력이란 현상이나 사물을 연결시키는 것이다."고 했다. 또한 아인슈타인은 창조적 사고를 '조합 놀이(combinatorial play)'라고 불렀는데 그가 보기에는 서로 다른 요소들의 조합이 '생산적 사고의 본질적 특징'이었다.

세계의 가장 혁신적인 리더들은 아이디어나 지식의 연결이 불가능할 듯한 것들을 포착하여 완전히 다른 개념들을 혼합하고 조합해 낸다. 애플, 아마존, 버진과 같이 유명한 기업의 혁신적 리더들이 하는 일을 보면 자신의 머리에 든 아이디어와 다른 사람들의 머리에 든 아이디어를 서로 접합시키는 일을 잘한다. 철저하게 다른 성격의 아이디어나 물체, 서비스, 기술, 학문들을 연결시켜서 새롭고 기발한 혁신을 이루어내는 것이다.

창조적인 사람들은 실제 자신이 직접 한 것은 별로 없고 그저 뭔가를 보고 자신이 했던 경험들을 연결시키고 조합해서 새로운 것이 나오게 했을 뿐이라고 한다. 이것이 바로 다른 사고 체계를 가진 혁신가들의 모습이다.[2)]

1.2 창의적 발상 환경과 특성

창업아이디어는 우리 일상의 주변에 존재하고 일어나는 것의 관찰에서부터 시작된다. 일상의 관찰을 통해 불편, 불안, 불만, 부족한 점을 발견하여 보다 나은 발전적 생각을 갖게 되면 새로운 발상이 떠오른다.

스티븐 존슨(Steven Johnson)은 "아이디어란 난데없이 만들어지는 것이 아니라 현재 존재하는 '부분들'로부터 만들어지고 시간이 지나면서 확장 또는 수축된다."고 하는 '인접성'을 강조하였다. 또한 "좋은 아이디어는 자유로움이 아

---

1) 스티븐 존슨 지음, 서영조 옮김, '탁월한 아이디어는 어디서 오는가', 한국경제신문, 2012.12, pp.56~272.

2) 제프 다이어 등. 송영학 등 옮김 '이노베이터 DNA'. 세종서적, 2012.01, pp.60~77.

닌 연결, 융합, 재결합을 필요로 하며 개념적인 경계를 가로지르면서 재발명된다."고 했다.[3)]

이와 같이 창의적 발상을 위해 많은 것을 보고 느낄 수 있는 환경과 더불어 창의적 아이디어로 발전할 수 있도록 연결, 융합, 재결합과 같은 훈련과 교육이 필요하다.

창의적 발상과 관련하여 프랑스의 작가 생텍쥐페리(Antoine Marie Roger De Saint Exupery)는 "훌륭한 배 한 척을 만들려거든 사람들을 불러 모아 나무를 해오게 하거나 이런저런 일을 시키려 하지 말고 끝없이 망망한 바다에 대한 동경심을 심어주라."라는 말로 많은 것에 노출되고 꿈을 꾸게 하는 방목형 교육이 필요함을 역설하였다.

기업가정신 또는 창의력에 있어서 대한민국 대표적인 인물로 손꼽히는 정주영 현대그룹 창업주는 어린 시절 옆집에 배달된 동아일보를 보면서 새로운 세상에 눈을 뜨고 꿈을 갖게 되었을 것이며, 이병철 삼성그룹 창업주는 진주와 서울을 오가고 서울 수송초등학교, 중동중학교 그리고 와세다 대학을 다니게 되면서 새로운 문물에 대한 동경을 하게 된 것이 창의력을 갖추게 된 바탕이 됐을 것으로 추론할 수 있다.

창의적인 사람의 성격특성으로는 상상력, 호기심, 모험심 등을 들 수 있는데, 창의적인 사람의 성격특성을 비교한 연구(이화자, 2002)에 의하면 일반인에 비해 모험심, 인내심, 독립심, 자신감, 호기심, 유머, 융통성, 상상력의 특성을 보유하고 있다. 또한 매키논(D. MacKinnon) 등의 경우에도 창의적인 사람들에게서 발견할 수 있는 특성으로 관찰력, 독립심, 유머감각 등을 제시하였다.[4)]

---

3) 스티븐 존슨 지음, 서영조 옮김, 「탁월한 아이디어는 어디서 오는가(Where Good ideas come from」, 한국경제신문, 2012, pp.4-46.

4) 최종열 · 정해주,「벤처창업과 기업가정신」, 탑북스, 2013.09, p.149.

〈표 4-1〉 창의적인 사람들에게서 발견할 수 있는 특성

특성
• 틀에 박힌 양식을 싫어한다.
• 보통 이상의 지능을 가진다.
• 언어 지각력이나 공간 지각력이 높다. 혹은 두 가지 다 높을 수가 있다.
• 기억력과 이해력이 뛰어나고 삶의 경험을 잘 활용한다.
• 예리한 관찰력과 분별력을 가지고 있다.
• 통제를 거부하고 자기표출의 의욕이 강하다.
• 새로운 경험에 대하여 개방적이다.
• 스스럼없이 자신의 감정과 느낌을 잘 표현한다.
• 어떤 일에 대하여 판단하는 것보다는 감지하는 것을 더 선호한다.
• 지성과 감성을 함께 지니고 있다.
• 독립적으로 판단하고 사고하는 경향이 있다.
• 하찮은 일에 무관심하고 의미에 관심을 둔다.
• 도전적이며, 애매하고, 복잡한 일을 좋아한다.
• 유머감각이 뛰어나다.

자료 : 최종열 · 정해주, 「벤처창업가 기업가정신」, 탑북스, 2013.09, p.149.

1.3 창의적 사고를 위한 자세

1) 고독과 사색

창의적인 생각은 긍정적 즐거움에서 발아되기도 하지만 고독과 사색을 통해 심오한 경지에서의 성찰과 몰입에 기초하기도 한다. 김정운 명지대학교 교수는 노는 만큼 성공하며 가끔은 격하게 외로워야 한다고 했다.

이슬람교에는 '라마단(Ramadan)' 기간이 있어 균형 잃은 삶의 방식과 흔적을 돌이켜 보게 만들고 불교에서는 하안거와 동안거 기간을 정해두고 참선을 통해 자신을 돌아볼 시간을 마련한다. 이 같은 것은 스티브잡스가 동양철학에 심취하였던 것을 방증하고 있다.[5]

2) 관찰과 몰입

뭔가를 골똘히 살펴보는 것이 관찰이다. 깊이 있는 관찰을 하다보면 새로운 생각들이 솟아나게 된다. 강신장(2010)은 "창조의 어머니는 '몰입'이다. 뭔가 새로운 세계가 나오려면 몰입을 해야 한다. 몰입의 어머니는 '생각'이며, 생각의 어머니는 '관찰'이다. 루트번스타인(Root-Bernstein)은 '생각의 탄생(spark of genius)'에서 '관찰'이 생각의 출발점이라고 결론지었다. 무언가를 바라보다가 남들이 보지 못한 것을 보았을 때, 남다른 것을 보았을 때, 새로운 생각을 할 수 있게 된다는 것이다. 즉 관찰 → 생각 → 몰입→ 창조로 이어진다."고 했다.

창조를 만드는 두 가지 원천은 '아픔을 들여다보는 힘'과 '기쁨을 보태는 힘'이다. 아픔은 섬세한 사람만이 들여다볼 수 있는 특권이다. '선수'들은 아픔을 찾기 위해 노력하고, 남들이 보지 못한 아픔을 찾아내면 "심봤다!"를 외친다. 아픔이 바로 창조의 씨앗이기 때문이다. 두 번째 키워드인 '기쁨을 보태는 힘'은 한 세계에서 다른 세계를 가져다 뒤섞어야 한다. 여기서 '융합'이라는 키워드가 나온다. 인문학이 중요한 이유는 '아픔과 기쁨'에 대한 섬세함을 높여준다는 데 있다. 인문학은 우리가 무심히 보아왔던 것들 속에서 아픔과 기쁨을 찾아내고, 나아가 위로와 치유의 실마리를 제공해 준다.[6]

IDEO의 설립자 데이비드 켈리의 동생이며 IDEO의 공동대표인 톰 켈리는 'The Art of Innovation'에서 "눈으로 보고 귀로 듣는 것은 제품을 혁신적으로 개선하거나 만들어내는 첫걸음이다. 이노베이션은 눈에서 시작한다. 주의 깊게 관찰하기 시작하면 여러 가지 통찰과 기회를 얻을 수 있다."고 관찰의 중요성을 강조했다.[7]

---

5) 강신장, "오리진이 되라", 쌤앤파커스, 2010.05, p.241.
6) 강신장, "오리진이 되라", 쌤앤파커스, 2010.05, pp.53~71.
7) 톰 켈리 · 조너선 리트먼 지음, 이종인 옮김, '유쾌한 이노베이션', 세종서적, 2016.08, p.43.

3) 융합적 · 인문학적 사고

모든 창조는 융합의 산물이다. 융합에는 퓨전과 통섭의 두 종류가 있다. 같은 장르 안에서 일어나는 융합은 '퓨전(fusion)'이라 한다. 동양음악과 서양음악을 합치면 퓨전음악, 다른 종류의 음식을 융합하면 퓨전음식이다. 한편 다양한 지식의 세계에서 일어나는 융합은 '통섭(consilience)'이다. 인문학적 지식과 사회과학적 지식이 합쳐져 진리에 대한 해석력이 강력해지고 새로운 차원의 창조를 가능하게 한다. 이것이 최근 각광받고 있는 지식의 융합인 통섭의 세계다.[8)]

인류는 지금 200년이 넘도록 완전히 다르고 전혀 관련이 없었던 것들을 물리적으로 결합(linking, bonding, combination)하고, 화학적으로 융합(convergence)하는 경쟁에 돌입했다. 누가 더 빨리 더 창조적으로 결합, 융합해 새로운 상품으로 재탄생시키느냐가 생존과 승리를 가름할 것이다. 지식의 융합(united information, united knowledge), 기술의 융합(united technology), 산업의 융합(united business), 문화의 융합(united culture), 도시의 융합(united city), 가상과 현실 공간의 융합(united space), 민족의 융합(united nation)이 일어나면서 기존 경계들을 파괴할 것이다.[9)]

미래를 만드는 것은 기술이 아니다. 기술은 현재와 다른 새로운 변화의 가능성을 만든다. 수많은 미래 변화 가능성 중에서 사람이 무엇을 선택하느냐에 따라 미래가 만들어진다. 인문학은 바로 '사람의 정신'과 '사람의 연결(사회)'에 관한 지식이기도 하다. 따라서 인문학적 훈련을 통해 통찰력, 상상력, 연결력의 세 가지 능력을 길러야 한다.

통찰력은 현상 이면을 꿰뚫어 보고 변화의 흐름을 간파하는 능력이다. 스토리도 상상력이다. 새로운 미래를 창조할 정도의 감동적 상상력은 스토리를 통해 표현된다. 사람들은 가장 크게 감동을 주는 가능성을 미래로 선택한다. 따라서 사랑, 성공, 미래 희망과 판타지를 가장 잘 보여주는 스토리로 포장된 기

---

8) 강신장, "오리진이 되라", 쌤앤파커스, 2010.05, pp.53~105.

9) 최윤식, '2030대담한 미래2', 지식노마드, 2014, p.202.

술이 인간의 선택을 받는다.

미래 시장을 지배하는 제품을 만들려면 기술은 숨기고 스토리를 드러내야 한다. 기술은 사람의 정신을 파고들기 어렵다. 사람의 정신을 파고드는 것은 스토리다. 연결은 상상력을 확장하는 방법이기도 하다. 미래로 갈수록 현실에서 사람과 사람을 연결하고 가상에서 사람과 사람을 연결하고 가상의 사람과 현실의 사람을 연결하며 인공지능과 인간지능을 연결하게 된다.

이를 통해 인간은 개인적인 뇌의 용량과 사고의 한계를 극복할 수 있는 거대한 뇌를 만들어 상상력을 계속 확장해 갈 것이다. 이러한 이유로 미래에는 사람에 대한 지식인 인문학이 ICT와 더불어 모든 산업의 근간이 될 것이다.[10)]

4) 영감과 기록

창조적 아이디어를 위해서는 수시로 떠오르는 영감(inspiration)을 그때그때 기록해 두는 습관이 필요하다. 이렇게 마구잡이로 기록(jot)해 둔 영감들을 이렇게도 해보고 저렇게도 해봐서 창의적 아이디어로 발전시키는 것이다.

떠오르는 영감을 기록해 두기 위해서는 항상 펜과 메모지를 가지고 다니는 습관이 필요하다. 메모지가 없다면 휴대전화 메모란에 기록하는 것도 유용한 활용법이다.

국산 신발 브랜드인 트렉스타 권동칠 사장의 경우 자서전인 '완주의 조건, 열정으로 갈아 신어라.'에서 아이디어 착상과 사업 성공의 관건으로 메모의 중요성을 강조하고 있다.

---

10) 최윤식, '2030대담한 미래2', 지식노마드, 2014, pp.213-214.

Memo

■ **메디치 효과(Medicei Effect)**

혁신적 아이디어는 다양한 경험이 교차하는 지점에서 꽃을 피운다. 예로부터 위대한 아이디어는 문화와 경험의 교차로에서 나왔다. 우리의 경험들이 다양하게 만나면 만날수록 놀라운 조합이 일어날 가능성도 그만큼 커질 것이다. 혁신가들은 다양한 경험들이 꽃피우고 새로운 아이디어가 샘솟게 하는 교차로로 일부러 뛰어 들어간다. 프란스 요한슨은 '메디치 효과'라는 용어를 만들어 기발한 아이디어들이 결합하여 매우 놀라운 결과가 생산되는 지리적 공간이나 시장 공간에서의 현상을 설명하려고 했다.

예를 들면 역사가들은 8세기에서 13세기까지의 이슬람 세계를 이슬람의 '르네상스' 또는 '황금기'라고 부른다. 이탈리아의 르네상스가 발흥하기 수세기 전부터 바그다드는 무슬림 최고의 학자들을 끌어들였다. 카이로, 다마스커스, 튀니스, 코르도바도 학문의 중심지였다. 이슬람 탐험가들은 이미 알려져 있던 세계뿐만 아니라 서구 지중해 지역에서 동쪽 멀리 인도에 이르기까지 다국적 상인들의 주요 교류지 역할도 함께 담당했다. 이 이슬람의 르네상스를 통해 상당한 혁신들이 이루어졌는데, 그중 상당수가 현재에도 남아있다. 립스틱의 중요원리와 성분, 자외선 차단제, 온도계, 에탄올, 겨드랑이 냄새 방지제, 치아 미백법, 어뢰, 방화복, 공익신탁제도도 그중 일부이다.

메디치 효과는 이슬람과 이탈리아의 르네상스 시대 때 일어났지만, 현대의 세계 많은 지역에서도 여전히 그 현상을 볼 수 있다. 예를 들면, 1960년대의 실리콘밸리는 실리콘, 즉 규소와 전혀 무관한 곳이었다. 그런데 1970년대에 이르면서 모든 것이 변화하여 1970년대부터 1990년에 걸친 30여 년의 르네상스기 동안 기술 혁신이 꽃을 피웠다.

메디치 효과는 '아이디어 컨퍼런스'라고 하는 곳에서도 성행하고 있다. 다보스(Davos) 세계 경제 포럼 연례 모임, 아스펜(Aspen) 아이디어 페스티벌, TED(Technology Entertainment and Design, 기술 엔터테인먼트 및 디자인) 컨퍼런스 등에서 다양한 분야의 사람들이 함께 뭉쳐서 아이디어와 관점을 나누는 기회를 갖고 있는 것이다. 혁신가들은 TED같은 곳을 자주 다닐 뿐만 아니라 자기 머릿속에 자신만의 TED를 그리면서 직접 메디치 효과를 끌어내려 한다. 그들에게 TED 같은 컨퍼런스는 생활 속에서 이미 해오고 있던 질문하기, 관찰하기, 네트워킹, 실험하기를 더욱 활성화시키는 곳이다.

자료 : Jeff Dyer, Hal Gregersen and Clayton Christensen 지음, 송영학 · 김교식 · 최태준 옮김, 'The Innovator's DNA : Mastering the Five Skills of Disruptive Innovators, 이노베이터 DNA 성공하는 혁신가들의 5가지 스킬', 세종서적, 2012, pp.66~69.

5) 생생한 꿈과 원대한 꿈

꿈이 없는 사람은 늙은 노인과 같다. 꿈이야 말로 창조적 발상의 첫걸음이다. 작가 이지성은 '꿈꾸는 다락방'이라는 저서에서 R=VD(Realization, Vivid, Dream) 라고 하여 생생하게 꿈을 꾸면 꿈은 이루어진다고 하였다.

창조적 아이디어를 고안해 내려면 원대한 꿈을 꾸어야 한다. 원대한 꿈을 꾸게 하는 대표적 용어가 'Moon Shot Thinking'이다. 이 용어는 미국의 제35대 대통령 존 F. 케네디가 1962년 6월 12일 라이스 대학교에서 금세기 내에 달에 가는 것에 도전하겠다고 선언하고 실제 1969년 7월 20일 아폴로 11호가 달에 착륙하게 됨으로써 원대한 꿈을 실현하기 위한 용어로 알려졌다.

"We choose to go to the moon in this decade and do the other things, not because they are easy, but because they are hard. Because that goal will serve to organize and measure the best of our energies and skills, because that challenge is one that we're to accept, one we are unwilling to postpone, and one we intend to win and the other, too."

-- 1962. 6. 12 Rice University in Houston, Texas John Fitzgerald Kennedy
That's one small step for a man, one giant leap for mankind.
-- 1969. 7. 20 오후 4시 17분 40초 1969.7.16. Cape Kennedy 발사

Memo

■ **새로운 생각을 얻을 수 있는 최적 장소**

혁신가들은 오랜 기간 실눈하기, 관찰하기, 네트워킹, 실험하기를 적극적으로 수행하면서 아이디어를 대량 축적하고 난 후, 놀랄만한 연결을 도출해 내는 경우가 많다. 또 편안한 상태나 방해받지 않는 상태, 또는 문제해결을 위해 '노력'하지 않고 있는 순간(연구자들은 이것을 '주의 이탈'이라고 표현한다)에 새로운 아이디어를 떠올리는 경우도 적지 않다.

오히려 특정 문제에 대한 해법을 찾기 위한 회의를 하면서 생각이 온통 그곳에 집중해 있는 동안에는 혁신적 아이디어가 거의 생기지 않는다. VM웨어의 공동 창업자인 다이앤 그린의 경우는 '샤워 부스'가 새로운 아이디어 찾는 데 최적의 장소라고 한다. 사실 젯블루와 아줄의 창업자 데이비드 닐먼, 캠퍼스 파이프라인과 엔엑스라이트의 창업자 제프 존스를 비롯해 우리가 인터뷰했던 혁신가들 대부분이 '샤워 부스'를 최적의 아이디어 장소로 자주 꼽았다.

산책이나 드라이브 중, 한밤중에, 혹은 휴가 중에 새로운 아이디어를 얻는다고 답한 혁신가들도 있었다. 펩시코의 CEO인 누이가 그 예에 속한다. 베니오프는 돌고래들과 수영하는 동안에 세일즈닷컴에 관한 영감을 얻은 경우이다. 그린은 샤워 부스 외에도 혼자서 배를 탈 때 최상의 연결 작업을 하게 된다고 귀띔해 주었다. 그녀는 어려서부터 이런 경험을 해왔다고 했다. "아이디어가 샘솟아 나올 수 있는 공간을 가지면 창조력이 더 생기게 돼요. 아이디어는 생각하는 시간을 오랫동안 갖고 시각도 폭넓게 가질 때 생길 수 있어요." 그린의 설명이다.

아무것에도 방해받지 않고 편안한 상태에 있을 때에야 창조적 아이디어가 생기는 법인데, 한 가지 문제를 집중적으로 파고드는 데 시간을 너무 많이 쓴다는 것이 문제이다. 문제를 풀려고 아무리 노력해도 안 된다면 차라리 잠자리에 드는 것이 낫다. 하버드 대학교의 연구자들에 따르면, 수면은 문제 해결에 큰 도움이 된다고 한다. 판에 박힌 생각에서 헤어나지 못할 때는 잠을 자면서 충분히 시간 여유를 두고 문제를 바라보는 것이 좋다. 수면을 취하면 연관성이 없어 보이는 것들을 연결시켜서 대단한 아이디어를 얻을 가능성이 평균 33퍼센트 향상된다고 한다.

자료 : Jeff Dyer, Hal Gregersen and Clayton Christensen, 송영학 · 김교식 · 최태준 옮김, 'The Innovator's DNA: Mastering the Five Skills of Disruptive Innovators,이노베이터 DNA 성공하는 혁신가들의 5가지 스킬', 세종서적, 2012, pp.84~86.

〈표 4-2〉 창조적 발상 자세

• 많은 것을 보고 느껴라. - 뭔가를 봐야 새로운 것에 대한 동경을 하게 된다.
• 모든 사물에 흥미를 가져라. - 흥미는 관심과 관찰을 위한 첫 걸음이다.
• 모든 사물을 유심히 관찰하라. - 스쳐 지나가지 말고 골똘하게 생각하고 몰입하는 것이 중요하다.
• 관찰을 하며 '왜'라는 의문점을 계속 품어라. - 의문점을 갖다보면 불편 · 불안 · 불만스러운 것들이 들춰내진다.
• 왁자지껄한 것이 아닌 혼자만의 시간을 가져라. - 고독에서 성찰과 새로운 생각이 샘솟는다.
• 떠오른 아이디어는 메모하는 습관을 길러라. - 메모된 영감을 요래조래 만지작거리다보면 새로운 탄생으로 이어진다.
• 생생하고 원대한 꿈을 꾸어라. - 꿈이 있으면 새로운 세계가 열린다.
• 인문학적 · 융합적 사고를 길러라 - 기술은 인문학 바탕 위에서 이루어진다.
• 창조적 괴짜와 어울려라. - 창조적 사고의 깊이가 더해진다.
• 무엇을 남길 것인지를 생각해 보라. - 인류를 위해 무엇을 남길 것인가? 이것이 기업가정신이다.

1.4 창업아이디어의 원천

창업아이디어의 원천과 관련하여 스티븐 존슨(Steven Johnson)은 다음과 같이 말한다. 생명체가 없는 지구는 암모니아, 메탄, 물, 이산화탄소, 약간의 아미노산, 기타 간단한 유기화합물 등 기본적인 분자들이 대부분을 차지하고 있었다. 이 분자들 각각은 원시 수프 속에서 한정된 수의 변형을 하고 다른 분자들과 한정된 수의 교환을 했다. 예를 들어 메탄과 산소가 결합해 포름알데히드와 물을 만들었다. 해바라기를 구성하는 원자요소들은 생명체가 등장하기 전에 지구상에 있던 것과 똑같은 것들이지만 그 환경에서 해바라기를 만들어낼 수는 없다. 해바라기는 그 후 수십억 년 뒤에야 가능해진 일련의 혁신들을 통해 만들어지기 때문이다. 태양 에너지를 받아들이는 엽록체, 식물의 몸속에서

에너지를 순환시키는 관다발 조직, 해바라기를 만드는 유전자를 다음 세대로 전하는 DNA분자 등을 통해 해바라기가 탄생한 것이다. 과학자 스튜어트 카우프만(Stuart Kauffman, 1939~)은 이러한 1차적 결합들을 '인접 가능성(adjacent possible)'라 부른다.

생명체의 역사와 인류문화의 역사는 인접가능성의 점진적이면서도 끈질긴 탐색의 이야기라 할 수 있다. 그곳에서는 모든 혁신이 탐구해야 할 새로운 길을 열어준다.

웹은 역사상 그 어떤 통신 기술보다도 훨씬 더 빠르게 인접 가능성을 탐구해 왔다. 1994년 초에 웹은 글자들로 이루어진 페이지들이 하이퍼링크로 연결된 것이다. 즉 텍스트만으로 이루어진 매체였다. 그러나 몇 년 만에 그 가능성의 공간이 무한히 확장되기 시작했다. 웹은 금융 거래를 할 수 있는 매체가 되어 쇼핑몰이 되었고 경매장이 되었고 카지노가 되었다. 곧 웹은 진정한 쌍방향 매체가 되어 다른 사람들의 글을 읽는 것만큼 자신의 글을 써서 올리는 일도 쉬워졌다. 그래서 그때까지 이 세상에 존재한 적이 없었던 형태들이 탄생했다. 사용자가 직접 만드는 백과사전과 블로그, 소셜네트워크 등이 그것이다. 유튜브는 웹을 지구에서 가장 영향력이 큰 동영상 전달 메커니즘 가운데 하나로 만들었다. 그리고 디지털 맵들은 지도 제작에서 대혁명을 일으키고 있다.

좋은 아이디어는 난데없이 만들어지는 것이 아니다. 좋은 아이디어는 현재 존재하는 '부분들'로부터 만들어지고, 구성 요소들은 시간이 지나면 확장되고 때로는 수축한다.[11)]

Koller는 사업아이디어의 개발이 ① 사업을 의도적으로 찾았다기보다는 우연히 인지하거나 ② 사업동료, 친척, 사회적 접촉 등 자신보다는 외부로부터 인지하는 경우 ③ 자신의 이전 직업분야에서 사업기회를 찾는 즉, 사업을 자신의 경험을 활용할 기회로 인식하여 매력적으로 인지한다고 하였다.

베스퍼(Karl H. Vesper)는 좋은 아이디어를 가지게 된 사람은 아이디어를 얻

11) 스티븐 존슨 지음, 서영조 옮김, '탁월한 아이디어는 어디서 오는가', 한국경제신문, 2012.12, pp.40~46.

게 되는 계기가 평범한 삶, 생활속에서 우연히 발견되며 오히려 열심히 아이디어를 찾는 사람은 대부분 실패로 끝난다고 하였다.

〈표 4-3〉 Inc. 창업자들의 사업기회 출처 I

유형	내용
외부로부터의 권유 invitation as an idea source	지인이나, 거래처 등 외부로부터 초대성 제안이나 부탁의 형식에 의함
이전 직장의 경험 venture ideas from prior employment	직장 이직 또는 spin-off 창업형태로 이전 직장업무와 관련 아이디어를 얻는 경우 * 쿠퍼(Cooper)는 기술창업 85%가 이러 형태라 함
권리의 획득 obtaining rights	특허나 실용신안 등 산업재산권의 획득 또는 라이센싱에 의해 사업화하는 계기
자기 사업과의 관련 self-employment as idea sources	사업을 진행하면서 또 다른 사업의 기회를 갖는 경우 ① 옆길효과(side-street effect) : 골목길에서 새로운 길이 보이는 경우와 같이 사업을 진행하는 과정에서 연관된 사업을 발견하거나 기회를 인지하여 창업 또는 확장하는 효과 ② 통로원리(corridor-principle) : 창업기업가로 하여금 전에는 보지 못하고 활용할 수 없었던 또 다른 사업기회를 인식하게 한다는 원리 * Polaroid의 애드 윈(Edwin Land)은 맞은편 차량의 광선을 차단하기 위해 자동차의 폴라로이드 된 앞 유리와 전조등을 개발하려고 하다가 오히려 카메라 사업에서 성공한 경우
취미 idea from hobbies	자신이 좋아서 하던 취미를 남에게 소개하거나 지도하다가 사업으로 발전하는 경우 * 미국의 '마사 스투어트 리빙 옴니미디어(MSLO)'의 창업자인 마사 스튜어트는 자기 집에서 작은 캐이터링 사업을 시작하여 10억 달러 규모의 초대형 기업으로 성장
사회적인 접촉 ideas from social encounter	다양한 사회활동의 정보교류를 통해 아이디어를 확보하는 경우 * 전문가 집단인 교수, 회계사, 변호사, 벤처캐피탈리스트 등과의 교류를 통해 특허 라이센싱 기회나 매각기업 등에 대해 정보 입수
일상생활의 관찰 pedestrian observation	주변상황에 대하여 단순한 관찰만으로도 사업아이디어를 창출
의도적인 탐색 deliberate search	일하는 방식이나 삶의 방식을 개선할 수 있도록 '왜'라는 의문을 통해 지속적으로 아이디어를 탐색하는 경우 * 신제품 전시회, 아이디어 경진대회, 언론보도, 트렌드 조사나 연구 등을 통해 정보획득

자료 : 최종열 · 정해주, '벤처창업과 기업가정신', 탑북스, 2013.09, pp.171~174.

John Case는 고속성장기업 500개를 대상으로 아이디어 원천을 조사한 결과 근무활동으로부터가 47%, 기존제품이나 서비스의 개선 가능성을 확인하여가 15%, 틈새를 확인한 경우가 11%, 기타의 경우가 16%로 확인하였다.[12)]

창업관계 잡지인 인크(Inc.)는 1989년에 성장형 창업회사들 500개를 선정해 창업아이디어 출처에 대하여 조사한 바가 있다. 43퍼센터나 되는 창업자들이 창업기회를 동일한 산업에 일해 본 경험에 의하여 얻게 되었다고 밝히고 있다.

〈표 4-4〉 Inc. **창업자들의 사업기회 출처 II**

(조사대상수 500개)

기회 출처	비율
동일 산업에서 일하는 동안 아이디어를 얻다	43
다른 사람이 하는 것을 보았고, 나는 더 잘할 수 있다고 생각했다.	15
소비자 시장에 충족되지 않은 구석을 보았다.	11
사업기회를 체계적으로 탐색하였다.	7
설명하기 아주 어렵다.	5
취미생활이나 여가생활에서 기회를 얻었다.	3
기타	16
합계	100%

자료 : 조병주 역, Karl H. Vesper, '기회발견과 창업메카닉스', 청아출판사, 1999, p.75.

또한 쿠퍼(Amold C. Cooper)와 두 명의 동료가 미국 독립사업전국협회(Nation Federation of Independent Business)의 회원 2,994명을 대상으로 사업아이디어의 원천을 조사한 결과에서도 이전의 일이 가장 높게 나타났다. 이들 연구자들은 조사대상을 이미 사업을 종식한 집단, 팔아버린 집단, 계속 생존하고 있는 집단으로 나누어 아이디어의 원천을 분석하였는데, 각 집단에 따라 조금씩 차이가 있을 뿐 매우 비슷한 결과로 나타났다.

12) 최종열 · 정해주, '벤처창업과 기업가정신', 탑북스, 2013.9, pp.171~174.

〈표 4-5〉 NFIB 창업자들의 사업 아이디어 출처

출처	사업중단	매각	생존	전체표본
이전의 일	42	38	43	43
취미/개인관심	18	16	18	18
행운의 사건	10	13	10	10
타인의 제안	9	12	7	8
교육/과목이수	6	3	6	6
가족장사	5	5	6	6
친구/친척의 활동	6	6	5	5
기타	4	7	5	5
합계	100%	100%	100%	100%

자료 : 조병주 역, Karl H. Vesper,'기회발견과 창업메카닉스', 청아출판사, 1999, p.75.

제2절 창업아이디어 도출

2.1 창의적 발상 기법

1) 줌인 · 줌아웃 기법

창의적 발상을 위해서는 세심한 관찰이 필요한 것은 더 말할 필요가 없다. 그러나 한 발짝 물러나서 전체를 조망하게 되면 새로운 아이디어와 문제점이 발견되기도 한다. 이 말은 숲속만 보지 말고 숲도 살펴보라는 의미와 같다. 이러한 관찰 사고를 두고 Jeff Dyer 등은 줌인 · 줌아웃(zooming in and zooming out)이라고 했다.

혁신적 기업가들은 어떤 일을 깊이 있게 파고들어 그 내용을 속속들이 알아냄과 동시에 그 일을 멀찌감치 떨어져 바라보면서 세부적인 것들을 조합해 더 큰 그림을 그리는 상반된 성격의 일을 동시에 처리할 수 있는 능력을 자주 보여준다. 이 두 가지 시각을 하나로 묶으면 놀라운 연결로 이어지는 경우가 많다. 니클라스 젠스트롬(스카이프의 공동 창업자)은 줌인 · 줌아웃 기법을 자신의 경험에 비추어서 설명하고 있다. "좀 옆으로 물러나 생각해 볼 필요가 있습니다. 그러면 동시에 진행되고 있는 서로 다른 성격의 일들을 포착해서 함께 엮어내는 능력이 필요합니다. 예를 들면, 큰 그림을 보면서 동시에 세세한 부분에 대해서까지 감상할 수 있어야 한다는 것입니다. 그렇게 되면 아주 고차원적인 일들로 정말 세밀한 부분까지 파악할 수 있게 되죠. 이것도 종종 좋은 연결 방법이 됩니다."

스티브 잡스도 줌인 · 줌아웃 기법의 달인이었다고 해도 과언이 아니다. 최초의 맥 컴퓨터를 디자인할 때의 일이다. 플라스틱 부분 마감 처리 문제 때문에 모두가 쩔쩔매고 있었다. 그런데 잡스는 백화점에 다녀온 뒤 이 문제를 일거에 해결해 버렸다. 백화점에 가서 각기 다른 플라스틱 용품들을 세세한 부분까지 관찰하던 끝에 퀴진아트의 조리 기구를 찾아냈는데, 거기에 맥의 케이스로 잘 어울리는 플라스틱이 들어가 있었던 것이다. 잡스는 제품 디자인과 관련해 새로운 아이디어를 얻고 싶을 때면 회사 주차장으로 내려가 각기 다른 차량들을 살펴보다 벤츠의 테두리를 자세하게 들여다본 끝에 강철 케이스 디자인이 가지고 있던 문제를 해결하기도 했다.

잡스는 줌인 법뿐만 아니라 줌아웃 법에도 능통해서 서로 다른 업종간에서도 전혀 예상치 못한 교류가 있다는 것을 감지해 낼 수 있었다. 예를 들면 픽사를 매입하여 10년 넘게 경영하는 동안 잡스는 미디어산업에 대해 컴퓨터 업계에 처음 뛰어들었을 때와는 완전히 다른 시각을 갖게 되었다. 이러한 시각으로 그는 애플로 복귀했을 때 더욱 강력한 아이디어를 끌어낼 수 있었다. 픽사 영화의 배급권과 수입을 놓고 수년 동안 디즈니 경영진과 직접 협상을 벌이면서 쌓은 아이디어와 경험은 후에 인터넷 기반 음악 배급 관련 해법을 찾는 데 큰 도움이 되었다. 다른 컴퓨터 회사나 MP3 플레이어 회사들의 최고 경영진에서는 찾지 못한 방법이었다. 그가 픽사에서 쌓은 경험은 서로 다른 업종끼리도 연결될 수 있다는 폭넓은 시각을 갖게 함으로써 아이튠즈, 아이팟, 아이폰,

아이패드와 같은 시장 판도를 바꿔놓는 아이디어들을 폭풍같이 쏟아낼 수 있었다.[13)]

2) 레고 사고 기법

레고(lego)는 덴마크어로 레그 고트(leg godt, 잘 논다)에서 붙여진 이름이다. 목수 출신 올레 키르크 크리스티얀센(Ole Kirk Christiansen)이 1932년에 세운 장난감 회사로서 회사 이름과 상품 브랜드가 동일하다. 플라스틱 블릭스(plastic bricks)를 이용해 자유자재로 집, 자동차, 선박 등의 모형을 만들며 꿈을 펼칠 수 있어 어린이는 물론 어른들에게도 인기 있는 장난감이다.

혁신가들에게 공통점이 하나 있다면 그것은 아이디어 수집을 좋아한다는 것이다. 마치 레고 모으는 것을 좋아하는 어린아이들 같다. 노벨상 수상자인 라이너스 폴링은 “좋은 아이디어를 얻는 최고의 방법은 많은 아이디어를 모으는 것”이라고 했다. 에디슨은 평생 3,500권의 아이디어 노트를 기록했으며 기간을 정해서 그 기간마다 발명 아이디어를 낸다는 목표를 정해놓고 실천했다. 버진그룹의 리처드 브랜슨도 어디를 가든 누구를 만나든 아이디어를 기록하는 데 열정적인 인물이다.

수집한 아이디어는 질문, 관찰, 네트워킹, 실험, 연결을 통해 새롭고 기발한 아이디어로 탄생한다. 혁신가들 중에 완전히 새로운 것을 발명한 사람은 거의 없다. 수집한 아이디어들을 조합해 새로운 것을 시장에 내놓았을 뿐이다. 혁신가들은 질문하기, 관찰하기, 네트워킹, 실험하기를 통해 머릿속에 더 크고 풍성한 아이디어를 천천히 쌓는다. 아이디어를 축적하면 축적할수록 새로운 지식을 조합하여 기발한 아이디어를 창출해 내는 능력도 향상된다.

혁신 디자인 기업인 IDEO가 최소한 한 분야에 뛰어난 전문성을 갖고 있는 동시에 다방면에 폭넓은 지식을 갖고 있는 사람들을 채용하려고 하는 것이 바로 그런 이유 때문이다. IDEO는 이런 사람을 'T자형 인재'라 부르는데, 이 유형

---

13) Jeff Dyer, Hal Gregersen and Clayton Christensen, 송영학 · 김교식 · 최태준 옮김, The Innovator's DNA: Mastering the Five Skills of Disruptive Innovators, 이노베이터 DNA 성공하는 혁신가들의 5가지 스킬', 세종서적, 2012, pp.78~80.

은 한 가지 분야에서 뛰어난 전문성을 가지고 있지만 여러 다른 분야에 대해서도 지식을 얻으려고 적극적인 노력을 기울인다. 이와 같은 유형의 사람은 두 가지 방법으로 혁신적인 연결을 성공시키는데, 하나는 다른 분야의 아이디어를 자신의 전문 분야로 흡수하는 방법이고, 또 다른 하나는 자신의 전문 분야의 아이디어를 아는 바가 깊지 않아 현재 탐색하고 있는 다른 여러 분야 가운데 하나로 흡수시키는 방법이다.14)

혁신가에게는 질문하기가 습관이다. 질문하기는 관찰하기, 네트워킹, 실험하기의 창조적 촉매이다. 혁신가들은 더 잘 이해하기 위해 많은 까다로운 질문을 던진다. 현상에 도전하는 질문을 하기도 하고, 특별한 집중력과 빈도로 기존의 것들을 위협할 만한 질문을 던지는 때도 많다.

질문은 창조적 사고의 배양기이다. 아인슈타인은 이 사실을 오래전에 알고 있었기에 때문에 "올바른 질문만 할 수 있다면… 올바른 질문만 할 수 있다면…"하고 주문을 외듯 말했다. 이 까닭에 "문제를 정확하게 설명하는 것이 해답을 내는 것보다 더 중요하다."며 질문들을 자꾸 제기하면서, 문제를 풀려면 "창조적 상상력이 요구된다."고 했던 그의 말이 전혀 이상하게 들리지 않는다. 피터 드러커도 「경영의 실제(The Practice of Management)」에서 "올바른 답이 아니라 올바른 질문을 찾는 것이 어렵고도 중요한 일이다. 잘못된 질문에 올바른 대답을 하는 것만큼 무용한 것도 없다."고 간파할 정도로 도발적인 질문이 갖는 힘을 인정했다.15)

---

14) Jeff Dyer, Hal Gregersen and Clayton Christensen, 송영학 · 김교식 · 최태준 옮김, 'The Innovator's DNA: Mastering the Five Skills of Disruptive Innovators, 이노베이터 DNA 성공하는 혁신가들의 5가지 스킬', 세종서적, 2012, pp.80~83.

15) Jeff Dyer, Hal Gregersen and Clayton Christensen, 송영학 · 김교식 · 최태준 옮김, 'The Innovator's DNA: Mastering the Five Skills of Disruptive Innovators, 이노베이터 DNA 성공하는 혁신가들의 5가지 스킬', 세종서적, 2012, pp.94~101.

2.2 창업아이디어 탐색 기법

1) TRIZ

트리즈(TRIZ)는 러시아어의 두문자(Teoriya Reshniya Izobretatelskikh Zadatch)로서 Theory of Inventive Problem Solving(TIPS)로 나타내어지며 일반적으로 "TRIZ/TIPS"라는 형식으로 표현된다.

TRIZ는 유대계 러시아인인 Genrich Altshuller에 의하여 시작되었다. Altschuller (1926~1998)는 러시아에서 태어나 14살에 첫 번째 발명을 하였다. 1946년 TRIZ를 시작하였을 때 소련 해군의 특허청에서 발명가들의 특허를 관리하는 보조 근무자로서 일을 하고 있었다. 이 당시에 그는 발명이라는 것이 어떻게 이루어지는 것인지에 대하여 의문을 갖기 시작하였고 단지 운이나 천재성에 의해 발명이 이루어지는 것이 아님을 깨닫고 발명의 원리를 추구하기 시작하였다.

발명에 대한 의문을 풀기위해 통계적인 방법을 사용하여 접근을 시작하였다. 몇십만 개(약 25만 건으로 추정)의 특허를 분석하여 공통적인 인자, 반복되어지는 형태, 발명적인 생각의 원리들을 연구하였다. 이러한 연구결과가 발표되어지고 현재는 100만 개 이상의 특허를 통해 검증을 계속해 나가고 있다. 몇백 권의 TRIZ관련 저서가 러시아에서 출판되었으며 Altschuller는 14권의 책을 출판하였다.

1990년을 전후하여 러시아가 붕괴되는 시기에 러시아의 TRIZ 전문가들이 대거 서방으로 이주하여 서방세계에 TRIZ를 알리기 시작하였으며 상업적인 목적으로 TRIZ S/W를 만들어 판매하기 시작하였다. 현재 미국에서는 Invention Machine과 Ideation International이라는 두 개의 회사가 양대 산맥을 이루고 있으며 여러 개의 연구기관이 활동하고 있다.

TRIZ는 Tool이라고 불리는 여러 가지 방식들

* SFM(Substance-Field Model)

* ARIZ(Algorithm for Inventive Problem Solving)

* Standard Solutions

* 40 Principles, STC, IFR, Patterns of Evolution 등이 산재하여 있으며 각기 독특한 형태를 빌어 독자적으로 사용되고 있다.

각각의 Tool은 계속 연구가 진행 중이고 발전 중이다. 따라서 TRIZ는 완전히 정립된 학문이 아니라 발전하는 학문이라고 생각하는 것이 타당할 것이다.[16)]

〈표 4-6〉 TRIZ와 Brain Storming 비교

구분	TRIZ	브레인스토밍
시발점	자연과학(특히, 공학)	마케팅 분야
필요 지식	자연과학 지식	사회과학 지식
아이디어 비교	양 〈 질	양 〉 질
사고 패턴	단계별, 과학적, 논리적, 상사성	논리의 도약, 직관, 자유참여, 사고발상
아이디어 발상	개별 발상	그룹 발상
아이디어 재료	특허분석에서 도출된 발명원리	개인보다 그룹지식이 우월
훈련 방법	과정/기술/데이터 종합하는 방법	4 원칙
사고 방향	이상도 추구	무방향 (360도 전방위)
학습시간	수 시간	1시간 내

창의력 향상에 대해서는 많은 사람들이 연구하고 책으로 엮어졌다. 그 책들은 과거 패러다임에 도전하는 방법을 제공하거나, "지식은 새로운 아이디어를 만드는 재료이다. 그럼에도 불구하고 지식만으로는 사람을 창조적으로 만들지 못한다."라는 아이디어에 기초를 두고 정신적 틀을 줄이는 방법을 제공한다.

16) 김익철, '지혜로움의 비밀: 트리즈의 사상과 방법', MJ미디어, 2012.

〈표 4-7〉 트리즈 40가지 발명 원리

1	• 분할하라. - 여러 가지 요소로 조각내어 전략을 구성해 본다. - 각각 독립된 여러 요소로 문제의 대상을 나눈다. - 문제 대상을 더 많은 조각으로 쪼갠다.
2	• 전체에서 분리하여 제거한다. - 문제 대상의 일부로서 방해 요소가 되는 것은 전체에서 분리하여 제거한다.
3	• 균일하지 않게 만들기 - 주변 환경의 균일한 구조 대신 균일하지 않은 구조를 이용한다. - 두 가지의 다른 기능을 단일한 도구를 이용하여 수행함에 따라 문제가 발생한다면 그 도구를 두 부분으로 나눈다.
4	• 비대칭으로 만들기 - 문제의 대상이 대칭형이라면 비대칭형으로 바꾼다. - 문제의 대상이 비대칭형이라면 더 심하게 비대칭이 되도록 만든다.
5	• 결합시켜라. - 공간상에서 문제 대상의 각 부분, 요소를 서로 결합한다. - 시간상에서 문제 대상의 각 부분, 요소를 서로 결합한다.
6	• 여러 가지 기능을 수행할 수 있도록 하라. - 서로 다른 기능을 수행하는 두 개의 문제 대상이 있다면, 그 서로 다른 기능을 모두 수행할 수 있는 하나의 도구를 설계한다.
7	• 둥지를 만들라. - 한 요소를 다른 요소 안에 포개지도록 설치한다. - 포개져 설치된 대상이 더 많게 한다.
8	• 노력에 보상하라. - 대상의 문제점을 극복하거나 노력에 대한 보상을 제공할 수 있는 요소를 만든다. - 문제의 대상이 스스로 보상을 제공할 수 있는 환경에 놓이도록 만든다.
9	• 미리 앞서 보상함으로써 대비한다. - 문제의 대상이 주변 환경 때문에 악영향을 받는다면, 미리 상반된 영향이 미치는 조건을 만든다. 그러면 상반된 환경에 의해 악영향을 상쇄시킬 수 있다.
10	• 미리 앞서서 수행하라. - 만약 문제의 대상이 환경 때문에 악영향을 받는다면 미리 그 악영향을 막을 수 있는 조건을 만들어 놓는다. - 문제의 대상이 바뀌어야 하지만 그렇게 하기 어려운 경우 미리 요구되는 변화를 완전히 혹은 부분적으로 부여한다.
11	• 조기에 쿠션을 마련하라. - 문제가 해결될 가능성이 떨어질 경우, 그 문제를 보완할 쿠션 장치를 창조하라.

12	• 고객과 같은 눈높이로 만들어라. - 고객을 이끌 수 없다면 주변 환경 및 기업 역량을 재설계하여 고객의 눈높이에 맞추어라.
13	• 거꾸로 해본다. - 정의한 기능, 역할 대신에 정반대의 기능, 역할을 수행한다. - 움직일 수 있는 부분은 고정하고 고정된 부분은 움직일 수 있도록 만든다.
14	• 비즈니스 연결을 위한 최적의 접점을 활용한다. - 비즈니스를 둥글게 만든다. 이해 관계자 간의 원만한 합의점을 찾는다. - 기존 비즈니스와 연결될 때 가치가 향상되는 것은 무엇인지 검토한다.
15	• 더 잘 움직이게 만든다. - 고객이건 기업이건 잘 움직이지 못하는 것에 활동성을 부여하는 방법을 찾는다. - 마케팅 요소 상호간에 활동성이 증가하도록 대상을 나눈다. - 고객 스스로 자유의지를 더 잘 실현할 수 있도록 만든다.
16	• 일부만 수행하거나 또는 과도하게 수행하라. - 요구되는 만큼 변화시킬 수 없거나 수행할 수 없을 경우에는 문제를 재정의하여 약간 부족하거나 또는 매우 과도하게 만들어 원하는 결과를 얻을 수 있는 방법을 찾도록 한다.
17	• 다른 차원을 이용하라. - 문제를 2차원적으로 생각했다면 3차원의 공간 개념에서 문제를 검토한다. - 3차원 공간에서 생각했다면 과거, 현재, 미래 등 시간의 개념을 고려해 본다. - 단층으로 구성된 것을 복층 또는 다층으로 구성할 수 있는지 검토한다. - 주어진 공간, 영역 외 다른 부분을 활용할 수 있는지 검토한다.
18	• 양극화를 효과적으로 활용하라. - 사업이 주기적으로 진동하면 양극단은 무엇이 될 것인가를 검토한다. - 고객 양극화, 유통 양극화, 제품 양극화는 어떤 양상으로 나타나는지 파악한다. - 양극화를 주기적으로 반복하여 적용시켜 본다 .
19	• 주기적으로 작용한다. - 지속적인 작용을 주기적으로 적용하게 만든다. - 조건에 따라 적용 주기를 바꾼다. - 주기적으로 적용하는 사이 시간에 다른 작용을 수행한다.
20	• 유익한 행위를 계속 유지한다. - 문제 대상의 모든 부분요소가 쉼 없이 작동하게 한다. - 유익한 행위를 주기적으로 반복함으로써 신뢰를 최대화한다. - 눈에 보이지 않지만 사업에 영향을 미치는 유익한 행위가 무엇인지 파악한다.
21	• 생략하거나 빨리 지나가게 한다. - 유해하거나 위험한 행위 및 업무는 생략하거나 매우 빨리 처리한다.

22	• 유해한 것을 효과적으로 이용하라. - 유해한 것을 이용하여 유익한 결과를 얻는 방법을 찾는다. - 유해 요인을 다른 유해 요인의 제거 수단으로 사용한다. - 유해 요인을 어느 정도 증폭시켜 더 이상 유해한 영향이 미치지 못하게 만든다.
23	• 순환적으로 제어한다. - 고객이 정보를 반복적으로 검토, 제어할 수 있게 한다. - 순환제어(feedback)가 가능하다면 비즈니스 조건에 맞게 변화시킨다. - 반복 제어를 요구하는 비즈니스 모델을 찾아본다.
24	• 매개 요소를 도입하라. - 필요한 기능을 수행할 만한 요소가 없을 경우 매개 요소를 도입하여 수행한다. - 기능 수행을 위해 일시적으로 다른 요소를 도입한 후 분해한다.
25	• 스스로 해결하게 한다. - 문제의 대상이 자체적으로 유지, 보수, 보완하게 한다. - 이용 가능한 유휴 자원이나 폐기될 자원을 활용한다.
26	• 복제품을 활용하라. - 깨지기 쉽고 복잡하며 위험한 것을 이용하여 필요한 기능을 수행해야 할 경우 원본 대신에 더 단순하고 싼 복제품을 이용한다. - 실제 물건 대신에 그것의 시각이미지를 이용한다.
27	• 고가의 내구성 물건 대신 저가의 일회성 물건을 이용하라. - 비싸고 수명 긴 물건 대신 싸고 단기적인 물건을 이용하여 동일한 기능을 수행한다.
28	• 기계적인 시스템을 오감과 다른 것으로 대체한다. - 기계적인 시스템을 감각적인 시스템으로 대체한다.
29	• 물과 공기처럼 부드러운 구조로 전환하라. - 고정적 구조보다 꼭 필요한 부분에 활동성 강한 부드러운 조직 구조로 변경하라.
30	• 유연하고 대응력이 빠른 보호막을 이용한다. - 문제 대상이나 그 대상의 일부를 유연성이 좋은 보호막을 이용하여 외부 환경과 격리시킨다.
31	• 눈에 보이는 것보다 더 많은 것을 보유할 수 있도록 대상을 활용한다. - 사업영역, 고객, 유통, 제품의 활용도 등을 더 넓게 정의한다. - 넓게 정의된 영역이 더 의미 있도록 구성 요소를 채워본다.
32	• 눈에 쉽게 보이도록 하여 관리한다. - 눈에 보이도록 마케팅 프로세스를 나타나게 하는 방법을 강구해 본다. - 드러나지 않은 활동을 보일 수 있도록 하는 방법을 강구한다. - 보이지 않는 효과를 고객이 보고 느낄 수 있도록 설계한다.
33	• 균일하게 만들거나 균일성을 최대한 활용하라. - 효과를 최대화하기 위해 여러 요소를 균일한 조건에서 활용할 수 있도록 만든다. - 상호 간 작용, 반작용하는 요소들을 동일한 활동, 동일한 효과의 요소로 만든다.

34	• 일부분을 제거하고 재생성한다. - 유용한 기능을 수행하는 일부 요소가 불필요하거나 유해하게 되면 분해하거나 수정하여 유해한 기능을 없앤다. - 시간경과에 따라 소모가 되는 요소는 업무를 수행하는 동안에 재공급, 재충전한다.
35	• 비즈니스 대상 간의 결합 상태를 변경한다. - 비즈니스 대상 간의 사업 조건을 변화시킨다. - 비즈니스 대상 간의 사업 조건에 유연성을 준다. - 고객과의 결합 강도를 평가하고 높일 수 있는 방법을 강구한다.
36	• 상황의 변화, 트렌드의 변화를 이용한다. - 상황의 변화 과정에서 발생되는 기회 요인을 최대한으로 이용한다.
37	• 사업 간의 팽창 효과를 이용한다. - 팽창 정도가 다른 사업의 성장 요인을 검토하고 활용한다. - 사업 팽창 정도가 서로 다른 비즈니스를 결합하여 효과를 검토한다.
38	• 동기를 부여하는 활성화 요소를 이용한다. - 동기를 부여하고 더 불붙게 하는 산소는 무엇인가 생각해 본다. - 고객 구매동기와 화제 창출동기를 부여할 촉매가 무엇이 될 것인가 생각해 본다.
39	• 문제를 불활성 조건에 놓이게 만든다. - 일반적인 상황 대신에 문제가 제기되지 않는 불활성 상황을 검토한다. - 문제 대상에 중립적인 부분이나 대상을 결합한다.
40	• 다양한 분야의 전문성을 복합적으로 이용한다. - 다양한 분야의 전문성을 활용할 수 있는 기업 내의 영역과 대상을 검토한다.

자료 : 김익철, '지혜로움의 비밀 : 트리즈의 사상과 방법', MJ미디어, 2012.에서 재구성

2) 디자인 씽킹

디자인하면 떠오르는 사람이 애플의 스티브 잡스다. 그의 디자인 철학을 들여다보면 '단순과 정교함, 보이지 않는 곳까지의 아름다움, 놀이적인 재미'라고 할 수 있다. 이러한 디자인에 대한 철학은 그의 자서전에서 힌트를 얻을 수 있다. 잡스는 아버지에게서 배운 교훈을 언급했다. "아름다운 서랍장을 만드는 목수는 서랍장 뒤쪽이 벽을 향한다고, 그래서 아무도 보지 못한다고 해서 싸구려 합판을 사용하지 않아요. 목수 자신은 알기 때문에 뒷면에도 질 좋고 아름다운 나무를 써야 하지요. 밤에 잠을 제대로 자려면 아름다움과 품위를 끝까지 추구해야 합니다." 잡스는 아름다움과 정교함에 대한 교훈을 아버지로부터 배

웠고 그것을 애플에서 출시하는 맥킨토시, 아이팟, 아이폰 등에 고스란히 실천했다. 잡스는 애플 제품을 예술 작품으로 많이 비유했다. "진정한 예술가들은 작품에 사인을 남기지."라고 말한 것과 같이 애플의 제품에는 "캘리포니아에서 디자인 되다."라는 문구를 넣어 디자인에 대한 그의 가치를 담아냈다.

스티브 잡스의 아이디어는 인문학적 소양과 예술, 기술이 융합된 디자인의 결정체다. 휴대전화를 음악, 사진, 동영상, 이메일, 인터넷, 다양한 웹 기기로 전환하면서 스마트 시대를 활짝 열며 새로운 소통문화를 만들어낸 아이폰과 애플리케이션이라는 새로운 콘텐츠 제작 산업을 만들어낸 앱스토어 등이 그것을 증명하고 있다.

월터 아이작슨이 집필한 「스티브 잡스」 자서전 마지막 페이지를 보면 디자인에 대한 잡스의 의미심장한 말이 있다. "그래서 내가 애플 기기에 스위치 넣는 것을 그렇게 싫어했나 봅니다." 진정한 의미에서의 디자인은 브랜드의 철학이며 자존심이다. 피카소가 그림을 다 그린 다음에 사인을 하듯이 우리들의 상품이나 서비스를 가치를 창출하는 디자인으로 만들기 위해서는 마지막 순간까지 정교하게 브랜드의 정신을 담아내야 한다.[17] 이와 같이 디자인 씽킹(design thinking)은 고객 가치를 찾기 위해 논리적 사고에 인문학, 예술 등을 기반으로 한 감성과 직관력을 더한 문제해결 방안으로써 통합적 사고에서 출발한다.

3) IDEO

최초의 아이디어를 키워나가는 과정을 정리해 보자. 이에 대한 좋은 모델을 생활 속의 많은 제품 혁신에 이바지한 아이디어 싱크 탱크인 IDEO가 제공한다. 우리가 평소에 사용하는 칫솔, 컴퓨터 모니터 등 생활 속의 제품과 그 디자인 중 IDEO의 작품이 많다. IDEO는 스텐포드 대학 공학교수 데이비드 켈리(David Kelly)가 설립했고 전 세계 수많은 기업이 신제품의 개발과 디자인을 의뢰하고 있다. 다음은 IDEO가 제시하는 4단계 과정이다.

---

17) 벤처스퀘어(명승은, 이민화 외 12명), 「지금, 당신의 스타트업을 시작하라」, 클라우드북스, 2012.11.

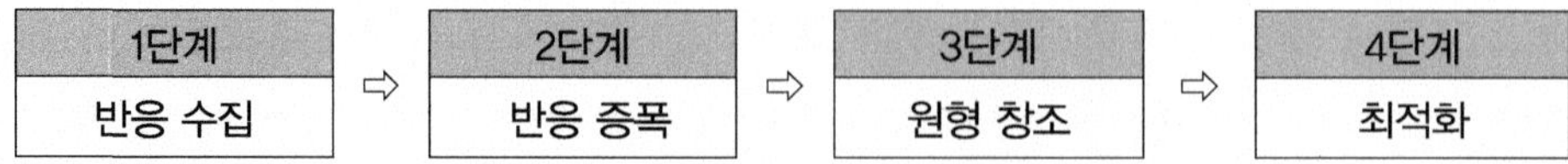

〈그림 4-1〉 아이디어의 제품 최적화 단계

1단계 반응 수집

좋은 아이디어는 소비자와 함께 시작된다. 어떤 제품이나 서비스를 필요하다고 느꼈지만 시장에 존재하지 않을 때 기업가는 이를 사업 아이디어로 떠올린다. 자기 자신이라는 첫 번째 소비자의 충족되지 않은 니즈가 사업 아이디어의 원천이 된 것이다. 이 아이디어의 테스트를 위해서는 소비자의 반응을 수집해야 한다. IDEO는 '소비자 인류학'이라는 과정을 통해 실제로 거리에 나가 자연스러운 상황에서의 소비자 행동을 관찰하고 동통점(pain point)을 찾아낸다.

반응 수집에서는 인위적인 유도 질문을 하지 않아야 한다. 자신의 아이디어에 심취하여 '이러이러한 제품이 있다면 정말 편리하지 않을까요?' 또는 '기존 제품보다 이러이러한 제품이 더 좋다고 생각하지 않으세요?' 같은 뻔한 질문을 하지 않도록 해야 한다.

대부분의 사람들은 별다른 신경을 쓰지 않고 듣기 좋은 대답을 하는 경향이 있고 새로운 아이디어에 호의적일 때가 많다. 하지만 돈을 지급해야 하는 경우에는 상황이 달라진다. 게다가 새로운 아이디어가 실제로 제품이나 서비스로 경험되기 전에는 정확히 어떤 것인지 그 개념이 명확하지 않기 때문에 답변자의 대답에는 각자의 선입견이 반영되어 있음을 고려해야 한다. 반응수집 단계에서는 아프리카에서 고릴라를 관찰하듯 말 그대로 관찰만 해야 한다.

2단계 반응 증폭

팀원들은 수집된 반응들을 재료로 하여 브레인스토밍을 통해 최초 아이디어에 대한 개념을 구체화하고 개선점을 생각해 낸다. 이와 관련하여 코미디언들의 애드리브 공연 방식이 참조된다. 코미디언들이 관객들에게 상황을 제시하고 관객들이 다음 상황이나 조건을 던지면 코미디언들이 즉흥적으로 재미있는 콩트를 공연한다. 핵심은 'Yes, and …'의 화법이다.

'Yes, and …' 화법은 서로 간의 다른 의견을 위해 개념을 형성해 나가는 방식이다. '그건 안 될 것 같습니다. 왜냐하면...'식의 화법은 아이디어 형성 초기 단계에서는 지양해야 한다. 아울러 'Yes, but …' 식의 화법도 주의해야 한다. 이 역시도 초기 아이디어 형성을 방해할 수 있는 화법이다. 이 단계의 핵심은 최대한 많은 아이디어를 생성해 내는 것이다.

이 단계를 거치는 동안 아이디어를 성급하게 사장하지 않기 위한 좋은 도구로는 브레인 라이팅(brain writing)이 있다. 브레인 스토밍과 같은 개념이지만 단순히 대화를 나누는 것이 아니라 철저히 기록한다는 점이 핵심이다. 브레인 스토밍의 약점은 자칫 목소리 크고 고집 센 사람의 의견이 논의 전체를 지배할 수 있다는 점이다. 브레인 라이팅에서는 우선 모든 참여자가 중심 주제에 관련한 주변 아이디어를 내고 이를 플립 차트나 화이트보드로 기록하여 모두가 볼 수 있게 만든다. 그러고 나서 모든 참여자가 차례로 각각의 아이디어들에 대해 'Yes, and …' 방식으로 각자의 생각을 개진해 나간다. 이때 참여자들이 가장 좋다고 생각하는 아이디어들에 대해 스티커 등을 붙여 투표할 수도 있다.

3단계 원형 창조

아이디어를 선별하고 나면 제품의 간단한 원형을 만들어 보는 것이다. 예상되는 최종 제품을 형상화하여 어떤 점이 좋고 어떤 점을 개선해야 하는지를 알 수 있게 된다. 여기에는 현재 의도하는 모든 기능이 포함될 필요는 없다. 이는 단지 창업 멤버들이 제품의 형상을 보면서 개선점을 찾는 도구의 역할이 크다.

4단계 최적화

마지막 단계는 불필요하고 실용적이지 못한 부분들을 다듬어 제품의 실용성을 최적화하는 단계이다. 앞선 단계가 효과적으로 진행되었다면 이제 소비자가 무엇을 원하는지 그리고 제품의 어떤 특성이나 기능이 소비자의 니즈를 충족시킬 수 있는지가 파악되었을 것이다.

아이디어 창출과정은 반복적이다. 예비 기업가와 그와 함께하는 창업팀은 앞서 나온 4단계 과정을 통해 배우고 개선하고 조정하는 과정을 되풀이한다. 이 과정을 통해 기업가는 소비자가 구매를 결정하는 요소를 이해하고 제품을 만들고 서비스를 제공하는 데 있어서의 동통점을 파악할 수 있게 된다. 또한, 이를 통해 곧바로 사업을 시작하는 것보다 적은 비용으로 아이디어를 구체화하고 개선할 수 있다. 하지만 아이디어가 구체화되고 견고하게 구축되었음에도 진정 성공 가능성이 높은 사업 기회인지는 아직도 알 수 없다.[18)]

4) 스캠퍼(SCAMPER)

브레인스토밍 기법을 창안한 오스본(Alex Osborn)이 아이디어를 창출하기 위해 만든 체크리스트를 밥 에버럴(Bob Eberle)이 재구성하고 발전시켜 단어의 앞 글자들을 조합하여 SCAMPER라는 새로운 아이디어 창출기법을 고안하였다. 오스본(Alex Osborn)은 문제해결을 위해 다양한 방면으로 고민하는 것이 중요하다고 판단하여 사고의 기준을 다양한 질문방식으로 나열하였다. 이 기법은 문제에 대하여 광범위하게 생각하기보다는 문제를 해결하기 위해 생각해 볼 수 있는 항목을 적은 후 체크해 나가는 방법으로 구성되어 있다. 스캠퍼 기법의 구성과 활용법은 다음과 같다.

(1) 스캠퍼 기법의 구성

① S(substitute, 대체하기)

기존의 시각과는 다른 시각으로 생각해 보는 것으로 '다른 누가', '다른 성분이라면?' 등과 같이 기존의 것을 다른 것으로 대체하면 어떨지에 대해서 질문한다.

18) 벤처스퀘어(명승은, 이민화 외 12명), 「지금, 당신의 스타트업을 시작하라」, 클라우드북스, 2012.11, pp.101-106.

ex) '나무 젓가락'은 기존 '젓가락'의 재질을 나무로 대체하여 새롭게 만들었다.

② C(combine, 결합하기)

두 가지 이상의 물건들을 결합하여 새로운 것을 유발하기 위한 질문으로 '새로운 무엇과 결합시키면' 등과 같이 질문한다.

ex) 복합기는 '복사'와 '팩스' 그리고 '스캔'의 기능을 결합하여 만들어진 것이다.

③ A(adapt, 적용하기)

기존의 생각을 다른 상황에 알맞게 적용하여 비슷한 것이 무엇일까 생각해 보고 모방 또는 재창조할 수 있도록 유발시키는 질문으로 '이것과 비슷한 것은', '이것과 다른 것이 어떻게 적용될 수 있나', '과거에 비슷한 상황은 없는가' 등이 있다.

ex) '찍찍이'는 '산우엉 가시'가 옷에 붙는 원리를 응용하여 만든 것이다.

④ M(modify, 변형하기),(magnify, 확대하기), (minify, 축소하기)

어떤 것의 특성이나 모양 등을 변형하거나 확대 또는 축소하여 새로운 것을 재생성할 수 있도록 질문하는 것으로 '색깔이나 겉모습을 얼마나 변화시킬 수 있는가', '높이와 고도를 올릴 수 있는가', '양이나 수치를 줄일 수 있는가' 등이 있다.

ex) '아이패드', '갤럭시 탭'은 기존의 컴퓨터와 노트북을 축소시켜 만든 것이다.

⑤ P(put to other uses, 다르게 활용하기)

기존의 것을 다른 용도로 사용할 가능성을 생각하도록 하는 질문으로 '가공 없이 다른 용도로 사용할 수 없는가', '만약 일부분을 바꾸면 다른 어떤 용도로 사용할 수 있을까' 등으로 묻는다.

ex) 와인상자를 조금만 손질하면 '책꽂이', '작은 텃밭'으로 활용이 가능하다.

⑥ E(eliminate, 제거하기)

어떤 것의 일부분을 제거함으로써 새로운 것을 생성해 낼 수 있도록 하는 질문으로 '무엇을 소거할 수 있는가', '특정 부분을 없앨 때 작동에 어떤 변화가 있는가', '기능상 없어도 되는 부분이 있는가' 등으로 묻는다.

ex) 다이슨(Dyson)사가 만든 다이슨 쿨 선풍기는 선풍기의 팬을 제거하여 최대 75% 조용하며 더욱 강한 바람을 내뿜는 선풍기를 만들었다.

⑦ R(reverse, 순서 바꾸기), (rearrange, 재정리하기)

어떤 것의 순서나 모양 등을 거꾸로 하거나 다시 배열해 보고 새로운 것을 찾아낼 수 있도록 하는 질문으로 '다른 레이아웃을 사용할 수 있는가', '무엇을 재결합할 수 있는가', '반대로 하면 어떻게 되는가', '위아래를 바꾸면 어떻게 되는가', '안과 밖을 뒤집으면 어떻게 되는가' 등으로 묻는다.

ex) '누드김밥', '누드빼빼로'는 겉과 속을 뒤집어서 새로운 메뉴, 새로운 제품을 만들었다.[19]

〈표 4-8〉 SCAMPER 구성 내용

약자	의미	설명	예
S	Substitute (대체하기)	다른 재료, 요소, 원동력, 프로세스 등	연탄재 벽돌, 종이컵, 나무 젓가락
C	Combine (결합하기)	혼합, 조립, 그리고 작동	지우개 달린 연필, 필터달린 담배, 시계겸용 라디오, 보온겸용 밥솥
A	Adapt (적용하기)	다른 용도, 다른 아이디어의 도움	산우엉 가시 → 매직테이프 (벨크로) 장미 덩쿨 → 철조망
M	Modify, Magnify, Minify (변형, 확대, 축소하기)	뜻, 색깔, 동작, 모양 등을 변형, 더할 수 있는 요소는?, 더 크게, 높게, 강하게, 두껍게, 과장되게 등	종이비누, Post -it
P	Put to other Uses 다르게 활용하기	원래의 용도를 바꾸기 등	톱밥 → 장작 쓰레기→ 블록, 건설재료 페타이어→ 발전소 연료
E	Eliminate(제거하기)	취소, 분리, 가볍게, 짧게, 여러 개로 나누기 등	트랜지스터, 노트북
R	Reverse, Rearrange (순서바꾸기, 재정리하기)	방향을 바꾸기, 거꾸로, 용도의 교환 등	벙어리 장갑 → 다섯 발가락 양말

김진수, 기업가정신과 창업론, 영문사, 2014, p.201.

19) 김진수, '기업가정신과 창업론', 영문사, 2014, pp.199-201.

(2) 스캠퍼 기법 적용하기

스캠퍼 기법의 장점은 반드시 순서대로 이용하는 것은 아니고, 상황에 맞게 적절한 질문을 선택하여 사용할 수 있다는 점이다. 질문들의 체크리스트를 통해 변화를 주거나 하나의 문제상황이나 어떤 물건의 용도를 체크리스트의 질문 문항에 따라 물으면서 새로운 제품을 만들어 낼 수 있다.

우산을 주제로 스캠퍼 기법을 적용하면 다음 그림과 같다.

S 대체하기 우산 대신 무엇을 사용할 수 있을까?		C 결합하기 우산에 MP3를 달면 어떨까? 컵 홀더를 달면 어떨까?
A 적용하기 우산을 상황에 맞게 조절이 가능할까?	우	M 변형하기 우산을 몸 전체를 비로부터 보호하기 위해 타원으로 만들면 어떨까?
M 확대하기 우산의 한쪽을 더 넓고 길게 만들면 어떨까?	산	P 다르게 활용하기 우산을 산악용/도보용 지팡이로 사용하면 어떨까? 야광봉으로 만들면 어떨까?
E 제거하기 우산의 살 수를 줄이면 어떨까?		R 재정리하기 우산 손잡이를 위에 있도록 만들면 어떨까?

김진수, 기업가정신과 창업론, 영문사, 2014, p.202.

〈그림 4-2〉SCAMPER기법 적용(예)

2.3 창업아이디어 도출

현실에 안주하는 것은 평범한 삶이다. 평범이 너무 지나치면 매너리즘에 빠지게 된다. 매너리즘에 빠지게 되면 발전이란 게 없다. 사람 좋다는 말은 곧 불평불만 없고 모난 데 없이 무엇과도 누구와도 편하게 지내는 사람을 말하는데 새로운 것을 찾고 만드는 데는 결코 좋은 말이 아니다.

세계적인 무용가 마사 그레이엄은 "이 세상에서 절대 용납할 수 없는 것이 있는데, 그것은 평범이다. 우리가 자기계발을 하지 않아 평범해진다면 그것은 죄악이다. 사명으로 움직이는 사람들은 평범해질 틈이 없다."라고 했으며, 세계적인 경영학자 짐 콜린스(Jim Collins)는 'Good to Great'에서 "좋은 것은 위대한 것의 적이다, Good is the enemy of great."라고 하였다. 현실에 안분지족한다는 것은 개혁의 가장 큰 저해 요소이다.[20]

부딪히는 사실과 사물에 대해 불편해하고, 불만족스러워하고, 불안해하는 것에 대해 민감하게 반응하며 불평으로만 이어지면 도태된다. 그렇지 않고 잘 관찰해서 해결책을 찾게 되면 아이디어가 되고 솔루션 개발로 이어져서 창업 아이디어로 연결되는 것이다.

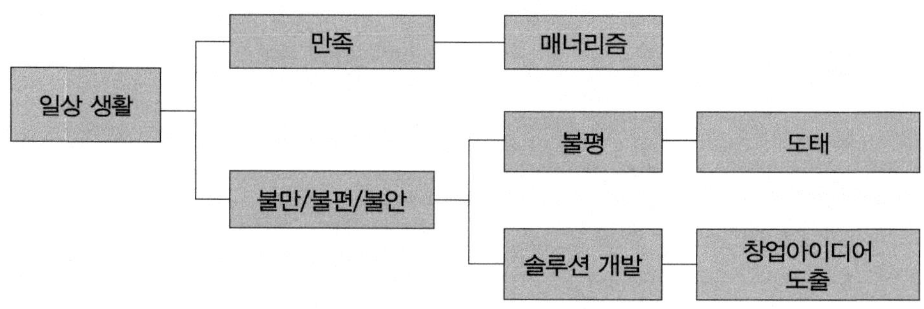

〈그림 4-3〉 일상생활에서의 창업아이디어 도출

창업아이디어의 첫 단계는 불편하고 불안한 것을 해결해 보려는 사고를 갖고 관찰하는 것이다. 일상에서 부딪히고 일어나는 사실과 사물을 그냥 지나치지 말고 관심에 있게 쳐다보고 살펴보는 것에서 창업아이디어가 발원되는 것이다. 다른 말로 하자면 why라는 질문을 계속 이어 나가는 것이다. 피터 드러커가 올바른 질문을 찾는 것이 어렵고도 중요한 일이라고 했듯이 도발적인 질문이 갖는 힘이 매우 중요하다.

이 같은 관찰을 통해서 문제점을 발견하는 것이 중요하다. 문제점은 다같이가 아닌 혼자서 그려보고 상상하는 것이다. 스티브 잡스가 고독 속에 성찰을

20) 강신장, "오리진이 되라", 쌤앤파커스, 2010.05, pp.149~185.

했듯이 혼자만이 골똘히 생각에 파묻히는 것이다.

IDEO의 공동대표인 톰 켈리는 The Art of Innovation에서 "이노베이션은 눈에서 시작하며, 충실한 관찰에서 영감이 떠오르고 때로는 삐딱한 눈이 진실을 본다. 문제가 있다면 그것은 곧 해답이 있다."고 했다.[21)]

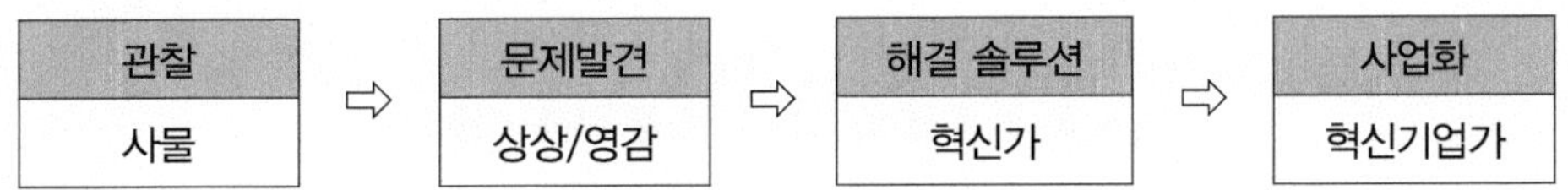

〈그림4-4〉 관찰에서 사업화까지의 단계

문제의 발견은 pain이요, 문제의 해결 솔루션 개발은 painkiller이다. 이것이 기업가정신에서 말하는 혁신정신이다. Impossible이 아니라 possible이고, 나는 할 수 있다는 I'm possible이 혁신정신이다.

문제를 찾았으면 이제부터 문제 해결을 위한 단계에 접어드는 것이다.

더해보고, 없애보고, 대체하고, 다르게 활용도 해보고, 융합적 사고로 전혀 다른 분야의 것을 끌어다 붙여보고, 첨단 ICT기술을 접목해 보고.

문제 해결 방법을 찾는 데는 트리즈 기법, 스캠퍼 기법, IDEO 기법, 디자인 씽킹 기법을 활용해 보면 될 것이다. 문제를 정의하고 해결하는 방법에 가장 적합한 기법을 적용하는 것이다.

해결 방법을 찾았으면 비즈니스 모델 캔버스 또는 린 스타트업 기법을 통해 prototype 내지 최소요건 제품(MVP, minmium viable product)을 만들어서 고객 반응을 알아보고 pivoting을 거듭해서 최적화에 이르는 것이다. 최종적인 시제품으로 소비자 테스트를 마치고 시장에 진입하게 된다.

---

21) 톰 켈리 · 조너선 리트먼 지음, 이종인 옮김, '유쾌한 이노베이션', 세종서적, 2016.08, pp.41-71.

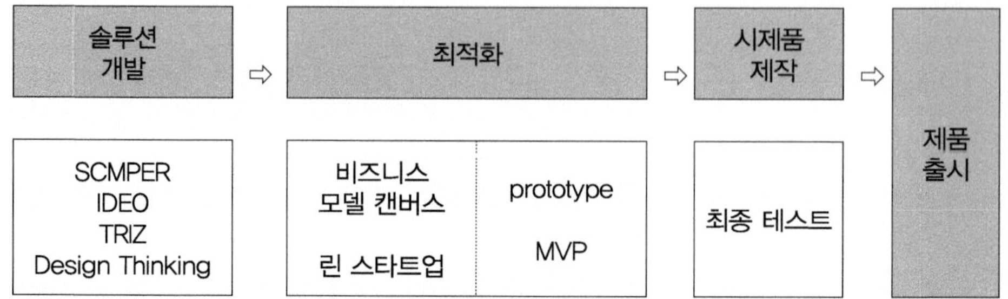

〈그림4-5〉 솔루션개발과 최적화를 위한 사용도구

오랄 비(Oral-B)프로젝트

- 작은 손에 오히려 굵은 칫솔일 필요하다는 발견은 세심한 관찰에서 나왔다. 어린이 칫솔은 수십 년 동안 어른 칫솔의 축소판에 불과했다.
- 오랄 비(Oral-B)프로젝트에는 칫솔을 아이 손에 쥐어주었고, 곧 '주먹 현상'을 발견했다.
- 어린이들은 어른과 달리 손가락이 아니라 주먹으로 칫솔을 잡는다
- 어린이 칫솔이 어른 것보다 더 굵다는 사실은 일견 이해하기 어려워 보인다.
- 하지만 어린이들이 칫솔을 잡는 자세를 보면 그렇지 않다
- 그래서 칫솔 손잡이를 굵고 부드러우며 물렁한 느낌이 들게 만들어 쉽게 다룰 수 있게 했다.
- 오랄 비의 새로운 칫솔은 장난감 같이 보이는데다가 물렁한 촉감까지 있어, 아이들은 이 칫솔을 가지고 놀기를 좋아했다
- 아이들이 오래 양치질하도록 만드는 데 이보다 더 좋은 수단은 없었다.

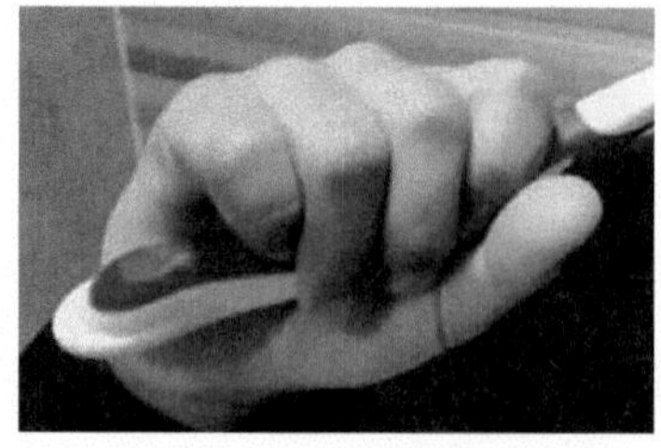

자료 : 톰 켈리 · 조너선 리트먼 지음, 이종인 역, '유쾌한 이노베이션', 세종서적, 2016.08. p.50

일본의 토토(TOTO)변기 프로젝트

토토의 비데 '워시렛'은 일본 가정의 3분의 2에 보급된 초특급 히트상품이다. 일본의 경제산업성이 '신일본양식 100선' 중 하나로 꼽은 '워시렛'은 일본의 청결 품격을 수출하는 상품이다. '워시렛'은 사람들에게 가장 좋은 것을 선사하고 싶은 마음에서 나온 창조성이다. 사람들에게 '쾌적한 마무리'를 선사하기 위한 토토의 간절한 마음이 신제품을 개발하면서 이겨낸 여러 난제들 속에 잘 나타난다.

첫 번째 난제, 항문의 위치

제품개발팀은 변기에 철사망을 쳐놓고 직원들에게 각자의 항문 위치를 표시해 달라고 했다. 민망해 했을 여직원에게도 읍소하여 300명의 데이터를 확보했다.

두 번째 난제, 발사각도

물을 정확히 항문으로 발사하는 동시에 섬세한 부위에 닿는 충격과 물 반사를 최소화하는 발사 각도를 구해야 했다. 제품개발팀은 라디오 안테나가 올라오는 데서 힌트를 얻어 실험 끝에 43° 라는 최적 각도를 찾아냈다.

세 번째 난제, 쾌적한 온도

온수와 변좌, 온풍의 최적온도를 찾기 위해 토토는 온도를 0.1° C씩 올리는 실험을 계속했다. 수많은 실험 결과 온수온도 38℃, 변좌온도 36℃, 건조온풍 50℃가 적당하는 것을 찾아냈다.

아울러 누전 위험을 없애면서 온도 유지방법을 고민한 끝에 교통 신호등의 코팅 방식을 변기에 적용해 제품개발을 완료했다.

자료 : 강신장, '운명을 바꾸는 창조의 기술, 오리진이 되라', 쌤앤파커스, 2010, pp.47-49

창업의 모든 것을 한 권에 담은

기업 이해와 창업 설계

Chapter

지식재산권 이해

제1절 지식재산권의 개요

1.1 지식재산권이란

지식재산권과 관련하여 지식재산기본법 제3조에서는 다음과 같이 정의하고 있다.

"지식재산"이란 인간의 창조적 활동 또는 경험 등에 의하여 창출되거나 발견된 지식 · 정보 · 기술, 사상이나 감정의 표현, 영업이나 물건의 표시, 생물의 품종이나 유전자원(遺傳資源), 그 밖에 무형적인 것으로서 재산적 가치가 실현될 수 있는 것을 말한다.

"신지식재산"이란 경제 · 사회 또는 문화의 변화나 과학기술의 발전에 따라 새로운 분야에서 출현하는 지식재산을 말한다.

"지식재산권"이란 법령 또는 조약 등에 따라 인정되거나 보호되는 지식재산에 관한 권리를 말한다.

지식재산권이라는 용어와 함께 지적재산권이라는 용어가 두루 사용되고 있다. 용어의 혼선을 막기 위해 지식재산기본법 부칙 제2조에서는 '지식재산권'으로 법률용어 통일을 기하고 있다.

1.2 지식재산권 유형

지식재산권은 산업재산권, 저작권, 신지식재산권으로 크게 나눌 수 있다.

산업재산권은 발명, 고안, 디자인과 같은 산업에 이용되는 권리를 보호하기 위한 것으로서 발명진흥법 제2조 4호에서 특허법 · 실용신안법 · 디자인보호법 또는 상표법에 따라 등록된 특허권, 실용신안권, 디자인권 및 상표권으로 정의하고 있으며 주무관청은 특허청이다.

과거에는 산업재산권은 공업소유권으로, 디자인권은 의장권이라는 용어로 사용하기도 하였으며, 디자인보호법은 2005년 7월 1일부터 시행된 법으로서 종전의 의장법에서 출발하였다.

저작권은 문학과 예술에 관한 저작 권리를 보호하기 위한 것으로서 출원 · 심사 · 등록이 없더라도 창작 그 자체만으로 권리가 발생하며 주무관청은 문화체육관광부이다.

지식재산권을 과거에는 산업재산권과 저작권으로 분류해 왔으나 컴퓨터 기반 산업의 발달에 따라 새로운 유형의 권리보호가 대두됨에 따라 이 부문에 대해 신지식재산권으로 분류하고 있으며 개별 법률에 의해 보호되고 있다.

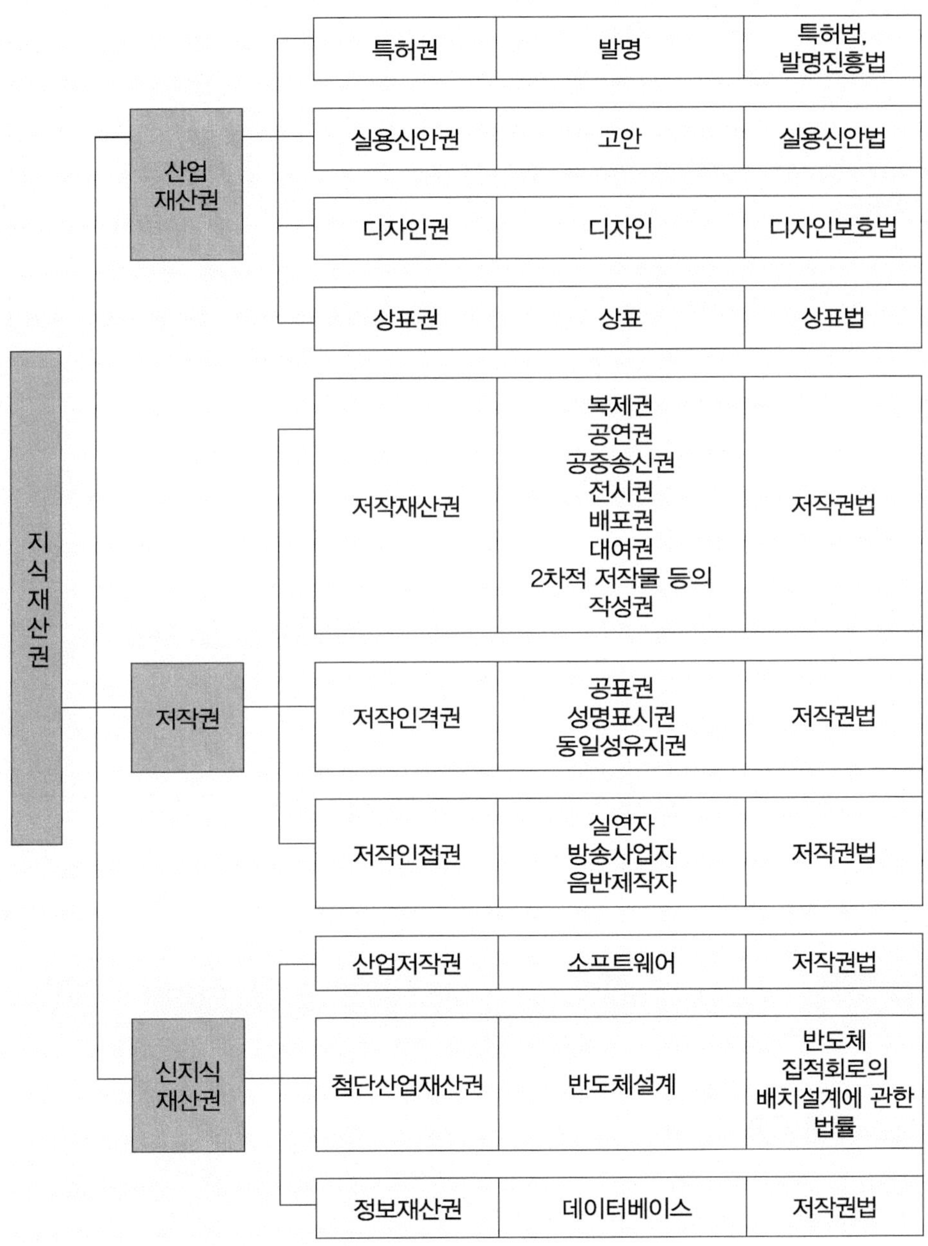

자료 : 고영남 · 송호열, '지식재산권법의 이해', 탑북스, 2017, p.265를 재구성

〈그림 5-1〉 지식재산권 분류

〈표 5-1〉 산업재산권과 저작권의 비교

구분	산업재산권	저작권
공통점	• (산업분야에 속한) 인간의 창의적인 아이디어를 배타적으로 지배하는 권리. 인간의 정신적 활동의 소산인 무체물 • 권리존속기간 존재	• (문화예술분야에 속한) 인간의 창의적인 아이디어를 배타적으로 지배하는 권리. 인간의 정신적 활동의 소산인 무체물 • 권리존속기간 존재
목적	• 차단효과가 강한 독점배타적 권리 • 경제적 이용을 적극적으로 보호함	• 차단효과가 약한 단순한 배타적 권리로서 저작물의 공정한 이용 도모 • 저작물은 본질적으로 저작물의 보호를 통한 문화발전에 기여하는 문화적 목적을 지님
보호 대상	• 자연법칙을 이용한 기술적 사상 그 자체를 보호함	• 자연법칙과는 관계없는 정신적 창작물
법적 보호	• 1발명 1출원주의에 의해 1발명당 특허권이 부여됨	• 독자적으로 창작된 것인 이상 모두가 보호를 받음
권리 발생	• 권리발생에 일정한 요건과 방식, 절차 등이 요구됨	• 무방식주의에 의해 창작과 동시에 권리 발생 • 등록 등의 기타 형식적인 절차를 필요로 하지 않음

자료 : 김대익 외, 창업을 대비하는 지식재산입문', 전남대학교출판문화원, 2017, p.15.

제2절 지식재산권의 산업재산권 유형별 제도

2.1 특허제도

1) 특허제도의 목적

특허제도는 기술적 창작물인 발명을 일정기간 독점적으로 이용할 수 있는 권리를 부여하는 제도로서 발명을 보호 · 장려하고 그 이용을 도모함으로써 기술의 발전을 촉진하여 산업발전에 이바지함을 목적으로 하며, 헌법 제22조에

②항에 기초하고 있다.

2) 특허등록 요건

특허등록 요건이 되기 위해서는 발명이어야 하되, 산업상 이용가능성, 신규성, 진보성, 선출원, 공서양속(公序良俗) 반하지 않는 등의 사유가 요구된다.

특허법 제2조 제1항에서 '발명이라 함은 자연법칙을 이용한 기술적 사상의 창작으로서 고도한 것을 말한다.'라고 정의하고 있다. 따라서 특허법상의 발명이 되기 위해서는 ① 자연법칙을 이용할 것 ② 기술적 사상의 창작이어야 할 것 ③ 고도한 것이어야 할 것의 3가지 요건을 갖추어야 한다.

산업상 이용가능성은 특허법 제29조 ①항에서 산업상 이용할 수 있는 발명이어야 한다고 언급하고 있다. 이는 특허법의 추구 목적이 산업발전을 기하고 있기 때문에 당연한 요건이라고 볼 수 있다.

신규성은 신규 발명을 공개한 자에게 특허권을 부여하는 것이기에 신규성이 없는 발명은 특허권이 부여되지 않는다. 신규성이 상실되는 경우로는 ① 특허출원 전에 국내 또는 국외에서 공지(公知)되었거나 공연(公然)히 실시된 발명 ② 특허출원 전에 국내 또는 국외에서 반포된 간행물에 게재되었거나 전기통신회선을 통하여 공중(公衆)이 이용할 수 있는 발명이 있다.

진보성은 창작수준이 높은 발명을 보호하기 위한 것으로서 특허출원 전에 그 발명이 속하는 기술분야에서 통상의 지식을 가진 사람이 쉽게 발명할 수 있는 것이 아닌 것을 말한다. 진보성의 판단은 ① 발명의 목적이 출원 당시의 기술수준으로부터 쉽게 예측할 수 있는지의 목적 특이성 ② 당해 기술분야에서의 통상의 기술자가 종래 기술로부터 용이하게 도출할 수 없는 범위의 기술 수단인지의 구성 곤란성 ③ 발명 구성으로부터 얻어지는 효과가 출원 당시의 기술수준에서 충분히 예측할 수 있는 정도인지의 효과 현저성을 판단하게 된다.

선출원은 동일한 발명에 대하여 다른 날에 둘 이상의 특허출원이 있는 경우에는 먼저 특허출원한 자만이 그 발명에 대하여 특허를 받을 수 있으며, 동일한 발명에 대하여 같은 날에 둘 이상의 특허출원이 있는 경우에는 특허출원인간에 협의하여 정한 하나의 특허출원인만이 그 발명에 대하여 특허를 받을 수 있다. 다만, 협의가 성립하지 아니하거나 협의를 할 수 없는 경우에는 어느 특허출원인도 그 발명에 대하여 특허를 받을 수 없다.

공서양속에 반하지 않아야 하는 것은 발명이 신규성, 진보성이 있다고 하여도 공공의 질서 또는 선량한 풍속에 어긋나거나 공중의 위생을 해칠 우려가 있는 발명에 대해서는 특허를 받을 수 없는 것을 말한다.

3) 특허정보검색

특허정보 검색은 특허등록가능성, 신기술개발, 특허권 존재, 특허분쟁 대응 등을 위해 필요하다.

〈표 5-2〉 특허정보 검색의 목적

목적	주요 내용
특허등록 가능성 조사	• 특허출원 전 선행기술 조사 • 특허등록 가능성 판단 및 기술적 범위의 확인 • 무용한 특허출원 지양 • 특허등록 가능성이 높아지도록 명세서 작성
신기술 개발을 위한 조사	• 관련 기술분야의 개발흐름을 파악 • 연구개발 테마를 선정하거나 미래기술 예측 • 선행기술 조사로 중복연구 및 중복투자 방지 • 기술개발 시 문제점 해결을 위한 아이디어 입수 • 타사의 기술개발 동향 파악
특허권 존재 여부 조사	• 시장출시 예정 제품에 대한 특허침해 가능성 있는 특허 검색 • 특허분쟁 가능성 사전 예방 • 회피설계 타진 또는 해당 권리의 무효화 추진
특허분쟁 대응 자료조사	• 자사의 실시기술에 대한 공지기술 확보 • 문제 특허에 대한 정보제공 또는 무효자료 조사

자료: 한국발명진흥회, 지식재산의 정석', 박문각, 2014. p.152.

특허정보검색은 특정 데이터베이스로부터 필요한 정보를 검색하는 것이기 때문에 검색어가 필요하다. 검색어란 특허검색에 있어서 해당 기술을 대표하는 기술용어 또는 어구를 의미하며 몇 개의 검색어만으로 그 기술 전체를 표현할 수 있어야 한다. 검색어를 제대로 선정하지 못할 경우 검색결과에 중요한 건이 누락되거나 검색된 건수가 많아서 내용을 검토하는데 많은 시간이 소요된다. 따라서 검색이 이루어지기 전에 검색어를 철저하게 작성하는 것이 매우 중요하다.[1)]

〈표 5-3〉 검색의 종류

키워드 검색	분류 검색	번호 검색	일자 검색	인명 검색
발명 명칭	국제특허분류(IPC)	출원번호	출원일자	출원인
요약(초록)	미국특허분류(UPC)	공개번호	공개일자	발명자
청구 범위	일본특허분류(F-Term)	공고번호	공고일자	대리인
전문	유럽특허분류(ECLA)	등록번호	등록일자	등록권자
–	-	우선권번호	우선권일자	-

자료 : 한국발명진흥회,'지식재산의 정석', 박문각, 2014. p.153

〈표 5-4〉 특허검색 사이트

DB명		주체	주요정보	URL
무료	KIPRIS	한국특허정보원	한국 · 세계특허	http://www.kipris.or.kr
	USPTO	미국특허청	미국특허	http://patft.uspto.gov
	ESPACENET	유럽특허청	세계특허	http://ep.espacenet.com
	IPDL	일본특허청	일본특허	http://www.ipdl.ncipi.go.jp/homepg.ipdl
	중국특허	중국특허청	중국특허	http://www.sipo.gov.cn
	대만특허	대만특허청	대만특허	http://www.tipo.gov.tw
유료	WIPS		한국, 미국, 일본, 유럽, 중국, PCT	http://www.wips.co.kr
	DELPHION		미국, 일본(PAJ), 유럽, 독일, PCT	http://www.delphion.com
	NRI		일본특허(공개, 등록, 공표, 기보)	http://www.patent.ne.jp
	MICRO PATENT		미국, 일본(PAJ), 유럽, PCT, 영국	http://micropatent.com

자료 : 한국발명진흥회,'지식재산의 정석', 박문각, 2014. p.152.

1) 김대익 외, '창업을 대비하는 지식재산입문', 전남대학교출판문화원, 2017.08, p.147.

4) 특허출원 및 심사

(1) 특허출원서의 작성

특허를 받으려는 자는 출원인 성명과 주소, 발명의 명칭, 발녕사의 성명과 주소를 적은 특허출원서를 특허청장에게 제출하여야 한다.

특허출원서에는 발명의 설명 · 청구범위를 적은 명세서와 필요한 도면 및 요약서를 첨부하여야 한다.

발명의 설명은 그 발명이 속하는 기술분야에서 통상의 지식을 가진 사람이 그 발명을 쉽게 실시할 수 있도록 명확하고 상세하게 적고 발명의 배경이 되는 기술을 적어야 한다.

청구범위에는 보호받으려는 사항을 적은 항이 하나 이상 있어야 하되, 발명의 설명에 의하여 뒷받침되고 명확하고 간결하게 적어야 한다. 또한 보호받으려는 사항을 명확히 할 수 있도록 발명을 특정하는 데 필요하다고 인정되는 구조 · 방법 · 기능 · 물질 또는 이들의 결합관계 등을 적어야 한다.

(2) 특허출원의 심사

특허출원의 심사는 심사청구가 있을 때에만 심사를 하게 되며, 출원심사의 청구는 청구인의 성명과 주소, 출원심사의 청구대상이 되는 특허출원의 표시를 하여야 한다.

누구든지 특허출원에 대하여 특허출원일로부터 3년 이내에 특허청장에게 출원심사를 청구할 수 있다. 출원심사의 청구는 취하할 수 없고, 3년 이내에 심사청구가 없으면 그 출원은 취하된 것으로 간주한다.

특허출원 공개 후 특허출원인이 아닌 자가 업으로서 특허출원된 발명을 실시하고 있다고 인정되는 경우 특허청장은 심사관에게 다른 특허출원에 우선하여 심사하게 할 수 있다.

(3) 출원공개

특허청장은 특허출원일로부터 1년 6개월이 지난 후 특허출원에 관하여 출원인의 성명 · 주소 및 출원번호 등을 특허공보에 게재하여 출원공개를 하게 된다.

출원공개제도는 신기술을 공개함으로써 중복 연구 · 투자를 방지하고 기술 개발을 촉진하는 효과를 가져온다.

특허출원인은 출원공개가 있은 후 그 특허출원된 발명을 업으로 실시한 자에게 특허출원된 발명임을 서면으로 경고할 수 있다.

특허출원인은 특허권이 설정등록된 후 특허출원된 발명을 업으로 실시한 자에게 경고를 받거나 출원공개된 발명임을 알았을 때부터 특허권의 설정등록을 할 때까지의 기간 동안 그 특허발명의 실시에 대하여 통상적으로 받을 수 있는 금액에 상당하는 보상금의 지급을 청구할 수 있다.

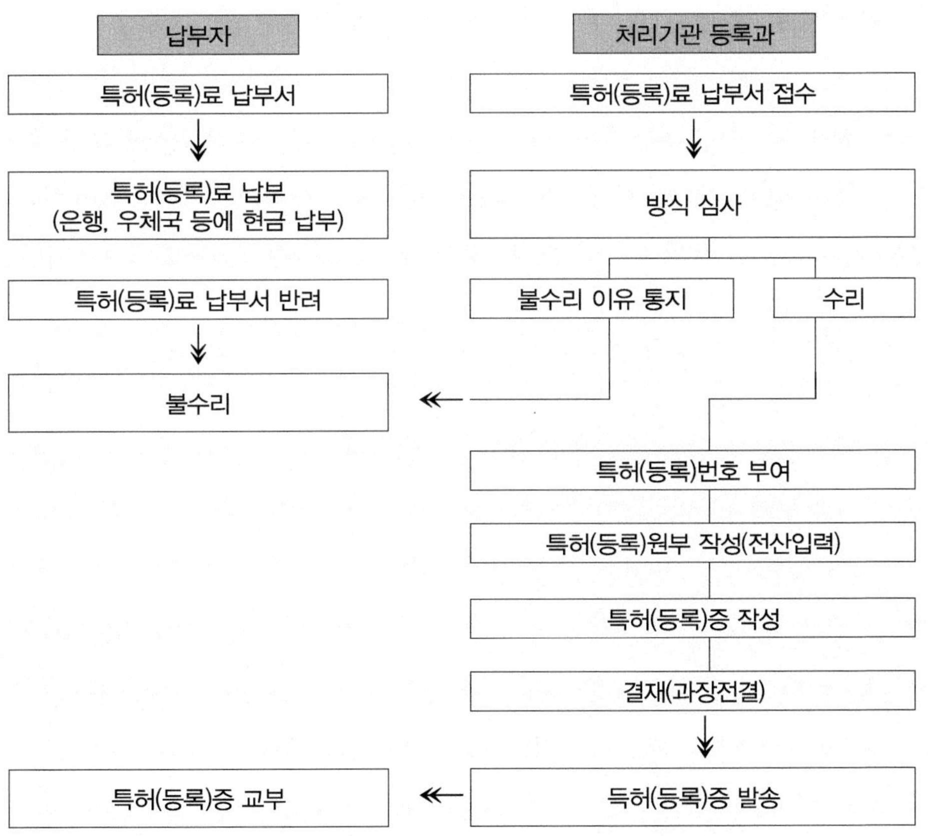

자료 : 이승훈 외, '지식재산권론', 법문사, 2009.06, p.87.

〈그림 5-2〉 특허(실용신안, 디자인)권의 등록절차

Memo

노하우는 산업상 이용할 수 있는 기술 또는 이를 실시하는데 필요한 구체적인 지식으로서 비밀로 유지되는 것을 말한다.

발명과 달리 노하우는 비밀로 유지되는 한 계속적으로 보호되지만, 일단 공개되면 가치를 상실하게 된다. 따라서 노하우를 특허출원할 것인지는 비밀유지 가능성과 기술수명을 감안하여 결정해야 한다.

자료 : 한국발명진흥회, '지식재산의 정석', 박문각, 2014. p.29

5) 특허권의 효력

(1) 특허권의 효력발생

특허권은 설정등록에 의해 발생한다. 특허청장은 특허료를 냈을 때 특허권을 설정하기 위한 등록을 하게 되며, 등록을 한 경우에는 특허공보에 특허권자의 성명 및 주소, 특허출원번호 및 출원연월일, 발명자의 성명 및 주소, 특허출원서에 첨부된 요약서, 특허번호 및 설정등록연월일, 등록공고연월일을 특허공보에 게재하여 등록공고를 하게 된다.

특허권은 특허권을 설정등록한 날부터 특허출원일 후 20년이 되는 날까지 존속한다. 특허권자는 특허발명을 실시할 권리를 독점하며 수익 · 처분할 수 있다. 특허권은 배타적 독점 권리이긴 하지만 무체재산권인 관계로 타인의 침해가 쉽고 침해사실의 발견이 어렵다.

(2) 특허발명의 보호범위와 활용

특허발명의 보호범위는 청구범위에 적혀 있는 사항에 의해 정하여진다.

특허권자는 특허권을 양도하거나 타인에게 실시를 허락함으로써 이익을 얻을 수 있다.

(3) 전용실시권과 통상실시권

특허권자는 그 특허권에 대하여 타인에게 전용실시권과 통상실시권을 설정할 수 있다. 이로써 특허권자는 실시료(로열티)를 수취할 수 있고 실시권자는 허락범위 내에서 특허발명을 실시함으로써 수익을 창출할 수 있다.

전용실시권은 특허권자 이외의 자가 특허권의 설정행위로 정한 범위에서 특허발명을 업으로서 실시할 권리를 독점하는 것을 말한다. 전용실시권은 특허청에 등록을 해야 효력이 발생하며 독점적 권리이기에 특허권자도 실시할 수 없다.

통상실시권은 일정한 범위 내에서 특허발명을 실시할 수 있는 권리이며 전용실시권과 달리 독점배타성이 없다. 즉, 통상실시권을 설정한 후에도 특허권자도 실시할 수 있으며, 같은 내용의 통상실시권을 2 이상 허락할 수 있다.

〈표 5-5〉 산업재산권의 보호대상 및 권리 존속기간

구분	특허권	실용신안권	디자인권	상표권
정의	자연법칙을 이용한 기술적 사상의 창작으로서 고도한 것 (발명-대발명)	자연법칙을 이용한 기술적 사상의 창작 (고안-소발명)	물품의 형상, 모양, 색채 또는 이들을 결합한 것으로서 시각을 통하여 미감을 일으키게 하는 것	타인의 상품과 식별되도록 하기 위하여 사용하는 기호, 문자, 도형, 입체적 형상, 또는 이들을 결합한 것 및 이들에 색채를 결합한 것
사례	전저를 응용하여 처음으로 전화기를 생각해 낸 것과 같은 발명	송화기와 수화기가 분리되어 있던 것을 일체로 하여 편리하게 한 것과 같은 형상이나 구조 등에 관한 고안	탁상전화기를 반구형이나 네모꼴로 한 것과 같이 물품의 외관에 대한 형상이나 모양 또는 색채에 관한 디자인	전화기 제조회사가 자사 제품의 신용을 유지하기 위하여 제품이나 포장 등에 표시하는 표장으로서의 상호나 마크 등
존속기간	설정등록일 후 출원일로부터 20년	설정등록일 후 출원일로부터 10년	설정등록한 날부터 디자인등록출원일 후 20년 ※ 당초 15년에서 2016. 4.28개정법률부터 변경	설정등록이 있는 날부터 10년 10년마다 갱신 등록시 반영구적

자료 : 김대익 외, '창업을 대비하는 지식재산입문', 전남대학교출판문화원, 2017, p14.

1	특허검색	
2	특허 출원	신청료 납부
3	출원심사	출원일부터 3년 산업상 이용가능성 신규성, 진보성, 선출원
4	특허등록	
5	출원공개	
6	등록비 납부	2년마다 납부 미납시 효력 상실
7	존속기간	설정등록일로부터 출원일 이후 20년

〈그림 5-3〉 특허 출원에서 등록까지의 순서

Memo

최초 전화기 발명자는 벨이 아니다.

알렉산더 그레이엄 벨(Alexander Graham Bell, 1847~1922)은 보스턴에 농아학교를 세워 1873년부터 보스턴대학의 음성생리학 교수가 되었다. 그는 음성학과 농아교육에 종사하면서 청각장애인들에게 어떻게든 소리를 들을 수 있도록 하기 위해 전화기를 실험하고 발명하기 시작하여 1876년 2월 14일 전자식 송수화기의 특허를 획득하였다.

그가 특허청에 들어간 1시간 후에 당시 전신전화 분야의 최고의 기술을 가진 엘리샤 그레이(Elisha Gray, 1835~1901)가 특허청으로 들이닥쳤고, 그날 그레이의 특허는 벨이 가죽을 이용해 음성을 전달하는 방식에 비해 더 효율적으로 금속막을 사용했기 때문에 금속막이 효과적으로 소리를 더 잘 전달할 수 있어 성능 면에서 더욱 우수하였다. 하지만 특허청은 조금 더 일찍 서류를 제출한 벨에게 특허권을 인정해 주었다.

사실 최초 전화기 발명에 대해 기술적으로 앞서 있는 사람들도 많았고 시기적으로 빠른 사람들도 많았다. 대표적인 예가 이탈리아 발명가 안토니오 무치(Antonio Meucci, 1808~1889)가 1860년 전화기를 발명해 미국회사에 공동개발을 요청했으나 서류가 분실되어 특허가 없던 일로 되어버렸다. 2002년 6월 미국 의회는 공식적으로 안토니오 무치를 최초의 전화기 발명자로 인정했다.

벨은 특허권을 취득한 후 1877년 가디너 허바드와 샌더스 등과 함께 Bell Telephone Company를 설립하였고, 1885년 AT&T로 회사명을 바꾸고 세계 최대의 통신사업자가 되었다.

자료 : 김진수 · 이창영, '기업가정신과 창업론', 문영사, 2014, p.192.

Memo

startup에게 특허는 방어수단이다.

명승은 등(2012)은 저서 '지금, 당신의 스타트업을 시작하라'에서 "많은 스타트업들이 특허에 관해 이야기하면서 특허가 있기 때문에 경쟁력이 있다고 주장하는데 실제 특허는 초기 스타트업의 사업확장에 크게 도움이 안 된다고 볼 수 있다. 그 이유 중 하나는 특허를 우회할 수 있는 다양한 방법들이 존재하며, 특허를 침해했다고 하더라도 실제 판결을 받을 때까지 상당한 시일과 자금이 소요되기 때문이다."고 했다.

사실, 특허소송에서 이긴다고 하더라도 손해배상금을 받아내기란 대단히 어렵다. 규모가 큰 회사라면 모를까 작은 회사는 재산도 얼마 없거니와 법인이라도 바꾸면 대책이 없다. 특허 검색을 하고, 출원하는 것은 보호받기보다는 기존 특허 유무를 검색하지 않고 창업했을 경우 특허 등록한 경쟁사로부터 특허 침해 소송을 당하지 않기 위한 방어수단으로 이해하는 것이 좋을 것이다.

2.2 실용신안 제도

1) 실용신안 제도의 목적

실용신안 제도는 실용적인 고안을 보호 · 장려하고 그 이용을 도모함으로써 기술의 발전을 촉진하여 산업발전에 이바지함을 목적으로 한다.

실용신안법은 기술적 사상의 창작을 보호한다는 점에서 특허법과 이념이 같다. 다만 특허는 고도한 기술적 사상의 창작인 발명(invention)인 점에 비해 실용신안은 고도하지 않은 고안(utility model)을 말한다.

〈표 5-6〉 특허권과 실용신안권 비교

구분	특허권	실용신안권
보호대상	발명	고안
	물건(물질포함), 방법, 용도	물건
등록요건	산업상 이용가능성	특허와 동일
	신규성	특허와 동일
	진보성 (당해 기술분야의 통상 기술자가 용이하게 도출할 수 없는 범위의 것)	진보성 (당해 기술분야의 통상의 지식을 가진 사람이 극히 쉽게 고안할 수 없는 것)
	선출원	특허와 동일
	공서양속 반하지 않고, 공중위생을 해할 우려가 없어야 함	특허와 동일
	----	국기, 훈장과 동일하지 않아야 함
출원 및 심사	출원일부터 3년 이내 *종전 5년에서 2016.2.29 법 개정	출원일부터 3년 이내
존속기간	설정등록일로부터 특허출원일 이후 20년	설정등록일로부터 등록출원일 이후 10년

2) 실용실안 등록 요건

실용신안 등록 요건이 되기 위해서는 산업상 이용할 수 있는 물품의 형상·구조 또는 조합에 관한 고안으로서 실용신안 등록출원 전에 국내 또는 국외에서 공지(公知)되었거나 공연(公然)히 실시된 고안 또는 실용신안 등록출원 전에 국내 또는 국외에서 반포된 간행물에 게재되었거나 전기통신회선을 통하여 공중(公衆)이 이용할 수 있는 고안이어서는 안 되며, 실용신안 등록출원 전에 그 고안이 속하는 기술분야에서 통상의 지식을 가진 사람이 극히 쉽게 고안할 수 있는 것이면 안 된다.

또한 국기 또는 훈장과 동일하거나 유사한 고안이나 공공의 질서 또는 선량한 풍속에 어긋나거나 공중의 위생을 해칠 우려가 있는 고안 역시 등록 요건이 안 된다.

한편 동일한 고안에 대하여 다른 날에 둘 이상의 실용신안 등록출원이 있는 경우에는 먼저 실용신안 등록출원한 자만이 그 고안에 대하여 실용신안 등록을 받을 수 있으며, 동일한 고안에 대하여 같은 날에 둘 이상의 실용신안 등록출원이 있는 경우에는 실용신안 등록출원인 간에 협의하여 정한 하나의 실용신안 등록출원인만이 그 고안에 대하여 실용신안 등록을 받을 수 있다.

3) 실용실안 출원 및 심사

(1) 실용신안 등록출원서의 작성

실용신안 등록을 받으려는 자는 출원인의 성명과 주소, 고안의 명칭, 고안자의 성명과 주소를 기재한 실용신안 등록출원서를 특허청장에게 제출하여야 한다.

실용신안 등록출원서에는 고안의 설명, 청구범위를 적은 명세서와 도면 및 요약서를 첨부하여야 한다. 고안의 설명은 그 고안이 속하는 기술분야에서 통상의 지식을 가진 사람이 그 고안을 쉽게 실시할 수 있도록 명확하고 상세하게 적고 고안의 배경이 되는 기술을 적어야 한다.

청구범위에는 보호받으려는 사항을 적은 항이 하나 이상 있어야 하며, 청구항은 고안의 설명에 의하여 뒷받침되어야 하고 고안이 명확하고 간결하게 적혀 있어야 한다. 청구범위에는 보호받으려는 사항을 명확히 할 수 있도록 고안을 특정하는 데 필요하다고 인정되는 형상 · 구조 또는 이들의 결합관계 등을 적어야 한다.

(2) 실용신안권 출원의 심사

실용신안 등록출원에 대한 심사는 심사청구가 있을 때에만 심사를 하게 되며, 누구든지 실용신안 등록출원에 대하여 실용신안 등록출원일부터 3년 이내에 특허청장에게 출원심사의 청구를 할 수 있다. 출원심사의 청구는 취하할 수 없다. 출원심사의 청구를 할 수 있는 기간에 출원심사의 청구가 없으면 그 실용신안 등록출원은 취하한 것으로 본다.

4) 실용신안권의 효력

(1) 실용신안권의 효력발생

실용신안권은 설정등록에 의하여 발생한다. 특허청장은 등록료를 냈을 때 실용신안권을 설정하기 위한 등록을 하게 되며, 등록한 경우에는 실용신안권자의 성명 및 주소, 실용신안 등록출원번호 및 출원연월일, 고안자의 성명 및 주소, 실용신안 등록출원서에 첨부된 요약서, 실용신안 등록번호 및 설정등록 연월일, 등록공고연월일을 실용신안공보에 게재하여 등록공고를 하게 된다.

실용신안권은 실용신안권을 설정등록한 날부터 실용신안 등록출원일 후 10년이 되는 날까지 존속하며, 실용신안권자는 업(業)으로서 등록실용신안을 실시할 권리를 독점한다.

(2) 전용실시권과 통상실시권

실용신안권도 특허권과 마찬가지로 타인이 권리를 사용할 수 있도록 전용실시권과 통상실시권을 설정할 수 있다. 실용신안권자는 '특허법 제100조 제1항'에 따라 전용실시권을 설정할 수 있으며 전용실시권자는 등록실용신안권을 실시할 권리를 독점한다.

2.3 디자인 제도

1) 디자인 제도의 목적

디자인보호법은 디자인의 보호와 이용을 도모함으로써 디자인의 창작을 장려하여 산업발전에 이바지함을 목적으로 한다. 디자인이란 물품 및 글자체의 형상 · 모양 · 색채 또는 이들을 결합한 것으로서 시각을 통하여 미감(美感)을 일으키게 하는 것을 말한다. 글자체란 기록이나 표시 또는 인쇄 등에 사용하기 위하여 공통적인 특징을 가진 형태로 만들어진 한 벌의 글자꼴(숫자, 문장부호 및 기호 등의 형태 포함)을 말한다.

2) 디자인의 등록 요건

디자인등록을 받을 수 있는 요건은 공업상 이용할 수 있는 것 즉 동일물품을 양산할 수 있는 디자인으로서 디자인등록출원 전에 국내 또는 국외에서 공지(公知)되었거나 공연(公然)히 실시된 디자인이 아니어야 하고 디자인등록출원 전에 국내 또는 국외에서 반포된 간행물에 게재되었거나 전기통신회선을 통하여 공중(公衆)이 이용할 수 있게 된 디자인이 아니어야 하는 신규성을 요한다.

디자인등록출원 전에 그 디자인이 속하는 분야에서 통상의 지식을 가진 사람이 국내외 널리 알려진 형상, 모양, 색채 또는 이들의 결합에 따라 쉽게 창작할 수 있는 디자인은 등록을 받을 수 없다.

또한 국기, 국장(國章), 군기(軍旗), 훈장, 포장, 기장(記章), 그 밖의 공공기관 등의 표장과 외국의 국기, 국장 또는 국제기관 등의 문자나 표지와 동일하거나 유사한 디자인이거나 디자인이 주는 의미나 내용 등이 일반인의 통상적인 도덕관념이나 선량한 풍속에 어긋나거나 공공질서를 해칠 우려가 있는 디자인과 타인의 업무와 관련된 물품과 혼동을 가져오는 것은 등록을 받을 수 없다.

동일하거나 유사한 디자인에 대하여 다른 날에 2 이상의 디자인등록출원이 있는 경우에는 먼저 등록출원한 자만이 그 디자인에 관하여 디자인등록을 받을 수 있으며, 동일하거나 유사한 디자인에 대하여 같은 날에 2 이상의 등록출원이 있는 경우에는 출원인이 협의하여 정한 하나의 디자인등록출원인만이 그 디자인에 대하여 디자인등록을 받을 수 있다. 협의가 성립하지 아니하거나 협의를 할 수 없는 경우에는 어느 디자인등록출원인도 그 디자인에 대하여 디자인등록을 받을 수 없다.

3) 디자인의 출원 및 심사

디자인등록출원은 1 디자인마다 1 디자인등록출원으로 한다. 디자인등록을 받으려는 자는 디자인등록출원인의 성명 및 주소, 디자인의 대상이 되는 물품, 기본디자인의 디자인등록번호 또는 디자인등록출원번호, 디자인을 창작한 사람의 성명 및 주소, 디자인의 수 및 각 디자인의 일련번호를 기재한 디자인등록출원서를 특허청장에게 제출하여야 한다.

디자인등록출원서에는 각 디자인에 관한 디자인의 대상이 되는 물품 및 물품류, 디자인의 설명 및 창작내용의 요점, 디자인의 일련번호 등을 적은 도면을 첨부하여야 한다.

디자인등록출원인은 자기의 디자인등록출원에 대한 공개를 신청할 수 있으며 특허청장은 공개신청이 있는 경우 디자인공보에 게재하여 출원공개를 하여야 한다. 디자인등록출원인은 출원공개가 있은 후 그 디자인등록출원된 디자인 또는 이와 유사한 디자인을 업(業)으로서 실시한 자에게 디자인등록출원된 디자인임을 서면으로 경고할 수 있다. 디자인등록출원인은 경고를 받거나 출원공개된 디자인임을 알고 그 디자인등록출원된 디자인 또는 이와 유사한 디자인을 업으로서 실시한 자에게 디자인권의 설정등록 시까지의 기간 동안 그 등록디자인 또는 이와 유사한 디자인의 실시에 대하여 통상적으로 받을 수 있는 금액에 상당하는 보상금의 지급을 청구할 수 있다.

4) 디자인권의 효력

(1) 디자인권의 효력발생

디자인권은 설정등록에 의하여 발생하며 특허청장은 등록료를 냈을 때 디자인권을 설정하기 위한 등록을 하여야 하고 등록한 경우에는 디자인권자의 성명 · 주소 및 디자인등록번호 등을 디자인공보에 게재하여 등록공고를 하여야 한다.

디자인권은 설정등록한 날부터 발생하여 디자인등록출원일 후 20년이 되는 날까지 존속하며 디자인권자는 업으로서 등록디자인 또는 이와 유사한 디자인을 실시할 권리를 독점한다.

(2) 디자인권의 보호범위

등록디자인의 보호범위는 디자인등록출원서의 기재사항 및 그 출원서에 첨부된 도면 · 사진 또는 견본과 도면에 적힌 디자인의 설명에 따라 표현된 디자인에 의하여 정하여진다.

(3) 전용실시권과 통상실시권

디자인권자는 그 디자인권에 대하여 타인에게 전용실시권을 설정할 수 있다. 다만, 기본디자인의 디자인권과 관련디자인의 디자인권에 대한 전용실시권은 같은 자에게 동시에 설정하여야 한다. 전용실시권을 설정받은 전용실시권자는 그 설정행위로 정한 범위에서 그 등록디자인 또는 이와 유사한 디자인을 업으로서 실시할 권리를 독점한다.

또한 디자인권자는 그 디자인권에 대하여 타인에게 통상실시권을 허락할 수 있다. 통상실시권자는 설정행위로 정한 범위에서 그 등록디자인 또는 이와 유사한 디자인을 업으로서 실시할 수 있는 권리를 가진다. 통상실시권을 등록한 경우에는 그 등록 후에 디자인권 또는 전용실시권을 취득한 자에 대하여도 그 효력이 발생한다.

2.4 상표 제도

1) 상표제도의 목적

상표제도는 상표를 보호함으로써 상표 사용자의 업무상 신용 유지를 도모하여 산업발전에 이바지하고 수요자의 이익을 보호함을 목적으로 한다.

상표란 자기의 상품과 타인의 상품을 식별하기 위하여 사용하는 표장(標章)을 말하며, 표장이란 기호, 문자, 도형, 소리, 냄새, 입체적 형상, 홀로그램 · 동작 또는 색채 등으로서 그 구성이나 표현방식에 상관없이 상품의 출처(出處)를 나타내기 위하여 사용하는 모든 표시를 말한다.

2) 상표등록 요건

동일 · 유사한 상품에 사용할 동일 · 유사한 상표에 대하여 다른 날에 둘 이상의 상표등록출원이 있는 경우에는 먼저 출원한 자만이 그 상표를 등록받을 수 있으며, 동일 · 유사한 상품에 사용할 동일 · 유사한 상표에 대하여 같은 날에 둘 이상의 상표등록출원이 있는 경우에는 출원인의 협의에 의하여 정하여진 하나의 출원인만이 그 상표에 관하여 상표등록을 받을 수 있다. 협의가 성립하지 아니하거나 협의를 할 수 없는 때에는 특허청장이 행하는 추첨에 의하여 결정된 하나의 출원인만이 상표등록을 받을 수 있다.

한편 다음 표에 해당하는 것은 상표등록이 되지 않는다.

〈표 5-7〉 상표등록 불가 상표

• 상품의 보통명칭을 보통 사용하는 방법으로 표시한 표장만으로 된 상표
• 상품에 대하여 관용하는 상표
• 상품의 산지 · 품질 · 원재료 · 효능 · 용도 · 수량 · 형상 · 가격 · 생산방법 · 가공방법 · 사용방법 또는 시기를 보통 사용하는 방법으로 표시한 표장만으로 된 상표
• 현저한 지리적 명칭이나 그 약어 또는 지도만으로 된 상표
• 흔히 있는 성 또는 명칭을 보통 사용하는 방법으로 표시한 표장만으로 된 상표
• 간단하고 흔히 있는 표장만으로 된 상표
• 수요자가 누구의 업무에 관련된 상품을 표시하는 것인가를 식별할 수 없는 상표
• 국기, 국장, 군기, 훈장, 포장, 기장, 대한민국이나 공공기관의 감독용 또는 증명용 인장 · 기호와 동일 · 유사한 상표
• 국제적십자, 국제올림픽위원회 또는 저명한 국제기관의 명칭, 약칭, 표장과 동일 · 유사한 상표
• 동맹국 등의 문장, 기, 훈장, 포장 또는 기장이나 동맹국 등이 가입한 정부 간 국제기구의 명칭, 약칭, 문장, 기, 훈장, 포장 또는 기장과 동일 · 유사한 상표
• 인장 · 기호와 동일 · 유사한 상표로서 그 인장 또는 기호가 사용되고 있는 상품과 동일 · 유사한 상품에 대하여 사용하는 상표
• 국가 · 인종 · 민족 · 공공단체 · 종교 또는 저명한 고인과의 관계를 거짓으로 표시하거나 이들을 비방 또는 모욕하거나 이들에 대한 평판을 나쁘게 할 우려가 있는 상표
• 국가 · 공공단체 또는 이들의 기관과 공익법인의 비영리 업무나 공익사업을 표시하는 표장으로서 저명한 것과 동일 · 유사한 상표.
• 상표 그 자체 또는 상표가 상품에 사용되는 경우 수요자에게 주는 의미와 내용 등이 일반인의 통상적인 도덕관념인 선량한 풍속에 어긋나는 등 공공의 질서를 해칠 우려가 있는 상표
• 정부가 개최하거나 정부의 승인을 받아 개최하는 박람회 또는 외국정부가 개최하거나 외국정부의 승인을 받아 개최하는 박람회의 상패 · 상장 또는 포장과 동일 · 유사한 표장이 있는 상표
• 저명한 타인의 성명 · 명칭 또는 상호 · 초상 · 서명 · 인장 · 아호 · 예명 · 필명 또는 이들의 약칭을 포함하는 상표.

3) 상표등록 출원

상표등록을 받으려는 자는 출원인의 성명 및 주소, 상표, 지정상품 및 상품류 등을 기재한 상표등록출원서를 특허청장에게 제출하여야 하고 상표등록출원서에는 표장에 관한 설명을 적어야 한다.

상표등록출원을 하려는 자는 상품류의 구분에 따라 1류 이상의 상품을 지정하여 1상표마다 1출원을 하여야 한다.

4) 상표권의 효력

(1) 상표권의 효력발생

상표권은 설정등록에 의하여 발생하며, 상표등록료를 낸 경우 특허청장은 상표권을 설정하기 위한 등록을 하여야 하고 등록을 한 경우에는 상표권자의 성명 · 주소 및 상표등록번호 등을 상표공보에 게재하여 등록공고를 하여야 한다.

상표권의 존속기간은 설정등록이 있는 날부터 10년으로 한다. 상표권의 존속기간은 존속기간 갱신등록신청에 의하여 10년씩 갱신할 수 있다.

(2) 상표권의 보호범위

상표권자는 지정상품에 관하여 그 등록상표를 사용할 권리를 독점한다. 등록상표의 보호범위는 상표등록출원서에 적은 상표 및 기재사항에 따라 정해진다. 지정상품의 보호범위는 상표등록출원서 또는 상품분류전환등록신청서에 기재된 상품에 따라 정해진다.

(3) 전용사용권과 통상사용권

전용사용권 : 상표권자는 그 상표권에 관하여 타인에게 전용사용권을 설정할 수 있다. 전용사용권의 설정을 받은 전용사용권자는 그 설정행위로 정한 범위에서 지정상품에 관하여 등록상표를 사용할 권리를 독점한다. 전용사용권자

는 그 상품에 자기의 성명 또는 명칭을 표시하여야 한다.

통상사용권 : 상표권자는 그 상표권에 관하여 타인에게 통상사용권을 설정할 수 있다. 통상사용권의 설정을 받은 통상사용권자는 그 설정행위로 정한 범위에서 지정상품에 관하여 등록상표를 사용할 권리를 가진다.

Memo

상표가 곧 돈이다.

우리는 일상에서 수십 년 동안 간판 달고 장사 잘했는데 엉뚱한 사람이 상표등록을 함으로써 간판을 내려야 한다는 것이며, 거금을 주고 회사 이름과 로고를 샀다는 소식을 심심찮게 접하게 된다.

유명한 상표를 도용해서 몰래 짝퉁을 만들어 팔다가 발각되었다는 뉴스 역시 자주 언론에 오르내린다. 다른 산업재산권과 달리 상표권 침해 단속과 죄는 매우 중요하게 다룬다.

상표의 힘은 오랜 세월 동안 갈고 닦아 쌓은 상품력과 광고 · 홍보 · 입소문에 의해 형성된다. 이것이 소위 브랜드 파워이며 소비자는 이 마력에 끌려 충성고객이 된다.

특허, 실용신안권, 디자인권은 힘을 발휘하는 기간이 10~20년이지만 상표의 힘은 반영구적이다.

상표는 대기업 전유물이 아니고 소기업 소상공인에게도 매우 중요하고 큰 자산이 된다. 사업 초기부터 브랜드 가치를 염두에 두고 업력을 쌓는 것이 필요하다.

Memo

삼성전자 브랜드가치 914억달러
인터브랜드 '글로벌 100대 브랜드'서 4년 연속 '톱5'

삼성전자의 브랜드가치가 전년 대비 4% 성장한 것으로 평가되면서 4년 연속 '글로벌 톱(Top) 5' 브랜드 지위를 유지했다.

글로벌 브랜드 컨설팅 전문업체 인터브랜드가 21일(현지시간) 발표한 '글로벌 100대 브랜드(Best Global Brands)'에서 삼성전자의 브랜드가치는 914억달러(약 117조6400억원)로 세계 5위를 기록했다고 삼성전자가 밝혔다.

삼성전자는 2011년 17위에서 2012년 9위로 도약하며 처음 10위권에 진입했고, 2017년 6위, 2020년 5위 등 브랜드가치 순위가 지속 상승했다.

삼성전자는 2012년부터 올해까지 12년 연속 글로벌 10대 브랜드에 포함됐고, 미국 이외 기업으로 유일하게 2020년부터 글로벌 5대 브랜드 업체로 자리잡았다.

인터브랜드는 기업의 재무성과, 고객의 제품 구매시 브랜드가 미치는 영향, 브랜드 경쟁력(전략, 공감력, 차별성, 고객참여, 일관성, 신뢰 등) 등을 종합 분석해 매년 브랜드가치를 평가한다. 전 세계 브랜드가치 평가 중 가장 역사가 길고 평가방법에서도 공신력을 인정받고 있다.

인터브랜드는 삼성전자의 전사적으로 일관되게 추진하고 있는 '원삼성' 기반 고객경험 강화 전략, 다양한 제품 포트폴리오를 활용한 차별화된 '스마트싱스' 연결 경험과 게이밍 경험 제공, 6G 차세대 통신 · 인공지능(AI) · 전장 · AR(증강현) · VR(가상현실) 등 미래 혁신 기술 선도 역량, 전 제품군에 걸친 친환경 활동을 통한 ESG(환경 · 사회 · 지배구조) 리더십 강화 등이 이번 평가에 긍정적인 영향을 미쳤다고 밝혔다.

자료 : 세계일보 & Segye.com, 2023.11.21.

Chapter

사업타당성 분석과 사업계획

제1절 사업타당성 분석과 사업계획 의의

1.1 사업타당성 분석과 사업계획의 뜻

창업을 준비면서 사업타당성 분석, 사업성 분석, 사업계획서라는 용어와 맞닥뜨리게 된다. 사업계획서라는 것은 글자 그대로 사업의 목표와 계획을 문서화한 것으로 이해하면 될 것이다. 사업타당성 분석과 사업성 분석은 대개 같은 의미로 사용되지만 조금 더 확대해 보면 사업성 분석은 사타당성 분석의 한 부분을 구성한다.

사업성 분석은 주로 기술성과 시장성 및 수익성 관점에서 제품을 만들 수 있는 능력을 갖출 수 있을 것인지, 잠재고객과 시장의 유효수요는 얼마나 있는지, 얼마큼의 수익이 창출돼서 투자금 대비 사업 가치가 있는 것인지를 판단하는 것이라고 볼 수 있다. 사업타당성 분석이라는 것은 사업성 분석의 세 가지 요소에 더해 사업환경을 추가해서 분석하는 것이라 할 수 있다.

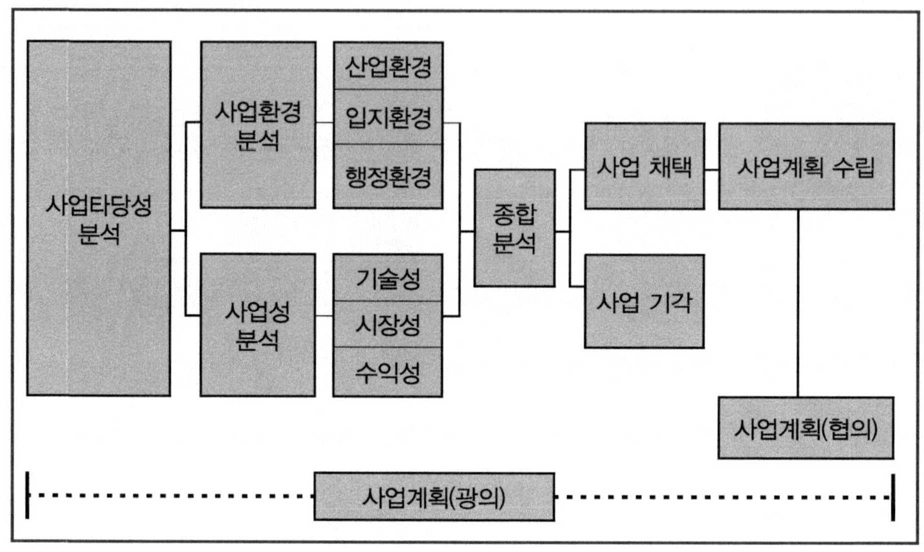

〈그림 6-1〉 사업타당성 분석의 구도

사업타당성 분석은 예정 사업의 문제점 또는 위험 요소를 찾아내서 대응책을 마련하는 것이며, 사업할 만한 가치와 매력을 판단하는 작업이다. 따라서 타당성 분석 과정에서 문제점이나 부족한 점이 있으면 보완하거나 대체하는 방향을 찾아야 한다. 이와 달리 어느 하나의 문제점에 얽혀 사업을 추진하기 어려운 것으로 판단되면 과감히 포기하는 결단을 내려야 한다. 기술창업에 있어서 사업추진이 어렵다고 판단되면 때로는 해당 기술을 타기업에 매각하는 기술거래를 시도하는 방안을 모색할 수 있을 것이다.

사업타당성 분석을 통해 사업성이 있다고 판단되면 하나하나 구체적인 사업계획을 수립해 나가야 한다. 이를테면 인적자원 구성, 자금조달 계획, 입지 선정 등에 걸쳐 규모와 추진 일정 등을 계획해서 창업에 한 걸음씩 나아가게 되는 것이다. 이 같이 사업타당성 분석 후에 구체적인 사업계획을 문서화하는 것이 사업계획서인 것이다.

사업계획서의 넓은 범위는 사업타당성 분석을 포함하는 것이며, 좁은 범위는 사업타당성 분석 후에 추진하는 사업계획 수립과정을 일컫는데, 일반적으로 좁은 의미의 사업계획 수립 과정을 사업계획서에 담아내게 된다.

1.2 사업타당성 분석과 사업계획서의 중요성

그림을 그릴 때는 먼저 구도를 잡아야 하고, 건물을 짓는 데에는 조감도와 설계도가 필요하다. 마찬가지로 사업을 하는 데에도 설계도가 필요하다. 이 사업 설계도가 사업계획서이며 사업이 될 만한 것인지 아닌지 문제점은 무엇이 있는지를 짚고 넘어가는 것이 사업타당성 분석이다.

대목장이나 도편수는 오랜 경험과 시방서에 의해 수려한 한옥을 완성한다. 어설픈 목수가 설계도 또는 시방서 없이 집을 지으면 어떻게 될까. 창업에 있어서도 사업계획서가 없으면 성공창업에 이르기 어려울 것이다.

이와 같이 사업타당성 분석은 창업에 앞서 문제점을 짚어가며 안전한 창업을 준비하는 과정이다. 대다수 예비창업자들은 창업아이템에 대한 자신감에 더해 창업자금만 갖추면 창업에 나서려는 경향이 있다. 다시 말해 구체적인 사업구상 없이 감으로, 주먹구구식으로 주변 사람들의 얘기만 듣고 사업에 뛰어드는 것이다. 특히 젊은 세대의 경우 창업은 곧 도전정신이라는 화두에 꽂혀 물불 가리지 않고 창업에 뛰어드는 경향이 있다.

건축에 달관한 도편수가 오랜 경험의 내공에 의한 눈대중으로 우아한 한옥을 거뜬히 짓듯이 사업에도 직관력으로 큰 사업체를 일으키는 도편수 같은 인물이 물론 있다. 아산 정주영 같은 인물이 바로 여기에 속한다.

1970년대 초 아산 정주영이 울산 앞바다 모래사장에 조선소를 짓겠다고 버클레이 은행에 돈을 빌리는 데 꼭 필요한 추천서를 받기 위해 영국의 선박 컨설턴트 기업인 A&P 애플도어의 찰스 롱바톰 회장을 만나 500원짜리 지폐에 새겨진 거북선을 보여주며 영국보다 300여 년 앞선 1500년경에 철(쇠)로 함선을 만들어 일본침략을 물리쳤다는 것을 내세우며 부정적인 시각의 회장을 설득하여 추천서를 받아서 자금을 유치한 일화는 유명하다. 그러나 이러한 이야기 이면에는 실무진에서 자금조달을 위한 사업계획서를 철저하게 준비하였음은 불문가지의 사실이다.

박주관(1994)은 "사업타당성 분석은 창업 실패를 줄여줄 수 있는 좋은 보조

장치이다. 중소기업 창업은 물론 소규모 창업, 심지어 구멍가게의 창업일지라도 필수적으로 작성해 볼 필요가 있다. 따라서 사업타당성 분석은 장차 창업 실패로 인한 더 큰 손해를 미연에 방지할 수 있는 예방주사 역할을 충분히 수행하기에 부족함이 없다. '돌다리도 두드려 보고 건너라.'는 격언은 창업에 앞서 바로 이 사업타당성 검토를 거치라는 표현과 직결된다고 볼 수 있다."고 했다.[1)]

김옥생(1997)은 "일반적으로 기업의 실패 원인을 내적 요인과 외적 요인으로 구분하여 볼 때 90% 정도가 내적 요인에 의한 실패로 나타나고 있는데, 이러한 요인을 제거하기 위한 최우선 과제는 정확하고 실질적인 사업계획 수립에 있다. 사업계획은 위험성과 불확실성에 대하여 세밀하고 전문성 있는 방법에 의한 검토가 필요하며, 제품구상에서부터 초기 성장단계로 진입하기 위한 활동의 예정과 대처를 위한 의사표현이라고 볼 수 있다. 정확성과 객관성이 결여된 사업계획서는 그것을 검토하는 사람에게 신뢰감을 줄 수 없으며, 근거자료에 의한 전문성과 독창성이 결여된 사업계획서는 死業計劃書가 되고 만다."고 했다.[2)]

사업계획은 떠오르는 사업아이디어를 비즈니스로 연결시키는 작업이다. 즉, 사업아이디어와 비즈니스 사이의 공간을 메꾸는 작업이 사업계획이다. 이에는 자금조달, 생산기술, 조직구성, 판로개척 등 다양한 부문에 걸쳐 심도 있는 계획이 필요하고 사업할 가치가 있는 것인지 하는 타당성 분석이 선행되어야 한다.

타당성 검토 없이 사업에 뛰어들겠다고 사업계획서를 작성한다면 무모한 작업에 지나지 않는다. 연구실에서 발명한 아이디어가 아무리 획기적이라 하더라도 시장에서 소비자가 수용하지 않는 것이라면 사업으로 이어질 수 없다. IMF외환위기 사태 직후 국내 최고의 기술연구기관에 근무했던 석학들이 자기만의 생각에서 발명아이디어로 사업에 뛰어들었으나 대다수 실패했으며, 대학

---

1) 박주관, '사업타당성 분석과 사업계획서 작성', 21세기북스, 1994.08, pp.14~15.

2) 김옥생, '창업과 신규사업을 위한 사업계획작성 가이드', 한국기업상담(주), 1997.4, pp.13-14.

연구실의 많은 아이디어가 사업은커녕 기술거래로 이어지지 못하는 이유가 바로 사업타당성 분석을 소홀히 하기 때문이다.

사업에 대해 알아야 할 점을 모두 파악했다 하더라도 그 지식은 아직 형태를 거의 갖추지 못하고 있다. 지금까지 파악한 모든 요소를 실전에 활용하기 위해서는 체계화해야 한다. 간단히 말해 사업계획서는 머릿속에서 마구 쏟아져 나온 생각을 체계적으로 정리한 것이다. 사업계획서를 작성할 때는 여태껏 입수한 정보와 두서없는 아이디어를 모두 기록해야 한다. 모든 사항을 기록하다 보면 아이디어가 더욱 분명해지고 사업이 진정한 형태를 취하게 된다. 그뿐만 아니라 그동안 잊고 있었거나 간과했던 사항을 모두 끄집어낼 수 있다.[3)]

계획사업을 머릿속에서만 정리하다 보면 주먹구구식 사업구상이 돼서 충실을 기하기 어렵다. 어떠한 모양새가 되더라도 상관없고 분량이 한 장이라도 문제가 없다. 머릿속에 떠오르는 구상을 하나하나 정리해 보는 것이 사업계획서이고 사업계획서를 작성하다 보면 꼬리에 꼬리를 물고 새로운 구상과 문제점을 도출해 낼 수 있다.

사업구상을 문서화하다 보면 문제점이 발견되고 새로운 아이디어가 계속 나타난다. 사업계획서는 제3자 특히 컨설턴트를 통해 자문을 구할 수도 있다. 그러다 보면 보다 면밀한 사업계획을 짤 수 있고 실패 요인을 사전에 제거할 수도 있다.

사업계획서는 ① 회사 내부 검토용 ② 자금조달용 ③ 공공기관 사업 발주용 ④ 사업 참여자 모집용 등으로 대별할 수 있다.

일반적으로 사업계획서라고 한다면 자금조달용을 많이 떠올리게 된다. 자금조달용은 대부분 해당 기관에서 기본 기재사항을 제시하고 있다. 이를테면 ⓐ사업의 개요 ⓑ제품의 시장성 ⓒ판매 계획 ⓓ소요자금 및 자금 조달 계획 ⓔ계획사업의 파급효과 등이 그것이다. 해당 기관에서는 이러한 요소에 대해 진정성과 실현 가능성에 무게를 두고 심사한다고 보면 된다.

사업계획서는 상대방이 쉽게 이해할 수 있도록 논리 정연해야 하고 각 부문

---

3) 사하 & 보비 하셰미 저, 안기순 역, '나의 첫 사업계획서', ㈜황금가지, 2005.04, p.101.

간에는 일관된 맥락이 유지되도록 기술해야 한다. 또한 글자 폰트, 줄간격, 차트 및 그림 등도 적절히 배합하여 시각효과를 주는 것이 필요하다.

잘 작성된 사업계획서라고 한다면 간단명료하여 상대방이 한눈에 판단할 수 있는 것을 일컫는다. 대다수 사람은 분량이 많아야 상대방이 좋게 평가할 것으로 생각하고 100페이지 안팎의 많은 분량으로 작성하는 경우를 자주 볼 수 있다. 이러한 계획서는 핵심이 어디에 있는지 찾기 어렵고 심지어 심사자들의 불편한 심리를 자극할 수도 있다.

자금조달을 위한 일반적인 사업계획서는 상대방이 읽고 이해하는 데 부담이 없도록 한글 문서는 A4용지 5~10페이지, 파워포인트 문서는 20~30페이지가 적당하다고 할 수 있다.

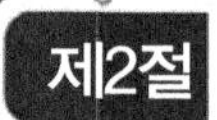

제2절 사업타당성 분석

2.1 사업환경 분석

1) 산업환경

창업에는 시장에 기존 나와 있는 아이템으로 사업하고자 하는 경우가 있을 것이고 기술과 기능 면에서 전혀 새로운 아이템으로 창업하는 것이 있을 것이다. 또한 성업하고 있는 기존 상권에서 창업하는 경우가 있는 반면에 아무도 진출하지 않은 신시장 또는 불모지에서 창업하고자 하는 경우가 있을 것이다.

이러한 창업 탐색과정에서 챙겨봐야 할 것은 사업 아이템이 성장할 수 있는 시기적 · 시대적 기회가 알맞은 것인지, 해당 지역에서 창업했을 경우에 뿌리를 내릴 수 있는 산업환경이 조성되어 있는지를 확인해 보는 것이다.

스타트업 창업 전문가인 일레인 첸 매사추세츠공과대학(MIT) 슬론경영대학원 교수는 "성공적인 스타트업들의 혁신은 발명, 실행, 시점의 세 가지가 맞아 떨어졌을 때 일어났다."라고 말했다. 즉, 시대를 너무 앞서 나간 스타트업의 아이디어는 실패한다는 것이다.

(1) 시대적 산업환경

예비창업자 또는 개발자 입장에서 아무리 혁신적인 사업아이템이라고 해도 잠재소비자가 없는 시기 또는 시대에 창업을 추진하는 것은 무리다. 먼저 창업해서 오랜 시간 버텨가면서 점진적으로 고객을 창출할 수 있는 매력 있는 아이템이나 자본력이 뒷받침된다면 시간과의 싸움을 해볼 수 있을 것이다.

이와 달리 지금은 성황리에 있는 아이템이지만 가까운 시간 내에 사라질 아이템이라면 어떻게 해야 될까. 디지털 시대의 수많은 아이템이 짧은 기간 수명을 다하고 명멸하는데 지속성을 가진 아이템은 어떤 것이 있을까? 창업하고자 하는 아이템은 도입기 ⇨ 성장기 ⇨ 성숙기 ⇨ 쇠퇴기의 라이프 사이클에서 어느 위치에 머무르는 것일까?

사례

여가 산업인 레저, 콘도, 리조트를 말할 때는 꼭 떠오르는 인물이 있다. 바로 전 명성그룹의 김철호 회장이다.

김철호 회장은 1980년대 초반에 용어도 생소한 '콘도미니엄'이라는 것으로 사업을 펼친 인물이다. 65만 평 규모의 골프장인 명성컨트리 클럽을 비롯해서 명성콘도미니엄, 남태평양레저타운과 같은 레저산업으로 거대 기업군을 일구었다.

그 시기는 가난에서 벗어나지 못한 때였으며, 주6일 근무할 때인지라 여가와 여행, 골프라는 것은 일반인으로서는 상상도 못할 때였다. 더구나 만성적인 자금부족 시대에 은행 대출금리는 연20%를 웃돌고 있어서 자금조달은 매우 어려웠다.

그룹은 몇 개로 쪼개졌고 레저 부분은 1986년 지금의 한화그룹에 넘겨지면서 현재 한화호텔 & 리조트로 이어졌다.

명성그룹이 공중분해되었던 것은 불법조성한 거액의 사채 때문이라고 하지만 사업측면에서는 잠재고객이 없는 시기에 시대적으로 앞서 나갔기 때문이다.

(2) 경쟁 산업환경

진출하고자 하는 사업이 그 지역에 얼마나 활성화되어 있는지, 경쟁 관계는 얼마나 치열한지를 따지는 것은 매우 중요하다. 아무도 진출하지 않은 경쟁이 없는 지역이라서 훨훨 날아가리라 생각하겠지만 고객을 창출하는 데 오랜 시간이 걸려서 사업기반에 오르기 쉽지 않을 수도 있다.

경쟁 관계는 기업성장에 반드시 부정적 요인으로 작용하지는 않는다. 해당 산업의 성장을 촉진하기도 하고 같은 업종이 모여 있게 되면 지명도가 높아져 고객 흡인력이 높아지기도 한다.

이와 같이 진출하고자 하는 곳에 해당 사업 아이템이 얼마나 활성화되어 있는지, 다수 업체가 집적한 곳이라면 경쟁업체를 파악해서 경쟁우위를 갖기 위해서는 어떠한 전략을 세워야 하는지를 따져야 할 것이다.

규모의 경제에 의한 사업이라면 새로운 창업자가 쉬 진출하지 못하지만 고만고만한 사업이라서 누구나 진출할 수 있는 것이라면 위협요인으로 작용한다. 또한 운영하는 사업아이템을 대체하는 아이템이 등장해서 잠재고객이 그쪽으로 쏠리게 되는 것 또한 위협요인이다.

이 외에도 판매와 구매 간의 힘의 균형에서 소비자가 우위를 갖는 buyer's market에서는 판매자는 소비자 행동에 끌려다닐 수밖에 없는 형국에 있다. 이 같은 관점에서 원·부재료 수급에 있어서도 힘의 논리가 공급자 중심의 seller's market이라면 우리 사업에는 위협요인이 아닐 수 없다.

일반적으로 산업분석과 관련하여 하버드 경영대학원 교수 Michael E. Porter가 창안한 5 Forces Model을 분석 도구로 많이 활용한다.

〈표 6-1〉 산업환경 분석 요소

구분	항목	검토 사항
업종 라이프 사이클	도입기 〉 성장기 〉 성숙기 〉 쇠퇴기	성장 사이클의 어디에 위치하는 아이템이며 생명력(사업 지속성)은 얼마나 될 것인지
경쟁업체	사업장 규모	경쟁업체들의 각 항목별 경쟁력 크기는 얼마이며 자사가 우위를 갖기 위해서는 어떤 전략을 세워야 하는지
	생산 기술력	
	매출 규모	
	수익 규모	
	경영 전략	
	브랜드 파워	
	기타	
소비자 구매력	소비 취향	소비자의 구매력이 우위에 있어 염가 판매 위험성은 없는지
	구매 자금력	
	잠재 소비자의 수	
	기타	
공급자 교습력	품목별 거래선의 수	원부자재 구입에서 힘의 균형이 공급자에 쏠려 있어 납품시기와 가격 및 대금 결제를 공급자 의도에 맞춰야 하는 상황인지
	대금 결제 형태	
	물리적 공급 거리	
	원부자재 납품 수단	
	원부자재 납품 경로	
	기타	
신규 진입 장벽	기술성 장벽	기술 · 자본 · 경영 면에서 쉽게 새로운 사업자가 나타날 위험은 없는 업종인지
	자본력 장벽	
	경영능력 장벽	
	기타	
대체재 출현 가능성	자사 제품 소비자 충성도	자사 제품의 기능, 가격 등에 걸친 소비자의 구매의향 변화가 대체재로 전환할 가능성은 없는지
	대체재로의 전환 비용	
	자사 제품 가격 매력도	
	기타	

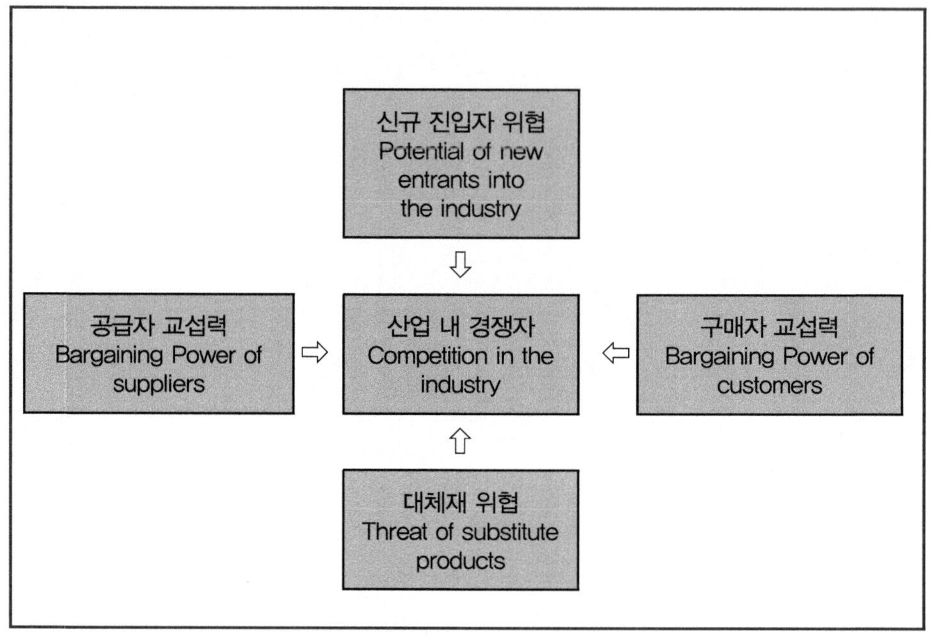

〈그림 6-2〉 Porter's 5 Forces Model

2) 입지환경

전원주택용 택지를 물색할 때 대체로 아름다운 산세와 개천이 흐르는 풍광 좋은 곳에 이끌리게 마련이다. 이런 곳에 막상 집을 지으려면 걸리는 게 진입도로, 상하수도, 전기 등과 같은 기반시설이 제대로 갖춰져 있지 않다는 것이다. 이 같은 문제를 해결하기 위해서는 개인적인 비용을 많이 지출해야만 하는 경우가 있다.

사업에 있어서도 창업 예정지의 인프라가 잘 구축되어 있는지가 매우 중요하다. 여기에 더해 사업에 있어서는 원부재료의 조달과 생산품을 유통할 수 있는 물류 환경이 잘 갖춰져 있는지가 중요하다.

생활밀착형 창업에 있어서는 그 지역의 상권세가 얼마나 형성돼 있는지, 사업아이템을 소비할 수 있는 잠재고객이 얼마나 거주하며 예정 사업장 앞으로 지나치는 유동인구는 얼마나 있는 것인지 등을 파악하는 것이 필요하다.

(1) 기반 시설

공장을 운영하기 위한 기반은 전기와 용수 그리고 도로이다. 어디에 가더라도 도로가 있고 물과 불을 사용할 수 있을 것이라 생각하지만 규모가 큰 사업체를 운영하고자 한다면 이러한 요소는 반드시 짚고 넘어가야 한다.

예정 사업장까지의 진입도로 폭이 좁다면 넓혀야 하는 데에 큰 애로가 따른다. 토지 소유주로부터 매도 의사를 받아내고 큰 비용을 치러야 한다. 더욱이 여러 필지에 걸쳐 많은 소유주가 있다면 문제해결은 매우 어렵다.

전기와 물을 많이 사용하는 사업의 경우에는 소요량에 적합한 전기 인입과 용수확보가 되는지가 관건이다. 예를 들면 반도체 산업체와 제지업체는 전기와 용수가 원활한 곳에 사업입지를 선정한다. 전기는 한국전력공사, 용수는 한국수자원공사로부터 충분한 양의 수급이 이뤄질 수 있는지를 확인하는 절차가 필요하다.

이 같은 문제점에 봉착하지 않기 위해서는 웬만한 규모의 일반 산업체는 인프라가 잘 구축된 공단에 입주하는 방향을 모색할 수 있을 것이다. 물론 다른 여러 가지 사안을 검토하다 보면 적합한 공단을 찾기가 쉽지는 않을 수도 있다.

(2) 환경 영향

대기와 수질을 오염시키고 산업폐기물이 발생하는 등의 공해 유발 업종은 입지를 선택하는 데에 한정적일 수밖에 없다. 공해 유발 업종은 주민들과 환경단체의 반대에 부딪혀 사업 착수하기가 쉽지 않고 사업체를 영위하더라도 후일에 분쟁의 여지가 있기 때문이다.

요즘은 지방자치단체마다 기업체 유치를 위해 심혈을 기울이고 있어 거주인구수가 적은 농촌지역에 공장 입지선정을 하는 경우가 있는데 주민과의 마찰을 빚고 사고 발생에 따른 손해 배상을 하는 사례를 종종 접할 수 있다.

관계기관의 환경 규제 또는 인허가를 굳이 거론하지 않더라도 기업의 사회적 책임(CRS; Corporate Social Responsibility)이 강조된 지 오래됐고 ESG(Environment, Social, Governance) 경영이 화두로 떠오른 시대에 환경에 대한 기업의 책임은 일백 번 강조해도 모자람이 없다. 기업의 번창과 존망이 환경문제에 달렸다고 해도 과언이 아니다.

(3) 물류 환경

물류비는 제품원가에 상당한 영향을 끼친다. 원부재료 구입을 위한 조달 물류비용 절감을 위해서나 완성제품의 판매를 위한 유통 물류비 절감을 위해서라도 물류 환경을 꼭 따져봐야 한다.

한여름 내내 잘 가꾼 농산물을 출하 시기에 물류비용도 못 건지는 상황에 놓여 폐기 처분한다는 뉴스를 자주 접하게 될 것이다. 일반 공산품의 경우에도 물류비를 감당하지 못해 저가에 처분하는 사례가 종종 발생한다.

도심은 차량 정체가 심해 물류비용이 많이 발생한다. 따라서 다수의 산업체가 심야 또는 새벽에 배송하는 것을 볼 수 있다. 비단 비용을 절감하기 위한 것만이 아니다. 신선도 유지를 위해서 또는 소비자와의 약속 시간을 지키기 위해서도 신속한 배송을 위해 노력한다.

'쿠팡'이 유통업계 1위로 올라서는 데에 가장 크게 작용한 요인은 신속한 배송과 물류비용 절감을 위해 전국의 요충지에 '쿠팡물류센터'를 설치 운영하기 때문이라고 볼 수 있다.

(4) 인력 확보

산업체는 인력 확보를 위해서 수도권에 사업을 펼칠 수밖에 없고 청년 세대들은 산업체가 수도권에 집중돼 있기에 서울로 서울로 몰려든다고 한다. 구직자들은 일자리가 없다고 볼멘소리 하지만 산업체는 인력을 못 구하는 상황이다.

대도시에서 사업체를 운영하는 데에도 구인의 애로가 있는데, 하물며 중소도시에서 사업체를 운영하려면 종업원 채용에 큰 애로를 겪는다. 특히 청년 세대들은 여러 가지 이유로 중소도시에 근무하는 것을 기피한다.

인력확보는 여러 업종에서 나타난다. 고도의 기술을 요하는 IT산업뿐 아니라 생활밀착형 사업에 있어서도 종업원 채용이 매우 어려운 상황에 있다. 심지어 외국인 근로자마저도 채용하기 쉽지 않은 분위기가 이어지고 있는 실정이다.

근로자는 소도시 근무의 생활환경, 임금액, 노동강도, 근무시간, 출퇴근 거리 등에 걸쳐 저울질을 해서 직장을 선택할 것이기에 이를 고려한 창업입지 선정이 필요하다.

(5) 상권 형성

공장의 경우 공단이 조성된 곳이나 동일 업종이 집적한 곳이 인프라 구축이 잘 돼 있어 사업체 운영에 유리할 것이다. 마찬가지로 생활밀착형 창업에 있어서도 다양한 업종이 한데 어우러져 있는 곳이 고객 흡인력이 높아서 좋은 입지라 할 수 있다.

상권이라는 것은 개별 점포가 모여 있는 권역을 일컫는데 명동상권, 홍대상권과 같이 지역을 말하는 것이 있고, 동네상권, 대학상권과 같이 상권의 유형을 얘기하는 것도 있다. 고객 흡인력을 일컫는 상세력이라는 말이 있는데 상권세라고 표현하기도 한다.

창업입지를 선택하는 기준에서 상권과 상권세를 따져보는 것은 매우 중요하다. 잘 형성된 상권에서는 수많은 잠재고객이 있고 여러 가지 상품을 구매하는 동반구매효과를 나타내기 때문이다.

상권 내에서 특정 건물을 사업장으로 선정하고자 한다면 인문적 특성과 물리적 특성을 잘 분석해야 한다. 인문적 특성이라면 배후 · 유동인구의 수와 연령 · 소득수준, 유동인구의 동선 등을 말하며, 물리적 특성이라면 지형지세, 사업장의 시계성 · 접근성을 일컫는다.

좋은 장사목은 다라이(대야의 일본어) 아줌마가 있는 곳이요, 좋은 점포는 장사 잘되는 가게의 옆구리 건물이다. 임대료가 비싸고 권리금이 많은 점포는 그것만큼의 가치를 하는 것이다.

3) 행정환경

모든 토지는 용도가 정해져 있다. 토지의 용도에 맞는 사업을 하거나 건축물을 짓고 작물을 재배해야 한다. 따라서 사업을 하려면 그 사업에 맞는 용도의 토지를 택해야 한다. 그렇지 않다면 관계기관으로부터 용도변경을 해야 한다. 용도변경이 가능한지를 사전에 문의하는 절차가 필요하다.

지역에 따라 규제하는 업종이 있고 장려하는 업종이 있다. 인허가를 득해야만 사업장을 개설할 수 있는 지역과 업종이라면 사업추진에 앞선 초기 검토 단계에서 미리 인허가 가능성을 탐색해야 할 것이다.

행정 규제가 있는 반면에 지역발전을 위해 적극적으로 기업유치에 나서는 지방자치단체도 있다. 행정기관의 여러 지원책이 있는 곳을 사업장으로 검토하는 것도 좋은 방안이 될 것이다.

(1) 행정 규제

공장설립에는 환경문제를 비롯한 여러 가지 요인으로 인해 관계기관의 허가를 득해야 하는데, 업종에 부적합한 규제가 있는지를 따져봐야 할 것이다.

다중의 건강과 환경에 밀접한 업종은 규제를 받을 가능성이 많다. 이 같은 업종은 사업진출에 특히 신경을 써야 할 것이다. 창업은 했을지라도 예기치 않은 시점에 행정 규제가 일어날 수 있고 언론의 뭇매를 맞을 수 있기 때문이다.

토지는 대, 전, 답, 임야, 과수원 등의 28개 지목으로 분류되며 도시지역, 관리지역 등의 용도지역에 따라 건축물의 면적과 층고의 제한이 있다. 용적률은 건물 전체 지상층의 바닥면적이 차지하는 비율, 건폐율은 건물의 바닥면적이 차지하는 비율을 말하는데, 건축 가능한 용적률과 건폐율을 확인해야 할 것이다.

생활밀착형 창업에 있어서는 사업예정 건물의 정화조 용량을 확인해야 한다. 하나의 건물에 다수의 여러 업종이 소재하는 경우 정화조 허용 용량을 초과할 수도 있기 때문이다.

(2) 지원 정책

지방자치단체에서는 기업유치를 위해 세제지원, 고용장려금 지원 등의 다양한 지원책을 내놓고 있기에 이러한 혜택이 주어지는 지역을 창업입지로 고려하는 것도 좋을 것이다.

이러한 지역은 대개 지방에 소재하기에 창업입지를 검토할 때에는 인력확보는 가능한지, 종업원에 대한 주거 보장은 어떻게 할지를 함께 고려해야 한다.

이 외에도 원재료 수급은 원활히 이루어질 수 있을 것인지, 생산제품의 유통에 애로점은 없을 것인지 등의 물류환경도 함께 고려해야 할 것이다.

매출의 대부분이 해외 수출로 구성되는 경박단소 산업의 경우 국제공항에서 가까운 지역에 창업입지를 택하는 이유는 물류비용 절감과 신속한 배송을 위한 것이다.

PEST analysis

거시환경(PEST)분석은 정치(Political), 경제(Economic), (사회(Social) 기술(Technological)의 요소를 기업전략 수립에 반영하는 것이다. 환경(Environmental)과 법(Legal)을 추가해서 PESTEL이라는 칭하기도 한다.

Political	세금, 노동, 환경 등에 걸친 규제와 진흥 정책 등
Economic	물가, 환율, 금리, 경기순환 등
Social	연령분포, 출산율, 직업 인식, 문화생활 등
Technological	IT · AI기술과 같은 혁신기술 등
Environmental	생태환경, 기후 등
Legal	소비자 또는 중소기업지원 관련법, 고용 관련법, 독점규제법 등

2.2 사업성 분석

1) 기술성

기술성 분석 단계에서는 해당 잠재고객이 수용할 만큼의 충분한 기능과 심미적 요소를 갖췄는지, 잠재고객의 수요에 대처할 만큼의 생산은 가능한지를 판단하는 것이다.

특히 실험실에서의 연구 창작물이나 아이디어 산출물을 상업화하기 위해서는 생산장비가 필요하고 그에 따른 투자 비용이 따르기에 생산기술성은 매우 중요한 분석 요소이다.

기술성은 곧 시장성, 수익성과 연계된다. 생산기술이 확보되어야만 시장에 내다 팔 수 있을 것이고 제품을 팔아야 수익을 창출하기 때문이다.

소규모의 주문생산이 아닌 대규모 상업시설을 갖추려면 많은 금액을 투자해서 시설을 갖추고 종사자를 채용해야 한다. 이 같은 상업화를 이루기 어려운 기술력이라면 해당 아이템은 기술거래를 통해 타기업에 매각을 추진하는 것도 사업타당성 분석 단계에서 고려할 필요가 있는 것이다.

(1) 기술의 혁신성과 심미성

참신한 아이디어 제품을 상품으로 내놓기 위해서는 기능, 성능, 품질, 디자인, 색깔, 향기 등에 걸친 기술적 측면에서 기존 타사 제품과의 우위성 또는 차별점을 찾아서 시장진입 성공여부를 판단하여야 한다. 부족한 점이나 문제점이 발견되면 개선하고 보완해서 기술적 경쟁우위를 갖추는 것이 필요하다.

기술적 경쟁우위를 갖기 위해서는 혁신제품이 필요하다. 예를 들면 dyson사의 날개 없는 선풍기와 싸이클론 청소기의 등장이다. 날개만이 바람을 일으킨다는 발상을 뒤집고 태어난 다이슨 선풍기는 1738년 다니엘 베르누이가 발견했다고 해서 베르누이의 정리(Bernoulli Principle)라고 하는 멀티플라잉 시스템을 도입하여 프로펠러가 몸통 안에 장치되어 있어 손가락을 다칠 염려가 없고 미려한 외관 때문에 한때 센세이션을 일으켰다. 또한 집진봉투와 전기선을 없애고 무게마저 가볍게 만든 dyson의 싸이클론 청소기는 시장판도를 변화시킴은 물론이거니와 세계적인 유명 가전회사에서 미투(me too)제품을 내놓고 있는 실정이다.

우리나라의 경우 스팀청소기가 혁신제품에 속한다. 유명 사립대학 출신으로 행정고시에 합격하여 사무관으로 국가행정에 이바지하고 있던 행정관료였던 한경희 대표가 뜨거운 스팀으로 침대에 서식하는 집진드기를 죽일 수 있다는 발상에서 개발한 스팀청소기는 주부들의 호평에 힘입어 한경희생활과학이라는 기업을 중견기업 반열에 올라서게 했고, 한경희 대표는 2008년에 월스트리트저널에서 주목할 만한 여성 기업인 50인에 선정되기도 하였다.

한편 요즘에 와서는 디자인이 매우 주목받는 시대가 되었다. 만들면 팔리는 seller's market에서는 기능 중심으로 얼기설기 만들어 판매할 수 있겠지만 비슷한 제품이 경쟁하는 상황에서는 소비자는 기능에 더해 심미적 디자인을 매우 중요하게 여긴다. 우리 옛말에 이왕이면 다홍치마라는 말이 있듯이 예쁜 제품이 더 잘 팔리게 마련이다. 애플의 iPhone이 소비자로부터 호응을 받는 이유 중의 하나는 심미성이다. 2007년 1월 9일 미국 샌프란시스코의 맥월드(MacWorld)에서 공개된 iPhone은 홈 버튼만 전면 하단에 보일 뿐 볼륨 버튼을 비롯한 여러 버튼은 단말기 측면에 배치하고 둘레는 세련된 크롬 금속 프레임으로 감싸져 있었으며, 장치 뒷면은 알루미늄과 혼합 플라스틱으로 멋을 더했다. 스티브 잡스는 이런 iPhone 디자인을 '기존의 핸드폰보다 5년을 앞선 혁신적이고 마법 같은 제품으로 혁명과 혁신의 디자인'이라 치켜세웠다.

디자인이 주목받는 시대가 되면서 세계 최고의 디자인 기업 IDEO는 가장 혁신적인 기업의 대명사로 꼽히고 있으며, 우리나라에서는 유명세를 타고 있는 (주)이노디자인의 설립자인 김영세에게 수많은 대기업이 제품 디자인을 의뢰하고자 대기하는 실정이다.

(2) 생산 가능성

기술성 분석에서 중요한 것은 수익기반에 올라설 수 있을 만큼의 판매량을 산출할 수 있는 생산력을 갖출 수 있는가 하는 점이다. 연구자의 아이디어 제품은 시작품에서 출발해서 사업타당성 검토단계에 들어가게 된다. 시작품은 mock-up(실물 크기의 모형)일 수 있고 전문 제작업체에 의뢰해서 만들어 낸 시제품일 수 있다.

생산 가능성의 관건은 소비자 테스트 정도의 시작품 단계를 넘어서 판매를 위한 대량 생산이다. 생산을 위해서는 공장건물, 기계설비, 생산인력, 원부재료 등을 갖춰야 하고 이를 위해서는 자금이 필요하다.

자금을 마련하고 생산시설을 갖추는 데는 많은 시간이 소요되는 점을 고려해야 한다.

〈표 6-2〉 기술성 분석 요소

생산공장 확보	대지 확보 및 공장 건축, 기존 건물 입주 등
생산인력 확보	생산기술자 채용 가능성, 급여 등의 대우 정도
생산설비 확보	기계시설 제조 및 설치의 용이성과 소요 비용
원부재료 확보	원부재료 구입처 및 비용과 수급의 용이성
자금 확보	소요자금 및 조달 방안
생산 시기	판매를 위한 적기 생산 시기
생산 수량	판매를 위한 생산 수량과 재고 보유량

2) 시장성

차별화된 기능을 가졌거나 혁신제품이라 하더라도 시장에서 소비자 구매가 일어나지 않으면 상품성 있는 사업으로 이어지지 못하고 한낱 발명품에 그치고 만다. 발명가와 혁신사업가의 차이는 발명품이 발명에 머물고 마는 것인가 아니면 시장으로 이어지는가의 차이에 있다.

대다수 아이디어 창업자는 자기의 제품이 혁신적이기에 만들기만 하면 소비자 구매로 이어질 것으로 생각한다. 하지만 시장은 냉혹하기 짝이 없다. 첫째는 기꺼이 돈을 지불하며 구입할 가치 있는 물건인가 하는 것이다. 아무리 비싸다 하더라도 효용이 높은 제품이면 소비자는 기꺼이 구매할 것이며, 효용이 없는 것이라면 하찮은 금액이라도 지출하지 않으려 할 것이다. 둘째는 전환비용(switching cost)의 문제이다. 소비자는 자기가 현재 사용하고 있는 제품에 익숙한 나머지 새로운 제품의 구매에 선뜻 나서지 않는다. 여기에는 금전적 비용 지출도 있겠지만 새로운 제품에 익숙해지는 노력과 시간 등의 무형 비용도 포함된다. 셋째는 전혀 새로운 혁신제품이라면 얼마나 많은 소비자를 확보할 수 있느냐의 소비자 확산문제이다.

(1) 소비자의 구매력

상품이 팔리기 위해서는 소비자의 구매력이 존재해야 한다. 구매력이라면 구매 의사와 구매할 자금력이다. 상품 자체의 우위성에 더해 판매자는 잠재고객에게 소구(訴求)하기 위한 갖은 마케팅 활동을 한다. 이러한 활동의 결과가 판매로 이어지기 위해서는 기꺼이 지불할 수 있는 자금력이 잠재고객에게 갖춰져야 한다.

소비자의 구매 의사를 알아낸다는 것은 매우 어렵다. 대체로 제품을 출시하기 전에 소비자 테스트를 통해 반응을 확인하고 구매 계층의 연령대를 파악하는 방향에서 구매 의사 존재를 가늠할 수 있다.

구매 자금력을 예측한다는 것 역시 매우 어려운 일이다. 주택 유형과 면적, 자동차 보유 유형, 연령대에 따른 소득 추정 등을 바탕으로 구매 자금력을 예측할 수 있을 것이다.

(2) 제품 소비의 확산력

시장에 내놓은 제품이 반향을 불러일으키기 위해서는 첫 단계 구매자로부터 판매되어 점진적으로 소비 규모가 확산되어야 한다. 그렇지 않을 경우에는 시장성이 약하고 사업의 지속성이 없어서 사업체 운영이 어려워진다.

구매 확산을 위해서는 다양한 마케팅 활동이 이루어져야 한다. 중요한 것은 잠재고객의 신뢰이다. 신뢰가 깨지면 하루아침에 쇠락의 길을 걸을 수 있다. 특히 SNS를 통해 회사와 상품의 이미지 관리를 잘해야 한다.

어려운 과제이긴 하나 상품 자체의 구매력과 마케팅 활동 등을 고려해서 구매가 얼마나 확산될 것인가를 여러 각도에서 예측하여 시장성을 분석하여야 한다.

창업자는 자기의 제품이 초기에 잘 팔린다고 해서 시장수요가 폭발적이라고 섣불리 판단해서는 안 된다. 초기에는 혁신제품 소비자가 존재하기에 이 단계가 끝나고 보편적 다수 수요자가 존재하지 않으면 시장은 싸늘하게 식고 만다.

미국 실리콘밸리의 컨설턴트인 조프리 무어(Geoffrey A. Moore) 박사는 1991년 기술수용주기 상에서 각 소비자집단이 단절되어 있다는 캐즘이론(chasm theory)을 제시했다. 이 이론에서 초기시장과 주류시장을 구분하는 선각자와 실용주의자 집단 사이에 다른 소비자집단 사이에서보다 훨씬 큰 대단절, 즉 캐즘이 존재하고 있음을 입증했다. 모든 제품 · 서비스는 한번 시장에 출시되면 모두 캐즘에 빠지게 되며 극히 일부 제품만이 소비자의 관심과 사랑을 받는다는 것이다.

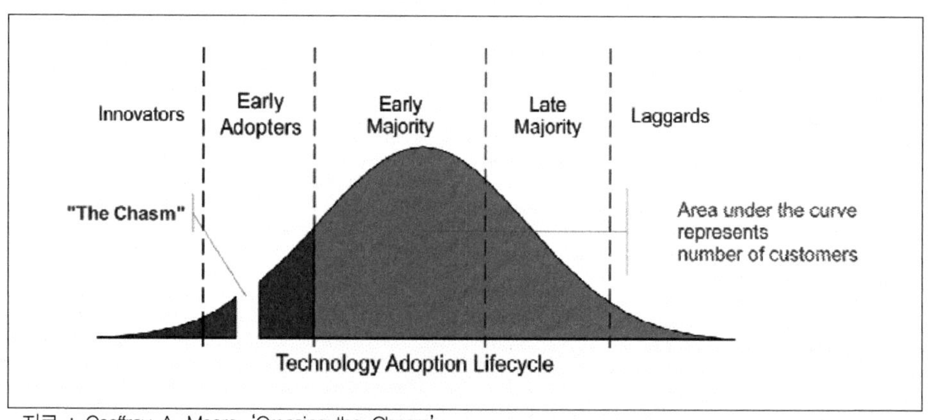

자료 : Geoffrey A. Moore, 'Crossing the Chasm'

〈그림 6-3〉 Crossing the Chasm

(3) 매출 추정

구매력과 확산력이 예측되면 전체 매출을 예상하는 단계에 들어가야 한다. 단가 x 판매량의 매출액을 적어도 1년 기간은 예상할 필요가 있다. 계절적 요인에 따라 판매의 기복이 있는 제품은 월 단위 또는 분기 단위로 매출 예상액을 정리해야 할 것이다.

제품의 전체 판매시장 규모를 예측해서 자사의 시장점유율을 나타내는 것도 필요하다. 막연한 기대 또는 희망사항을 시장점유율로 나타낼 게 아니라 기술력, 상품성, 입지성, 자금력, 경영능력 등을 경쟁사와 비교해서 합리적으로 도출해야 할 것이다.

이 같은 시장점유율은 차후 구체적인 사업추진과 경영전략 수립에도 참고될 사항이다. 사업타당성 분석 단계에서 시장성 분석을 잘해두면 보다 수월한 사업추진을 할 수 있는 것이다.

한편, 매출 추정은 수익성 분석의 기초 자료가 된다. 손익 = 매출액 - 매출원가 - 판매관리비의 산식으로 도출되기 때문이다. 따라서 매출 추정은 신중을 기해서 목표 달성이 가능한 수치를 도출해야 할 것이다. 예측 금액이 적으면 수익성 떨어질 것이고 많으면 허황된 수치로 보일 수 있기 때문이다.

3) 수익성

사업의 종착점은 돈벌이다. 돈벌이 안되는 사업은 사업 가치가 없고 봉사에 지나지 않는다. 금융권에서는 대출을 위해서 사업계획서를 제출하게 하는데 검토의 핵심은 대출금을 상환할 만큼의 수익이 나는 사업인가와 수익을 낼 수 있는 경영능력, 기술력, 업력, 자본력 등의 요소를 갖추고 있는지를 파악하게 된다.

엔젤을 비롯한 투자자 참여를 위한 데모(demonstration)행사의 프레젠테이션에서도 수익에 초점을 맞춰서 투자 여부를 결정하게 된다. 발표자는 생산과 기술력에 많은 PPT 분량과 정성을 쏟는데 정작 투자자는 한두 장에 정리된 예상 수익금액과 가능성에 방점을 두게 된다.

수익성은 곧 투자자금의 회수를 넘어서는 ROI(return on investment)이다. 기업에서 보편적으로 살펴보는 수익성 측정 도구는 추정손익계산서와 손익분기점 분석이다. 이 외에 현금흐름 추정에 기반을 둔 순현재가치법(NPV; Net Present Value), 내부수익률법(IRR; Internal Rate of Return), 회수기간법(pay-back period),

할인회수기간법(discounted pay-back period) 등이 있다.

수익성을 경제성이라는 용어로 표현하기도 하는데, 경제성이라는 용어는 주로 공공기관 SOC투자 타당성 분석에서 사용한다. 기업은 운영결과 벌어들인 수익으로 투자자에게 배당하기에 수익의 크기인 수익성에 관심을 두며, 공공기관은 벌어들인 금액으로 투자금 회수에 초점을 둔 비용편익비(B/C ratio; benefit/cost ratio)의 경제성에 초점을 둔다.

(1) 순현재가치법(NPV법; Net Present Value Method)

금융자본주의를 구성하고 있는 핵심축은 시간이 지남에 따라 돈은 이자라는 개념이 붙어 늘어나는 데 있다.

이자계산은 단리와 복리로 나눌 수 있는데 단리는 원금에 대해서만 일정한 시기에 약정 이율을 적용하는 금리 계산방법이며, 복리는 일정기간마다 이자를 원금에 합산하고 이것을 새로운 원금으로 계산하는 개념이다. 화폐의 시간가치에는 복리계산이 적용되며 현재가치 또는 미래가치 산출과 같은 재무관리의 기초개념이다.

화폐의 미래가치(FV; future value)는 현재 금액을 일정한 이율(r)로 복리계산(compounding)한 미래 시점에서의 가치를 말하며. 현재가치(PV; present value)는 앞으로 들어올 금액을 일정한 복리 이율(r)로 할인한 현재 시점에서의 가치를 말한다.

현재 1,000원을 매년 10%의 복리로 계산하면 다음과 같다.

- 1년 후 $1,000 \times (1+0.1) = 1,100$
- 2년 후 $1,100 \times (1+0.1) = 1,210$
- 3년 후 $1,210 \times (1+0.1) = 1,331$

이런 과정을 식으로 표현하면 다음과 같이 된다.

- 미래가치 $FV = PV(1+r)^n$
- 현재가치 $PV = FV / (1+r)^n$

순현재가치법은 사업체를 운영하여 앞으로 들어오게 될 금액을 예정한 이율로 환산한 현재가치(PV)를 투자한 금액과 비교하는 방법이다. 투자한 금액보다 PV가 많으면 투자할 가치가 있는 것으로, PV가 적으면 투자할 가치가 없는 것으로 결론을 내리는 것이다.

(2) 내부수익률법(IRR법; Internal Rate of Return Method)

내부수익률법은 앞으로 들어올 현금의 순현가를 제로가 되도록 하는 할인율(r)을 찾는 방법이다. 산출된 IRR이 투자하게 될 자금의 이율보다 높게 나타나면 투자를 결정하게 되는 것이다. 즉 5년간 매월 들어오는 수입금액의 IRR이 연 7%이고 투입금액에 대한 이율이 연5%(금융회사로부터 차입한 자금이라고 가정)라면 경제성이 타당하다고 보아 투자를 결정하게 된다.

순현재가치법(NPV)과 내부수익률법(IRR)은 단일 투자안으로서 미래의 현금흐름이 비교적 일정할 경우 유용하게 사용되는 경제성 분석 방법이다. 일반 기업에서 사업진출 타당성 검토방안으로는 사용하는 경우는 흔치 않으며 주로 리스회사에서 기계 등의 리스를 검토할 때 수익산출 방법으로 이용한다.

순현재가치법(NPV)과 내부수익률법(IRR)은 복리로 계산해야 하기에 1990년대까지는 특수한 기능의 재무계산기(financial calculator)가 필수적이었으나 요즘에 와서는 엑셀프로그램(Excel)의 수식/재무를 이용해서 손쉽게 계산할 수 있다.

(3) 손익분기점 분석

손익분기점(break even point)이라고 하는 것은 이익이 '0'이 되는 지점을 말하며 손익분기점을 도출하기 위해서는 모든 비용을 고정비와 변동비로 구분해야 한다.

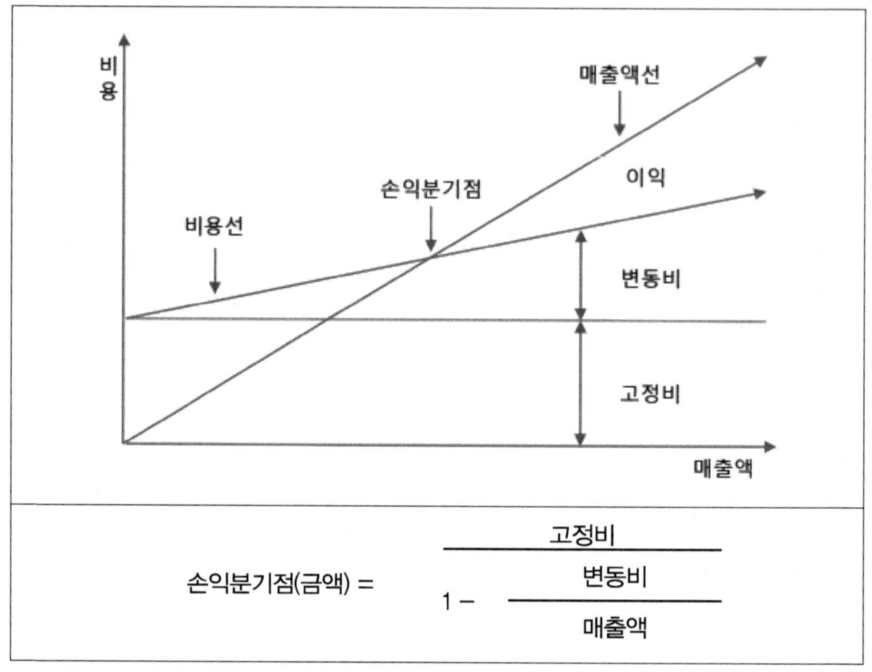

〈그림 6-4〉 손익분기점 구조

손익분기점 분석은 입지분석 또는 사업타당성 분석을 하는 과정에서 예정 점포 입지성과 그 점포에 투자되는 금액에 비추어 적정 수익을 창출하기 위해서는 얼마의 매출을 올려야 하고 그 매출액 실현이 현실적으로 가능한지를 판단하는 데 아주 요긴하게 이용되고 있다.

예컨대, 서울시 중구 태평로 ○○○빌딩 1층 50㎡에 임차보증금 5천만 원, 월세 3백만 원의 점포를 임차하고, 시설비 2억 원을 투입하여 패스트푸드점을 창업하고자 한다고 가정할 경우 얼마큼의 매출을 올려야 손익분기점에 도달할 수 있으며 그 매출액의 달성은 현실적으로 가능한지를 가늠하기 위한 분석 도구로써 손익분기점 분석을 해 볼 수 있는 것이다.

〈표 6-3〉 손익분기점 분석 사례

사업장 현황

사업장면적	40㎡
임차보증금	20,000,000
월 임차료	1,540,000(부가세 포함)
취급품목	떡볶이 등 분식
객단가	4천 원
판매마진	60%

소요자금 및 자금 조달 내역

자금 소요		자금 조달	
항목	금액	항목	금액
임차보증금	20,000,000	자기 자금	110,000,000
인 · 익스테리어 비용	20,000,000	은행 차입	30,000,000
기계시설 및 집기비품	20,000,000		
영업권리금	70,000,000		
기타 비용	10,000,000		
계	140,000,000	계	140,000,000

고정비 내역

항목	금액	비고
인건비	2,000,000	
임차료	1,540,000	
지급이자	125,000	30,000,000 x 5% x 1/12개월
수도광열비(수도, 전기, 가스)	500,000	변동비 성격이나 편의상 고정비로
통신료	200,000	
감가상각비	833,333	시설비 등 40,000,000/48개월
기타	200,000	
계	5,398,333	

※ 감가상각비 : 현실적인 경제적 내용연수로 판단되는 4년으로 상각

■ **손익분기점 산출**
5,398,333 ÷ (1- 1,600 ÷ 4,000) = 8,997,222
▸ 손익분기점 월간 매출액 8,997,222
▸ 손익분기점 일간 매출액 299,907(월 평균 영업일수 30일)
▸ 손익분기점 월간 판매량 2,249 그릇(8,997,222 ÷ 4,000)
▸ 손익분기점 일간 판매량 75 그릇

■ **월간 4백만 원의 순이익을 달성하기 위한 매출액 산출**
9,398,333(고정비 + 목표수익) ÷ (1- 1,600 ÷ 4,000) = 15,663,888
▸ 일간 매출액 522,130(월 평균 영업일수 30일)
▸ 일간 판매량 131 그릇

☆ 투자금액과 입지성을 고려하여 손익분기점 내지는 목표 수익을 달성할 수 있을 것 인지를 판단하여 의사결정을 함

(4) 추정손익계산

오늘날 사용되는 복식부기 회계는 15세기 이탈리아 수학자 Luca Pacioli가 개발한 것에 근간을 두고 있다. 대차대조표(balance sheet, 요즘에는 재무상태표로 일컬음)와 손익계산서(income statement)로 대별되는 기업회계에서 대차대조표는 특정 시점에서의 자산과 부채 및 자본상태를 나타내는 것으로 정태적이며, 손익계산서는 일정기간 동안의 영업활동 결과에 따른 수입 · 지출과 손익을 표시하는 동태적 산출물이다.

손익계산서는 매출액, 매출원가, 판매비와 일반관리비, 영업외 수익, 영업외 비용, 당기순이익 등의 항목으로 구성되어 있다. 손익계산서를 통해 기업의 수익성과 더불어 성장 전망을 엿볼 수 있다. 이러한 관계로 기업의 수익성 분석에 있어서 가장 많이 활용되는 것이 추정 손익계산이다.

손익계산서에서 매출액은 판매단가 x 매출량으로 산출되는 것인데, 이를 위해서는 판로를 위한 시장개척, 거래처 확보 등이 언급되어야 한다. 매출액과 매출원가의 차이인 매출총이익은 수익산출의 1차적 지표이기에 이 금액이 적다면 매출을 올릴 수 있는 방법 또는 매출원가를 절감할 수 있는 방법을 모색할 수 있다.

판매비와 일반관리비 항목에서 주의해야 할 점은 시간이 지남에 따라 감모

되는 자산의 감가상각비를 반드시 산입해야 한다는 것이다. 감가상각비를 산입하지 않게 되면 정상적인 손익산출이 안 되기도 하거니와 이익이 부풀려진 금액에 상응하는 세금이 부과될 수 있다. 급여 부분에 있어서는 종업원 인건비만을 계상해야 하는데 개인기업체의 경우 사업주 본인의 인건비를 산입하는 경우가 더러 있다. 사업주 본인은 사업 결산 결과에서 오는 순이익 또는 순손실을 가져갈 뿐이다.

이와 같은 추정손익계산서(estimated income statement)를 작성해야만 창업기업의 예상 수익규모, 회사전망, 판로 등이 나타나기에 사업진출 여부를 판가름한다거나 문제점을 보완할 수 있는 기회를 가질 수 있고, 투자자를 위해서는 객관적이고 희망적인 사업계획을 제시할 수 있다.

〈표 6-4〉 추정손익계산서
(estimated income statement)

항목		금액
Ⅰ. 매출액		000,000,000
Ⅱ. 매출원가		000,000,000
Ⅲ. 매출총이익		00,000,000
Ⅳ. 판매비와 일반관리비		00,000,000
1. 급여	00,000,000	
2. 복리후생비	00,000,000	
3. 임차료	0,000,000	
4. 여비교통비	0,000,000	
5. 광고선전비	0,000,000	
6. 차량유지비	0,000,000	
7. 감가상각비	0,000,000	
8. 대손상각비	0,000,000	
Ⅴ. 영업 이익		00,000,000
Ⅵ. 엉업 외 수익		0,000,000
1. 이자수익		0,000,000
2. 임대료		0,000,000
Ⅶ. 영업 외 비용		0,000,000
1. 지급이자	0,000,000	
Ⅷ. 법인세 차감전 순이익		00,000,000
Ⅸ. 법인세비용		0,000,000
Ⅹ. 당기순이익		00,000,000

사업주 본인의 인건비

고정비라고 하면 매출이 적거나 많거나 고정적으로 발생하는 비용을 일컫는다. 전기료, 수도료, 통신료 등은 가동률이 올라감에 따라 금액이 더 발생하는 것은 사실이나 정확한 산출이 어렵고 그 금액이 사업체에 따라서는 미미하기도 해서 손익분기점 계산의 편의상 때로는 고정비용으로 분류하기도 한다.

고정비 항목에 사업주 본인의 인건비를 산입하는 경우를 볼 수 있다. 이것뿐만 아니라 손익계산서를 작성하는 데 있어서 사업주 본인의 인건비를 산입하는 사례를 종종 볼 수 있다.

법인기업에서는 회사와 사업주(대표이사)는 엄연히 다른 주체이기에 대표이사에게 확정된 급여가 지급된다. 그러나 개인사업체는 사업주 본인의 인건비라는 것을 확정할 수도 없으며, 순수익 자체가 개인 사업주 자신의 수입이 된다. 따라서 개인사업체에서 대표의 인건비라는 개념으로 매월 급료로 비용 처리한다거나 세무회계에 반영하는 것은 옳지 않다.

다만, 타 사업체에 종업원으로 종사할 때의 급여를 감안해서 자기 사업체에서 발생되는 순수익은 타 사업체 종사자로서의 급여 + 투자금액의 기회비용 + 알파α는 되어야만 사업성이 있다고 판단할 수 있을 것인 점에서 사업타당성 분석을 하는 데에는 반영할 필요가 있다. 즉, 사업 수익이 자신의 인건비에도 못 미칠 것 같으면 사업을 접는 것을 고민해야 하는 것이다.

제3절 사업계획서 작성

3.1 사업계획서의 용도

사업계획서 용도는 기업 자체의 새로운 사업추진을 위한 것, 자금 차입 또는 투자자 모집을 위한 것, 공공기관 인허가를 받기 위한 것, 경진대회 발표를 위한 것으로 대별할 수 있다.

① 기업의 신규 사업 추진

기업에서 새로운 사업을 추진하기 위해서는 사업타당성 분석을 거쳐서 구체적인 사업추진 계획을 수립하게 된다. 새로운 기계 구입을 예로 들면 판매자별 가격 등의 비교, 구입기계 선택 요인, 모델, 성능, 구입예정처, 가격, 구입시기, 대금결제 방법, 자금조달 방안 등을 담을 수 있을 것이다. 사업성에 관해 정리하자면 생산기술성 측면에서 얼마큼을 생산할 것이며 생산에 필요한 인력을 어떻게 구성하고 채용할 것인지, 시장성 측면에서 어떤 잠재고객을 타깃으로 하고 고객 확보를 위한 마케팅 전략을 어떻게 수립할 것인지, 수익성 측면에서는 얼마를 팔아야 이익을 남기며 매출 또는 수익 목표를 얼마나 책정할 것인지를 정리해 볼 수 있을 것이다.

② 자금 차입, 투자자 모집

은행 등의 금융회사로부터 자금을 차입하거나 엔젤 · 벤처캐피탈회사 등으로부터 투자를 받고자 할 경우 또는 startup의 사업초기 자금조달에 기여하는 크라우드펀딩을 하는 데 작성하는 사업계획서이다.

은행 등의 대출 · 투자자는 경영능력, 재무상태, 시장규모와 경쟁관계, 목표 수익 달성 방안 등에 걸쳐 살펴보기에 이에 방점을 둔 사업계획서 작성이 필요하다.

③ 관공서 사업인허가

행정관청의 사업인허가 또는 발주사업 참여를 위한 사업계획서 작성이다.

인허가를 위해서는 시설요건, 인적요건, 자본요건 등이 필요하다. 이러한 기본 요건 외에 사업목적과 추진계획, 사업효과 등을 기술하게 된다.

발주사업 참여의 경우에는 사업 수행 능력에 초점을 맞춰 사업 수행 실적, 경영진 능력, 재무상태, 사업 실행 의지, 사업추진계획 등을 기술하게 된다.

④ 경진대회 참가

일반인은 물론 학생들이 경진대회 참가용으로 작성하는 사업계획서이다. 주로 PPT 작성을 통한 간명한 발표자료로 이루어진다.

아이디의 참신성과 혁신성, 사업성, 사업추진 가능성 등에 걸쳐 심사위원들의 주목을 받을 수 있게끔 작성하도록 한다.

PPT 분량은 15장 내외가 적절하며, 글자 폰트, 글자 크기, 사진 또는 그림 삽입에 걸쳐 시각효과에 의한 주목도를 높이도록 하여야 한다.

3.2 사업계획서 형식

사업계획서는 정형화된 양식과 비정형화의 자유 형식이 있다. 금융권의 대출심사용 또는 공공기관의 사업인허가용 사업계획서는 대부분 정형화된 양식을 제시하며, 투자자 모집을 위한 데모 행사 또는 경진대회 참가를 위한 PPT 형태의 사업계획서는 별도의 양식 없이 임의적으로 작성하게 된다.

자사의 신규사업 추진을 위한 사업계획서는 추진 방향에 맞춰 여러 항목과 요소를 가미하며 조목조목 알차게 기술하면 될 것이다.

정형화된 양식이든 자유기술 형태가 되든 간에 각 부문별 서술에서 같은 내용에는 차이가 없어야 하고 수치는 산출근거를 제시해야 하며, 자료 출처를 명시해서 객관성을 유지해야 한다. 무엇보다 중요한 것은 군더더기 없이 간결하게 작성해야 한다는 것이다.

대개 사업계획서 분량은 많은 것이 좋을 것으로 생각하겠지만 잘 작성된 사업계획서는 의외로 간결 · 간명한 것을 볼 수 있다. 공공기관 사업 수주 또는 사업자 선정에서는 일백 페이지가 넘는 분량에 더해 갖은 자료를 첨부하는 것을 볼 수 있다. 심사위원이 하나의 업체 사업계획서를 보는 시간은 10분 내외이다. 아무리 긴 시간이라도 30분을 넘기지 않는다.

사업계획서 작성과 관련해서 엘리베이터 피치(elevator pitch)라는 용어가 있다. 엘리베이터에 타고 있는 30초 내외의 짧은 시간에 의사결정권자로부터 사업구상에 대한 의사결정을 받을 수 있을 만큼 제품, 시장, 경쟁 우위점에 걸쳐 핵심을 정리해서 간명하게 작성한다는 것이다.

다시 강조하지만 사업계획서는 많은 분량으로 길게 작성된 소설이 되어서는 안된다. 대표이사, 심사위원 등의 의사결정자가 짧은 시간에 판단을 내릴 수 있도록 작성해야 하는 것이다. 우리나라 경제 초석과 발전을 꾀한 박정희 제3공화국의 '경제개발 5개년 계획'은 의외로 간단하게 작성돼 있는데 사업계획서 작성의 표본으로 이해할 수 있다.

이 같은 사업계획서의 간명성과 관련해서 Rhonda Abrams는 "사업계획서는 논문을 원하는 것이 아니다. 똑똑한 사람일수록 더 조리 있고 더 간략하게 쓴다. 일반적으로 사업계획서의 본문은 10~20쪽이다. '첫인상을 만들 기회는 단 한 번이다'라는 말처럼 사업계획서의 구성은 얼마나 관심을 기울이는지 말해준다. 오타, 구성의 실수, 불일치는 주의력 부족을 의미한다. 목차, 머리글 구조, 관련 정보에 따른 다른 자료의 참조 등은 사업계획서를 읽는 이의 시간을 고려하고 메시지를 가능한 명확하고 조리 있게 전달해야 한다."고 했다. [4)]

Elton B. Sherwin의 경우에도 "지식사회의 전형적인 모델이라 할 수 있는 실리콘밸리의 기업가와 경영진들은 투자자 또는 사업 파트너들과 식사를 하면서 즉석에서 냅킨에 제품 이미지를 스케치하고 명함에 현금 흐름을 간단하게 분석하는 일이 일상적이다. 이것이 바로 '냅킨 분석'이라고 불리는 비즈니스계의 독특한 전통이다. 그들은 이러한 민첩하고 순발력 있는 의사결정 과정을 통해 가능성이 엿보이는 새로운 제품 기획이나 사업안들을 재빠르게 통과시키거나 폐기한다. 실리콘밸리에서 성공한 기업가와 경영진 그리고 유능한 투자자들은

4) 론다 아브람스 저, 한제희 역, '하루만에 끝내는 사업계획서'. 영진미디어, 2007.01, pp.170~175.

냅킨 분석에 상당히 숙달되어 있다. 보잘것없는 냅킨에 그린 스케치와 숫자가 성공을 낳고, 점점 비즈니스 환경을 변모시켜나가고 있다."고 했다.[5]

사업계획서는 한 단락에 많은 내용을 빽빽하게 서술하게 되면 읽는 사람의 주목도가 떨어지고 지루함을 느낀다. 소제목을 적절히 배치하고 그림 또는 도표를 시의적절하게 삽입하도록 한다. 단락 사이에는 한 줄을 띄우는 것이 바람직하다. 이러한 형식을 갖추게 되면 시원스러운 느낌을 주게 되어 가독성을 높인다. 특히 공공기관 발주사업 또는 사업참여자 선정에 있어 심사위원들에게 각인이 되기 위해서는 시각효과가 매우 중요하다.

3.3 사업계획서 작성 방안

은행 대출을 위한 사업계획서 또는 공공기관 사업발주를 위한 사업계획서는 대개 A4용지 5~10매 분량의 양식이 주어지기에 제시된 항목에 맞춰 기술하면 된다.

엔젤 투자를 받기 위한 것과 경진대회 참가를 위한 것은 프레젠테이션 자료로써 PPT 15장 내외에서 압축적으로 작성하는 것이 바람직하다.

이와 달리 내부용인 자사의 사업추진을 위한 사업계획서는 장기간에 걸쳐 다양한 각도에서 사업타당성 분석을 한 다음에 세세하게 사업추진 전략을 담아 내야 한다.

1) 외부용 사업계획서

(1) 자금 차입을 위한 사업계획서

은행을 비롯한 금융회사에서는 자사의 사업계획서 양식을 제시하고 있는데, 주어진 항목에 맞춰 세세하게 작성하면 된다. 금융회사가 살피고자 하는 핵심은 대출금을 회수할 수 있을 만큼의 실현 가능성과 수익창출 능력이다.

---

5) 엘턴 셔윈 지음, 지소철 역, '세상에서 가장 강력하고 간결한 사업계획서', 이코북, 2005.03, p.29.

(2) 엔젤 등의 투자자 모집을 위한 사업계획서

startup을 비롯한 초기 사업자들의 창업자금은 엔젤 투자자에 많이 의존한다. 엔젤은 감질나는 이자나 배당을 바라보고 투자하지는 않는다. high risk high return을 기대하고 투자하는 형태를 보인다.

엔젤 등은 비즈니스 모델과 예상 수입 그리고 조기에 투자금을 회수하기 위한 출구전략(EXIT)에 방점을 두고 투자에 참여하게 된다. 따라서 이러한 방향에 역점을 두고 사업계획서를 작성하는 것이 바람직하다.

(3) 경진대회 발표를 위한 사업계획서

사업계획서는 사업활동에 초점을 맞춰야 한다. 창업동아리 학생 또는 창업경진대회를 준비하는 학생들의 사업계획서를 들여다보면 거의 대다수가 아이템의 기능(機能)과 공정(工程)에 초점을 맞추고 많은 분량을 할애하는 것을 볼 수 있다. 사업계획서는 아이템의 참신성, 혁신성에 더해 시장지향적인 사업활동에 초점을 맞춰 작성되어야 한다.

2) 자사 사업추진 사업계획서

창업 또는 새로운 사업진출을 위해 사업타당성 분석에 기반해서 구체적인 사업추진 계획을 담아내는 것이다. 자사의 사업계획서라고 하지만 이를 바탕으로 자금조달 또는 투자자 모집을 위한 기초자료로 활용될 수 있다. 따라서 언제 어느 때 이들의 관심에 맞춘 사업계획서가 필요할 수 있을 것이기에 이 같은 점을 고려한 사업추진 사업계획서를 작성하는 혜안이 필요하다.

〈표 6-5〉 신규사업 진출 사업계획서의 구성

순번	항목	세부 항목	비고
1	제목	제목	제목만으로 사업의 대강을 추측
		부세목	
2	사업 개관	사업 목적	사업의 유형과 방향성을 간략하게 함축적으로 제시함으로써 읽는 사람의 편의를 도모
		투자 규모	
		시장 현황	
		운영 인력	
		기대 수익	
3	회사 개요	설립일	신규 사업을 추진할 수 있는 의지와 능력을 판단하는 객관적 자료(사업 경력, 재무 건전성, 경영능력, 생산기술 능력, 책임성 등)
		소재지	
		자본금	
		재무 상태	
		주주 구성	
		경영진 구성	
		종업원 구성	
		기타	
4	신규 사업 추진 계획	사업 목적	세부 항목별로 소요비용, 운영계획, 추진시기, 추진전략 등을 구체화함으로써 사업추진에 차질을 빚지 않고 목표달성을 하도록 함
		소요자금 및 조달	
		사업 입지	
		운영 인력	
		생산 기술	
		시장 현황	
		수입 목표	
		사업 전략	

① 제목

- 제목(題目, title)

추진사업의 명칭인 제목은 불과 10자 안팎의 글이지만 사업의 모든 것을 함축적으로 표현한 것이다. 제목만으로 추진 사업이 어떤 것인가를 가늠할 수 있게 해야 한다. 전문가(은행 대출담당, 엔젤 · 벤처투자자,

M&A전문가)는 제목만으로 대체적인 사업성을 간파한다.

• 부제목(副題目, subtitle)

일반적으로 부제(副題)라고 표현한다. 본 제목이 길면 누추한 느낌을 주게 된다. 짧은 글의 제목이 미쳐 나타내지 못하는 느낌을 부제목은 보다 강렬히 풍기게 하는 조미료 역할을 한다. 전문가는 제목과 더불어 부제목에 의해 사업성에 대한 직감을 갖는다.

② 사업 개관

사업을 한눈에 개관(槪觀)하도록 모두(冒頭)에 정리하는 것으로써 읽는 사람에게 첫인상을 주게 된다. 투자자들은 사업 개관만으로 사업 추진내용을 자세히 살펴볼까 말까 하는 마음을 갖게 될 것이고 머릿속으로 방향을 설정해서 차근하게 조목조목 챙겨나가게 된다.

벤처투자자는 획기적인 신기술을, 엔젤투자자는 쉽게 접근할 수 있는 목표시장을, 은행가는 융자금 회수 용이성에 관심이 집중되기에 사업의 목적, 시장 현황, 투자 규모, 운영 인력, 기대 수익 등을 이들의 관심에 맞춰 작성하는 것이 필요하다.

주요 내용을 명확히 하기 위한 그림, 그래프, 도표를 삽입하게 되면 시각효과와 주목도를 집중시켜 가독성을 보다 높이는 역할을 한다.

서정민(2000)은 "사업계획의 요약문은 사람의 얼굴이라고 말할 수 있다. 첫인상이 열정적이고 성실하며 창의적인 사람이 관심과 신뢰감을 얻고 호소력을 발휘하는 것과 같은 이치이다. 요약문은 계획사업의 핵심 내용을 요약, 정리함으로써 많은 이해관계자들이 계획사업에 관심을 갖게 하고 구체적으로 계획내용을 검토하도록 유도하는 역할을 한다."고 했다.[6)]

6) 서정민, '창업과 경영을 위한 사업계획서', 한국세정신문사. 2000.03, p.127.

③ 회사 개요

■ 업체 개요

업체명	
설립일	
대표자	
소재지	
전화/FAX	
E-mail	
업종	
사업장 규모	대지 ㎡, 건물 ㎡
자본금	

업체 개요는 사업 주체가 어떠한 기업인지를 판단하는 자료이다. 사람으로 말하자면 성명, 이름, 거주지, 소유 주택 규모 정도로 볼 수 있다.

이것만으로도 투자자는 어떤 회사이며, 믿을만한 가치가 있는지를 얼추 예상하게 된다.

■ 주요 연혁

2015.03.03	000주식회사 설립
2016.05.31	~~~~ ~~~~
2017.01.30	~~~~ ~~~~
2018.09.05	~~~~ ~~~~
2019.10.02	~~~~ ~~~~
2020.11.25	~~~~ ~~~~
2021.08.31	~~~~ ~~~~
2022.07.06	~~~~ ~~~~
2023.11.06	~~~~ ~~~~

기존 사업체가 신규 사업을 펼칠 때는 회사 연혁과 실적 및 활동 내역을 기술하도록 한다.

은행 또는 투자자는 아무래도 운영한 기간과 쌓아온 실적이 많다면 신설 업체보다 사업을 펼치는 데 긍정적으로 볼 것이기 때문이다.

■ 주주 및 조직 구성

▌주주 구성▐

주주명	소유주식 수	지분율	관계	비고

▌경영진 구성▐

직책	성명	연령	학력	경력

▌조직 구성도▐

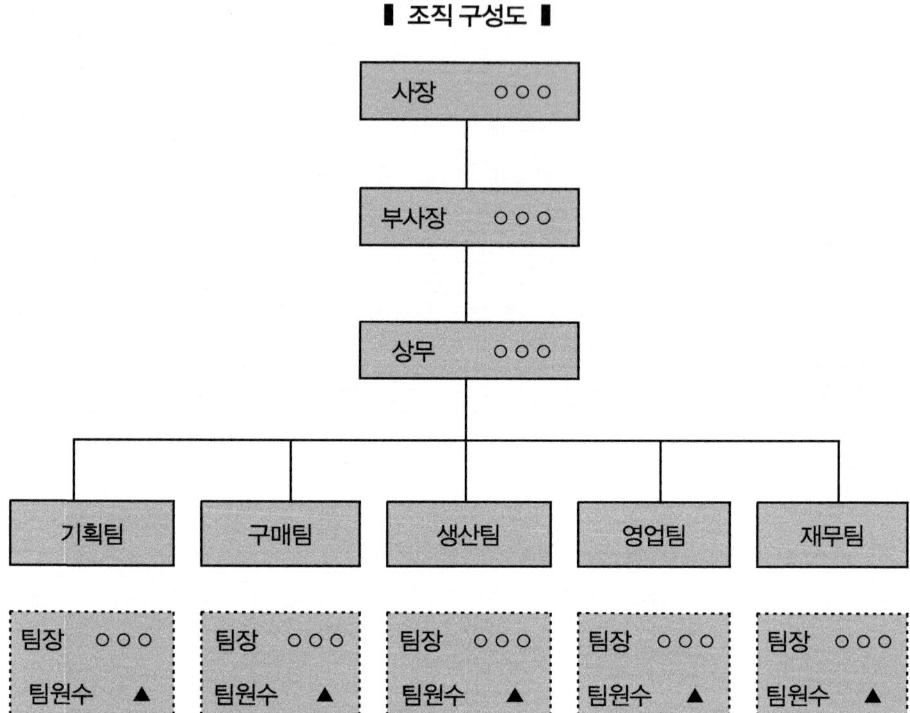

주주 구성에서는 얼마나 건실한 업체 또는 재력이나 명망 있는 사람이 주주로 참여해서 책임감 있게 회사를 꾸려갈 것인지를 판단하게 된다.

경영진 구성은 연령, 학력과 전공, 경력에 비추어 조직관리, 대외 관계, 사업추진 등에 걸친 경영능력을 추정하게 된다.

종업원을 비롯한 전체 조직 구성은 사업추진을 위한 균형 있는 형태를 유지하고 있으며, 각 사업부서별 전문성과 적정 인원을 확보하고 있는지를 살펴보게 된다.

■ 재무 상태와 수익 규모

▌최근 3개년 재무상태표 ▌

구분	8기	7기	6기
자산			
유동자산			
현금 및 현금성자산			
비유동자산			
자산 총계			
부채			
유동부채			
매입채무 및기타채무			
비유동부채			
부채 총계			
자본			
자본금			
자본잉여금			
자본 총계			
자산과 부채 총계			

금융권 등에서는 기존 사업체에 대해서 3년간의 재무상태표(statement of financial position)와 손익계산서(income statement)를 제출하게 하는 것이 관행이다.

재무상태표를 통해서 재무 건전성을, 손익계산서를 통해서는 수익규모와 발생구조를 살펴보게 된다.

자산규모가 아무리 크다 해도 재고자산이 많이 쌓여있거나, 유동자산 비율이 낮다면 운영자금 부족으로 인한 유동성 함정에 빠질 수 있다.

부채에 있어서는 매입채무 등의 유동성 부채, 단기채무 과다 등으로 인해 자금난에 허덕일 수 있는 것인지를 살펴보게 된다.

자본 계정에서는 자기자본 비율과 유보율의 크기는 어떻게 되는지를 봐서 재무 건전성을 따지게 된다.

▌최근 3개년 손익계산서 ▌

구분	8기	7기	6기
매출액			
매출원가			
매출총이익			
판매비 및 일반관리비			
영업이익			
영업외 이익			
영업외 비용			
당기 순이익			

손익계산서를 통해서 수익발생 구조가 어떻게 이루어지고 있는지를 보게 된다. 당기 순이익은 발생했으나 영업이익에서는 손실이 발생하고 영업외 이익에 바탕을 둔 것이라면 사업성이 좋지 않다고 판단하게 된다.

판매 및 일반관리비 구성에서도 고정비와 변동비를 구분해서 고정비 지출이 많다면 수익에 부정적인 요소로 작용하기에 이를 줄일 수 있는 방법을 찾을 수 있는지를 살피게 된다. 예컨대 고정자산의 감가상각비가 많이 내포된 것이라면 시간이 지남에 따라 자연 해소될 수 있는 부분이다.

영업외 비용은 대표적으로 대출이자가 이 항목에 속하는데 대출이자가 많은 것은 수익에 영향을 미칠 뿐 아니라 높은 부채율에 기한 재무건전성을 저해한다. 이를 해소할 수 있는 방안을 모색하여야 할 것이다.

매출액 대비 수익률, 3개년 간의 순이익 규모 추이를 통해 시장 지배력 또는 향후 수익 발생 규모를 예측하게 된다.

④ 신규 사업 추진 계획

■ 사업 추진 목적

어떤 목적으로, 어디에서, 어떠한 사업을, 어떻게 전개할 것인지를 압축적으로 정리한다.

사업추진을 위한 소요 금액과 자금조달 방안을 아울러 정리하는 것이 필요하다.

회사 발전을 위한 기대효과에 더해 고용창출효과, 지역사회 발전 등의 파급효과를 함께 기술하는 것도 좋을 것이다.

■ 소요 자금 및 조달 계획

소요자금		조달 계획	
기계설비 구입	300,000,000	자체 자금	200,000,000
공장 건축 대금	200,000,000	은행 차입	500,000,000
원부자재 대금	100,000,000		
초기 운영자금	100,000,000		
계	700,000,000	계	700,000,000

구분		항목	비고
소요 자금	기계설비 구입	구입처	
		구입 시기	
		대금결제 방법	
	공장건축 대금	시공사 선정	
		건축 시기	
		대금결제 방법	
	원부자재 대금	원부자재 종류	
		구입처	
		구입 시기	
		대금결제 방법	
	초기 운영자금	종사자 인건비	
		기계 운전비	
		판매 관리비	
자금 조달	자체 자금	은행 예금	
	은행 차입	정부 정책자금	예〉 연3%, 신용보증서 담보

사업규모를 한눈에 파악할 수 있어 사업의 대충을 이해하는 데 도움이 되는 부분이다.
아무리 유망한 사업이라도 소요자금을 조달할 수 있는 능력이나 방법이 없으면 허튼 꿈에 지나지 않고 타기업에 기회를 뺏기는 결과를 빚는다.
소요자금은 사업추진에 차질을 빚을 수 있는 항목이기에 세세한 부분까지 정리해서 빠트리는 것이 없도록 해야 한다.

■ 사업 입지 선정

구분	비고
소재지	
대지 면적	
건축 예정 면적	
공장 완공 시기	
물류 환경	
기타	

사업 입지 선정은 사업타당성 분석에서 파악된 선택 요인(인허가, 환경, 물류 등)과 장단점을 정리하면 좋을 것이다.
부지 매입 시기에서부터 건축 완공 시기까지를 사업 개시 시기에 맞춰 추진 일정을 계획하고 정리하는 것이 필요하다.

■ 운영 인력

구분	비고
인력 요건	
채용 인원	
채용 방안	
급료 수준	
기타	

기계시설이 모두 갖춰졌어도 운영할 기술인력이 없으면 무용지물이라는 것은 두말할 필요가 없다.

고용시장 현실은 적합한 기술인력을 채용하기가 무척 어렵다. 대기업이나 수도권을 선호하는 청년세대, 직주(직장과 생활공간)거리, 지역 생활 환경, 급료 수준 등에 걸쳐서 구직자가 만족을 해야만 채용으로 이어진다. 기계시설을 돌릴 수 있는 기술인력 확보 또는 채용 방안에 대해 구체적으로 제시되어야 한다.

■ 생산 기술

구분	비고
원부재료 수급	
월간 수요량	
월간 생산량	
공장 가동 시간	
기타	

시장수요와 목표 매출에 상응하는 충분한 양을 적기에 생산할 수 있다는 것을 나타내야 한다.

생산을 위해서는 기계설비 ↔ 운영 기술 인력 ↔ 원부재료 수급이 한데 어우러져야 한다. 한정된 기계설비로 적기 납품을 위해서 때로는 2~3교대의 주야간 운영을 해야 하는 상황도 있을 것이다.

■ 시장 현황

사업의 핵심은 시장에 있고 사업의 성패는 고객 손에 달렸다. 사업자의 생각과 달리 고객은 호락호락하지 않다. 고객은 마음이 끌려야 손을 내밀고 고객의 마음을 이끌어 내는 기술이 마케팅이다.

고객의 마음을 사로잡는 것은 상품성과 가격, 고객응대이다. 상품성은 기능과 품질 및 심미성에 바탕을 두며 브랜드 파워가 중요한 작용을 한다.

고객은 요모조모 따져가며 상품을 선택할 것이며 가격에 민감하다. 저가격이라 해서 선뜻 지갑을 열지 않는다. 고가격이라도 브랜드 파워가 강한 상품에는 기꺼이 지갑을 열 것이다.

시장은 아무 사업자도 진출하지 않은 불모지가 있고 많은 업체가 경쟁을 벌이는 곳이 있다. 불모지라해서 시쳇말로 '노다지'라 생각하면 곤란하다. 사람은 많으나 수요가 없는 곳일 수 있고 물류비용 등을 고려할 때 채산이 맞지 않는 곳일 수도 있기 때문이다.

다수의 업체가 경쟁하는 시장을 헤집고 들어가려면 상품의 기능, 품질, 디자인에 걸쳐서 우위성을 갖춰야 하고 고객을 소구하는 마케팅 전략이 수립되어야 한다.

창업 또는 신규 사업을 추진하기 위해서는 이와 같이 시장을 파악해야만 한다. 시장 분석도구로는 '3C 분석'을 응용할 수 있다.

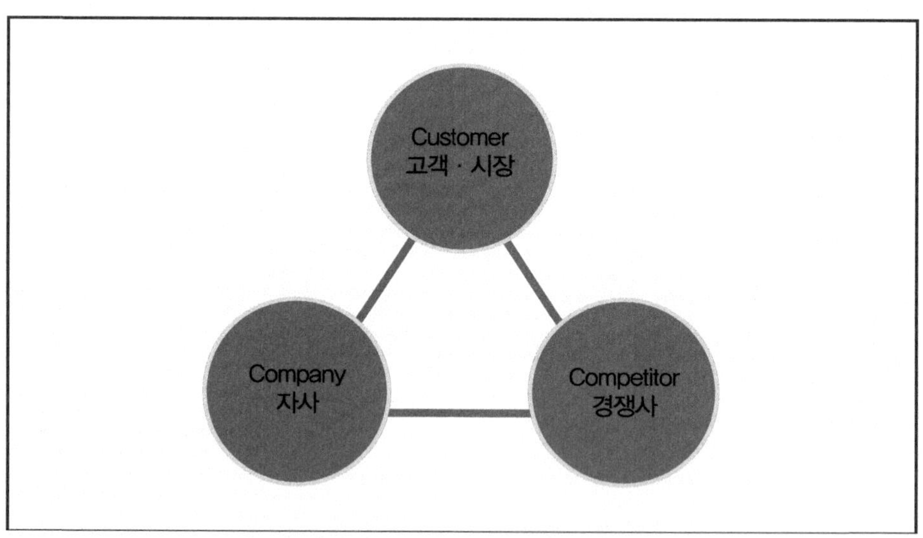

〈그림 6-5〉 3C 분석

구분	항목	내용
고객 및 시장	시장 규모	지역의 동일 업종 총 매출액 추이
	상권세	상권력 크기와 성장 추이
	배후 인구	배후 인구수, 소득수준, 성별 · 연령별 구성
	유동 인구	유동 인구수, 동선, 성별 · 연령별 구성
	구매 성향	주말 가족동반 구매, 1회 다품목 동반 구매, 계절 요인 작용 등
	목표 고객	주 고객층은 30대 가정주부
	경기 민감도	불요불급한 상품의 경기 변동 민감성

경쟁사 및 자사 분석															
기업명		업체 규모			상품성 및 가격					고객 흡인력				주요 거래처	경쟁 우위점
		사업장 면적	종업원 수	매출액	기능	품질	디자인	브랜드 파워	가격	입지성	판촉활동	고객 인지도	고객 응대		
경쟁사	A														
	B														
	C														
	D														
	E														
자사															

■ 사업 전략

○ BCG Matrix

기업은 다양한 사업을 하는데, 이 중에는 돈벌이가 되는 아이템이 있고 운영할수록 적자를 초래하는 아이템도 있다. 돈벌이가 되는 아이템 중에는 시장 점유율이 높고 성장성이 높은 것이 있는 반면에 성장성은 낮지만 높은 점유율로 꾸준한 벌이가 되는 것도 있다. 전자는 Stars, 후자는 Cash-cow라 표현한다. BCG(Boston Consulting Group)가 정립한 BCG Matrix 상에 신규 사업 아이템이 언제쯤 어디에 위치할 수 있도록 어떠한 전략을 꾀할지를 고려하는 것이 필요하다.

시장점유율	Question Marks	Stars
고 ↑	• 높은 성장성, 낮은 점유율 • 수익 : 낮고 불안정 • 현금흐름 : 마이너스 • 전략 : 사업이 확장하여 Stars 또는 dogs로의 이동 여부를 결정	• 높은 성장성, 높은 점유율 • 수익 : 높고 안정 • 현금흐름 : 중립적 • 전략 : 성장을 위한 수확
	Dogs	**Cash Cow**
↓ 저	• 낮은 성장성, 낮은 점유율 • 수익 : 낮고 불안정 • 현금흐름 : 중립적 또는 마이너스 • 전략 : 철수	• 낮은 성장성, 높은 점유율 • 수익 : 높고 안정 • 현금흐름 : 높고 안정 • 전략 : 현상유지

저 ← 상대적 시장점유율 → 고

자료 : 남영호, '사업타당성분석과 평가', 세명서관, 2022.04, p.121.

〈그림 6-6〉 BCG Matrix

○ SWOT 분석

사업타당석 분석과 시장현황 분석 및 자원 · 재무상태를 바탕으로 자사의 강 · 약점 및 위협 · 기회요인을 파악해서 사업추진 방향을 도출하도록 한다. 즉, 강점은 유지하고 약점은 피하며, 기회는 활용하고 위협요인은 회피하는 전략을 수립하도록 한다.

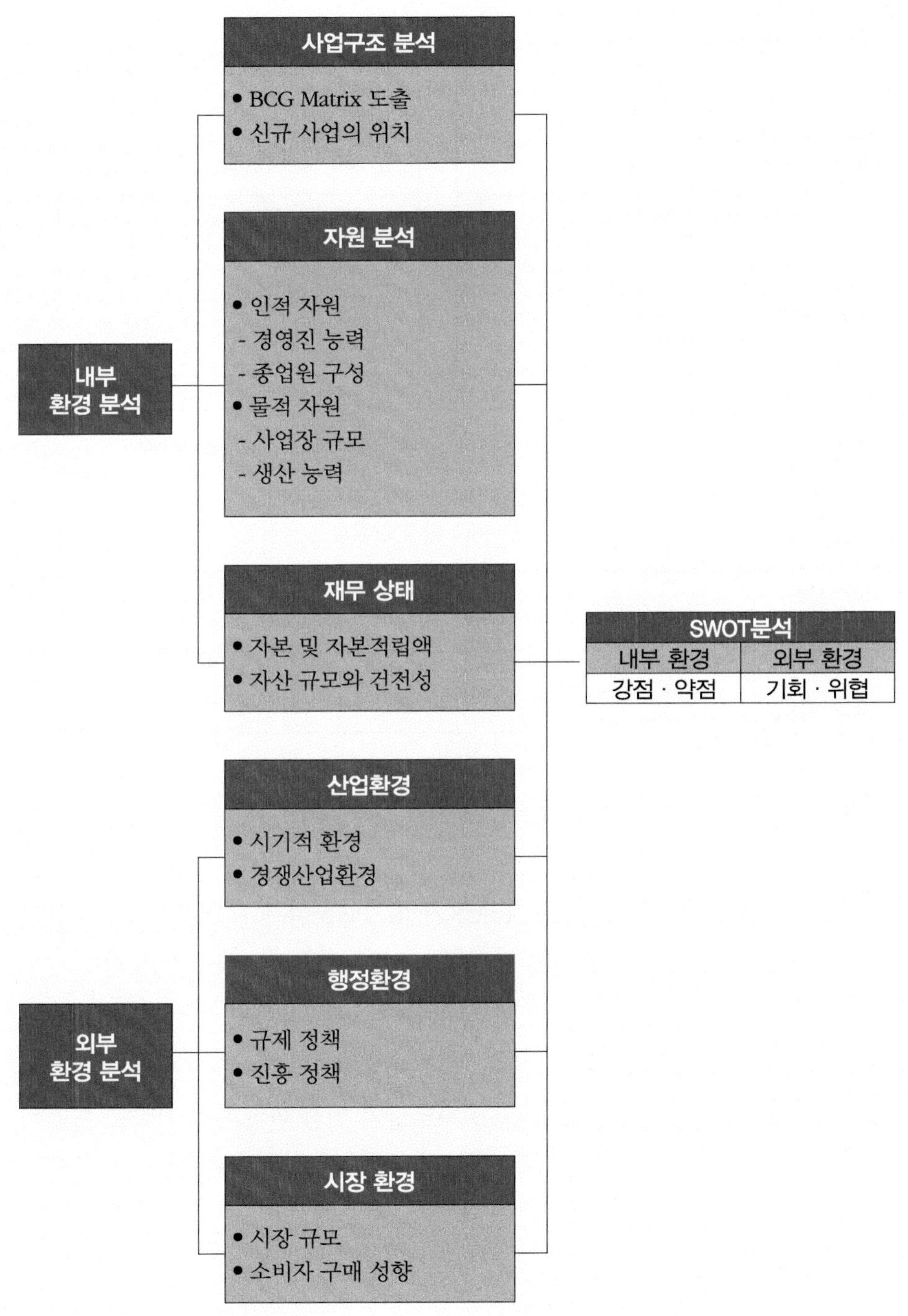

〈그림 6-7〉 내 · 외부 환경 분석을 통한 SWOT 분석

Strength	Weakness
- 혁신기술의 상품성 - 생산 자동화 시설 - 높은 진입 장벽	- 사업 경험 일천 - 자본력 취약 - 마케팅 능력 미약
Opportunity	**Threat**
- startup에 대한 진흥정책 - 고용 장려 지원정책 - 잠재고객의 소득수준 향상	- 경기 불황 - 고금리 환경 - 출산율 감소와 인구 고령화

SO전략 강점–기회	외부환경 기회를 이용하고 내부환경 강점을 활용하는 전략 선택
ST전략 강점–위협	외부환경 위협을 회피하고 내부환경 강점을 활용하는 전략 선택
WO전략 약점–기회	내부환경 약점을 극복하고 외부환경 기회를 활용하는 전략 선택
WT전략 약점–위협	외부환경 위협을 피하고 내부환경 약점을 최소화하는 전략 선택

〈그림 6-8〉 SWOT 분석

○ 4P전략

4P 전략은 Product(상품), Price(가격), Place(유통채널), Promotion(판매촉진)의 네 가지 요소를 적절히 조합하여 고객을 확보하는 전략이다. 자사의 상품성을 고객 선호에 어떻게 맞출 것인지. 얼마의 가격으로 고객 지갑을 열게 할 것인지, 구매 편의를 위해서 유통채널은 어떠한 것을 선택할지, 고객의 마음을 사로잡기 위한 판매촉진 전략을 어떻게 수립할 것인지를 검토해서 네 가지 요소가 잘 어우러지도록 배합하는 전략을 짜는 것이다.

〈표 6-6〉 4P전략

Product	• 기능의 우수성 또는 보편성 • 품질의 우수성 또는 보편성 • 디자인의 심미성 또는 보편성 - 고객에 따라 품질, 기능, 심미성에 관한 호불호가 다름 - 경쟁 우위 요소로 자리 잡을 경우 사업의 지속성이 있음
Price	• 스키밍 전략(Skimming Pricing Strategy) - 고가격 정책에 의해 초기에 투자금 회수하려는 전략 • 침투가격전략(Penetration Pricing Strategy) - 시장에 침투하고 보자는 저가격 정책 전략 • 원가 우위 전략(Cost Leadership Strategy) - 비용을 최소화해서 경쟁력을 확보하는 전략
Place	• 고객이 찾아오는 점포 판매 • 고객에게 배달하는 온라인 판매 - 어떠한 경로를 소비자가 선호하는지에 따라 전략 선택
Promotion	•시장세분화(STP)전략에 의한 목표 고객 마케팅 전략 수립 • 브랜드 인지도 강화를 위한 홍보 · 광고 전개 • 입소문 효과(word of mouth)확산

창업의 모든 것을 한 권에 담은

기업 이해와 창업 설계

Chapter

시장 진출 기회 탐색

제1절 마케팅 조사와 시장 진입 탐색

1.1 마케팅 조사의 중요성

머릿속에 떠오른 아이디어는 제품이라는 형상을 갖춘 물건으로 만들어 시장에 내놓아서 고객 수요로 이어져야만 비로소 사업이라는 용어가 성립된다. 아이디어 물건이 소비자에게 연결되지 않으면 단순한 작품에 지나지 않는다. 따라서 다양한 방향에서 시장조사를 하고 시작품 또는 시제품의 소비자 테스트를 거쳐 소비자 입장에 서서 요목조목 제기된 문제점을 보완해서 완성품을 시장에 내놓아야 하는 것이다.

이와 같이 Idea가 Business로 연결되기 위해서는 Marketing이 필요한데 이것을 두고 혹자는 IBM이론이라 부른다. 중소기업진흥공단 이사장을 지낸 허범도는 마케팅의 중요성을 TPM고지로 표현했다. 기술(Technology)을 1,000m 능선에 빗대면, 생산(Production)은 2,000m에 있는 산장, 마케팅(Marketing)은 3,000m 정상이라면서 사업 성패가 마케팅에 있다는 것을 강조했다.

또한, 일본의 소니 부사장을 지낸 나카무라 스에히로(中村末廣)는 저서 「소니 나카무라연구소 '경영은 1 · 10 · 100'」에서 아이디어를 포착해 내는 데 1의 노력이 필요하다면 그것을 제품으로 만들어 내는 데에는 10배의 노력이 들고, 만든 상품을 시장에 팔리도록 하는 데는 100배의 노력이 들어간다면서 마케팅에 공을 들여야 함을 강조했다.

Rhonda Abrams의 경우에도 "판생법이라는 것이 있다. 먼저 생산해 놓고 판매하는 것이 아니라 팔고 나서 생산한다는 말이다. 아무리 좋은 제품이라도 시장이 없으면 판매를 할 수 없다. 단지 갖고 있어서 좋은 제품이 아니라 시장에서 필요한 제품이 무엇인지 알기 위해 철저한 시장조사를 하는 것이 필요하다."고 했다.[1)]

〈표 7-1〉 시장진출 기회 탐색 절차

단계	조사 부문		비고
1	사업 환경 조사	거시환경	위기 요소 대처 전략
2		산업환경	위협 요소 대처 전략
3	소비자 반응 조사	아이디어 보완 · 개선 단계	소비자 반응 반영 문제점 개선 및 보완
4		제품 개념 개발 단계	
5		시제품 테스트 단계	
6		시험 마케팅	
7	판매 준비	판매 가격 및 유통 경로 선택 광고 및 판촉 프로모션 진행	
8	개업	제품 출시	

1.2 자료 수집 방법

마케팅 조사를 하기 위해서는 여기저기 흩어져 있는 자료를 자사의 취득목적에 맞춰 찾아야 하고 조사 대상자를 상대로 직접 면접이나 간접 설문을 통해 자료를 수집하는 것을 우선해서 실시해야 한다.

1) 론다 아브람스 저, 한제희 역, '하루 만에 끝내는 사업계획서', 영진미디어, 2007.01, p.6.

1) 정량 · 정성 · 관찰 조사

(1) 정량 조사(Quantitative Research)

수치로 나타낼 수 있는 자료이다. 정성 조사보다 객관성을 담보할 수 있다.

(2) 정성 조사(Qualitative Research)

수치가 아닌 문헌으로 나타낼 수 있는 자료이다. 측정이 아니라 현상을 관찰하고 듣고 이해하는 것이다. 조사원의 주관과 태도에 영향을 많이 받는다.

정성 조사 기법에는 집단심층면접, 개별심층면접, 자유연상법, 콜라주가 있다.

〈표 7-2〉 정성 조사 기법 종류

도구	내용
집단심층면접 Focus Group Interview	• 모더레이터(moderator)가 중재하고 대개 6명이 자유 토론 • 보통 120분 정도 시간으로 운영
개별심층면접 In-depth Interview	• 조사자와 응답자의 1 : 1 면접 • 질문에 질문을 잇는 '사다리 캐묻기' 형태로 진행
자유연상법 문장완성법	• 그림이나 문장 일부를 보여주고 연상이나 반응을 도출
콜라주 collage	• 제품, 상표에 대한 느낌을 표현하는 사진을 잡지에서 찢어서 붙임

(3) 관찰 조사(Observation Research)

조사 대상자가 주어진 현상에 대해 어떻게 반응하고 행동하는지를 관찰하는 것이다. 직접 조사에서의 설문에 비해 습관이나 행위를 보다 정확하고 진실되게 측정할 수 있다.

2) 1차 자료와 2차 자료

(1) 1차 자료(primary data)

조사자가 수행 목적을 위해 직접 수집하는 자료이다.

(2) 2차 자료(secondary data)

자사 내부 또는 외부에서 다른 목적을 위해 이미 수집한 자료이다. 통계청 포털에서는 산업, 인구 등에 걸친 다양한 자료를 제공하며, Nielsen (koreanclick.com)은 인터넷 시장 최신동향 및 온라인 이용 행태를 분석한 월간 뉴스 레터를 제공한다.

〈표 7-3〉 2차 자료 주요 생성 기관

기관 · 단체 · 회사		비고
정부기관	통계청	국가통계포털 KOSIS(kosis.kr) 지표누리(index.go.kr) MDIS(mdis.kostat.go.kr)
	산업통상자원부	
	중소벤처기업부	
국책연구기관	한국개발연구원	
	산업연구원	
	대외경제정책연구원	
협회	대한상공회의소	
	지역 상공회의소	
	중소기업중앙회	
민간경제연구소	삼성글로벌리서치	삼성경제연구소에서 2022년부터 명칭 변경
	LG경제연구원	
	현대경제연구원	
마케팅조사회사	닐슨코리아	
	한국리서치	
	엠브레인	

3) 조사 방법

조사하는 방법에는 대인 면접, 전화, 우편, 인터넷의 4가지로 분류할 수 있다.

대인 면접은 훈련된 조사자가 조사대상자를 직접 만나서 질문하고 응답을 받게 되는데, 즉시에 응답을 받을 수 있는 반면에 조사대상자의 익명성이 보장되지 않아서 조사자의 영향이 미치게 되고 비용이 많이 소요되는 단점이 있다.

전화 조사는 대개 전문 조사업체를 통해 전화상으로 이루어지는 것이기에 조사 지역 범위가 넓고 응답이 빠른 장점이 있기는 하나 많은 비용이 드는 단점이 있다.

우편 조사는 조사 지역 범위가 넓고 조사자의 영향이 미치지 않는 장점이 있기는 하나 응답 시간이 느리고 응답 비율이 매우 낮으며 결측치 또한 많은 단점이 있다. 인터넷 조사가 활성화되면서 점차 퇴색하고 있는 조사 방법이다.

인터넷 조사는 요즘 부쩍 각광받는 방법이다. 조사 지역 범위가 매우 넓고 비용이 적게 들며, 조사자의 영향이 적게 스며들어서 객관성이 높다는 장점을 가지고 있다. 최근에는 포털사이트에서 개발한 설문지 작성법을 활용하여 휴대폰으로 매우 신속하고 편리하게 조사를 하고 있다.

〈표 7-4〉 마케팅 조사 수단 비교

구분	응답 시간	응답 비율	익명성	결측치	조사 지역	조사자 영향	비용
대인 면접	즉시	보통	없음	적음	한정적	매우 높음	많음
전화 조사	즉시	낮음	있음	적음	비교적 무한정	높음	많음
우편 조사	매우 느림	매우 낮음	있음	많음	비교적 무한정	없음	보통
인터넷 조사	보통	보통	있음	많음	무한정	없음	적음

조사 절차는 문제 정의(Problem Definiton) ⇨ 조사 설계(Research Design) ⇨ 자료 수집(Data Collection) ⇨ 자료 분석 · 해석(Data Analysis and Interpretation) ⇨ 보고서 작성(Reporting)으로 이루어진다.

조사 활동의 성패는 문제 정의와 조사 설계를 어떻게 하느냐에 달렸다. 문제 정의 단계에서는 해결 과제와 필요 정보가 무엇인지를 세심하게 진단해야 하며 조사 설계단계에서는 어떠한 조사 방법을 어떻게 수행할 것인지를 잘 계획해야만 한다.

설문지는 문구 하나에 따라 조사자의 기대와 전혀 다른 응답이 일어날 수 있기에 면밀한 검토가 필요하다. 따라서 설문 문항을 가작성(假作成)해서 예비조사대상자를 대상으로 테스트한 다음에 문구를 다시 다듬어서 본 테스트에 들어가야 할 것이다.

무엇보다 자사의 상황과 투입비용 및 시간 등을 고려해서 조사 목표에 가장 효율적이고 효과적인 조사 방법을 택해야 할 것이다.

1.3 마케팅 환경 조사

1) 거시환경

기업에 투자하거나 대출하는 입장에서는 해당 기업의 재무성과를 살펴보는 것에 더해 기업을 둘러싼 외생변수를 살펴보게 된다. 외생변수라고 하면 정치 · 경제 · 사회 · 문화 · 환경 측면에서 현재와 미래의 상황을 일컫는다.

글로벌 경제사회에서 이제는 국내는 물론이거니와 세계의 여러 거시환경이 기업의 흥망에 영향을 미치는 시대가 되었다. 유가, 금리, 수출입 규제, 환경영향과 같은 대외적인 환경변화가 기업 경영에 큰 영향을 미치는 것이다. 또한 지구 반대편에서 일어난 자그만 사건이 나비효과를 불러일으켜 기업 운영에 영향을 미치는 세상이 된 것이다.

이 같은 외생변수는 어떤 업종에는 부정적인 영향을 미치기도 하지만 다른 업종에는 기회요인이 될 수 있다. 따라서 창업을 준비하는 과정에서 외생변수(外生變數)인 거시환경(巨視 環境)을 더욱 세심하게 분석해야 한다.

〈표 7-5〉 거시환경 요소

구분	요소	영향 요인
정치	정치 환경	• 분쟁 또는 협력
정책	산업 정책	• 규제 또는 장려
법률	법	• 법률 제정 · 변경 · 폐지
경제	경기	• 경기 변동
	금리	• 금리 변동
	환율	• 환율 변동
	유가	• 유가 변동
	자산 가격	• 자산 가치 변동
	물가	• 물가 상승 또는 하락
	임금	• 임금 변동
사회 문화	출산율	• 출산율 저하
	고령화	• 65세 이상 고령화 비율
	생활 문화	• 생활 문화의 변화
	도시화	• 인구 소멸, 젠트리피케이션
환경	환경 규제	• 당국의 규제 또는 환경단체의 시위
	기후 변화	• (곡물, 수산물 등) 산출과 소비의 변화

2) 산업환경

특정 지역에 진입하려면 산업 현황을 파악하는 것이 우선이다. 진출하고자 하는 지역에 해당 사업 아이템을 판매하는 사업체가 없어 독점할 수 있으리라 생각할 수 있을 것이지만 여러 가지 요인으로 시장이 형성 안 된 경우가 있을 것이다. 한편, 여러 가지 사업이 활성화된 지역은 상권세가 강하고 생태계가 잘 조성돼서 해당 사업의 진출에도 긍정적 영향을 미친다.

진출하는 지역에 동일 업종의 업체가 얼마나 소재하고 있으며 이들의 경쟁 관계는 어떻게 형성되어 있는지를 파악하는 것은 시장진출 여부와 전략을 짜는 데 매우 중요한 부분이다. 특히, 해당 지역의 시장지배력을 가진 업체는 어떠한 우위 요소를 가졌는지, 블록버스터(blockbuster) 역할을 하고 있지는 않는지를 파악해서 SWOT분석을 통한 전략을 수립하는 것이 필요하다.

소비자는 개인적 요인에 의해 기능, 품질, 가격에 민감한 고객이 있지만, 자존감과 사회적 위치 등의 사회적 요인에 의해 브랜드 파워에 기울이는 고객이 있다. 또한 디자인과 같은 감성의 문화적 요소가 상품 선택에 영향을 미치는 고객이 있기도 하다.

〈표 7-6〉 시장 환경 요인

구분	요소	영향 요인
산업 현황	산업 활성화	• 전체 산업 활성화 정도 • 해당 사업 아이템 활성화 정도
	산업 구조	• 원부재료 공급자 또는 구매자와의 역학관계 • 해당 사업 아이템의 진입장벽 • 대체 사업 아이템의 출현 가능성
	유통 환경	• 온 · 오프라인 판매 현황 • 물류의 가격 형성 영향 • 물류의 신속 · 정시성
경쟁 관계	경쟁업체 수	• 업체 수, 종업원 수, • 규모 및 재무 상태, 시장지배기업
	생산량	• 전체 생산량, 업체별 생산량
	소비량	• 전체 소비량, 업체별 소비량
인문 특성	인구수	• 연령대별 · 성별 인구수
	구매력	• 구매 의향 및 소득 수준
	소비 성향	• 가성비, 브랜드 파워, 감성 추구

1.4 소비자 반응 조사

사업 아이디어 창안자는 자신의 생각에 함몰되어 아이디어 제품이 시장에 내놓기만 하면 시쳇말로 대박 터뜨릴 것이라 호언장담하는 경우가 있다. 창업가가 자신감에 충만한 것은 바람직한 현상이다. 하지만 시장과 소비자는 창안자의 생각만큼 녹록하지 않다는 것을 알아야 한다.

대체로 아이디어 창안자는 기능 중심으로 창업에 도전하겠지만 소비자는 기능, 성능, 규격, 품질, 가격, 디자인, 브랜드 파워 등에 걸친 가성비, 심미성, 자존감을 반영해서 구입하며 소비자마다 구매 요인과 의도가 다르게 나타난다. 예컨대 창안자는 원가와 수익을 고려한 싼 가격에 제품을 내놓으려 하겠지만 어떤 소비자는 오히려 많은 값을 치르더라도 비싼 제품을 구입함으로써 과시욕구를 분출하고자 하는 경향이 있다.

따라서 아이디어를 사업으로 옮기기 위해서는 시장 테스트 과정을 통해 소비자 반응을 수집하고 문제점을 찾아내서 개선하고 보완해 나가는 절차를 반복함으로써 소비자 중심의 최종 완성품을 만드는 것이다.

1) 창업아이디어 보완 · 개선 단계

창업아이디어를 구체화하기 위해 창업아이디어가 속한 타회사의 제품이 기능 · 품질 · 디자인 등에서 어떠한 반응을 보이며 고객의 욕구 불만은 무엇인지, 수요는 얼마나 발생하는지를 파악하여 자사의 현재 아이디어를 보완 · 개선하도록 한다.

〈표 7-7〉 아이디어 보완 · 개선을 위한 조사 유형

이용실태 조사 Usage & Attitude	• 아이디어 제품군이 속한 시장에서 타사의 기존제품 이용 실태를 파악 • U&A조사는 대개 300~1,000명 정도의 표본을 1:1 개별면접 조사로 진행하는 것이 가장 일반적
소매점 지표조사 Retail Index	• 일상생활용품 전체 시장 크기, 브랜드별 점유율, 시장변화 트렌드 등을 파악하기 위해 매월 실시되는 조사 • 대형마트, 편의점 등의 POS(point of sales)자료를 이용 • 소매점 지표조사를 통해 전체 시장의 현황과 경쟁상황을 파악하여 아이디어의 창업 기회를 발견하기 위한 기초자료로 활용
FGD Focus Group Discussion	• 아이디어 제품군이 속한 시장의 소비자를 인구특성(성별, 연령 등) 또는 이용 특성별(주 이용 제품, 이용량 등)로 구분해서 2~8그룹 정도의 FGD를 통해 구체적인 이용 형태를 파악
In–home Visit study	• 집에서 사용되는 제품의 경우 소비자가 실제 사용하는 상황을 집에서 직접 관찰하고 인터뷰를 진행하여 아이디어의 개선점을 발견하여 시장 기회를 찾음

자료 : 하지철, '마케팅조사 실무노트', 한국학술정보(주), 2012, p.54.를 재구성

2) 제품의 개념 개발 단계

아이디어를 보다 구체화한 제품의 개념(컨셉; concept)에 대한 소비자들의 반응을 파악하여 컨셉을 보완 · 개선하도록 한다.

컨셉은 아이디어를 보드 형태로 작성한 것이며, 핵심 부분을 헤드라인에 표현하고, 제품이 궁극적으로 고객에게 주게 되는 혜택을 제시하도록 한다.

컨셉은 실제 제품화되었을 때와 같이 구체적으로 명확하게 구성되어야 출시 제품에 대한 정확한 소비자 반응을 파악할 수 있으며 이를 통해 개선점을 찾게 되는 것이다.

헤드 라인 열거
브랜드 네임과 제품의 편익을 간략하게 제시

이미지 삽입	편익 · 제공 가치 및 가격 제시
제품의 상징적 이미지 등을 삽입	제품의 편익 · 가치 · 가격 등을 나열

자료: 하지철, '마케팅조사 실무노트', 한국학술정보(주), 2012, p.54.

〈그림 7-1〉 컨셉 구성의 예시

3) 시제품 테스트

컨셉 테스트를 거쳐 만든 시제품으로 잠재 소비자들의 반응과 평가를 받는다. 이를 통해 문제점과 개선점을 보완하도록 한다.

제품 테스트는 조사결과의 대표성 확보 및 개선을 위한 구체적인 내용 도출을 위해 100~200명 내외의 Gang Survey나 CLT(Central Location Test) 혹은 Home Use Test를 널리 활용한다. 제품의 성격에 따라 적합한 시제품 테스트 방법을 택한다.

〈표 7-8〉 시제품 테스트 방법

구분	내용
Gang Survey	• 10~30명 정도의 조사대상자들을 모아 놓고 1~2시간 정도 조사를 진행하는 방식 • 제품 맛 테스트나 응답 과정의 엄격한 통제가 요구되는 조사에 널리 활용
Central Location Test	• 사람들이 많은 번화가에서 지나가는 사람들 중 조건에 맞는 사람들을 모아서 1시간 내외로 조사를 진행하는 방식 • 제품 테스트나 사전 광고효과 조사에 널리 활용
Home Use Test	• 가정 생활용품을 실생활에 써보게 하여 평가받는 방식 • 조건에 맞는 조사대상들을 섭외하여 일정 기간 실제 사용하게 하면서 평가

4) 시험 마케팅

시험 마케팅(Test Marketing)은 제품이 실제 출시되었을 때 수요가 어느 정도 될지를 보다 정확하게 추정하기 위한 목적으로 실시되는 조사이다.

주로 대형마트, 편의점 같은 곳에 시제품을 진열하고 점두 광고와 프로모션을 전개하여 제품의 판매 가능성을 최종 점검한다.

특정 매장에 타사 제품과 함께 시험 마케팅 제품을 진열해 두고 불특정 다수의 방문 고객 또는 시험 마케팅을 위해 섭외한 조사대상자의 제품의 구매 여부를 파악하는 방법으로 진행한다.

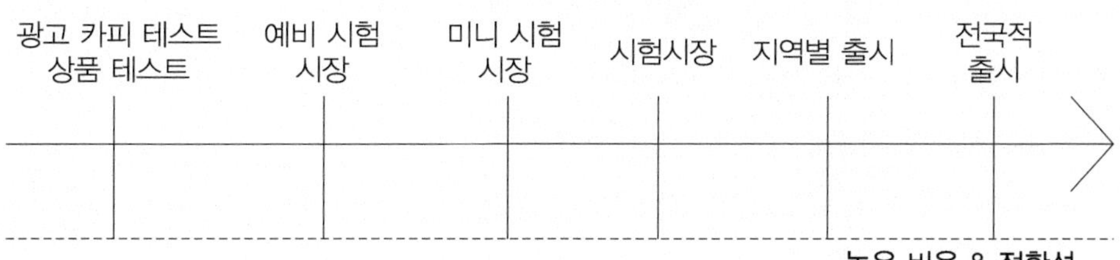

자료 : 이유재 · 박찬수 편역, G.L.Urban, John R. Hauser, '신상품 마케팅', 시그마프레스, 1995, p.459.

〈그림 7-2〉 신상품 테스트 기법 종류

1.5 가격전략

시험 마케팅을 통해 제품 완성도를 높여 본격적으로 양산단계에 접어들기 앞서서 시장신출을 위한 가격전략이 필요하다. 소비자 반응조사의 '제품의 개념 개발 단계'에서 편익 · 가치 · 가격 제시에 따른 잠재 고객의 반응을 파악하는 데에도 예상가격을 책정하는 것이 필요하다.

1) 가격책정의 3영향 요인

가격은 제품 개발의 종점과 회사 운영의 정점에 위치한다. 제품완성 단계에서 시장에 내놓기 위한 가격을 검토해야 하는데, 회사를 운영하기 위해서는 제품을 팔아서 수익을 남겨야 하기에 소비자가 살만한 금액에, 회사가 이익을 남길만한 금액에 가격을 책정해야 하는 것이다.

회사가 이익을 남기려면 판매원가를 넘어서는 가격이 매겨져야 하고, 고객이 살만한 가격을 제시하려면 소비자가 갖는 가치를 생각해야 한다. 이러한 맥락에서 「판매원가 〈 가격 〈 가치」의 부등호가 된다. 판매원가와 가격의 차이는 판매자의 이익이 되고, 가격과 가치의 차이는 소비자의 편익이 된다.

소비자는 자기가 느끼는 편익에 비해 비싸다는 느낌을 갖게 되면 선뜻 구매에 나서지 않을 것이며, 생산자는 판매원가보다 낮은 가격으로는 수익을 창출할 수 없기에 원가 이하 판매는 하지 않으려 할 것이다.

한편, 동일한 업종이 경쟁하는 상황에서는 경쟁업체가 판매하는 가격을 반영한 가격책정을 해야 하는 상황에 직면하게 된다. 경쟁업체의 여러 가지 상황을 비교해서 싼 가격, 같은 가격, 비싼 가격 중에서 적합한 가격으로 시장에 내놓을 수 있는 것이다.

이와 같은 관점에서 가격의 책정은 회사 요인, 고객 요인, 경쟁 요인의 세 방향으로 정리할 수 있다.

〈표 7-9〉 가격책정의 영향 요인

구분	회사 요인	고객 요인	경쟁 요인
가격 목표	희망 이익 획득	기대 가치 충족	시장 진입 성공
주요 반영 요소	판매 원가	지불 용의	비교 가격
	• 제조원가 • 판매 및 일반관리비 • 유통 마진	• 희망 가격대 • 지불 방법 • 가격+매입부대비	• 경쟁업체 수 • 가격선도 업체 • 경쟁제품 사양

회사가 유통업체를 통해 판매하는 경우에 유통업체가 판매하는 가격에는 회사가 판매가격을 책정하는 것과 유통업체가 매입원가를 감안해서 판매가격을 책정하는 경우가 있다.

고객은 제품 가격은 물론이거니와 지불 방법과 매입 부대 금액에도 매우 민감하다. 원거리를 방문해서 구입한다면 교통비와 시간이 소요될 것이며 시간을 내서 찾아가야 하는 번거로운 점도 고려할 것이다.

경쟁업체가 다수 존재하는 시장에서는 새로운 사업체가 진입하려면 가격과 제품 경쟁력을 갖춰야 한다. 이러기 위해서는 자사 제품이 소비자의 뇌리에 각인 될 수 있는 포지셔닝(positioning)전략이 필요하다.

2) 회사 관점 가격책정

제품 판매가격은 「(제품 원가+판매비 및 일반관리비)+판매 이익」의 산식에서 비용 구조를 고려한 단위당 판매가격이 매겨져야 한다.

생산비용은 고정비와 변동비로 구성되는데, 고정비는 생산량에 관계 없이 일정하게 발생되는 금액이며, 변동비는 생산량에 비례해서 발생되는 금액이다. 고정비의 경우 자산의 감가상각비는 상각기간이 지나게 되면 사라지게 되어 원가 또는 비용에 산입되지 않는 항목이다.

따라서 이익극대화를 위한 원가개념의 가격책정을 할 경우에는 생산량을 고려하여야 한다. 즉 100개를 생산할 때나 1,000개를 생산할 때나 같은 금액의 고정비가 들어가기에 1,000개 생산할 때는 단위당 비용을 100개 생산과 달리 책정하여야 한다.

〈표 7-10〉 회사 관점 가격책정 요소

구분	요소	가격책정에 반영할 사항
수익 창출	이익 극대화	• 기업운영의 기본인 이익 극대화 추구 • 자기자본 이익률, 매출액 이익률 제고
외형 추구	매출 극대화	• 외형에 의한 규모 경쟁 추구 • 관공서의 사업입찰 등에 영향
사회 활동	사회 기여	• 사회에 공헌하고자 하는 낮은 가격 • 회사 이미지 제고와 신뢰도 형성에 기여
브랜드 가치	고객 충성도	• 소비자 가치를 극대화하는 가격 • 회사와 상품에 대한 포지셔닝
	회사 이미지	• 회사 이미지 고양을 위한 가격 • 상품 브랜드 파워는 곧 회사 이미지

기업은 고유업무의 성질 또는 상품에 따라서 이익보다는 외형에 치중해서 가격을 책정하기도 한다. 이러한 매출 극대화 가격책정은 관공서 사업입찰을 위해 많이 활용되고 있다. 작은 기업이 역사가 오래된 거대기업을 인수하는 것은 사업수행 능력면에서 업력과 외형을 높게 평가하는 경쟁입찰에서 조건을 맞추거나 유리한 고지를 점할 수 있기 때문이다.

때로는 외형 추구 전략은 시장 지배력을 갖기 위해서 낮은 가격을 유지하는 경우도 있다. 이른바 박리다매 전략이 이에 속한다. 자본력으로 무장한 기업은 상당한 기간 적자를 감수하고 저가전략을 펼쳐서 시장전체를 장악하는 블록버스터(blockbuster)효과를 거두기도 한다.

사회기여를 위한 가격책정도 있다. 취약계층을 고용하거나 취약계층을 위한 사업을 하는 사회적기업의 가격책정 방법이 한 예이다. 사회적기업은 지속성 유지를 위해 수익을 창출해야 하는 명제가 있기는 하나 일반기업보다 수익지향성이 낮은 개념을 갖는다.

제품 출시부터 낮은 가격으로 시장에 진출해서 성공을 거두게 되면 그 제품은 저가상품이라는 인식이 고객에게 심어져 향후 가격 인상 요인이 발생하더라도 가격을 쉽사리 원하는 만큼 올리기 어렵다. 소비자 뇌리에 각인된 positioning 때문이다. 따라서 고객가치를 극대화하고 충성도를 높이는 가격책정이 되어야 한다.

특정 제품은 곧 회사 이미지로 이어진다. 제품의 브랜드 파워가 회사 이미지로 이어지는 것이다. 오랜 세월 동안 쌓여서 형성된 브랜드 파워는 쉽사리 사라지지 않는다. 제품 출시부터 브랜드 형성을 고려해서 가격을 책정하는 것이 좋을 것이다.

3) 고객 관점 가격책정

고객은 기본적으로 가성비(cost-effectiveness, 價性比)에 바탕을 두고 상품을 찾을 것이다. 그러나 소득수준이 높아진 요즘에는 감성소비가 대세를 이루고 있어 비단 낮은 가격과 기능에 중심을 두고 선택하지는 않는다. 여러 회사 제품 중에서 비싸더라도 모양 참하며 아름다운 색채를 갖추고 브랜드 이미지가 강한 제품을 선호하는 것이다. 바로 이것이 소비자가 느끼는 가치인 것이다.

가격은 수요와 공급이 일치하는 점에서 형성되는 것이 아니라 소비자의 감성을 소구한 가치의 수준에 따라 결정되는 것이다.

특히, 대한민국 소비자들은 세계에서 최고 높은 수준의 감성소비를 한다. 비싸야 잘 팔리는 곳이 대한민국이다. 남들 앞에 우쭐대고 비교하기 좋아하는 민족성을 가졌기도 하고 비싼가격을 지불할 수 있는 능력도 갖추었다. 특히 40대 이하의 연령층과 여성은 상대적으로 감성소비 경향이 매우 강하다.

또한, 소비자는 제품을 구입하는 데 지출되는 비용과 편리성에 기반해서 구매가 일어나고 가치를 느끼게 된다. 멀리까지 이동해서 구입하는 경우라면 교통비는 물론 시간을 내야 하는 불편함이 따를 것이다. 이외에도 다량 구매, 지불 수단과 방법, 구매 빈도 등에 따라서 가격에 민감한 반응을 나타내게 된다.

고객이 가지는 '지불용의 가격(willingness to pay)'이라는 것이 있다. 소비자가 상품에 대해 이 정도 금액이면 기꺼이 지불한다는 최대가격을 말한다. 유보가격(reservation price)이라는 용어와 유사한 개념이다. 유보가격은 가격수용 범위인 최소가격 ~ 최대가격의 가격수용 범위와 관련 있다.

「지불용의 가격은 = 지갑 사정 × 가치」의 등식이 성립된다. 고객은 아무리 큰 가치를 느끼더라도 지갑 사정이 여의치 못하다면 제품을 살 수가 없다. '최소가격 ~ 최대가격'은 이러한 지불능력에 따라 달리 나타난다.

소매점에서 가격표를 붙였느냐 안 붙였느냐에 따라 소비자의 구매 행위는 확연하게 달리 나타난다. 슬쩍 지나치는 윈도쇼핑(window shopping)을 하면서도 마음에 드는 상품이 눈에 들어오면 가격표를 보고 지갑 사정이 맞을 때 구매 행위를 하게 된다.

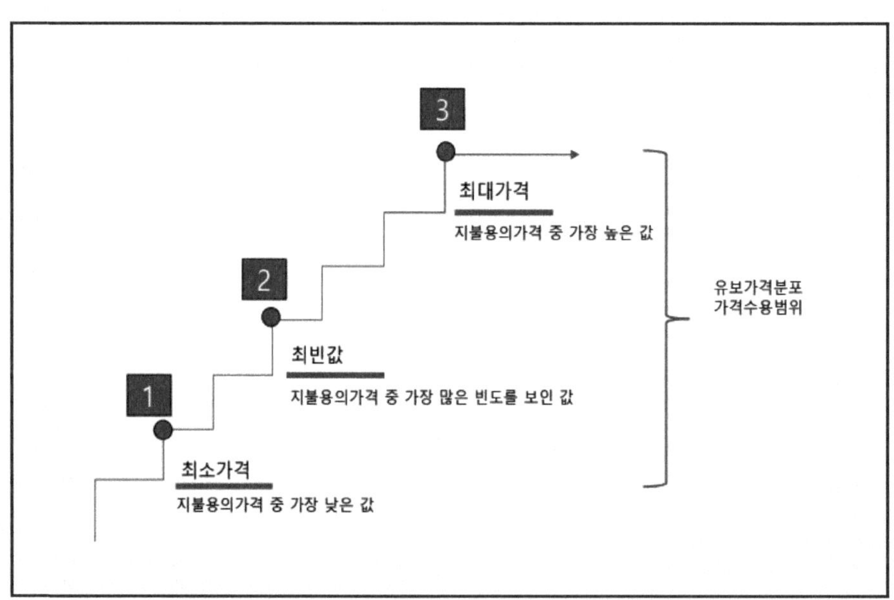

자료 ; 곽영식 · 홍재원 · 이윤경,'마케팅 가격전술', 피엔씨미디어, 2021, p.30.

〈그림 7-3〉 지불용의가격의 개념과 분포

〈표 7-11〉 고객 관점 가격책정 요소

구분	요소	가격책정에 반영할 사항
제품 속성	기능	• 단순기능, 복합기능과 같은 기능
	성능	• 저효율, 고효율 등과 같은 성능
	품질	• 하등품, 상등품과 같은 품질
외관 감성	형태	• 향기, 맛, 색깔, 소리, 촉감 등의 오감 만족
	디자인	• 꼴(모양, 생김새)의 심미성
	브랜드 파워	• 사회적 위상과 자존감 자극
구매 패턴	구매량	• 1개 살 때와 100개 살 때의 가격 차이
	구매 빈도	• 연간 1회 구매 또는 100회 구매
	구매 거리	• 오프라인 구매에 소요되는 교통비와 시간
	시간 간격	• 새로운 구매가 일어나는 주기
	지불 수단	• 현금, 외상, 신용카드, 장기 할부

4) 경쟁 관점 가격책정

기업에 따라서는 이미 시장에서 경쟁사들의 판매가 형성된 제품군에서 조금 변형된 제품으로 시장진출을 꾀하려는 사업이 있을 것이고, 전혀 새로운 제품 또는 혁신 제품으로 시장진출을 노리는 사업이 있을 것이다. 어느 것이든 간에 유사 상품군 또는 대체 상품군이 시장에 형성되어 있을 것이기에 경쟁 관계를 살펴봐야 한다.

경쟁업체 수는 얼마나 되며, 얼마에 가격이 형성되어 있고 가격을 선도하는 업체는 누구인지, 경쟁제품의 사양은 어떻게 되는지를 조사해야 하는 것이다.

기능, 성능, 품질과 같은 속성의 기술 우위를 갖추고 진출한다면 경쟁사들이 이미 형성한 가격대에 견주어 어떠한 가격전략을 전개할 것인지를 검토해야 할 것이다. 이를테면 기술우위를 바탕으로 고가격에 시장에 진출해서 이윤을 극대화하는 스키밍 가격전략(skimming pricing strategy)을 전개하는 것이다.

이와 달리 자본력이 갖춰진다면 저가로 시장에 진출해서 일정 수준의 고객을 확보하게 되면 점차 가격을 올리는 침투가격전략(penetration pricing strategy)을 전개하는 것이다. 침투가격전략은 빠른 시간 안에 시장에 자리잡을 수 있다. 하지만 저가제품이라는 인식이 소비자에게 각인되면 positioning 영향으로 인해 자칫 가격을 제대로 인상하기 어려워질 수 있다.

거대자본력을 가진 사업체의 경우 원가를 밑도는 덤핑가격으로 시장을 교란해서 경쟁업체를 물리치고 난 다음에 시장지배력으로 수익을 극대화하기 위한 가격인상을 꾀하는 사업체도 있다.

제2절 비즈니스 모델 캔버스와 린 스타트업

2.1 비즈니스 모델의 의의

기업의 수익은 제품 또는 서비스를 원가 이상으로 팔아서 남기는 구조이다. 다시 말해서 수익 = 매출 - (매출원가+비용)으로 구성되는 것이다. 일반적인 제품 또는 서비스는 유무형의 가치를 나타내면서 무엇이 소비자의 손으로 들어가서 수익이 발생할 것이라 짐작할 수 있다.

인터넷의 확산으로 여러 가지 형태의 서비스가 제공되면서 사용자 또는 구독자로부터 직접 판매대금을 수취하는 전통적인 형태 외에 제3자로부터 광고수입을 올리는 것에 기반한 사업이 무수히 많은 실정이다.

우리 일상에서는 스마트폰을 통해 많은 서비스를 제공받지만 대금을 치르지는 않는다. 하지만 운영주는 어떤 형태로든 수입을 올리고 있을 것이다. 이를테면 카카오톡에서 외국에 있는 사람과 무료 영상통화를 하며, TMAP을 통해 길 안내를 무료로 받지만 어떤 형태로든 사업주는 수익을 올리고 있을 것이다.

또한, 전 세계적으로 널리 확산된 youtube의 경우 운영 업체는 플랫폼 역할을 하고 지구 곳곳에 흩어져 사는 사람 누구나 콘텐츠를 올리게 되며, 구독자

수에 따라 광고 수입을 나누어 갖는 독특하고 기발한 비즈니스 모델로 방송, 교육, 문화, 취미 등 다양한 분야에 기여하면서 지상파 방송과 같은 전통적인 거대 산업체마저 쇠락의 길로 접어들게 하는 등 세상이 변화게끔 일대 혁신을 가져왔다.

조성주(2014)는 인터넷 시대 이전에는 비즈니스 모델이라는 용어가 사용되지 않았다고 했다. 상품이나 서비스는 Value Chain을 통해 부가가치와 수익이 창출되는 것이 전통적인 수익모델이었다. 그러나 인터넷 시대에 들어오면서 검색 포털사이트는 디지털 콘텐츠를 무료로 제공하고 광고주로부터 광고료를 받고, 광고를 보면 돈을 주는 수익모델로 탄생하였다. 2)

김진수(2014)의 경우에도 비즈니스 모델은 1990년대 말 이후 인터넷, 정보기술의 발전을 배경으로 인터넷 닷컴 기업들이 출현하기 시작하면서 비즈니스 실무에서 확산된 개념이라 했다. 인터넷 기업들은 전통적인 오프라인 기업과 비교해 가치와 수익을 창출하는 방식이 근본적으로 달라서 이러한 차이를 비즈니스 모델이라는 용어를 사용하여 설명하였다. 3)

해외 석학으로는 비즈니스 모델(business model)이라는 용어와 관련해서 1998년 G8 글로벌 중소기업시장협의회 총재 폴 티머스(Palul Timmers)박사가 논문 「Business Model for Electronic Market」에서 "다양한 비즈니스를 운영하는 주체와 역할을 합하여 제품, 서비스, 정보흐름에 대한 구조를 설명하는 것"이라 했으며, 스위스 로잔 대학교의 예스 피그누어(Yves Pigneur) 교수와 알렉산더 오스터왈더(Alexander Osterwalder)는 「Business Model Generation」에서 "비즈니스 모델이란 하나의 조직이 어떻게 가치를 창조하고 전파하며 포착해 내는가를 합리적이고 체계적으로 묘사해 낸 것"으로 수익창출의 원리를 그려 낸 것이라 했다.

---

2) 조성주, 「린 스타트업 바이블 」, 새로운제안, 2014.11.

3) 김진수 · 이창영, '창조경제신대의 기업가정신과 창업론', 문영사, 2014.08, p.248.

디지털 콘텐츠를 제공하는 인터넷 기업의 성공사례가 알려지면서 젊은 청년 세대의 많은 사람이 앱 개발을 통한 디지털 콘텐츠 사업에 뛰어들고 있다. 사용자는 휴대폰을 통해 무상으로 앱 서비스를 받음으로써 앱 개발 사업주와 사용자 간에 보이지 않는 비즈니스 동력이 형성된다. 이러한 사용자와의 관계에서 통상적인 잠재고객에 기반한 시장성, 수익성과는 전혀 다른 각도에서 수익원이라는 비즈니스 모델을 찾게 되는 것이다.

주로 디지털 콘텐츠 창업을 준비하는 예비창업자가 비즈니스 모델을 구축하고 사업타당성을 분석하는 도구로서 등장한 것이 '비즈니스 모델 캔버스'와 '린 스타트업' 이다.

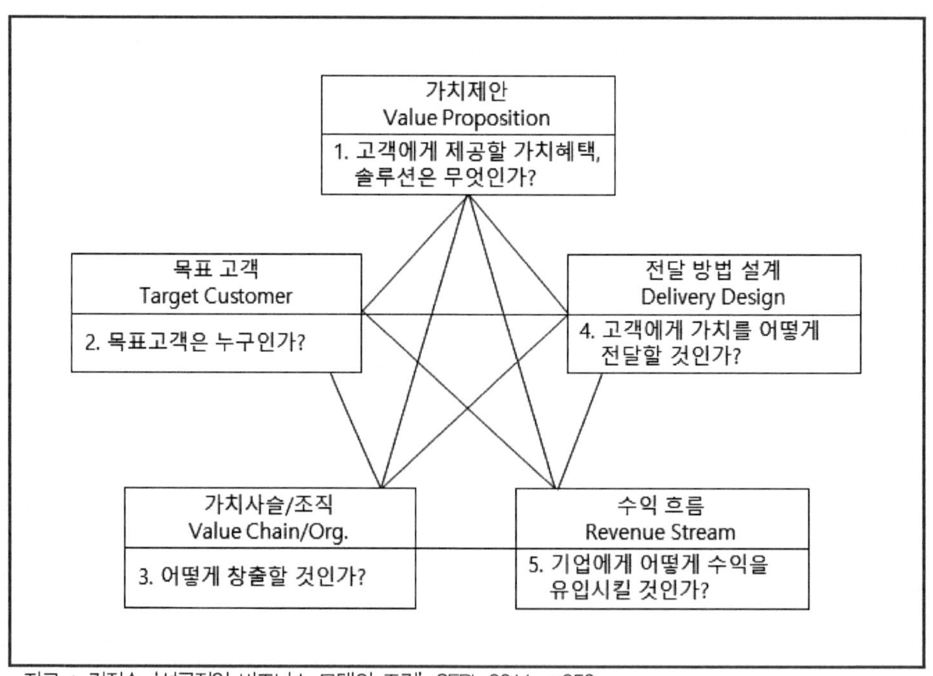

자료 : 김진수, '성공적인 비즈니스 모델의 조건', SERI, 2011, p.253.

〈그림 7-4〉 비즈니스 모델의 구성 요소

2.2 비즈니스 모델 캔버스

1) 비즈니스 모델 캔버스의 개요

전략적 경영과 혁신 전문 컨설팅기업 스트래티저(Strategyzer)의 공동 설립자인 알렉산더 오스터왈더(Alexander Osterwalder)와 스위스 로잔대학교에서 경영정보학을 가르치는 예스 피그누어(Yves Pigneur)가 공동으로 저술한 'Business Model Generation'에서 소개된 경영전략 도구이다.

경영전략 요소를 9가지 블록으로 구분해 놓고 혁신을 위한 아이디어 탐색, 마케팅 전략 수립 등에 걸친 전략을 한 장의 도표를 통해 도출해 내도록 고안된 것이다.

한 장의 도식화된 도구를 사용함으로써 시각적인 흥미와 집중도를 불러일으킬 수 있고, 팀워크를 짜서 각자의 아이디어를 자유스러운 분위기에서 교환할 수 있다. 브레인스토밍(brainstorming) 또는 브레인 라이팅(brain writing)에 적합한 도구이기도 하다. 즉, 5명 안팎으로 구성된 팀원끼리 각자의 아이디어를 메모지(post-it note)에 아주 간략하게 적어서 canvas에 붙이고 다 함께 의견을 교환하는 것이다.

아이디어는 혼자 창안해 내는 것보다 직업, 직무, 전공, 연령 등이 다른 다양한 계층의 사람들이 모여서 고객 입장에 서서 아이디어를 거침없이 쏟아내서 유용한 핵심 아이디어를 압축하는 것이 효과적이다.

이러한 맥락에서 비즈니스 모델 캔버스(Business Model Canvas)는 startup을 준비하는 사람들에게 유용한 전략 탐색 도구 역할을 하며, 창업교육 도구로도 유용하게 활용할 수 있다.

시장진출을 하기 위해서는 여러 가지 조사와 테스트를 거쳐야 하기에 많은 비용과 인력, 시간이 소요된다. 특히 한정된 자원으로 출발하는 청년층의 startup은 일반적인 시장진출 탐색 방법을 채택하기가 여의치 못하다.

비즈니스 모델 캔버스는 특히 startup의 시장진출을 탐색하는 데 있어서 비즈니스 모델과 고객가치, 유통채널, 고객 세그먼트, 수익원과 비용에 걸쳐 동료 또는 컨설턴트와 함께 도식화된 한 장의 종이 위에 아이디어를 도출할 수 있는 유용한 도구이다.

2) 비즈니스 모델 캔버스의 구조와 활용

<table>
<tr>
<td rowspan="2">KP

Key Partnerships
핵심 파트너십</td>
<td>KA

Key Activities
핵심 활동</td>
<td rowspan="2">VP

Value Propositions
가치 제안</td>
<td>CR

Customer Relationships
고객 관계</td>
<td rowspan="2">CS

Customer Segments
고객 세그먼트</td>
</tr>
<tr>
<td>KR

Key Resources
핵심 자원</td>
<td>CH

Channels
채널</td>
</tr>
<tr>
<td colspan="2">C$

Cost Structure
비용 구조</td>
<td colspan="3">R$

Revenue Streams
수익원</td>
</tr>
</table>

〈그림 7-5〉 The Business Model Canvas

〈표 7-12〉 The 9 Building Blocks

CS	Customer Segments 고객 세그먼트	얼마나 다른 유형의 사람들 혹은 집단을 구성하는가
		매스마켓/ 틈새시장/ 세그먼트 명확한 시장/ 복합적 세그먼트 시장
VP	Value Propositions 가치 제안	고객 문제를 해결하고 욕구를 충족시켜 주는 특정한 가치
		새로움/ 퍼포먼스/ 커스터마이징/ 디자인/ 브랜드 지위/ 가격 / 비용절감/ 리스크 절감/ 접근성/ 편리성/ 유용성
CH	Channels 채널	고객에게 가치를 제공하기 위한 유통 채널
		직영-직접(영업부서, 웹사이트, 직영매장), 파트너-간접(파트너매장, 도매상)
CR	Customer Relationships 고객 관계	고객과 어떤 형태의 관계를 맺을 것인가
		개별 어시스트/ 매우 헌신적인 개별 어시스트/ 셀프서비스/ 자동화서비스/ 커뮤니티/ 코-크리에이션
R$	Revenue Streams 수익원	고객으로부터 창출되는 수익(Revenue)
		물품 판매/ 이용료/ 가입비/ 대여료/ 임대료/ 라이센싱/ 중개수수료 / 광고
KR	Key Resources 핵심 자원	비즈니스를 원활히 진행하는 데 가장 필요한 중요 자산
		물적 자원/ 지적 자산/ 인적 자원/ 재무 자원
KA	Key Activities 핵심 활동	비즈니스를 제대로 영위하기 위해 꼭 해야 하는 중요한 활동
		생산/ 문제해결 /플랫폼/ 네트워크
KP	Key Partnerships 핵심 파트너십	비즈니스 모델을 원활히 작동시켜 줄 수 있는 공급자-파트너 간의 네트워크
		최적화와 규모 경제/ 리스크 및 불확실성의 감소/ 자원 및 활동의 획득
C$	Cost Structure 비용 구조	비즈니스 모델을 운영하는 데서 발생하는 모든 비용
		비용 주도/ 가치 주도/ 고정비/ 변동비/ 규모의 경제/ 범위의 경제 * 범위의 경제 : 동일한 마케팅 또는 물류 채널을 이용해 다양한 물품 취급

비즈니스 모델 캔버스는 아이디어의 제품 생산에서 판매에 이르기까지의 전 과정을 9개 영역으로 나누어 단순화한 데에서 활용 가치 높다.

어느 한 영역의 변화는 다른 여러 영역에 영향을 미치게 된다. 이러한 연관

관계를 도표상에 포스트잇을 붙여서 시각적 효과에 의해 집중도와 이해도를 높이고 팀원들 간에 거침없는 토의를 통해 최적점을 찾아내는 것이다.

이를테면 다음과 같은 주제로 창업아이디어의 문제점을 발견해서 개선 방향을 제시하는 것이다.

1. 우리가 추구하는 사업은 고객에게 어떠한 가치를 제공할 것이며, 비즈니스 모델은 무엇인가?
   - VP(Value Propositions)를 축으로 CS, CH, CR, KR, KA, KP, C$, R$는 어떻게 가져가야 하는지를 토론한다.
   - 각 블록의 현재 상황은 어떠하며, 문제점은 무엇이며, 개선 방향은 어떻게 추진할 것인지를 제시한다.
   - 각각의 블록 개선점을 찾되 전체가 조화를 이룰 수 있는 최적점을 찾아낸다.
   - 각자의 의견을 비판 없이 마구 쏟아내서 최종적으로 가장 합리적인 최적의 방안을 추려낸다.

2. 우리가 출시하고자 하는 제품의 잠정 가격 ₩000,000.– 에 대해 고객 입장에서 다루어 보자.
   - 회사 관점에서의 가격책정 요소, 고객 관점에서의 가격책정 요소, 시장 경쟁 관점에서의 가격책정 요소를 염두에 두고 각자의 의견을 개진한다.
   - 9블록 중에서 어떠한 것에 영향을 미치게 되며, 그 블록의 현재 상황, 문제점, 개선 방안을 도출해 낸다.

3. 아이디어를 창업으로 도약하기 위한 KR(Key Resources 핵심자원)에 대해 다루어 보자.
   - 물적 자원, 지적 자산, 인적 자원, 재무 자원 중에서 어느 부분을 어떻게 위치시키고 자금 조달은 어떻게 할 것인지를 논한다.
   - 9블록 중에서 어떠한 것에 영향을 미치게 되며, 그 블록의 현재 상황, 문제점, 개선 방안을 도출해 내는 것이다.

2.3 린 스타트업

1) 린 스타트업의 개요

일반기업은 진출하고자 하는 예정 사업 아이템이 시장에서 어떻게 형성되어 있는지를 대략 짐작할 수 있고 눈에 들어오기도 한다. 그러므로 거시환경, 업계 환경, 고객 구매 성향 등에 걸쳐서 이미 다른 조사기관에서 작성한 2차 자료와 자사가 직접 조사한 1차 자료를 바탕으로 사업계획을 수립할 수 있다.

소상공인의 생활밀착형 사업의 경우에는 상권세, 유동인구와 동선, 배후인구와 흡인력, 경쟁 관계 등을 파악해서 예상 매출과 손익, 투자 금액에 걸친 사업계획서를 작성해 볼 수 있다.

이와 달리 디지털 콘텐츠를 사업아이템으로 하는 startup은 사업 의지력 외에 무엇하나 얻을 수 있는 자료를 찾을 수 없고 시장도 조성되어 있지 않다. 이러한 상황에서 아무런 계획 없이 막연한 희망만으로 제품 개발에 들어가서 시장에 진출하면 매우 어려운 지경에 놓일 게 뻔하다. 즉, 완성품을 만들어서 고객 테스트를 했는데 고객이 원하지 않는 것이라면 또다시 만들어야 하고 다시 만든 것을 테스트했는데도 고객 반응이 시큰둥하다면 그동안 쏟아부은 돈, 시간, 노력은 물거품이 되고 만다.

startup이 자기가 추구하는 사업의 개략적인 모양을 갖춰 고객에게 필요한 것이냐고 먼저 물어보는 것은 어떨까? 한 장의 종이에 어설프게 그려낸 그림이나 조각조각 오려 붙인 작품을 보여주면서라도 말이다. 고객의 반응이 괜찮을 수도 있고 그렇지 않을 수도 있을 것이다. 창안자는 좋다고 하는데, 고객의 반응이 시원찮으면 포기할 수 있고 좀 더 다른 방향으로 만들어서 다시 테스트를 해보면 고객 반응이 달라질 수도 있을 것이다.

이런 것을 반복하다 보면 고객이 진정 원하는 방향으로 기능과 성능, 디자인을 갖춘 제품을 내놓고 시장에 진출할 수 있을 것이다. 일반기업에서 진행하는 사업타당성 분석을 통하지 않고서도 말이다. 시장 테스트를 하기 위한 것은 종이 위에 그린 그림이건 얼기설기 만든 작품이든 간에 좋다. 창업아이디어에 알

맞고 고객에게 어떤 가치를 제공하고자 하는 것에 맞춰 적절하게 만든 것이면 상관없다.

이런 것은 1시간 이내에 만들 수도 있고 일주일에 걸쳐 만들 수 있는 것도 있을 것이다. 유치원생이나 만들법한 장난스럽고 조악한 것이라도 좋다. 고객의 가치를 파악할 수 있는 것이면 무엇이든 괜찮다. 무엇을 더 개선하고 보완하면 되는지를 파악해서 좀 더 나은 버전을 만들어서 또다시 소비자 테스트를 거치고, 이렇게 하기를 여러 번 반복한 다음에 완성품을 내놓는 것이다.

이와 같이 완성품이 아니라 고객이 필요로 하는 가치를 간파하기 위해 적절히 간단하게 만든 테스트 제품을 린 스타트업에서는 최소기능제품(MVP, minimum viable product)라고 일컫는다.

Lean Startup은 3D 가상현실 채팅 프로그램의 스타트업 '임뷰, IMVU, https://ko.secure.imvu.com'의 공동창업자 에릭 리스(Eric Ries)가 창업하면서 겪었던 여러 가지 경험 위에 스티브 블랭크의 강의에 영감을 받아 고안해 낸 제품 개발 방법에 관한 도구이다.

Lean이라고 이름을 붙인 것은 도요타의 린 생산(Lean Manufacturing)방식에서 따온 것이다. 에릭 리스는 제품 설계, 엔지니어링 과정과 규칙, 제품 비전에 초점을 맞춰 노력할수록 시장에서 성공은 더 멀어지는 것을 느끼고 있었는데, 대학 교수인 스티브 블랭크(Steve Blank)를 2004년에 만나 고객 개발(customer development)이라는 강의에 영감을 얻어서 디자인 중심 사고, 고객 개발, 애자일 개발과 같은 혁신적 경영관리 프로세스에 토요타의 린 제조(Lean Manufacturing)의 몇 가지를 잘 조합하고 변형한 것을 접목한 것이다.

린 제조 방식

린 제조 방식(Lean Manufacturing)은 1940년대에 오노 다이치와 신고 시게오가 개발한 도요타의 자동차 생산 관리 방식이다. 칸반(우리말의 간판) 즉 보드(board)에 작업 진행 상황을 기록하고 그때그때 필요한 부품을 요청해서 작업을 하는 것이다.

2차 세계 대전이 끝난 다음 미국의 자동차 생산기업은 대량 생산 시스템을 갖추고 있었지만 일본은 자동차 시장 규모가 적고 전후에 자본이 없어서 대량 생산 시스템을 갖출 형편이 못됐다. 이 같은 환경에서 효율적인 재고 및 생산 관리를 위해 고안해 낸 것이 린 제조 방식이다.

한 번에 많은 양의 부품을 창고에 쌓아두는 것이 아니라 필요할 때마다 부품을 요청해서 작업하는 것이다. A는 생산에 필요한 만큼의 양을 그때그때 B로부터 조달받고 재고가 소진된 B는 부품 생산업체인 C로부터 그만큼을 구입하는 형태이다. 이와 같이 각 생산 단계에서 필요한 제품은 모두 이전 단계에 요청하는 형식인데 이것이 도요타의 적기 생산 방식(just-in-time production method)이다

※ 'lean'의 사전적 의미는 '군살이 없는, 탄탄하게 호리호리한, 기름기 없는'이다.

Kanban

대기	진행	완료	보류

2) 스타트업의 제품 개발 방향성

일반적인 제조 또는 서비스 기업은 시장과 고객이 가시권에 있거나 추측할 수 있어 시장 분석과 고객 테스트를 거치고 자금 조달 및 손익 추정 등에 걸쳐 사업계획을 수립해 제품 · 서비스를 출시하게 된다.

제품을 개발하는 데 있어서도 일반기업은 많은 시간과 노력, 비용을 쏟으면서 완성품에 가까운 시제품으로 알파 테스트(Alpha Test), 베타 테스트(Beta Test)를 거친다.

스타트업은 제품의 형태, 비즈니스 모델, 고객이 일반기업 제품과는 확연한 차이가 있다. 특히 컴퓨터와 모바일에 의한 디지털 콘텐츠 제품 · 서비스는 누가 고객인지, 제품 기능을 고객이 필요로 하고 좋아할지, 유효 수요는 얼마나 될지 등에 대한 아무런 정보가 없다.

많은 스타트업이 초기에 사업에 실패하는 것은 일반기업에서 적용하는 사업계획서를 작성하고 제품 개발 단계를 적용하기 때문이다. 따라서 스타트업의 사업계획과 제품 개발 전략은 일반기업과 다른 방법으로 접근해야 한다. 이 같은 점에서 스티브 블랭크는 스타트업의 사업추진은 의문 속에서 믿음을 갖고 계획을 세우는 과정이라고 했다.

또 하나 IT기반 스타트업이 일반 제품 · 서비스와 다른 방향에서 제품 개발 전략이나 사업계획을 짜야 하는 것은 일반기업 제품과 전혀 다른 유통채널을 통해 고객에게 전달되기 때문이다.

전통적인 제품 · 서비스는 형태를 갖추고 매장을 축으로 거래가 이루어지며, 이러한 유 · 무형의 제품은 인터넷의 발달과 스마트폰의 등장으로 전자상거래라는 새로운 유통 방식으로 고객을 맞이하게 되었다. 2000년대에 들어와서는 전혀 새로운 형태의 제품 · 서비스가 등장했고 빛의 속도로 고객에게 전달되고 있다. 즉, IT기반으로 등장한 비트/가상제품은 웹 · 모바일 채널을 통해 빛의 속도로 공급되고 있는 것이다.

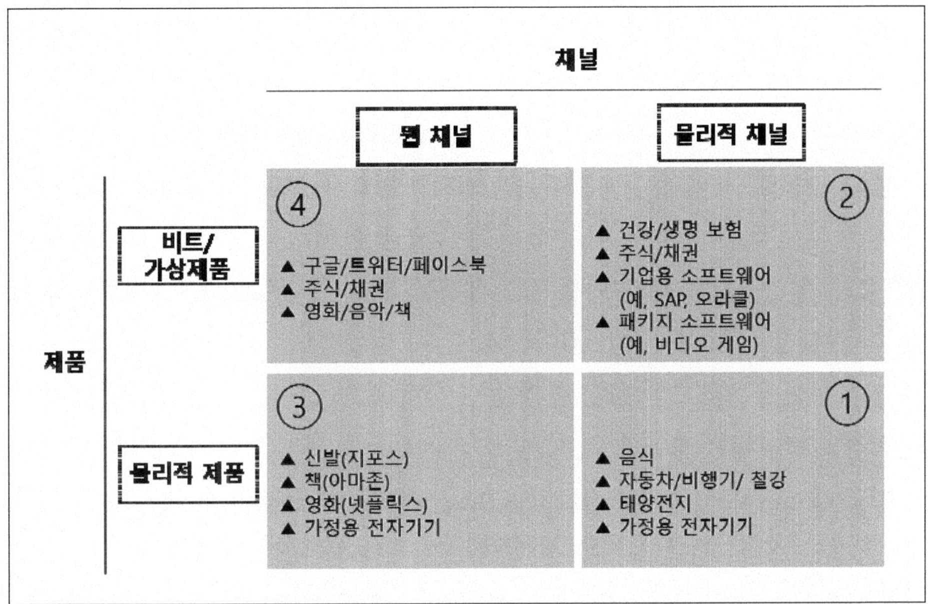

자료: 스티브 블랭크 · 밥 도프 지음, 김일영 · 박찬 · 김태형 옮김, 'The Startup Owner's Manual', 에이콘출판, 2014, p.41.

〈그림 7-6〉 제품 유형별 유통 채널

3) 린 스타트업의 적용

스타트업 창업 전문가인 일레인 첸 매사추세츠공과대학(MIT) 슬론경영대학원 교수는 "알고리즘이나 기술이 아무리 창의적이더라도 실생활엔 도움이 안 될 수도 있다. 누구에게 판매할 것인지 소비자가 우리 제품에서 무엇을 얻고 싶어 할지 이해해야 한다. 제품을 만들기 전에 소비자들이 지금 쓰는 물건에 불만이 있는지, 어떻게 개선하길 원하는지 구체적으로 이해한 다음에 대안을 내놓는 것이다. 이 단계를 거치는 것이 린 스타트업 전략이다."고 했다.

린 스타트업은 아이디어를 만들고 측정하며 학습하는 과정을 반복함으로써 최적화를 찾아가는 과정이다. 즉, 만들기(Build)⇨ 측정(Measure)⇨ 학습(Learn)의 피드백 순환 과정을 여러 차례 거치면서 완성품을 만들어 내는 것이다.

만들기는 고객의 가치를 파악하고자 하는 데 초점을 맞춰 핵심적인 부분만을 아주 빠른 시간에 간단하게 만들어 내는 것이다. 즉, 최소요건제품(MVP, minimum viable product)을 만들어서 측정 단계로 넘어가게 된다.

측정 단계에서는 두 가지 방향의 가설(추측)을 적용한다. 고객의 가치 가설과 회사의 성장 가설이다. 가설에 의한 학습을 통해 원래 전략을 고수해 나가야 할지, 방향을 틀어 고쳐나갈지를 결정해야 한다. 방향을 틀어 새로운 전략을 짜는 것을 방향 전환(pivot)이라고 한다. 현실적으로 이 같은 과정을 여러 번 반복하면서 그때마다 학습 결과를 반영한 좀 더 진전된 만들기 과정을 통해 최적점을 찾아내는 것이다.

이와 같이 MVP를 만들어 테스트하고 문제점을 발견해서 pivot을 하는 과정을 두고 린 스타트업의 창시자 에릭 리스는 자동차 운전자와 운전대 관계로 비유했다. 프로그램을 입력해서 목표 지점을 향해 일정 궤도로 나아가는 로켓 발사가 아니라 그때그때 상황 변화에 따라 방향을 틀게 되는 운전과 같다는 것이다.

MVP에 의한 고객의 반응을 수집하는 데 대해서 스티브 블랭크는 "사무실에서는 알 수 있는 것이 없으니 현장으로 나가라. 직원들은 책임감이 적어 고객의 소리에 덜 집중하고 들은 내용을 충분히 보고하지 않으며, 피드백을 사소한 풍문으로 일축하거나 요점을 놓치기 쉽다. 컨설턴트는 직원보다도 책임감이 더 적다. 의뢰인이 좋아할 법한 말, 다음 계약에 유리한 내용으로 보고를 포장한다. 창업가만이 고객 의견을 받아들이고 즉각 대응할 수 있다. 비즈니스 모델의 핵심 구성요소를 전환하는 의사결정도 기민하게 할 수 있다."라고 하면서 "창업가가 직접 현장으로 나가라"고 했다.

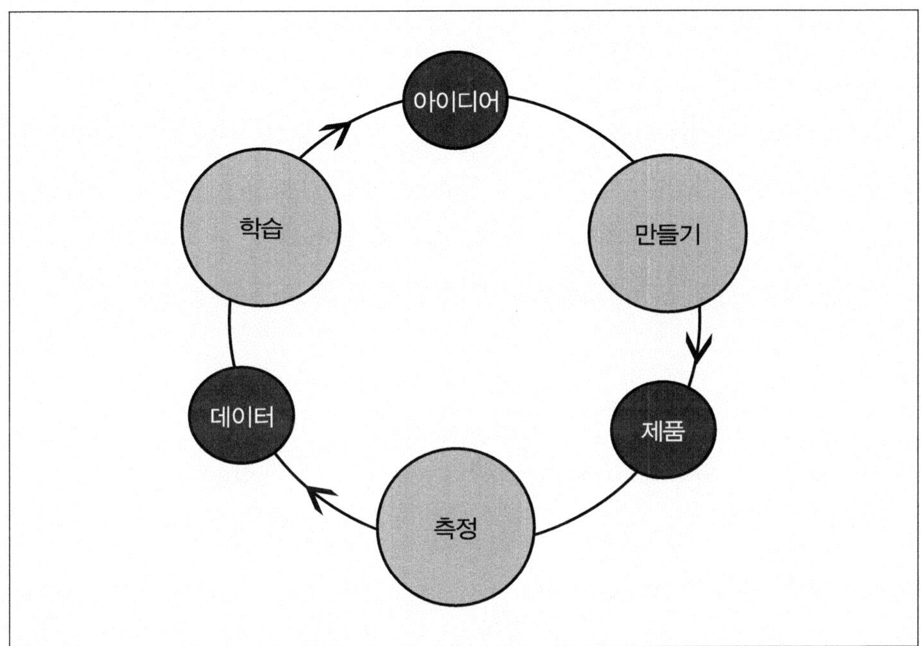

자료 : 에릭 리스 저, 이창수·송우일 역, 'The Lean Startup', 인사이트, 2013, p.71.

〈그림 7-7〉 만들기-측정-학습 피드백 순환

(1) 만들기

최소 요건 제품(MVP, minimum viable product)은 '만들기-측정-학습'의 순환과정이 이루어질 수 있도록 신속하고 간단하게 만들어야 한다. 기술적인 면을 테스트하기 위한 것이 아니고 사업 가설(추측)을 검증하기 위한 것이기 때문이다.

MVP는 테스트 단계에 따라 매우 간단한 스모크 테스트(somke test, 주요 기능에 문제가 없는지 확인하는 테스트)부터 초기 시제품까지 범위가 다양하다.

완성도가 낮은 것에서 출발해서 고객 테스트를 거친 순환과정을 통해 완성도가 높은 것으로 점차 발전해 나간다.

스타트업의 IT기술제품은 초기 수용자의 반응이 중요하고 이들의 영향에 따라 주류시장으로 확산되게 된다. 따라서 MVP는 초기 수용자의 반응에 초점을 맞춰 만들어 내는 것이 필요하다. 초기 수용자는 완벽한 기능을 갖추지 않더라도 신제품을 사용한다는 데 대한 우월감을 갖는 성향이 있다.

MVP는 손으로 만든 PDF 작품일 수 있고, 단순 블로그로 만들 수 있으며, 동영상 제작물이 될 수 있다. 어떠한 형태로 만들 것이냐는 것은 개발자의 수완, 사업아이템, 적용단계 등에 따라 시의적절하게 선정하면 될 것이다. 초기 단계에서는 Prototype 형태로 얼기설기 엮어낼 수도 있을 것이다.

(2) 측정

측정은 고객에게 어떤 가치를 제공하게 되며, 우리 회사에게 얼마의 성장 엔진을 가져다줄 것인지를 염두에 두어야 한다. 참신하고 기발한 사업 아이템이라도 고객의 가치를 충족하지 못하는 것이라면 시간과 노력, 비용을 쏟을 이유가 없기 때문이다.

측정에서 두 가지 가정(추측은)은 가치 가설과 성장 가설이다. 가치 가설은 고객이 얼마나 우리 제품에 대해 필요를 느끼거나 만족하는지와 같은 주로 정성적인 것이 대부분이다. 여기에는 기능, 성능, 품질, 디자인, 가격과 같은 요소가 작용할 것이다. 성장 가설은 우리 회사의 재무성과와 성장성에 관련된 정량적인 것이 대부분이다. 가입 회원수, 방문 고객수, 클릭수, 유료전환율 등이 그것이다.

측정 방법으로는 FGD(Focus Group Discussion)를 비롯해 다양한 소비자 테스트 방법을 떠올릴 수 있다. 때로는 공통된 특성이나 경험을 가진 집단으로 묶어 일정 기간 사용자 행동을 분석하는 코호트 분석(Cohort Analysis)과 두 가지 이상의 대안적인 콘텐츠, 기능, 디자인을 사용자에게 노출시켜 클릭률, 전환율 등을 판단하는 스플릿 테스트(Split Test)를 이용할 수도 있을 것이다. 여러 테스트 방법 중에서 제품의 고유한 특성에 맞는 적절한 방법을 선정하면 될 것이다.

(3) 학습

측정의 결과를 통해 우리의 주요 고객은 누구인지, 어떻게 만들어야 하는지, 시장에 자리잡기 위해서는 어떤 전략을 전개해야 하는지, 경쟁상황에서 우리만의 강점은 어떻게 만들어 갈 것인지 등을 학습하게 된다.

또한 고객가치와 회사 성장 엔진의 측정 결과를 토대로 문제점을 찾고 이에 대한 개선점을 탐색하는 과정을 거친다. 이를 위해서는 비즈니스 모델 캔버스를 활용하게 되면 시각적인 효과를 거둘 수 있고 브레인 스토밍으로 다수의 의견을 모을 수 있다.

이 과정에서 현재 상황을 고수할 것인지 방향을 전환(pivot)할 것인지를 결정하는 것이다. pivot은 최적화를 달성할 때까지 만들기(Build) ⇨ 측정(Measure) ⇨ 학습(Learn)과정을 계속 반복해 가는 것이다. 최적화 단계에 대해 스티브 블랭크는 "스타트업은 탈출 속도(escape veolcity, 물체가 천체의 표면에서 탈출할 수 있는 속도)에 도달할 때까지 고객 개발 단계를 반복하라."고 했다.

최적화 즉, 탈출 속도에 다다르게 되면 이제부터 할 일은 완성도 높은 시제품을 만들고 시장 진입을 위한 구체적인 사업추진에 들어가는 것이다.

창업의 모든 것을 한 권에 담은

기업 이해와 창업 설계

Chapter

창업 입지 선정

제1절 상권과 입지 분석

1.1 상권과 입지

1) 상권과 입지의 의의

상권(商圈)이란 개별 상점이 고객을 끌어들일 수 있는 지역적 범위를 일컫는다. 이를테면 명동상권, 홍대상권, 대학상권과 같이 불린다.

이와 비슷한 용어로는 상세권(商勢圈)이 있다. 상세권은 특정 시장 혹은 상점가의 상업세력이 미치는 범위를 일컫는다. 이를테면 남대문시장과 같은 상업집단이 고객을 끌어들일 수 있는 지역 범위를 말한다.

상권의 형성 또는 발달은 인구의 이동과 인구의 집결을 유발하는 교통 또는 대형시설에 기인한다. 지하철의 개통으로 상권 등이 형성된다거나 대학가를 중심으로 형성된 대학상권이 한 예이다.

입지(立地)라는 것은 개별 상점 등이 자리한 건물 또는 토지를 일컫는다. 공장 입지, 편의점 입지, 학원 입지 등과 같이 불린다.

상권과 입지의 이러한 특성에 비추어 상권은 면(面)의 개념이고, 입지는 점(點)의 개념이라고 말한다.

상권은 설정기준에 따라 여러 형태로 나뉜다. 도심상권, 부도심상권, 지구중심상권, 지역상권, 근린상권과 같이 위계(位階)별로 구분하며, 고객 밀도에 따른 소매업의 거리 기준으로 1차 상권, 2차 상권, 3차 상권으로 분류하기도 한다.

〈표 8-1〉 상권의 구분

기준	분류	
위계(位階)별	도심상권, 부도심상권, 지구중심상권, 지역상권, 근린상권	
소매업 거리 기준	1차 상권	점포 기준 반경 500m 이내 이용 고객의 60~70%
	2차 상권	점포 기준 반경 1km 이내 이용 고객의 20~30%
	3차 상권	이외 지역
상권 규모 기준	특급 상권	시간당 인구가 1만 명 정도에 이름 유명 브랜드 점포가 입지 다양한 연령대의 유동인구
	1급 상권	시간당 인구가 5천 명 정도에 이름 주로 역세권을 중심으로 형성 젊은층 위주로 유동인구 형성
	중형 상권	시간당 인구가 3천 명 정도에 이름 유입보다는 배후 고정인구가 많음
	동네 상권	시간당 인구가 1천 명 이하로 형성 거주지 인구가 대부분인 상권

상권세가 강한 지역에서는 임대료와 권리금이 많게 책정되기에 적정성에 대한 면밀한 검토가 필요하다. 상권 내에서도 점포의 위치에 따라 고객 흡인력에 많은 차이가 있기 때문이다. 대학 상권의 경우 1년에 4개월 가량의 방학기간이 있어 매출의 기복이 심한 점을 고려해야 한다.

상권은 대중교통, 대형건물, 소득수준, 인구수와 연령대 등에 따라 성장기 -

성숙기 - 쇠퇴기의 주기를 갖는다. 1980년대까지만 해도 상권세가 강했던 충무로 상권과 부산 남포동 상권은 영화관이 사라지면서 상권의 쇠퇴기에 접어들기 시작했다.

창업 입지를 선택함에 있어서 먼저 상권분석을 해야 하는 것은 상권세와 상권 성장 주기에 따라 사업의 흥망성쇠가 좌우되기 때문이다.

2) 공장 입지

공장 입지는 용어가 의미하는 대로 공장이 들어설 입지를 말한다. 공장 입지는 국가 또는 지방자치단체가 생산유발효과와 고용효과 등을 위해 법률적 · 행정적 지원에 나서고 있다.

상가 입지는 상권세와 개별 점포의 입지성에 주안점을 두고 창업 입지를 선정하면 된다. 반면에 공장 입지는 물류, 인력, 환경, 기반시설(도로, 전기, 용수, 오폐수 정화)에 걸쳐 검토해야 한다. 조달 · 유통물류비가 원가에 차지하는 비중은 매우 높으며, 중소도시에 위치한 공장의 경우 출퇴근 또는 생활환경 관계로 종업원 채용에 애로를 겪을 수 있으며, 환경보존과 기반시설을 갖추기 위해서는 많은 비용과 시간이 소요된다.

창업보육센터 등에서 인큐베이팅을 거쳐서 성장단계에 진입하여 별도의 사업장을 마련하려면 지식산업은 지식산업센터 입주, 환경공해를 유발하지 않는 소규모 제조 사업은 도시형공장 설립을 고려해 볼 수 있다. 도시에 소재하고 있어 물류, 인력, 환경, 기반시설 등에 그다지 애로를 겪지 않을 수 있기 때문이다.

규모가 어느 정도 큰 사업체를 영위하고자 한다면 산업단지에 입주하는 것을 검토할 필요가 있다. 인프라가 잘 갖춰져 있으며 입지선정을 위한 지원을 받을 수 있고 다양한 기업과 네트워크를 형성할 수 있는 장점이 있다.

산업단지란 산업시설과 이와 관련된 교육 · 연구 · 업무 · 지원 · 정보처리 · 유통 시설 및 이들 시설의 기능 향상을 위하여 주거 · 문화 · 환경 · 공원녹지 · 의료 · 관광 · 체육 · 복지 시설 등을 집단적으로 설치하기 위하여 포괄적 계획에 따라 지정 · 개발되는 일단(一團)의 토지로서 국가산업단지 등을 말한다.

〈표 8-2〉 산업단지의 종류

구분	내용
국가산업단지	국가기간산업, 첨단과학기술산업 등을 육성하거나 개발 촉진이 필요한 낙후지역이나 둘 이상의 특별시 · 광역시 · 특별자치시 또는 도에 걸쳐 있는 지역을 산업단지로 개발하기 위하여 지정된 산업단지
일반산업단지	산업의 적정한 지방 분산을 촉진하고 지역경제의 활성화를 위하여 지정된 산업단지
도시첨단산업단지	지식산업 · 문화산업 · 정보통신산업, 그 밖의 첨단산업의 육성과 개발 촉진을 위하여 도시지역에 지정된 산업단지
농공단지	농어촌지역에 농어민의 소득 증대를 위한 산업을 유치 · 육성하기 위하여 지정된 산업단지
스마트그린산업단지	입주기업과 기반시설 · 주거시설 · 지원시설 및 공공시설 등의 디지털화, 에너지 자립 및 친환경화를 추진하는 산업단지

자료 : 산업입지 및 개발에 관한 법률 제2조(정의)

〈표 8-3〉 중소기업 공장설립에 관한 특례 등

법률	내용
중소기업 창업지원법	제46조(설립승인의 사전 협의)
	창업기업은 공장 설립계획 승인을 신청하기 전에 시장 · 군수 또는 구청장에게 공장 설립계획의 승인 가능성 등에 관하여 사전협의를 요청할 수 있음
	제45조(창업기업의 공장 설립계획의 승인)
	제조업을 영위하려는 창업기업은 공장 설립계획을 작성하고, 이에 대한 시장 · 군수 또는 구청장의 승인을 받아 사업을 할 수 있음
중소기업 진흥에 관한 법률	제41조(입지 지원사업)
	중소벤처기업부장관은 중소기업에 대한 공장입지의 원활한 공급을 위하여 중소벤처기업진흥공단이 관련 법률에서 정하는 바에 따라 다음 각 호의 입지 지원사업을 행하게 할 수 있음 1. 산업단지개발사업 2. 단지조성사업 3. 지식산업센터의 건설사업
	제62조의10(소기업의 공장설립에 관한 특례)
	소기업 중 「산업집적활성화 및 공장설립에 관한 법률」 제2조제1호에 따른 공장의 건축면적 또는 이에 준하는 사업장의 면적이 500제곱미터 미만인 기업의 경우 「부가가치세법」 제8조에 따라 발급받은 사업자등록증은 「산업집적활성화 및 공장설립에 관한 법률」 제16조에 따른 공장등록을 하였음을 증명하는 서류 등 대통령령으로 정하는 증명서로 봄

〈표 8-4〉 산업집적활성화 및 공장설립에 관한 법률 주요 구성

법 조항		주요 내용
지식산업센터	2조 13	지식산업센터란 동일 건축물에 제조업, 지식산업 및 정보통신산업을 영위하는 자와 지원시설이 복합적으로 입주할 수 있는 다층형 집합건축물
공장설립온라인 지원시스템의 설치 · 운영	6조의 2	업무를 효율적으로 처리하기 위하여 전자정보처리시스템을 설치 · 운영
공장설립지원센터의 설치 등	7조의 2	공장설립과 관련한 입지 선정의 상담, 각종 자금 알선 및 세금 감면의 안내, 공장설립온라인지원시스템의 운영, 각종 공장설립에 관한 업무의 처리 및 대행, 그 밖에 공장설립에 관한 지원업무를 수행하기 위하여 공단에 공장설립지원센터를 둠
기업입지지원단의 설치 등	7조의 4	시 · 도지사는 공장설립과 관련한 입지선정을 지원하고 공장의 입지정보를 제공하기 위하여 기업입지지원단을 설치 · 운영
공장설립 등의 승인	13조	공장건축면적이 500제곱미터 이상인 공장의 신설 · 증설 또는 업종변경을 하려면 시장 · 군수 또는 구청장의 승인을 받아야 함
제조시설설치 승인	14조의 3	공장건축면적 500제곱미터 이상인 공장건축물의 전부 또는 일부에 제조시설 등을 설치하여 제조업을 하려면 시장 · 군수 또는 구청장의 승인을 받아야 함
공장의 등록	16조	시장 · 군수 · 구청장 또는 관리기관은 공장설립 등의 완료신고를 받았을 때에는 공장등록대장에 등록
공장건축물의 등록	16조의 2	공장건축물의 사용승인을 받은 자는 제조시설 등을 설치하기 전에 시장 · 군수 · 구청장 또는 관리기관에 그 공장건축물의 등록을 신청할 수 있음
도시형공장	28조	시장 · 군수 · 구청장 및 관리기관은 첨단산업의 공장, 공해발생 정도가 낮은 공장 및 도시민생활과 밀접한 관계가 있는 공장 등을 대통령령으로 정하는 바에 따라 도시형공장으로 지정할 수 있음
지식산업센터의 설립 등	28조의 2	시장 · 군수 · 구청장 또는 관리기관에 지식산업센터 설립완료신고 하여야 함
스마트그린산업 단지의 지정	45조의 11	산업통상자원부장관은 평가결과를 토대로 스마트그린산업단지를 지정
한국산업단지공단의 설립 등	45조의 17	산업단지의 개발 및 관리와 기업체의 산업활동 지원과 산학협력 촉진을 위하여 한국산업단지공단을 설립

1.2 점포 입지 분석

1) 입지의 중요성

소매업은 입지산업이라고 한다. 입지 선택이 사업 성패에 매우 크게 작용하기 때문이다. 소매 점포 사업에서 통용되는 장사목과 권리금이라는 용어는 입지의 우수성에서 형성된 것이다.

입지의 우수성은 모든 업종에 적용되는 것은 아니다. 동일한 점포라도 어느 업종에는 적합하나 다른 업종에는 적합하지 않을 수도 있는 것이다. 즉, 도소매에 적합한 점포가 있고 음식점을 운영할 만한 위치가 있다.

입지의 효용은 지속되지 않는다. 시간이 지남에 따라 상권세의 변동, 지형지물의 변경, 구매성향 변화, 행정 시책 등으로 인해 나쁜 입지로 되거나 좋은 입지로 변화되기도 한다.

입지는 사업유형과 사업주의 수완에 따라 명암을 달리하기도 한다. 중심 상권에서 멀리 떨어져 상권세가 형성되지 않은 곳에 창업한 점포라도 고객을 스스로 창출할 수 있는 상품력이 뒷받침되면 문전성시를 이루게 된다. 반면에 손님이 들끓던 가게가 사업주가 바뀌게 되면 한순간에 썰물처럼 고객이 빠져나가는 사례를 종종 볼 수 있다.

2) 점포 입지 분석

입지분석은 다음 표에서 보는 바와 같이 인문적 특성, 지리 환경적 특성, 법률·행정 측면에서 살펴봐야 한다. 점포 입지 분석에서 가장 먼저 거론되는 부분은 유동인구와 배후인구이다. 사람이 있어야 하고 지갑 사정이 좋아야 구매로 이어지기 때문이다.

지리적 환경측면에서도 반드시 분석 과정을 거쳐야 한다. 고객 눈에 띄는 점포여야 하고, 고객 발길이 쉽게 닿는 점포이어야 입지성이 우수한 것이다

가게 앞으로 도로가 확장되면 좋을 수도 있고 나쁠 수도 있다. 이 같은 행정관청의 도시계획과 같은 행정행위도 입지분석 과정에서 챙겨봐야 할 부분이다.

〈표 8-5〉 점포 입지 분석 요소

구분	분석 요소
인문 특성	• 유동 인구 • 배후인구
지리 환경	• 도로 경사도 • 점포앞 턱 • 점포의 층고 • 햇빛 방향 • 자연 풍광 • 지형 지물
법률 행정	• 지원 제도 • 규제 제도

(1) 인문 특성 측면 입지 분석

○ 유동 인구

〈표 8-6〉 유동인구 조사 요소

요소	내용
인구 수	시간대별 · 요일별 유동인구 수
연령대	10대, 20대, 30대 등으로 구분
직업	사무직, 학생 등으로 구분
성별	연령에 따른 성별 구성의 차이가 나타날 수 있음
유동인구의 동선	동선상에 위치한 점포 여부
유동인구의 체류성	유동인구가 머무는 정도
유동 유발 점포	일명 앵커링(anchoring) 점포

소매 점포 입지 분석에서 가장 먼저 떠올리게 되는 것은 유동인구 수와 연령대이다. 많은 사람이 붐비면서 우리 상품에 맞는 연령대가 오가야 우리 점포를 찾을 가능성이 있기 때문이다. 이 외에도 성별, 직업 등도 고려해야 한다. 학생들이 들끓는 지역에서는 학생들 취향과 수요에 맞는 업종이 들어서야 하듯

이 유동인구의 직업 파악 또한 중요하다.

유동인구 분석에서 중요한 것은 유동인구의 동선이다. 동선상에 위치해야 고객이 찾을 가능성이 높기 때문이다. 유동인구의 동선은 유동(流動)을 유발(誘發)하는 대중교통의 출입구와 관공서 또는 대형점포를 축으로 형성된다.

유동인구의 동선상에 있는 점포라도 고객이 그냥 스쳐 지나가는 곳이라면 입지성이 좋지 않다. 유동인구 동선상이라도 업종에 따라 명암을 달리할 수 있다. 때로는 유동인구가 특정 점포를 중심으로 모이는 곳이 있다. 이렇게 체류하는 사람이 많은 곳은 다양한 업종이 한데 모여 있어 여러 상품의 동반구매가 일어날 가능성이 많다.

좋은 장사목은 다라이(대야의 일본식 표현) 아줌마가 있는 곳이요, 좋은 점포는 잘되는 가게의 옆구리 점포이다. 행상하는 아주머니들은 사람이 지나다니는 곳을 찾아 이동하고, 손님이 들끓는 가게 옆의 점포는 잠재고객이 존재할 것이기 때문이다.

유동인구 조사는 소상공인시장진흥공단의 상권정보시스템(sg.sbiz.or.kr)을 통해 쉽게 파악할 수 있는 길이 있어 추진하는 사업에 맞춰 적절하게 사용할 수 있다.

○ 배후 인구

〈표 8-7〉 배후인구 조사 요소

요소	내용
주택 유형	아파트, 단독주택 등의 유형과 규모
인구 수	아파트 규모 또는 주민센터를 통해 파악
연령대	주민센터, 관리사무소를 통해 파악
직업	개략적인 직업군 파악
성별	연령대별 성별 파악
차량 유형	직접조사 또는 관리사무소를 통해 파악
소득 수준	개략적인 소득 수준 파악
소비 성향	주말 소비, 유흥 · 오락 · 외식 소비 등

주택은 배산임수(背山臨水)요 가게는 배택임도(背宅臨道)다. 동네 상권은 배후인구에 의해 상권세가 형성된다.

배후인구 조사는 공부조사(公簿調査)와 목측조사(目測調査)를 떠올릴 수 있다. 공부조사는 주민센터 또는 관리사무소를 통해 인구수, 연령대, 성별 등을 파악하는 것이다. 구 · 군청 홈페이지에 인구통계 월보가 공개돼 있기에 이를 인용할 수 있을 것이며, 대단위 아파트 단지는 관리사무소의 협조를 통해 등록 차량 유형 등을 파악할 수 있다.

단독주택, 다세대주택 밀집지역이라면 유동인구의 길목에서 목측조사를 통해 배후인구의 특성을 유추할 수 있다.

(2) 지리 환경 측면 입지 분석

〈표 8-8〉 지리 환경 조사 요소

구분	요소	내용
이동 방향	햇빛 방향	사람들은 햇빛을 피해서 움직이는 경향이 있음
시계성	전신주	가게 간판 효과를 감소시킴
	구축물	
	수목	
접근성	도로 경사도	사람들은 경사진 곳을 피함
	점포앞 화단	사람들은 소소한 것에도 불편함을 느낌
	점포앞 턱	
	점포의 층고	
	도로의 너비	
	건널목	
경관	산하 전망	업종에 따라 경관 좋은 점포를 찾음
	시내 조망	

주택은 햇볕이 비춰야 하지만 점포는 진열 상품이 상할 수 있고 사람들은 햇빛을 피해서 이동하는 경향이 있기에 적당히 햇볕이 드는 점포가 좋다.

가게 앞에 전신주가 설치되어 있거나 큰 나무가 식재되어 있으면 간판을 가리게 된다. 지하철역 출입구를 비롯해 구축물이 가게를 가리고 있을 경우에도 시계성이 떨어져서 고객이 가게를 찾거나 인식하는 데 방해가 된다.

사람들은 심리적으로 조금이라도 힘들고 불편한 것은 피하게 된다. 경사진 곳에 위치한 점포는 오르내려야 하는 불편이 따른다. 점포앞의 도로가 넓거나 건널목이 멀리 떨어져 있으면 반대편에서 건너올 생각을 멈춘다. 이 외에도 점포 앞이 계단이거나 높은 위치에 있어도 고객 발길이 잘 안 닿는다. 미관을 위해서 점포 앞에 조성된 화단을 사업자가 없애는 것은 고객의 접근성에 방해되기 때문이다.

카페 또는 고급 음식점은 냇물 또는 산의 아름다움을 느끼거나 시내 번화가를 한눈에 내려다볼 수 있는 곳을 창업입지로 찾게 된다.

(3) 법률 행정 측면 입지 분석

〈표 8-9〉 법률 · 행정 측면 조사 요소

구분	요소	내용
법률	지원	특정 지역 또는 업종 지원에 관한 법률
	규제	특정 지역 또는 업종 규제에 관한 법률
행정	지원	상권 활성화와 같은 지원정책
	규제	도로 폐쇄, 통행 제한 같은 행정조치

정부 또는 지방자치단체의 법률 · 행정 지원과 규제는 입지선정과 사업운영에 많은 영향을 미친다.

'유통산업발전법', '전통시장 및 상점가 육성을 위한 특별법', '소상공인 보호 및 지원에 관한 법률'은 소규모 점포 사업자에 대한 지원을 목적으로 하고 있다.

중소벤처기업부는 산하기관인 '소상공인시장진흥공단'을 통해서 각종 지원정책을 전개하며, 각 지방자치단체에서도 다양한 지원정책을 펼치고 있다.

이 같은 지원정책과 달리 공중의 안전과 보건위생을 위해 규제정책이 있기에 입지분석 과정에서 이러한 것을 챙겨봐야 할 것이다.

1.3 권리금

1) 권리금의 정의와 보호

권리금이라는 것은 자영업 세계에서 주고받는 상업용어로서 영업권의 일종이라고 볼 수 있는데, 대개 전 임차인과 현 임차인 사이에 주고받는 성격이라서 건물 소유주를 상대로 법적 보호를 받을 수 없는 사각지대에 있었다. 이러한 관계로 권리금이라는 용어가 법률적 용어로 등장하게 된 것은 2015년 5월 13일 법률 제13284호로 개정되고 2015년 5월 13일에 시행된 상가건물 임대차보호법 제10조의 3(권리금의 정의 등)에서부터이다.

법 제10조의 3에서는 "권리금이란 임대차 목적물인 상가건물에서 영업을 하는 자 또는 영업을 하려는 자가 영업시설 · 비품, 거래처, 신용, 영업상의 노하우, 상가건물의 위치에 따른 영업상의 이점 등 유형 · 무형의 재산적 가치의 양도 또는 이용대가로서 임대인, 임차인에게 보증금과 차임 이외에 지급하는 금전 등의 대가를 말한다."고 정의한다.

권리금은 건물주가 아닌 해당 점포의 전 · 후 사업자 간에 대부분 수수하며, 금액을 특정할 객관성이 부족하고, 가치의 변동성이 크기에 법적으로 보호 받기가 매우 어렵다. 이러한 관계로 상가건물 임대차보호법 제10조의4(권리금 회수기회 보호 등)에서는 임대인은 임차인이 신규임차인이 되려는 자에게 권리금을 받는 데 협조하거나 받는 데 방해하지 않는 등의 소극적 행위 정도에서 임차인의 권리금 보호를 규정하고 있다.

2) 권리금의 유형

자영업 세계에서는 권리금을 바닥권리금, 영업권리금, 시설권리금의 세 가지로 구분한다. 법 조문을 대입하면 바닥권리금은 상가건물의 위치에 따른 영업상의 이점을 일컫고, 영업권리금은 거래처, 신용, 영업상의 노하우가 되며, 시설권리금은 영업시설 · 비품에 해당한다.

〈표 8-10〉 권리금의 구분과 특징

구분		특징
바닥권리금	형성	• 장사목이라는 점포 고유의 입지성에 영향을 받음 • 주로 역세권, 대형마트, 대학가 등에서 유동인구 동선상의 1층 점포에 많은 금액이 형성
	변동	• 도로 · 건널목 등의 설치 · 변경에 따라 가치 변동성이 크게 작용
영업권리금	형성	• 사업주 수완, 업력, 상품력(맛,멋), 상호(간판), 고객 응대 등에 따라 구축된 고객흡인력에 의해 형성 • 입소문 효과(words of mouth)가 크게 작용
	변동	• 사업주 또는 종사자의 변경 등에 따라 가치 변동성이 매우 큼
시설권리금	형성	• 인 · 익스테리어, 설비 등의 유체재산에 대한 가치 • 시설비라고 하는 것이 합당한 용어라 할 수 있음
	변동	• 시간의 경과에 따라 가치가 급속하게 소멸됨

바닥권리금은 점포가 자리한 목에 의해 형성된 가치이다. 업종에 따라 고객흡인력에 차이가 있을 수 있고, 지형지물(도로, 건널목 등)의 설치 · 변경에 따라 가치의 변동이 따른다.

영업권리금은 일반기업 회계에서 통용되는 영업권에 해당한다. 사업주의 영업수완에 따라 변동성이 매우 크기에 금액 산정에 신중을 기해야 한다. 자영업 세계에서는 대개 6~12개월의 순수익금 또는 매출액을 합리적 영업권리금으로 보고 있다.

시설권리금은 인 · 익스테리어, 설비, 집기비품 등의 유체재산에 대한 가치이다. 시간 경과에 따라 급격하게 소멸되는 성격이 있다. 따라서 사용가치가 있는 경제적 내용년수를 고려하고 상태를 고려해서 적절한 가격을 산정하는 것이 옳다.

사업장 임대차계약을 맺으면서 전 · 후 임차인 간에 권리금을 주고받을 때에는 현실적으로 세 유형의 권리금을 구분해서 계산하지 않고 대략 이러이러하니 얼마를 주고받는 식이다. 그렇지만 새로이 임차하는 입장에서는 세 유형의 권리금을 세밀하게 계산하는 지혜가 필요하다. 때로는 인수후에 가치의 하락폭이 매우 크고 앞으로 새롭게 나타날 임차인으로부터는 받을 수 있는 여지가 매우 적을 수 있기 때문이다.

손님을 끊게 하는 사업 Tip

1. 맛있게 - 손님은 우리 가게에서, 나는 다른 사람 가게에서 - 장사 잘되는 다른 사람 가게에서 벤치마킹을
2. 멋있게 - 그릇이 최고의 반찬 - 예쁜 그릇에 정갈하게 담아내야
3. 솜씨가 좋아야 - 상품력은 기본 - 항상 연구하는 자세로 솜씨를 가꿔야
4. 말씨가 좋아야 - 다정다감하고 공손한 말씨를 - 계산 도와드릴게요 VS 맛있게 드셨습니까 - 이쪽으로 오실게요 VS 이쪽으로 모시겠습니다
5. 맵시가 있어야 - 깔끔한 복장을 갖추도록 - 가운은 훌륭한 이미지 메이킹
6. 단순하게 - 정리정돈을 잘해야 - 내 · 외부가 복잡하거나 지저분하지 않도록
7. 깨끗하게 - 손님으로부터 점수를 받으려면 깨끗한 화장실을 - 사업주 본인이 한두 시간마다 화장실 점검을
8. 앙증맞게 - 간판은 사업체의 얼굴 - 건물 전체가 아름답도록 질서 있게
9. 고객 스스로 찾아오게끔 - 호객 행위는 금물 - 고객 발걸음 소리만으로도 가게 안으로 들어올 손님인지를 알아채야
10. 시선은 손님의 젓가락에 - 부족한 것이 보이면 재빠르게 채워야 - 남기는 음식은 문제가 있다는 것
11. 종업원을 잘 챙겨야 - 고객을 끌어들이는 종업원 VS 고객을 내모는 종업원 - 종업원은 사업주에 대한 불만을 스리슬쩍 손님에게 표현한다.

제2절 임대차계약

2.1 임대차보증금의 법률적 성격

1) 물권과 채권

우리 일상에서 흔히 사용하는 용어 중에 '전세계약'이라는 것이 있다. 이것은 물건을 빌리면서 일정한 기간에 지불하게 되는 차임(임차료) 없이 전체 금액을 한몫에 지불하게 되는 계약을 말한다. 따라서 월세를 지불하는 일반적인 계약은 전세계약이 아니라 임대차계약이라고 일컫는 것이 정확한 표현이다.

한편 전세에 더해 전세권이라는 것이 있다. 전세금액에 상응하는 금액으로 부동산등기부등본에 전세권 설정을 하게 되는 것을 전세권이라고 한다. 전세권이라고 하는 것은 물권이라고 하는데, 물권이라는 것은 직접 · 배타적으로 사용 수익할 수 있는 권리를 말한다.

물권은 점유권과 본권으로 구분할 수 있고, 본권은 다시 소유권과 제한물권으로 구분되어 진다. 제한물권은 또다시 용익물권과 담보물권으로 나뉘게 되고, 용익물권에는 지상권, 지역권, 전세권이 있으며, 담보물권에는 유치권, 질권, 저당권이 있다. 유치권은 법정담보라고 하고 질권과 저당권은 약정에 의해 성립되기에 약정담보라고 한다.

임대차계약이라는 것은 임대차 목적물을 기반으로 한 채권채무관계의 계약이다. 전세계약을 등기하지 않으면 미등기 전세계약이 되고, 임대차계약도 등기를 하게 되면 등기임대차계약이 된다. 등기를 하게 되면 경매에 참가하여 설정 순위에 따라 배당을 받을 수 있지만 등기를 하지 않게 되면 그렇지 못하다.

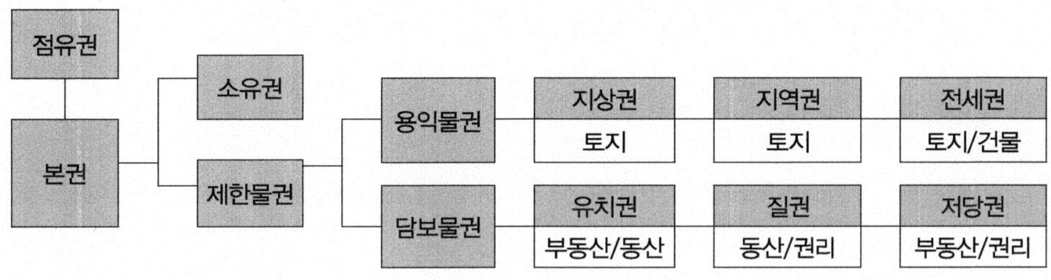

〈그림 8-1〉 물권의 종류

2) 전세계약과 임대차계약

전세권자는 전세권을 양도, 담보 제공할 수 있고 타인에게 전세 또는 임대도 가능하다. 즉, 특정 점포를 전세했다면 전세권자가 임의로 제3자에게 전대나 양도를 할 수 있는 것이다. 반면에 임대차계약(등기임대차 포함)의 경우에는 양도는 할 수 없고, 전대의 경우에도 부동산소유자의 동의를 거쳐야만 된다. 다만 일부를 전대할 경우에는 동의 없이도 가능하다.

전세권의 존속기간은 10년이며, 갱신을 통해 10년을 더 존속할 수 있다. 임대차의 경우에는 2016년 1월 6일 개정된 민법에서 존속기간을 없앴다.

단순 임대차는 제3자에 대한 대항력이 없으나 상가건물 임대차보호법에 의거 건물의 인도와 사업자등록만으로 상업용 건물은 대항력이 부여된다.

〈표 8-11〉 전세권과 임대차 등의 비교

구분	임대차	등기임대차	전세권	근저당	지상권
대상	건물/대지	건물/대지	건물/대지	건물/대지	대지
기간	제한 없음 ∠주		최장기간 10년 갱신기간 10년	✗	최단기간 30년 15년 5년
구성요건	차임		전세금	채무	무상가능
양도	전대 동의 요함 일부 전대 동의 불요		임의 양도	동의 요함 채무 승계	임의 양도
원상복구	원상복구 의무		원상복구 의무	✗	✗
대항력	없음	있음	있음	✗	✗
물권/채권	채권	채권	물권	물권	물권

∠주 임대차 존속기간은 20년, 갱신기간은 10년이었으나, 헌법재판소의 위헌결정(2011헌바234, 2013.12.26 선고)에 따라 2016년 1월 6일 개정된 민법에서 임대차 존속기간 제한을 없앰

2.2 상가건물 임대차보호법

1) 법률 제정 동기

알뜰살뜰 모은 돈으로 난생처음 사업이란 걸 시작하였는데 어느 날 운영하던 가게가 경매라도 넘어가게 되면 어떻게 될까?

임대차계약 체결에 앞서서 부동산등기부등본을 떼어보고 얼마나 많은 금액의 근저당이 잡혀있는지를 살펴보는 것은 누구나 하는 일이다. 그러나 근저당이 얼마 설정되어 있지 않다고 임대차계약서 작성만을 하게 되면 안전할까? 답은 그렇지 않다는 것이다.

임대차보증금을 보전할 수 있는 방법은 전세권이나 근저당권을 설정하는 것이 가장 안전한 방법이다. 물론 나중에 임대차보증금을 반환 받을 수 있을 만큼의 선순위 설정액이 과다하지 않아야 하는 것은 당연하다.

전세권이나 근저당권을 설정하면 안전하다는 것을 모르지는 않겠지만 현실은 건물주인이 설정을 해주는 경우가 극히 드물다는 데 있다. 복잡한 절차며 경비를 들이는 것도 그렇고 세입자가 바뀔 때마다 설정을 해주게 되면 소위 호적에 줄을 긋게 된다고 생각해서 대다수 건물주들은 설정을 하는 것에 부정적인 시각을 갖는다.

이러한 현실적인 문제점을 보완하고 영세상인의 임대차보증금을 안전하게 보호해 주기위한 제도가 상가건물 임대차보호법이다. 상가건물 임대차보호법에 의거 일정한 금액 범위 내의 임대차계약은 계약서 그 자체와 확정일자 취득만으로 근저당이나 전세권 설정과 같은 효력을 갖게 된다. 또한 이러한 절차를 취하는 데에는 굳이 건물 주인의 동의를 받을 필요도 없다.

상가건물 임대차보호법은 2001년 12월 29일 법률 제6542호로 제정되어 20002년 11월 1일 시행되었으며, 현행법은 2022년 1월 4일 개정되어 시행되고 있다.

2) 보호 대상과 범위

상가건물 임대차보호법은 사업자등록의 대상이 되는 상가건물에 적용되고, 임대차 목적물의 주된 부분을 영업용으로 사용하는 경우에도 적용된다. 또한 미등기 전세계약에도 이 법이 적용되며 전세금은 임대차의 보증금으로 본다.

이 법의 가장 핵심적인 것은 임대차는 그 등기가 없는 경우에도 임차인이 건물의 인도와 사업자등록을 신청하면 그 다음 날부터 제3자에 대하여 대항력이 부여되어 경매 또는 공매 시 임차건물의 환가대금에서 후순위 권리자나 그 밖의 채권자보다 우선하여 보증금을 변제받을 수 있다는 것이다.

보호 대상 범위는 지역에 따라 상한선이 정해져 있다. 이를테면 서울 지역의 경우 환산보증금 9억원 이하의 임대차계약이면 보호를 받을 수 있다. 환산보증금은 「임대차보증금 + 월 단위 임차료(부가가치세 제외) × 1분의 100」으로 계산한 금액이다.

예를 들면 보증금 3억원, 월세 200만원의 임대차계약이라 한다면

3억원+200만원×100 = 5억원이 된다.

한편, 소액 임차보증금에 대해서는 일정금액을 선순위 담보물권자보다 우선하여 변제받을 권리가 있다. 이 경우 임차인은 건물에 대한 경매신청의 등기 전에 건물 인도와 사업자등록 요건을 갖추어야 한다.

우선변제를 받을 임차인 범위와 우선변제 금액은 시행령에 의해 지역에 따라 달리 책정되어 있다. 예를 들면 부산광역시의 경우 환산보증금 3천800만원 이내 상가건물 임대차계약은 해당건물 경 · 공매 시에 선순위 근저당이 설정되어 있을지라도 이보다 우선해서 1천300만원을 배당받을 수 있는 것이다.

임차인은 임대차계약 갱신을 최초 계약일로부터 10년까지 요구할 수 있으며, 임대료는 연5% 이내에서만 올릴 수 있도록 되어 있어서 임차인의 권리를 보호한다.

한편, 환산임대차보증금이 보호범위를 초과하는 임대차계약은 대항력, 계약갱신요구권, 차임연체와 해지, 권리금 회수기회 보호에 관한 규정 등 일부만

적용된다.

법률의 주요 내용은 대항력 부여, 보증금의 우선변제, 임대차기간의 보장, 차임 또는 보증금 증액 상한선, 보증금의 월차임 전환률 상한선, 권리금 회수 기회 제공 등이다.

〈표 8-12〉 상가건물 임대차보호법 주요 내용

법조항		내용
대항력	3조 ①항	등기가 없어도 「건물 인도 + 사업자등록 신청」하면 그 다음 날부터 제3자에 대해 효력 발생
확정일자	4조 ①항	확정일자는 상가건물 소재지 관할 세무서장이 부여
임대차 정보 제공	4조 ③항	상가건물의 임대차에 이해관계가 있는 자는 관할 세무서장에게 해당 상가건물의 확정일자 부여일, 차임 및 보증금 등 정보의 제공을 요청할 수 있음
	4조 ④항	임대차계약을 체결하려는 자는 임대인의 동의를 받아 관할 세무서장에게 제3항의 정보제공을 요청할 수 있음
보증금 회수	5조 ①항	경매를 신청하는 경우에 반대의무 또는 이행의 제공을 집행 개시의 요건으로 하지 않음
	5조 ②항	경매 또는 공매 시 임차건물의 환가대금에서 후순위 권리자나 그밖의 채권자보다 우선하여 보증금을 변제 받음
임차권 등기 명령	6조 ①항	임대차가 종료된 후 보증금이 반환되지 아니한 경우 임차인은 임차건물의 소재지를 관할하는 법원에 임차권등기명령을 신청할 수 있음
	6조 ⑤항	임차권등기를 마치면 대항력과 우선변제권을 취득함. 임차권등기 이전에 이미 대항력 또는 우선변제권을 취득한 경우에는 그 대항력 또는 우선변제권이 그대로 유지됨
임차권 소멸	8조	임차권은 법원 경매에 의해 임차건물이 매각되면 소멸하지만 보증금이 전액 변제되지 않은 대항력이 있는 임차권은 그렇지 않음
임대차 기간	9조 ①항	기간을 정하지 않거나 1년 미만으로 정한 임대차는 그 기간을 1년으로 봄. 다만, 임차인은 1년 미만 정한 기간의 유효를 주장할 수 있음
	9조 ②항	임대차가 종료한 경우에도 임차인이 보증금을 돌려받을 때까지는 임대차 관계는 존속하는 것으로 봄
계약갱신 요구	10조①항	임대인은 임차인이 임대차기간이 만료되기 6개월 전부터 1개월 전까지 사이에 계약갱신을 요구할 경우 정당한 사유 없이 거절하지 못함
	10조②항	계약갱신요구권은 최초의 임대차기간을 포함한 전체 임대차기간 10년 이내에서 행사할 수 있음
차임 등 증액 청구 기준	시행령 4조	차임 또는 보증금의 증액청구는 청구당시의 차임 또는 보증금의 100분의 5의 금액을 초과하지 못함
월차임 전환률	시행령 5조	연 1할2푼을 적용함

〈표 8-13〉 상가건물 임대차보호법 적용 범위

해당 지역	보증금 범위
서울특별시	9억원 이하
「수도권정비계획법」에 따른 과밀억제권역(서울특별시 제외) 및 부산광역시	6억9천만원 이하
광역시(「수도권정비계획법」에 따른 과밀억제권역에 포함된 지역과 군지역, 부산광역시는 제외), 세종특별자치시, 파주시, 화성시, 안산시, 용인시, 김포시 및 광주시	5억4천만원 이하
그 밖의 지역	3억7천만원 이하

〈표 8-14〉 우선변제를 받을 임차인 범위와 우선변제 금액

해당 지역	우선변제 받을 임차인의 범위와 보증 금액	
	보증금 범위	우선 변제받을 금액
서울특별시	6천500만원 이하	2천200만원
「수도권정비계획법」에 따른 과밀억제권역(서울특별시 제외)	5천500만원 이하	1천900만원
광역시(「수도권정비계획법」에 따른 과밀억제권역에 포함된 지역과 군지역 제외), 안산시, 용인시, 김포시 및 광주시	3천800만원 이하	1천300만원
그 밖의 지역	3천만원 이하	1천만 원

2.3 임대차계약 체결

1) 권리 분석

상가건물 임대차보호법에 의해 임대차계약보증금을 보전할 수 있는 안전판이 마련되어 있고, 임대차계약기간도 최장 10년 이내에서 보장받을 수 있어서 임차인의 권리는 거의 보장되어 있는 실정이다.

그렇지만 보다 안전한 권리 보전을 위해서는 계약 체결 전에 등기부 등본 등을 통해 권리관계를 명확히 하여야 한다.

부동산등기부등본을 통해 근저당 · 전세권 설정액, 임차권 등기 금액 등을

확인하며, 점포 관할 세무서에 당해 건물의 정보요청을 통해 먼저 입주한 임차인의 임대차보증금 금액을 확인하도록 한다. 이를 통해 부동산 시가 대비 설정 금액이 과다하지 않는지를 따져서 계약체결 시에 임대차보증금액 책정에 반영하도록 한다.

특히 부동산등기부등본에 압류, 가압류, 가처분, 소유권이전 가등기 등의 권리 침해가 있는지를 반드시 확인해야 한다. 이러한 사실이 있는 임대차계약은 불안정한 상태에 놓이게 되어 어떤 상황이 벌어질지 모르기 때문이다.

점포 사업에서는 보증금보다 더 많은 금액이 인 · 익스테리어와 기계설비를 갖추는 데 소요되기에 권리분석이 잘못되어 경매 등으로 인해 소유권 변동이라도 있게 되면 아무것도 챙기지 못하는 상황이 닥칠 수 있기 때문이다.

〈표 8-15〉 권리 분석

구분	공부(公簿)	확인 사항
선순위 설정액	부동산등기부등본	근저당 · 전세권 · 임차권 등기 설정액
	점포관할 세무서에 정보제공 요청	임대차 금액
소유권 침해	부동산등기부등본	압류, 가압류, 가처분, 소유권이전 가등기

2) 임대차계약 체결

주택 임대차는 권리관계, 쾌적성, 교육 · 교통환경, 거주민들의 성향, 생활 소음, 주택의 노후 정도, 관리비 등을 고려해서 계약 여부를 결정하게 된다.

반면에 상가건물 임대차는 안전과 수익 확보를 위해 입지분석, 권리분석, 임대 조건, 건물의 형상 등에 걸쳐 여러 가지를 챙겨봐야 한다.

계약은 소유자 본인과 체결하는 것은 지극히 당연하다. 그와 동시에 기존 입주업체 또는 주변 상인을 통해 소유주의 평판을 청취하는 것도 잊지 말아야 할 대목이다. 소유주가 자주 바뀌는 것도 그다지 좋은 징조는 아니기에 참고하는 것이 좋다.

〈표 8-16〉 점포 임대차계약 시에 챙겨야 할 사항

<table>
<tr><th colspan="2">구분</th><th>공부(公簿)</th><th>확인 내용</th></tr>
<tr><td rowspan="11">확인 사항</td><td>소유주 본인 확인</td><td>부동산등기부등본
인감증명서
주민등록증</td><td>등기부등본의 소유자와 일치 여부 확인</td></tr>
<tr><td>소유주 평판</td><td></td><td>기존 입주 상인들로부터 탐문
소유주의 직업도 함께 참고</td></tr>
<tr><td>소유주 손바뀜</td><td>부동산등기부등본</td><td>자주 바뀌는 점포는 입지성이 좋지 않을 수 있음</td></tr>
<tr><td>권리금 여부</td><td></td><td>권리금이 없는 경우에는 입지성이 좋지 않을 수 있음</td></tr>
<tr><td>주차 공간</td><td></td><td>고객 편의를 위한 유·무료 주차공간 확인</td></tr>
<tr><td>개발 계획</td><td>토지이용계획확인원</td><td>도시계획의 결정사항과 도시계획구역 내의 행위의 허가제한 사항 등</td></tr>
<tr><td>정화조 용량</td><td rowspan="3">건축물대장</td><td>업종에 적합한 정화조 용량 확인</td></tr>
<tr><td>불법건축물 여부</td><td>불법건축물은 이행강제금 부과, 철거명령 등의 행정처분이 따름</td></tr>
<tr><td>건축물 용도</td><td>사업 용도에 맞는 건축물 여부</td></tr>
<tr><td>간판 설치</td><td></td><td>간판 설치 위치·수량·크기 협의</td></tr>
<tr><td>보증금과 임대료</td><td></td><td>금액의 적정성 판단</td></tr>
<tr><td>계약 사항</td><td>임대차 기간</td><td></td><td>임대차 기간 설정의 합리적 책정</td></tr>
</table>

권리금 중에서도 바닥권리금이라고 하는 것은 점포의 입지성에 맞춰 수수되는 것이기에 바닥권리금이 전혀 없는 경우 좋은 임대 조건이라 판단하는 것은 섣부르다. 이외에도 챙겨봐야 할 것은 도시계획, 주차 공간, 정화조 용량, 간판 설치 등이 있다.

점포 앞으로 도로가 확장되거나 건널목이 들어서면 더없이 좋은 소식일 수 있으나 건물이 철거되는 상황을 맞이하게 되면 아주 곤란한 상황에 직면하게 된다. 많은 돈을 들여서 시설을 갖추고 고객이 문전성시를 이루는데 철거가 된다면 날벼락을 맞는 꼴이 될 것이다. 우리 점포 앞이 아닌 조금 떨어진 곳으로 새로운 도로가 들어서게 되더라도 우리 점포에 큰 영향을 미칠 수 있다.

정화조 용량은 건축물대장에 등록되어 있고, 업종에 따라 정화조 용량이 달리 책정된다. 임차하고자 하는 건물에는 여러 유형의 많은 업체가 이미 입점해 있기에 우리 업체를 포함한 전체 입주업체의 정화조 수용량을 챙겨보아야 한다.

점포는 사업장을 조금이라도 더 넓히고 편의를 도모하기 위해 불법으로 증개축을 한 것이 더러 있다. 이렇게 되면 행정관청으로부터 이행강제금이 부과되고 철거명령이 이루어질 수 있다. 시설권리금을 지불하고 임차한 것인데 이러한 행정처분을 받게 되면 곤란한 지경에 이르게 된다.

임대차계약 보증금과 임대료는 ① 상가건물 임대차보호법 적용을 받을 수 있는 금액 범위에 속하는지 ② 임대료는 고정비용(판매비 및 일반관리비 항목)으로써 수익에 얼마나 영향을 미치는지와 주변 시세 등을 고려해서 책정하는 것이 필요하다.

상가건물 임대차보호법이 제정되기 이전에는 사업이 본궤도에 올라 수익이 창출될 즈음에 계약기간 만료로 사업을 접게 되거나 임대료를 대폭 올려줘야 하는 사례가 빈번했다. 설치했던 인 · 익스테리어와 시설물에 소요된 투자 금액을 회수도 못한 채 이러한 상황에 놓일 수 있었기에 안전하다고 판단되는 기간을 임대차 기간으로 책정했다.

상가건물 임대차보호법에서는 계약갱신청구권에 의해서 최장 10년까지 계약기간을 확보할 수 있다. 또한 차임의 증액도 연5% 한도로 규정하고 있다. 따라서 임대차계약기간은 여러 사정을 고려해서 가장 합리적인 기간을 책정하는 것이 좋을 것이다. 이를테면 2년을 계약했는데 막상 시작한 사업의 성과가 안 좋아서 철수해야 되는 상황이 벌어지면 새로운 임차인이 나설 때까지 2년 계약을 부득이 유지해야 한다. 이 같은 상황을 고려해서 계약기간을 1년으로 정했다가 사업효과에 따라 철수하거나 계약갱신을 하는 것이다.

Chapter

9 창업자금 조달과 출구전략

제1절 자금조달 한계와 성장단계별 자금조달

1.1 창업자금 조달 한계

창업을 실현하기 위해서는 창업 아이템, 사업 장소, 창업자금, 운영 인력, 생산시설 등이 필수 요소이다. 이 중에서 창업자금은 생명수와 같아서 아무리 기발한 창업아이템을 가졌다고 하더라도 창업자금이 없다면 사업장, 운영 인력, 생산시설을 갖출 수가 없어 사업 실현을 하기 매우 어렵다.

제도권 금융회사는 적정기간의 재무제표를 통해 재무상태, 신용상태, 성장성, 담보력 등을 심사하여 융자하기에 사업 초기기업이 은행 등을 통해 대출받는 것은 매우 어렵다. 더구나 사회 경험이 적고 신용평점이 낮은 startup 청년 기업가가 제도권 금융회사에 문을 두드리는 것은 불가능에 가깝다. 친인척, 친구 등의 지인에게 사업자금을 부탁하면 정에 얽매여 따지지도 않고 마지못해 자금 융통을 해줄 수는 있겠으나 사업 운영이 원활하지 못하면 이 같은 지인들에게 금전적 피해를 줄 수밖에 없고 가장 가깝게 지내야 할 사람들과 소원한 관계에 이르기도 한다.

startup이 창업자금을 마련하는 방법에는 최적의 자금계획과 사업성에 기반한 사업계획서를 바탕으로 사업을 함께 할 수 있는 투자자를 모집하여 설립자본금을 든든하게 하는 것을 들 수 있다. 대출은 채무로 존재하여 지급이자와 상환의 부담을 안고 있지만 설립자본금은 수익이 발생할 경우 이익배분의 과제만 안고 있어 안정적으로 사업체를 운영할 수 있기 때문이다.

자금을 차입해서 운영하게 되면 타인자금 덕으로 자기자본 이익률을 더 창출하는 결과가 되고 지급이자에 상응하는 금액의 비용처리로 인해 절세효과를 가져다주는 레버리지 효과(leverage effect)를 볼 수 있다. 적정한 차입금은 재무상태 개선과 신용도 제고 그리고 경제순환의 긍정적인 측면도 작용한다.

한편, startup은 자기자본을 늘리기 위해 무작정 소규모 투자가를 너무 많이 끌어들이지 말아야 한다. 소규모 투자가가 많아 그들에게 일일이 보고해야 한다면 엄청난 시간을 소비해야 하기에 사업가에게나 사업 자체에도 굉장한 손실이 아닐 수 없다. 또한 투자금을 덥석 받지 말아야 한다. 투자가를 유치하는 일은 같이 살자고 누군가를 집으로 불러들이는 일과 같다.[1)]

1.2 기업 성장단계별 자금조달

창업을 준비하는 예비기업으로서는 실체가 모호하고 실적이 없어 창업자금을 조달하는 것은 매우 어렵다. 따라서 가족이나 친구 등 지인들로부터 차용하거나 지분투자를 받아서 사업을 시작하는 것이 대부분이다. 최근에는 불특정 다수로부터 소액의 자금을 온라인 플랫폼을 통해 융통할 수 있는 크라우드펀딩이 주목을 받고 있어 사업성이 있는 startup은 크라우드펀딩을 통해 창업자금을 조달하는 사례가 많이 나타난다. 창업초기 과정을 지나서 어느 정도 가시적인 사업성과가 나타나게 되면 드디어 엔젤투자를 유치할 수 있는 기회를 가질 수 있다.

한편 창업초기의 자금조달을 용이하게 하기 위해 신용보증기금, 신용보증재

---

1) 사하 & 하셰미 저, 안기순 역, '나의 첫 사업계획서', ㈜황금가지, 2005.04, pp.233~234.

단 등의 보증기관에서는 기술창업기업에 대해 소규모의 창업보증업무를 한다. 보증기관 발행의 신용보증서를 담보로 금융권 차입을 할 수 있는 길도 있다.

이렇게 해서 시작된 창업은 성장의 변곡점인 death valley에 이르게 되고 재무상태, 성장성, 시장성 등을 토대로 은행 등 제도권 금융회사에 문을 두드리게 된다.

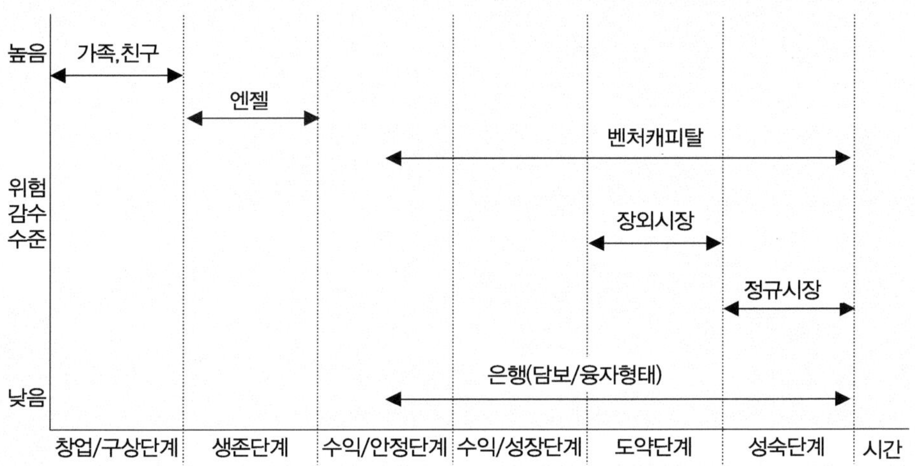

자료 : '엔젤의 유형과 엔젤자금 유치 벤처기업의 성향 분석', 정보통신정책연구원, 2000.2

〈그림 9-1〉 기업성장단계와 투자자 유형

제2절 자금조달의 유형

2.1 직접자금 조달과 간접자금 조달

기업의 자금조달 방법에는 크게 두 가지로 분류한다. 하나는 기업이 자금공급자로부터 주식 또는 채권을 통해 직접조달하는 것이며 다른 하나는 은행 등 중개 과정을 거쳐 차입하는 간접조달 방법이 그것이다.

1) 직접자금 조달(direct financing)

자금 수요자인 기업이 금융회사의 중개를 거치지 않고 주식, 채권 등을 발행하여 자금공급자로부터 직접조달하는 형태이다. 주식은 기업자산에 대한 분할적 소유권(지분권)을 나타내는 증권이며 채권은 기업이 일정기간 후(만기)에 정해진 액면금액과 그 기간동안 일정한 이자를 지급한다는 채무 이행증서이다. 주식발행을 통해 조달된 자금은 자기자본으로 분류되고 채권발행으로 조달된 자금은 타인자본 즉 부채로 분류된다.

〈표 9-1〉 직접자금 조달의 종류

<table>
<tr><th colspan="2">구분</th><th colspan="2">종류</th></tr>
<tr><td colspan="2">주식</td><td colspan="2">• 보통주
• 우선주
• 후배주
• 혼합주
• 상환주식
• 전환주식
• 의결권주식</td></tr>
<tr><td rowspan="2">채권</td><td>회사채</td><td colspan="2">• 보증사채
• 무보증사채
• 담보부사채
• 전환사채
• 교환사채
• 신주인수권부사채
• 옵션부사채</td></tr>
<tr><td>금융채</td><td>여전채</td><td>• 카드채
• 리스채
• 할부채</td></tr>
</table>

자료 : 하태호, '중소기업의 자금조달', 신용보증기금, 2011.

2) 간접자금 조달(indirect financing)

금융중개기관(은행, 보험회사 등)을 통해 자금을 조달하는 형태이다. 금융중개기관은 자신의 명의와 책임하에 간접증권(예금증서, 보험증서)을 발행하여 조달한 자금을 자금의 최종수요자인 기업에 공급한다.

〈표 9-2〉 간접자금 조달 기관

구분	종류
은행	• 시중은행(신한, 우리, 한국씨티, KB국민, KEB하나, SC제일, 대구) • 지방은행(경남, 광주, 부산, 전북, 제주) • 특수은행(KDB산업, IBK기업, 한국수출입, NH농협, 수협) ※ 대구은행은 2024년 5월 16일에 시중은행으로 전환인가됨
비은행 금융회사	• 보험회사 • 여신전문금융회사 • 상호저축은행 • 새마을금고
공공법인	• 중소벤처기업진흥공단 • 소상공인시장진흥공단 • 서민금융진흥원
마이크로크레딧	• 신나는조합 • 아름다운재단 • 사회연대은행 • 열매나눔재단

자료 : 하태호, '중소기업의 자금조달', 신용보증기금, 2011.

전통 은행의 역사

■ 국민은행

1961년 12월 국민은행법이 처음으로 제정, 공포되면서 1962년 1월 한국국민은행으로 설립되어 업무를 개시했으며, 1962년 12월 7일 새로운 국민은행법의 제정, 공포로 국민은행으로 변경되었다. 1974년 8월 부국상호신용금고 설립, 1978년 3월 증권업무, 10월 외국환업무 취급개시, 1980년 9월 국민카드 발급 업무개시, 1983년 10월 3년 연속 최우수저축기관상을 수상했다.

1984년 2월 국민·영남상호신용금고, 5월 대구 제일상호신용금고, 7월 전남상호신용금고, 10월 국민리스(주), 1986년 11월 국민기술금융, 1987년 9월 국민신용카드(주)를 설립했다.

같은 해 9월 28일에는 금융기관 최초로 총수신고 5조 원을 달성했으며, 9월 런던 사무소를 개소했다. 1998년 4월 국민은행법의 폐지로 국책은행에서 시중은행으로 전환했다. 1998년 6월 대동은행을 인수했으며, 같은 해 9월 한국장기신용은행과 합병했다. 2001년 11월 한국주택은행과 합병했으며 합병은행의 상호는 그대로 국민은행이다.

■ KEB하나은행

하나은행의 전신은 1971년 설립된 한국투자금융(주)로, 국내 단기금융회사의 효시로서 산업시설운영에 필요한 운전자금을 효율적으로 조달, 중개해 대한민국 경제성장과 금융산업 발전에 기여하였다.

1990년 '금융기관의 합병과 전환에 관한 법률'의 제정을 계기로 은행전환이 본격적으로 검토되었고, 관계당국의 본인가를 받아 1991년 7월 하나은행으로서 첫 영업을 개시하였다.

전환 시 2개의 점포와 347명의 인원으로 출발한 하나은행은 1996년 하나파이낸스를 설립하였고, 그해 7월 중국 상해사무소, 9월 싱가포르 사무소를 개소하였다.

1998년 6월 충청은행을 인수 합병하였으며, 1999년 1월 보람은행, 2002년 서울은행, 2005년 대한투자증권을 각각 인수했다. 하나은행은 2005년 12월 1일 하나금융지주를 모회사로 한 하나금융그룹이 출범함에 따라 관계사로 편입되었다. 2015년 9월 1일 외환은행과 통합하여 KEB 하나은행으로 출범하였다.

자료 : 다음 백과사전

2.2 정책자금

정책자금이라는 것은 정부, 지자체 등 공공기관이 정책 목적 추진을 위해 저리의 자금을 지원하는 것을 말한다. 정책자금은 해당기관이 직접 대출을 집행하는 것이 아니라 대부분 은행을 통해 집행한다. 최근에 와서는 중소벤처기업부의 정책자금은 산하기관인 중소벤처기업진흥공단과 소상공인시장진흥공단에서 직접 대출을 집행하기도 한다.

정책자금은 자금 배정과 대출 집행이라는 두 갈래로 나누어 생각할 수 있다. 자금을 배정하는 데는 청년창업자, 기술기반창업자 등의 특정 부문 육성을 위해 금액 한도, 금리, 상환기간에 걸쳐 우대를 하게 된다. 배정 받은 자금을 대출받는 것은 상환능력, 담보력, 신용상태 등을 고려해서 집행하기에 일반 대출과 다를 바가 거의 없다.

정책자금을 은행을 통해 대출받게 되면 은행은 정책자금이라고 해서 대출심사와 절차에 있어서 특별하게 우대하는 것은 없다. 다만, 공공기관인 신용보증기금과 기술신용보증기금은 청년창업자, 기술기반창업자에 대해 보증심사에서 가점을 부여한다거나 보증수수료를 감면하는 등의 우대책은 있다.

담보의 유형에는 일반적으로 아파트와 같은 부동산을 떠올리게 되나 신용보증기금, 기술보증기금, 지역신용보증재단 등에서 발급한 신용보증서를 은행측에서는 매우 우량한 담보로 취급한다. 채무자가 대출금을 갚지 못해 환가절차에 들어간다면 부동산 담보물건은 복잡하고 시간이 많이 소요되는 경매절차를 거쳐야 하나 신용보증서는 발급기관에 청구만 하면 간단하게 처리가 되기 때문이다.

■ 중소벤처기업진흥공단 청년전용창업자금

중소벤처기업진흥공단은 청년사관학교를 통해 멘토링과 시작품 제작비용 지원 등의 창업 인큐베이팅을 한다. 창업기업을 위한 각종 자금지원도 하는데 그중에는 39세 이하 청년창업자에게 특별히 우대해서 지원하는 '청년전용창업자금'이라는 것이 있다.

〈표 9-3〉 청년전용창업자금 지원 조건

2024년도 사업

구분	융자 조건
융자방식	직접대출
대출한도	기업당 최대 1억원 이내 (제조업 및 중점지원분야 영위기업은 2억원 이내)
대출기간	시설 자금 : 10년 이내 (거치기간 : 담보 4년 이내, 신용 3년 이내) 운전 자금 : 6년 이내 (거치기간 : 3년 이내)
대출금리	2.5% (고정금리)
대출심사	사업계획서 등에 대한 심의위원회 평가를 통해 지원 여부 결정 후 대출

중소벤처기업부

1960년 7월 1일 상공부 공업국 중소기업과로 출범하여 김영삼 정부시절인 1996년 2월 12일 공업진흥청을 폐지하고 중소기업국을 확대 개편하여 산업자원부 외청인 중소기업청으로 발전하였다. 문재인 정부 시절인 2017년 7월 26일 개정된 정부조직법에 따라 중소벤처기업부로 격상되었다.

산하기관 또는 직·간접적으로 관장하고 있는 기관으로는 중소벤처기업진흥공단, 소상공인시장진흥공단, 창업진흥원, 중소기업기술정보진흥원, 벤처기업협회, 한국벤처캐피탈협회, 신용보증기금, 기술보증기금, 신용보증재단 등이 있다.

2.3 엔젤 자금과 벤처캐피탈 자금

1) 엔젤 자금

엔젤은 창업초기 기업에게 천사처럼 나타나서 필요한 자금을 투자하고 경영지도를 해주는 개인투자자를 일컫는다. 우리나라에서는 창업 7년 이내의 벤처기업에 투자하는 개인 또는 개인들로 구성된 조합으로서 벤처투자 촉진에 관한 법률에 따라 중소벤처기업부에 등록한 '전문개인투자자'와 '개인투자조합'이 엔젤에 해당된다. 엔젤이 사용하는 자금을 엔젤 캐피탈(angel capital)이라고 한다.

엔젤은 원래 미국 브로드웨이에서 유래되었다. 1920년대 미국을 중심으로 많은 오페라가 만들어져 공연되었으나 어떤 오페라는 작품성이 있음에도 불구하고 자금이 부족해 공연을 할 수 없었다. 당시 돈 있는 후원자들이 이런 오페라에 자금을 지원하여 공연을 성공적으로 끝낼 수 있도록 했다. 이 후원자들을 가리켜 엔젤이라 불렀다. 이들이 자신의 이름을 밝히지 않고 도와주다 보니 선한 일을 하는 좋은 사람이란 뜻에서 엔젤이란 용어가 사용되었다.[2]

엔젤투자 유치에서 명심할 사항은 엔젤은 천사가 아니라는 것이다. 스타트업은 성공했을 때 엔젤 투자가들에게 5배 이상의 투자수익은 남겨주겠다는 생각을 해야만 불확실성이 높은 초기 스타트업 엔젤 투자가 확대될 수 있다.

엔젤 투자유치의 첫 번째 원칙은 엔젤투자가들에게 돈 벌 수 있다는 기대를 주라는 것이다. 코스닥 상장이라는 IPO모델 또는 중간회수 시장인 M&A를 제시해야 한다. 엔젤투자가들의 투자비 회수는 M&A에서 이루어지는 것이 실리콘 밸리의 대세다. 평균 12년 걸리는 코스닥 상장을 기다려달라고 하면 엔젤은 어느새 사라진다. 투자 후 5년 내 회수 방안을 제시하면 엔젤은 어느새 다시 나타난다.[3]

---

2) 김도현 등 10인, '엔젤투자 알아야 성공한다', 한국청년기업가정신재단, 2012, pp.16~17.

3) 벤처스퀘어(명승은, 이민화 외 12명), 「지금, 당신의 스타트업을 시작하라」, 클라우드북스, 2012.11, pp.59-60.

(사)한국엔젤투자협회

엔젤투자자 육성 및 엔젤투자자와 창업기업 간의 네트워크 구축, 엔젤투자 저변확대, 기업성장 지원 등 선순환 벤처투자 생태계 조성을 통해 고용 창출과 국가 경제성장에 기여하고자 2012년 9월 중소기업청(현 중소벤처기업부)으로부터 사단법인 설립허가를 받아서 발족함

▢ 엔젤투자센터

2012년 10월 중소기업청으로부터 위탁받아 (사)한국엔젤투자협회 부설로 설치 · 운영함. 엔젤투자 정보망 운영, 엔젤투자자 등록 · 관리, 엔젤투자 교육 및 정보제공, 투자지원 및 사후관리, 엔젤투자매칭펀드 접수 등의 제반 사업을 수행하며 엔젤투자 환경 및 시스템을 선진화하여 창업기업들의 성장을 지원

▢ 벤처투자자마트

초기 창업기업 · 중소기업에게는 투자유치 기회를, 투자자에게는 기업발굴 통로를 제공하는 프로그램

자료 : (사)한국엔젤투자협회

2) 벤처캐피탈 자금

은행 등의 제도권 금융회사로부터 대출을 받기 어려운 사업초기의 기업에 대해 기술력과 성장가능성을 보고 대출이 아닌 지분투자 형태로 이루어지는 자금을 일컫는다. 벤처캐피탈은 하이 리스크 하이 리턴의 자금운영으로 벤처기업 등의 사업 초기기업에 자금지원뿐만 아니라 적정한 경영자문을 통해 창업 – 성장 – 회수 – 재투자의 선순환 고리를 구축해 나간다.

벤처캐피탈은 종전에는 중소기업창업지원법에 근거한 '중소기업창업투자회사'를 말했으나 벤처투자촉진에 관한 법률에 흡수되면서 '벤처투자회사'라는 이름으로 명칭 변경이 이루어졌다.

벤처투자회사를 운영하려면 소정의 요건을 갖춰 중소벤처기업부에 등록해야 한다. 2023년말 현재 한국벤처캐피탈협회에 240개의 기업이 회원사로 등록

되어 활동하고 있으며 투자금은 IPO(기업공개), M&A 등을 통해 회수하고 있다.

벤처투자회사의 주요 업무는 다음과 같다.

- ▶ 창업기업(창업 7년 이내 중소기업), 기술혁신형 · 경영혁신형 중소기업, 벤처기업에 대한 투자
- ▶ 벤처투자조합의 결성과 업무의 집행
- ▶ 해외 기업의 주식 또는 지분 인수 등 중소벤처기업부장관이 정하는 방법에 따른 해외투자
- ▶ 중소기업이 개발하거나 제작하여 다른 사업과 회계의 독립성을 유지하는 방식으로 운영되는 사업에 대한 투자
- ▶ 창업보육센터의 설립 및 운영
- ▶ 중소기업과의 계약에 따른 경영 · 기술지원을 위한 사업

〈표 9-4〉 기관별 벤처투자액

단위 : 억원, %

구분		2021년		2022년		2023년	
벤처투자회사, 벤처투자조합		76,802	45.1	67,640	49.7	53,977	45.4
그 외 조합	신기술투자조합, 회사	82,569	48.5	57,066	41.9	55,156	46.4
	농림수산식품투자조합	1,504	0.9	1,399	1.0	1,435	1.2
정책 금융 기관	산업은행	7,322	4.3	7,470	5.5	4,903	4.1
	기업은행	1,075	0.6	1,520	1.1	1,753	1.5
	신용보증기금	591	0.3	557	0.4	664	0.6
	기술보증기금	394	0.2	493	0.4	981	0.8
계		170,258	100	136,145	100	118,870	100

자료 : 한국벤처캐피탈협회(www.kvca.or.kr)

〈표 9-5〉 업종별 벤처투자 현황

단위 : 억 원

구분	2018년	2019년	2020년	2021년	2022년
ICT제조	1,489	1,493	1,870	3,523	2,987
ICT서비스	7,468	10,446	10,764	24,283	23,518
전기/기계 장비	2,990	2,036	2,738	5,172	4,108
화학/소재	1,351	1,211	1,765	2,297	2,871
바이오/의료	8,417	11,033	11,970	16,770	11,058
영상/공연/음반	3,321	3,703	2,902	4,161	4,604
게임	1,411	1,192	1,249	2,355	1,615
유통/서비스	5,726	8,145	7,242	14,548	13,126
기타	2,077	3,518	2,546	3,693	3,753
합계	34,250	42,777	43,045	76,802	67,640

자료 : 한국벤처캐피탈협회, VC Discovery 2023.11, vol.185

2.4 크라우드펀딩

창업 전 또는 직후에 startup이 창업자금을 조달한다는 것은 매우 어려운 과제이다. 벤처캐피탈, 엔젤투자자들이 있다지만 고위험 고수익을 추구하는 이들 투자가들이 사업전도가 불투명한 startup에 쉽게 투자결정을 내리지 않는다.

이 같은 상황에서 최근 새로운 자금조달 모델로 떠오르고 있는 것이 크라우드 펀딩이다. crowd(군중)와 funding(자금조달)을 조합한 crowdfunding은 불특정 다수로부터 SNS(Social Network Service)나 인터넷 사이트의 클라우드 펀딩 플랫폼 등을 통해 소액자금을 조달하는 것을 일컫는다.

크라우드펀딩은 예술가들의 공연 후원을 위해 여러 사람으로부터 모금한 것에 기원을 두며 1997년 매릴리언(marillion)이라는 영국 록밴드의 미국 순회공연을 돕기 위해 인터넷에서 팬들이 6만 달러 이상을 모금한 것을 원조로 들고 있다.

〈표 9-6〉 크라우드펀딩의 유형

유형	자금 모집 방식	보상 방식	주요 사례
기부 · 후원형	기부금 · 후원금 납입	무상 또는 비금전적 보상	문화 · 예술 · 복지 분야 시제품 판매 등
대출형	대출계약 참가	금전적 보상 (이자)	긴급자금 등이 필요한 개인, 사업자 등
증권형 (투자형)	증권(주식 등)투자	금전적 보상 (지분, 배당 등)	창업초기 기업 등

※ 대출형 : 투자계약증권으로 보는 견해도 있음

자료 : 금융위원회 · 금융감독원, '알기쉬운 크라우드펀딩 제도',

▶ 기부형은 자금공급자에게 주어지는 보상이 없거나, 제공된 자금에 대한 직접적인 연관성이 없는 비금전적 대가(감사 카드, 사은품 등)를 제공하는 경우로 주로 문화 · 예술 · 복지 분야에서 이루어진다.

▶ 후원형은 기부형과 유사하나 주로 자금모집 목적과 직접적인 연관성이 있는 비금전적 혜택을 자금공급자에게 보상(rewards)으로 제공하는 경우이다.

▶ 대출형은 자금공급에 대한 반대급부로 이자를 제공 받는 경우로, 주로 은행과 같은 제도권 금융회사의 이용이 쉽지 않은 개인 또는 사업자 등이 자금을 조달하는 경우이다.

▶ 증권형은 자금공급에 대한 반대급부로 주식 등 증권을 수취하여 사업으로부터 발생하는 이익을 배분받는 경우로 주로 신생 · 창업단계(seed, startup)의 기업이 자금수요자가 된다.[4)]

국내 크라우드펀딩 플랫폼으로는 굿펀딩, 오마이컴퍼니, 오픈트레이드, 와디즈, 팝펀딩, 텀블벅 등이 있다.

4) 금융위원회 · 금융감독원, '알기쉬운 크라우드펀딩 제도', 2016, p.6.

금융의 신뢰성에 기초한 크라우드펀딩의 활성화를 위해 2015년 7월 '자본시장과 금융투자업에 관한법률 개정을 통하여 '온라인소액투자중개'라는 이름으로 증권형 크라우드펀딩이 법제화됨에 따라 크라우드펀딩의 신뢰 기반을 갖추었다.

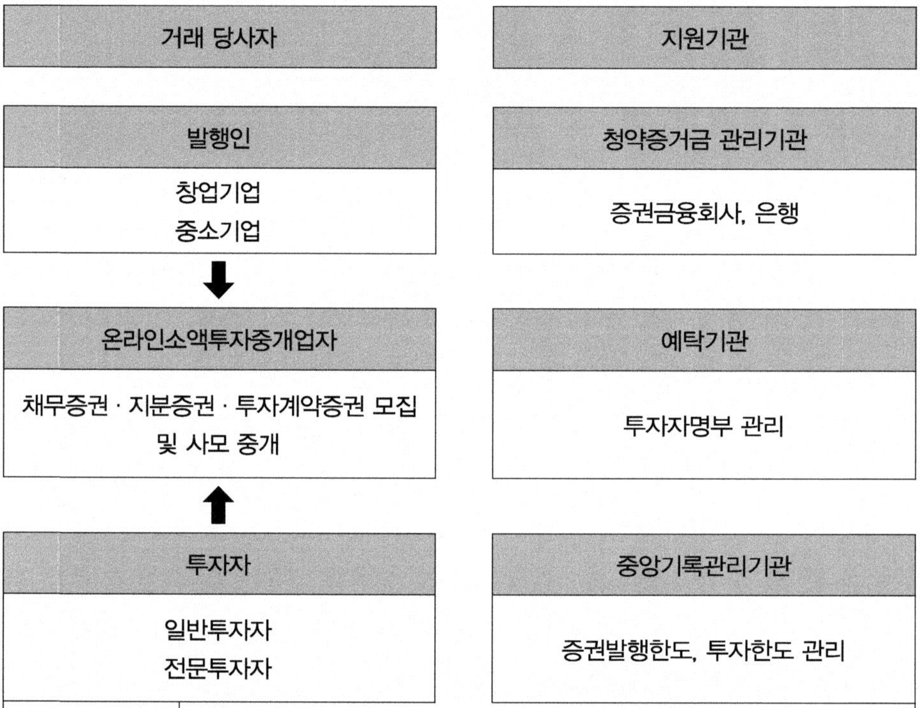

거래 당사자	지원기관
발행인 창업기업 중소기업	**청약증거금 관리기관** 증권금융회사, 은행
⬇	
온라인소액투자중개업자 채무증권 · 지분증권 · 투자계약증권 모집 및 사모 중개	**예탁기관** 투자자명부 관리
⬆	
투자자 일반투자자 전문투자자	**중앙기록관리기관** 증권발행한도, 투자한도 관리

구분	내용
채무증권	국채, 지방채, 사채, 기업어음과 같은 지급청구권
지분증권	주권, 신주인수권과 같이 출자지분 또는 출자지분을 취득할 권리
투자계약증권	주로 타인이 수행한 공동사업(예: 영화제작)의 결과에 따른 손익의 귀속 또는 계약상의 권리

〈그림 9-2〉 증권형 크라우드펀딩 구도

〈표 9-7〉 증권형 크라우드펀딩 발행인 범위

<table>
<tr><th>구분</th><th>포함</th><th>제외</th><th>비고</th></tr>
<tr><td>업력 7년 이내</td><td>창업자
창업지원법 제2조 제2호</td><td rowspan="2">주권상장법인
금융 · 보험,
부동산, 기타
사행성 업종</td><td rowspan="2">제외 업종 중 ‘기타 금융지원 서비스’(핀테크 일부) 및 ‘공익목적 부동산’은 포함</td></tr>
<tr><td rowspan="2">업력 무관
(7년 초과)</td><td>벤처기업
이노비즈기업</td></tr>
<tr><td>프로젝트 사업
(비상장 중소기업)</td><td>주권상장법인</td><td>분야 : 신기술개발, 문화, 관광, 스포츠 등</td></tr>
</table>

※ 프로젝트 사업 : 비상장중소기업이 기존 사업과 회계를 분리하여 운영하는 경우

자료 : 금융위원회 · 금융감독원, ‘알기쉬운 크라우드펀딩 제도’, 2016, p.41.

〈표 9-8〉 소액공모제도와 증권형 크라우드펀딩 비교

구분	소액공모	크라우드펀딩
기본개념 (공모발행 중개업무)	증권공모제도의 일종 (기존 투자중개업자)	증권공모제도의 특칙 (온라인소액투자중개업자)
투자자의 수	상대적으로 소수	다수
1인당 투자 금액	통상 고액 (수천만 원)	소액 (투자한도 있음)
청약의 방법	주간 증권사를 통한 일방향적 청약신청	펀딩포털상의 쌍방향 의사소통을 통한 청약결정
기업정보 제공방법	폐쇄적(소액공모서류)	개방적(사업아이템 등을 창의적 방식으로 홍보)
중개업자의 역할	적극적 청약권유	단순 중개

자료 : 금융위원회 · 금융감독원, ‘알기쉬운 크라우드펀딩 제도’, 2016, p.47.

〈표 9-9〉 증권형 크라우드펀딩 투자자 보호를 위한 주요 사항

<table>
<tr><th>항목</th><th colspan="3">주요 내용</th></tr>
<tr><td>투자정보 제공</td><td colspan="3">증권의 발행조건, 발행인의 재무상태, 사업계획 등을 중개업자의 인터넷 홈페이지(펀딩포털)에 게재하여 투자자에게 제공</td></tr>
<tr><td>발행한도 제한</td><td colspan="3">발행인이 온라인소액투자로 연간 조달할 수 있는 발행금액 한도(7억 원) 설정</td></tr>
<tr><td rowspan="4">투자한도 제한</td><td>투자자 구분</td><td>동일발행인
투자한도</td><td>연간
총 투자한도</td></tr>
<tr><td>일반투자자</td><td>200만 원</td><td>500만 원</td></tr>
<tr><td>소득요건 구비 투자자
• 금융소득종합과세 대상자
• 사업소득 + 근로소득이 1억원 이상인 자 외</td><td>1,000만 원</td><td>2,000만 원</td></tr>
<tr><td>전문투자자 등
• 창투조합, KVF, 신기술조합, 개인투자조합, 전문엔젤, 적격 엔젤(투자실적 충족 限) 외</td><td>없음</td><td>없음</td></tr>
<tr><td>발행취소</td><td colspan="3">목표 모집금액(모집예정금액 80%) 미달 시 발행 전체를 취소</td></tr>
<tr><td>청약철회</td><td colspan="3">청약기간 말까지 청약철회 가능</td></tr>
<tr><td rowspan="2">증권매도 제한</td><td colspan="3">발행인, 대주주는 자금모집 후 1년간 보유지분 매각금지
※ 전문투자자 등에 대한 매도도 제한</td></tr>
<tr><td colspan="3">크라우드펀딩을 통해 증권을 취득한 투자자는 해당 증권을 1년간 매도제한 단, 전문투자자 등에 대한 매도는 예외적으로 가능</td></tr>
</table>

자료 : 금융위원회 · 금융감독원, '알기쉬운 크라우드펀딩 제도', 2016. p.57.

〈표 9-10〉 증권형 크라우드펀딩 투자절차

단계		행위	
회원가입	1	투자자	중개업자 홈페이지 간편가입
	2	투자자	투자서비스 이용 회원가입
청약	3	투자자	투자한도 조회
	4	중개업자	청약가능여부 확인
	5	투자자	청약주문 및 Bank Pay를 이용한 실시간 계좌이체
	6	중개업자	청약결과 및 배정내역 통보
	7	투자자	청약주문 ~ 청약성공까지 증권배정 정보입력
청약이후	8	증권금융	주금납입 또는 환급
	9	발행인	예탁결제원에 투자자 증권 일괄 예탁의뢰
	10	예탁결제원	투자자 증권계좌 유효성확인 후 개인별 증권계좌에 입고처리 의뢰

자료 : 금융위원회 · 금융감독원, '알기쉬운 크라우드펀딩 제도', 2016, pp.67~68.

크라우드펀딩이 제도적 뒷받침을 받아서 본격적으로 시행된 2016년 이후의 3년간 실적을 보면 417개 창업 · 벤처기업이 483건에 걸쳐 755억원의 자금을 조달하였다. 이것을 자세히 살펴보면 업력 3년 이하 기업이 60%(290건), 2억원 이하 자금조달이 74%(359건)이며, 총 투자자 39,152명 중 일반투자자 36,726명이 396억원을 투자하였다. 연도별 추이를 보면 2016년 174억원, 2017년 280억원, 2018년 301억원으로서 사업초기 기업의 자금조달 수단으로 자리잡아가고 있음을 알 수 있다.

〈표 9-11〉 크라우드펀딩 운영 주요지표

■ 업력별 성공 건수

업력	건수	비중
1년 이하	114건	60%
1~2년	94건	
2~3년	82건	
3~4년	60건	
4~5년	38건	
5~6년	27건	
6~7년	23건	
7년 초과	45건	
계	483건	

■ 평균 조달금액

금액	건수	비중
0~0.5억	118건	74%
0.5~1억	130건	
1~2억	111건	
2~3억	64건	
3~4억	17건	
4~5억	28건	
5~6억	1건	
6~7억	14건	
계	483건	

■ 크라우드펀딩 투자동향

('16.1.25~'18.12.31 기준) (단위 : 억원, 명, 만원)

연도	일반투자자			적격투자자			전문투자자등			전체		
	금액	인원	평균	금액	인원	평균	금액	인원	평균	금액	인원	평균
'16년	76.5	5,592	137	11.4	182	627	86.6	245	3,534	174.5	6,019	290
	43.8%	92.9%		6.5%	3.0%		49.6%	4.1%		100%	100%	
'17년	143.2	15,511	92	19.7	521	379	116.7	440	2,653	279.6	16,472	170
	51.2%	94.2%		7.0%	3.2%		41.7%	2.7%		100%	100%	
'18년	176.6	15,623	113	18.0	633	284	106.2	405	2,622	300.8	16,661	181
	58.7%	93.8%		6.0%	3.8%		35.3%	2.4%		100%	100%	
계	396.3	36,726	108	49.1	1,336	368	309.5	1,090	2,839	754.9	39,152	193
	52.5%	93.8%		6.5%	3.4%		41.0%	2.8%		100%	100%	

자료 : 금융감독원

증권형 크라우드펀딩 시행 1년

창업기업 지원 활성화 취지로 시작된 증권형 크라우드펀딩이 시행 1년을 맞이했다. 15일 예탁결제원에 따르면 현재까지 증권형 크라우드펀딩 발행금액은 170억4500만원으로 집계됐다. 크라우드펀딩 업계는 지난해가 제도 시행 초기인만큼 안착과 적응에 중점을 뒀다면 올해는 펀딩 활성화에 나서면서 경쟁에서 살아남는다는 계획이다.

지난해 가장 많은 펀딩을 성공시킨 와디즈는 얼마 전 신규채용을 진행해 1년 사이 직원수는 30명에서 70명으로 두 배 이상 증가했다. 다른 업체들이 쉽게 인력을 늘리지 못하는 점과 대비된다. 와디즈 관계자는 "투자자들이 관심을 가질만한 재밌고 다양한 펀딩을 추진하면서 인력충원이 필요했기 때문"이라고 말했다.

또한 최근 각광받는 문화콘텐츠 분야 펀딩의 리스크를 낮추는 시도도 했다. 기존에 이 분야는 관객수에 따라 투자이익 또는 손실이 발행하는 이익참가부사채 형식으로 발행됐지만 일부 사례에서는 흥행실패에 따라 투자손실율이 지나치게 크다는 문제점이 발생했다.

이에 따라 와디즈는 애니 '너의 이름은' 펀딩에서는 회사채로 발행해 흥행이 부진해도 손실이 발생하지 않도록 했다.

오픈트레이드도 올해 문화콘텐츠 분야 특히, 해외 영화 펀딩에 중점을 둔다는 방침이다. 이달 영화 '맨체스터 바이 더 씨' 펀딩을 완료했고, '골드' 프로젝트도 오는 20일부터 진행할 예정이다.

오픈트레이드 관계자는 "지난해에는 기술 스타트업이나 농업 분야 펀딩이 많았다"면서 "대중들이 참여한다는 크라우드펀딩의 목적을 감안해 일반인들의 관심이 높은 문화 분야 펀딩을 계속 시도할 것"이라고 설명했다.

인크는 펀딩에 공유경제 개념을 도입하는 등 독창적인 딜을 추진한다는 목표다. 이달 펀딩을 진행한 프라바아워 프로젝트는 낡은 건물을 새로운 문화공간으로 리모델링해 대여하는 공유경제 서비스를 진행하고 투자자는 해당 지점에 투자를 하는 형태다.

고훈 인크 대표는 "크라우드펀딩이 활성화되려면 기존에 비해 투자회수 시점이 빨라져서 투자수익 사례가 많아져야 한다"면서 "독창적이면서 빠른 투자회수가 가능한 딜을 개발하는 게 목표"라고 말했다.

반면에 증권사들은 중소기업과의 네트워크 등 전업 업체에 비해 강점인 부분을 적극 활용한다는 복안이다. 전형덕 KTB투자증권 스타트업금융팀장은 "앞으로 기업은 물론 엔젤투자자와의 네트워크를 강화하겠다"면서 "이를 통해 일반투자자는 물론 기관투자자들까지 관심을 보일만한 펀딩을 추진할 것"이라고 밝혔다.

자료 ; 뉴스토마토 2017. 1. 15

제3절 금융회사의 대출 절차와 신용관리

3.1 금융회사 대출 절차

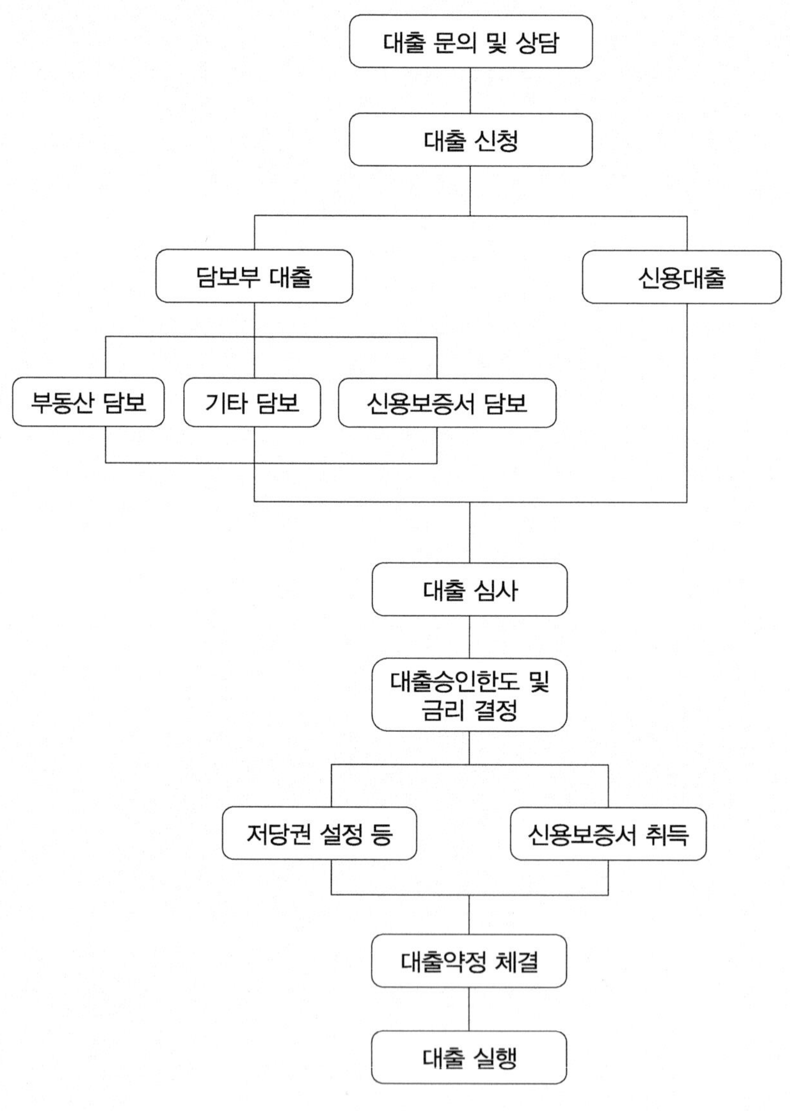

〈그림 9-3〉 금융회사 대출 절차

은행을 비롯한 금융회사의 대출은 담보평가, 대출심사, 대출한도 및 금리 결정, 담보 취득, 대출약정, 대출실행의 순서로 진행된다.

물적담보에는 아파트, 단독주택과 같은 부동산 외에 입목, 주식, 채권, 예・적금, 기계기구, 선박, 항공기, 자동차, 전세보증금, 임차보증금 등이 있다. 각각의 물건과 채권에는 담보취득 방법이 다르고 대출금 회수 절차와 시간이 다르기에 금리적용을 달리하고 있다.

〈표 9-12〉 종류별 담보 취득(제공) 방법

담보 유형	담보 취득 방법
부동산	저당권 설정
입목	입목에 관한 법률에 의한 저당권 설정 또는 명인 방법
주식	질권 설정
채권	질권 설정
예・적금	질권 설정
기계기구	공장저당법에 의한 근저당(기업의 공장재단에 속하는 기계기구)
선박	저당권 설정 미등기 선박은 등록원부의 등록
항공기	저당권 설정
자동차,중기	저당권 설정 미등기 중기는 등록원부의 등록
전세보증금	전세권이 설정된 경우 전세권 양도
임차보증금	임차보증금의 채권 양도

자료 : 하태호, 「중소기업의 자금조달」, 신용보증기금, 2011.

대출채권의 안전한 회수를 위해 금융회사는 보증인 입보 또는 담보취득을 하고 신용평가를 하게 된다. 담보제공이 100% 이루어진다고 하더라도 신용평가 점수가 좋지 않을 경우에는 대출실행이 안 되기도 하거니와 신용등급에 따라 대출금리가 달리 결정된다.

물권과 채권

물권은 직접성 · 지배성 · 배타성을 가지므로 다른 사람의 행위에 의존하지 않고 권리를 직접 실현할 수 있으며, 하나의 물권이 성립하면 그 지배의 범위에 관하여는 다른 물권이 성립할 수 없게 되고, 누구에게나 주장할 수 있는 절대권으로서 양도성이 매우 강하다. 여기에서 일물일권주의(一物一權主義), 우선적 효력, 대항력(對抗力), 공시(公示)의 원칙과 물권법정주의(物權法定主義)가 도출된다.

채권은 특정인(채무자)에 대해 특정한 행위(급부)를 할 것을 요구하는 권리이다. 급부의 내용은 재화 또는 노무를 제공한다는 적극적인 행위일 수도 있고 일정한 행위를 하지 않는다는 소극적인 것일 수도 있다. 채권의 목적은 금전적 가치를 갖는 것이 많지만, 금전으로 가액을 산정할 수 없는 것이라도 채권의 목적으로 할 수 있다(민§373). 채권은 그 목적에 따라 ① 특정채권 ② 종류채권 ③ 금전채권 ④ 이자채권 ⑤ 선택채권으로 분류된다.

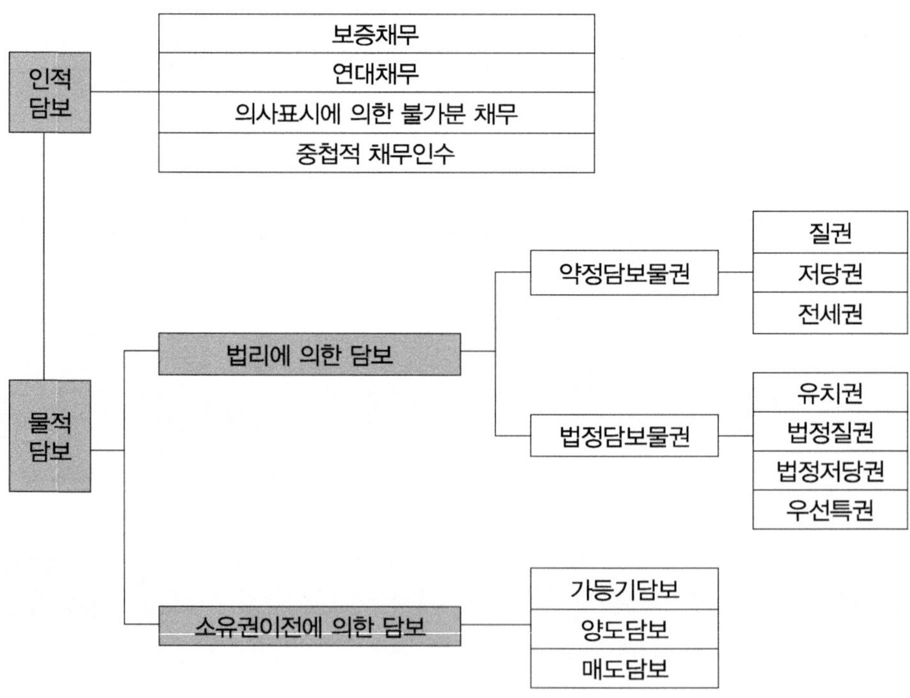

〈그림 9-4〉 담보의 종류

3.2 신용보증

생판 모르는 사람에게 금전대출을 한다면 어떤 조치를 취해야 할까? 그 사람이 갚을 수 있는 능력이 있다고 하더라도 미래의 불확실한 상황에서 무작정 대출을 해준다는 것은 쉽지 않은 결정일 것이다.

금융회사에서는 과거에는 채무자의 지불능력에 구분 없이 획일적인 대출금리를 적용했다. 그러던 것이 IMF금융위기 이후에는 채무자의 상환능력 다시 말하자면 신용등급에 따라서 대출금리를 달리 적용하고 있다. 신용등급이 낮은 사람에게는 risk premium이라고 하여 가산 금리를 얹어서 대출금리를 적용하고 있는 것이다. 손실보전은 물론 상환의 심리적 강제성을 내포한다고 볼 수 있다. 상환능력이 낮은 사람에게 보다 높은 금리를 적용하다 보니 더더욱 어려운 처지에 놓이는 것이 지금의 금융환경이다.

대출은 무담보 신용으로 받는 것이 최상일 것이지만 그렇지 않을 경우에는 담보를 제공해야 한다. 이도 저도 안 되면 제3의 공신력 있는 기관으로부터 대출보증을 받는 길이 있다. 이 제3의 보증기관을 가리켜 신용보증기관이라고 하고 신용보증기관에서 발행하는 대출보증서가 신용보증서이다.

신용보증서도 일종의 담보이다. 일정한 수수료를 내야하는 상업성이 있다고 해서 상업적 담보라고 일컫기도 한다. 담보 중에서는 최우량 담보이다. 왜냐하면 채무자가 채무이행을 하지 않을 경우 금융회사에서 대신 갚아달라고 해당 보증기관에 청구하는 경우 불과 1달 내외에 지급하기 때문이다. 부동산 담보물건을 환가하려면 1년 안팎으로 걸리는 경매라는 절차에 비교한다면 매우 간편한 담보인 것이다.

보증기관에서 채무자를 대신해서 돈을 갚아주는 것을 대위변제라고 한다. 대위변제금은 채무자를 상대로 대신 갚은 돈을 내놓으라는 절차를 취하게 되는데 이것을 구상권 행사라고 한다.

신용보증기관에는 정부에서 운영하는 신용보증기금, 기술보증기금이 있고 서울신용보증재단, 부산신용보증재단과 같이 지방자치 단체에서 운영하는 기관이 있다. 지방자치 단체에서 운영하는 보증기관(지역신용보증재단)도 매년 일정금액을 정부에서 출연하고 있다.

지역신용보증재단은 해당 자치구역 내의 사업체에 한해서 신용보증서 발급을 하며, 주로 소기업 소상공인을 대상으로 소액의 대출보증을 하고 있다. 금융의 사각지대에 놓인 영세민들의 사업자금 보증을 함으로써 지역 경제발전의 한 축을 담당하고 있다.

한편, 서울보증보험(주)라는 것이 있다. 과거 대한보증보험(주)와 한국보증보험(주)가 합병하여 재탄생한 회사이다. 여기에서도 대출보증을 하고 있다. 다만, 명칭은 신용보증서가 아니라 보증보험증권이라고 한다.

3.3 신용관리

신용의 사전적 의미는 거래한 재화의 대가를 앞으로 치를 수 있음을 보이는 능력. 외상값, 빚, 급부 따위를 감당할 수 있는 지급 능력으로 소유 재산의 화폐적 기능이라고 되어 있다. 신용등급이라는 것은 쉽게 말해서 외상값을 치를 수 있는 능력의 급수라고 표현할 수 있다.

신용등급이라는 제도가 도입된 것은 카드대란 사태 이후라고 할 수 있다. 신용카드는 본래 화폐적 기능으로서 상품이나 서비스를 구입할 때 쓰이는데 2002년 카드대란을 전후해서는 부가적인 기능인 현금서비스가 본래의 기능을 압도적으로 추월하였고 이에 따라 2003년도에는 372만여 명에 이르는 신용불량자가 양산되었다. 이러한 과정을 거치면서 도입된 것이 개인신용평가제도이다.

금융기관에서는 개인신용평가회사로부터 접수한 신용등급에 더해 자체적으로 운영하고 있는 CSS(Credit Scoring System)의해 대출가능금액 또는 적용금리를 산정한다. 저신용등급자의 경우에는 금융기관으로부터 신용대출이 쉽지 않으며, 정부출연의 신용보증기관에서는 저신용자라고 하더라도 정책적으로 신용보증서 발급을 하기에 저신용자라고 한다면 보증기관에 문을 두드려서 대출을 모색할 수 있을 것이다.

신용등급은 신용평점에 따라 구분된다. 개인신용평점이란 개인신용평가회사(Credit Bureau, CB사)가 개인에 대한 신용정보를 수집한 후 이를 통계적 방법으로 분석하여, 향후 1년 내 90일 이상 장기연체 등 신용위험이 발생할 가능성을 수치화(1~1,000점)한 것이다.

신용등급 관리를 잘하는 것만으로도 돈을 벌 수 있다는 얘기가 있다. 금융회사에서는 신용등급에 따라 대출금리 적용을 달리하기 때문에 나온 이야기이다. 신용등급은 내려갈 때는 엘리베이터, 올라갈 때는 계단이다. 신용등급은 평소 꾸준하게 관리를 잘해야 될 필요성이 있다.

신용등급을 잘 받기 위해서는 ① 주거래 금융회사를 정하고 ② 대출금 연체가 발생하지 않도록 하며 ③ 소소한 공과금은 제날짜에 납부하는 것 등에 유념해야 한다.

개인신용평가기관으로는 NICE평가정보(주), 코리아크레딧뷰로(주) 등이 있으며, 이 회사 홈페이지를 통해 무료로 신용등급 조회가 가능하다.

〈표 9-13〉 개인 신용평가 관련 통계

2022년 12월 기준

신용평점	신용평점별 인원수	대출보유 고객	신용카드 보유자	신용평점별 장기연체 가능성	
				신용평점	비율
900~	21,629,926	9,000,421	20,971,786	900~1000	0.07
800~	11,416,151	6,121,559	7,291,991	800~1000	0.23
700~	12,237,183	2,611,066	2,636,314	700~1000	0.53
600~	738,023	650,883	587,643	600~1000	0.71
500~	137,032	128,364	110,745	500~1000	0.80
400~	64,338	62,666	55,335	400~1000	0.89
300~	1,754,412	796,168	611,595	300~1000	0.90
200~	150,226	144,270	134,875	200~1000	0.90
~199	3,834	3,767	3,834	1~1000	0.90
	48,131,125	19,519,164	32,404,118		

자료 : NICE평가정보 홈페이지(www.niceinfo.co.kr)

4.1 IR이란

사업자금 조달을 위해 투자가를 끌어모으기 위한 사업설명회를 일컬어 IR (investor relations)이라고 하고, 행사라고 하는 demonstration의 약자를 붙여 통상 IR데모라고 표현한다.

IR을 함에 있어서 발표자는 사업 아이템의 기술 · 기능면에 초점을 맞춰 많은 분량과 시간을 할애하는 것을 볼 수 있다. 그러나 투자가 입장에서는 사업성 및 수익성에 보다 관심이 있다. 따라서 엔젤투자가 등에게 투자금액의 몇 배에 해당하는 수익을 안겨줄 수 있다는 희망적인 내용이 필요한 것이다.

PPT발표 자료는 15매 내외 분량으로서 20분 이내 발표가 적당하다. 그 이상의 시간이 흐르면 집중도가 떨어질 수 있기 때문이다. 투자를 비롯한 다양한 경험을 가진 엔젤투자가는 불과 3분이면 투자할 가치를 판단한다는 것이 정설이다. 때로는 엘리베이터 피치와 같은 압축적인 설명이 필요하다.

엘리베이터 피치(elevator pitch)라는 것은 상대방과 엘리베이터에 함께 탑승했을 때와 같이 굉장히 짧은 시간 동안에 자신의 아이디어를 설명하는 것을 말한다. 프레젠테이션은 사업 핵심을 간결하게, 전문적인 용어를 사용하지 않고 알기 쉽게, 자신의 경쟁력이나 스토리를 인상 깊게 발표하여야 한다.[5)]

4.2 PPT 작성

IR을 위한 PPT작성은 간단하게 임팩트를 줄 수 있는 내용으로 구성되어야 하고 목차를 두어 전체 내용이 무엇으로 구성되어 있는지를 한눈에 파악하게 해서 첫눈에 관심을 기울이도록 하여야 한다.

5) 성형철, '기술창업으로 성공하기' 박영사, 2014.08, pp,216-218.

그래프, 차트, 그림, 사진을 적절히 배치하고 색깔도 조합해서 강한 임팩트를 제공한다. 그림 등이 너무 많거나 복잡하면 혼란스러움을 야기할 수 있으니 적절히 삽입해야 한다.

텍스트는 개조식으로 짧게 정리하는 것이 필요하다. 제목은 24포인트, 본문은 14포인트가 적합하다. 글자가 너무 크면 허술해 보이고 너무 작으면 난해해 보인다.

IR을 위한 PPT 발표 자료에는 사업 아이템의 개요, 목표 고객, 소요자금 및 조달계획, 수익 전망 등이 포함되어야 하고 무엇보다 중요한 것은 엔젤투자가 등의 관심을 끌어들일 수 있도록 핵심 포인트만 정리하는 것이다.

투자자 유치를 위한 PPT를 작성할 때 고민을 해야 하는 사안 중 하나는 앞으로 exit을 할 것인지 no exit을 할 것인지에 대한 결정이라고 볼 수 있다. exit 방편으로 M&A나 IPO 등을 전제로 사업을 추진한다면 매우 다양한 투자자들에게 명쾌하게 설명하고 미래 수익까지 추정할 수 있도록 사업 및 수익모델을 매우 쉽고 단순한 형태로 지향해야 외부에서 투자를 받기 쉽다.[6)]

제5절 출구전략

5.1 기업성장 전략

기업을 운영하는 데에는 생산 및 판매 프로세스, 상품 · 서비스의 품질, 기능 및 가격, 고객응대 및 판촉활동, 종업원 지원, 자금조달 및 운영 등이 최적 조합을 이뤄야 한다. 하지만 이러한 요소들은 내 · 외부 환경에 따라 무수한 부침을 거듭한다.

---

6) 벤처스퀘어(명승은, 이민화 외 12명), 「지금, 당신의 스타트업을 시작하라」, 클라우드북스, 2012.11, pp.155-156.

자금측면에서 살펴볼 때 사업초기 어렵게 사업을 시작했더라도 사업규모가 커지고 시장이 변화함에 따라 death valley라고 하는 자금난에 봉착하게 된다. 이를 극복하지 못하면 도산에 직면하게 될 것이고 위기를 벗어나더라도 어느 기간 지나면 또다시 자금난이 찾아오게 되는 것이 기업경영의 현실이다. 수익이 발생하게 되면 무작정 배당이나 급여 · 상여로 지출할 것이 아니라 일정금액을 비축해서 자금난과 회사확장에 대비해야 한다. 때로는 회사유보금이 많다고 하더라도 적정 차입금을 통해 언제 닥칠지 모를 위기에 대비해야 한다.

고객은 항상 떠날 준비가 되어 있다는 것을 알아야 한다. 기능, 디자인, 가격, 서비스의 질 등에 따라 하루아침에 아무 말 없이 돌아서는 것이 고객이다. 경쟁자가 나타나면 이러한 상황은 더욱 치열해진다. 고객을 붙들어 매려면 항상 고객 입장에서 생각하고 고객의 소리를 들어야 한다. 가장 고마운 고객은 회사와 상품에 대해 불평 · 불만을 얘기하는 사람이요 가장 무서운 고객은 아무 말 없이 외면하는 사람이다.

첨단 상품을 출시하는 startup이 유념해야 할 것은 초기상품 판매 호조에 현혹되는 것이다. 소위 신상품 매니아는 새로운 상품에 기웃기웃하는 선도 고객이다. 상품 출시 초기에 이들 매니아에 의해 판매 호조가 일어났다고 한다면 이후 대중적 소비로 이어져야 손익분기점을 지나 수익을 창출할 수 있다. 이러한 현상에 대해 실리콘밸리의 컨설턴트로 활동한 무어(Geoffrey A. Moore)는 소비집단인 early adopters와 early majority 사이에 chasm이 발생하는 데 이 사이를 극복해야 사업성공에 진입한다는 캐즘이론을 정립했다.

사업이 잘되면 새로운 경쟁자라는 위협요소가 나타나게 된다. 경쟁우위를 갖추기 위해서는 내 · 외부환경에 대해 끊임없는 연구와 개발이 필요하다. Barney Jay B. 등은 지속적인 경쟁우위를 지켜나가기 위한 원천으로 가치(value), 희소성(rare), 모방가능성(imitability), 조직구성(organization)을 기반으로 하는 VRIO framework의 중요성을 강조하였다.

이 같은 무수한 장벽을 뛰어넘어 고정고객이 확보되고 스테디셀러 상품으로 굳혀지면 소위 캐시카우 제품이 되어 안정적으로 회사 발전을 꾀할 수 있다.

startup 업계에서는 합리적으로 사업체를 운영할 수 있는 구성원의 최적인원은 럭키 세븐(lucky seven) 즉 7명이다는 말이 있다. 그 이상의 인원이 되면 인사 · 노무관리를 비롯해 자금 · 회계관리 등에 이르기까지 복잡한 상황이 벌어지게 되어 한 단계 뛰어넘는 사업 확장은 매우 어렵다. 이쯤 되면 회사를 계속 운영해 나갈 것인가 그렇지 않으면 M&A를 통해 인수합병할 것인가를 고민해야 한다.

startup 창업자가 홀로 감내하기 어려운 경영상의 문제를 지원하는 기관으로는 '액셀러레이터'라는 것이 있다. 벤처투자 촉진에 관한 법률에서는 '창업기획자'로 칭하고 있다.

액셀러레이터는 사업 모델 개발, 기술 및 제품 개발, 창업지도 및 교육, 초기 사업비 제공, 투자자와의 제휴, 초기창업자 홍보, 경영컨설팅 및 전문가 상담, 마케팅 및 제품판로 개척 등 경영전반에 관한 지원과 자문을 한다.

국내에는 민간주도형 액셀러레이터와 정부 지원형 액셀러레이터가 많은 스타트업 기업들의 성장을 돕고 있다. 민간주도형 액셀러레이터 같은 경우 1990년대 말 벤처붐을 이끌었던 벤처 1세대의 주도하에 운영 중이며, 대기업이 지원하는 액셀러레이터도 등장하고 있다.[7)]

5.2 IPO

하이 리스크 하이 리턴의 투자패턴을 추구하는 엔젤 투자가 또는 벤처캐피탈리스트는 startup의 빠른 성장을 도와서 투자금을 조속히 회수하여 또 다른 startup에 투자하는 생태계를 구축한다.

엔젤 투자가 또는 벤처캐피탈리스트의 자금 회수 주수단은 공개시장의 IPO이다. IPO(initial public offering)란 비상장기업이 유가증권시장이나 코스닥시장에 상장하기 위해 그 주식을 법적인 절차와 방법에 따라 주식을 불특정 다수의 투자자들에게 팔고 재무내용을 공시하는 것이다.

---

7) 김진수 · 이창영, '창조경제시대의 기업가정신과 창업론', 문영사, 2014, p.335.

기업이 상장을 하게 되면 직접자금 조달을 원활히 할 수 있는 것 외에 공개 기업으로서의 신인도 향상과 마케팅 효과는 물론 우수 인재를 확보할 수 있는 바탕을 마련할 수 있다.

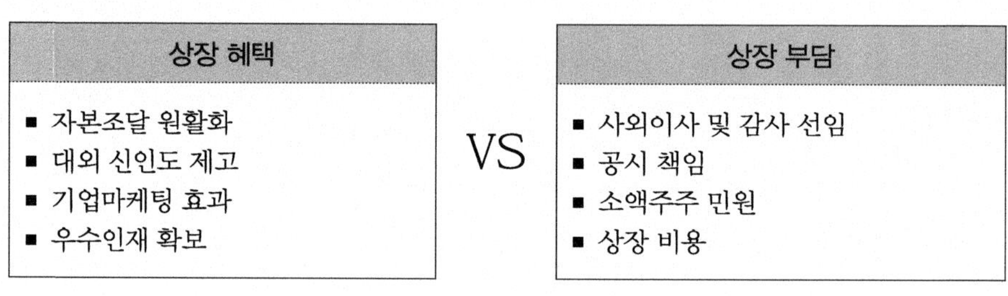

〈그림 9-5〉 상장의 혜택과 부담

한국거래소의 KRX(KOREA EXCHANGE)에는 4개 종류의 IPO가 있다. KOSPI시장은 대형기업 중심, 코스닥시장은 중소 · 벤처기업 중심, 코넥스 시장은 창업초기기업 중심, KSM은 스타트업 기업 중심으로 운영된다.

■ KRX IPO 종류

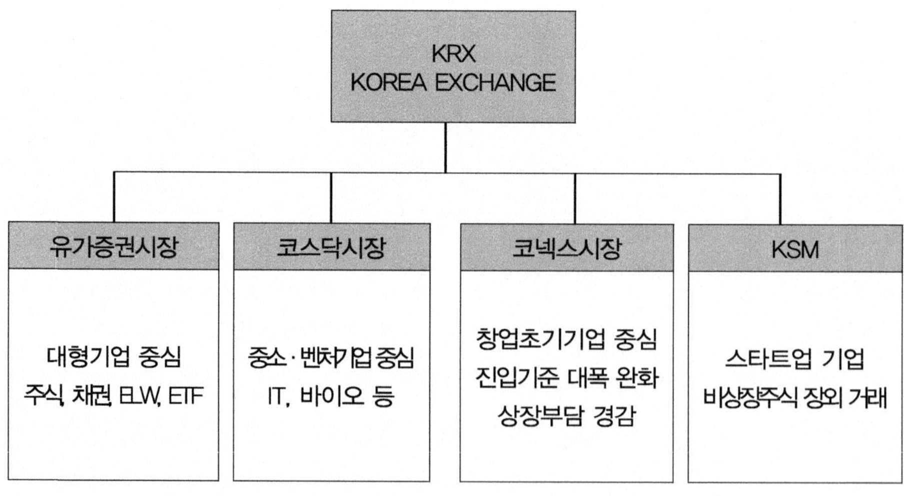

〈그림 9-6〉 KRX IPO 종류와 역사

■ KRX HISTORY

일자	내용	비고
1956.03.03	증권시장 개장	
1988.03.03	전산매매 개시	
1994.06.15	KOSPI 200 발표 대표 종목 200개 시가총액을1990년 1월 3일을 기준 100으로 산정	KOSPI (Korean Composite Stock Price Index) : 종합주가지수를 말하며, 2005년 11월1일부터 코스피로 개칭
1996.05.17	㈜코스닥증권시장 설립	
1997.01.03	코스닥지수 발표	
1999.02.06	한국선물거래소 설립	
2002.10.14	상장지수펀드(ETF) 시장개설	ETF : Exchange Traded Fund
2003.04.28	코스닥시장 상장지수펀드(ETF) 시장개설	
2005.01.27	한국증권선물거래소(KRX)출범	
2005.12.01	주식워런트(ELW)시장개설	ELW : Equity Linked Warrant
2008.05.06	주식선물시장 개설	
2009.02.04	상호변경 한국증권선물거래소 ⇨ 한국거래소	
	자본시장과 금융투자업에 관한 법률 시행	
2013.07.01	코넥스시장 개설	
2015.08.03	코스닥선물시장 개설	
2016.11.14	KRX 스타트업 시장(KSM) 개설	

〈표 9-14〉 과거 3년간 주식 발행실적

(단위 : 억원, 건, %)

구 분		2016년		2017년		2018년	
		건수	금액	건수	금액	건수	금액
주 식∠주)		168	102,575	166	103,572	170	88,959
기업공개		78	39,472	77	58,893	95	23,149
유형	코스피	11	20,217	5	28,132	7	5,620
	코스닥	67	19,255	72	30,761	88	17,529
	코넥스	0	0	0	0	0	0
규모	대기업	17	23,611	11	45,117	11	5,686
	중소기업	61	15,861	66	13,776	84	17,463
업종	제조업	42	30,384	40	9,550	47	11,707
	금융업	15	2,628	20	1,554	24	2,354
	기타업종	21	6,460	17	47,789	24	9,088
유상증자		90	63,103	89	44,679	75	65,810
유형	코스피	33	46,969	20	29,296	21	47,105
	코스닥	51	15,090	62	14,739	48	15,046
	코넥스	0	0	1	39	0	0
	기타	6	1,044	6	605	6	3,659
규모	대기업	36	48,978	25	32,100	28	53,933
	중소기업	54	14,125	64	12,579	47	11,877
업종	제조업	62	33,843	59	21,732	49	45,234
	금융업	2	6,725	5	6,913	5	11,610
	기타업종	26	22,535	25	16,034	21	8,966

∠주) 구주매출 및 현물출자 · 출자전환 · DR 등은 제외

자료 : 금융감독원

1) 코스닥 (KOSDAQ) 시장

코스닥(KOSDAQ The Korea Securities Dealers Association Automated Quotation)시장은 유가증권 시장 상장요건에 미달하는 유망 벤처기업 및 성장 잠재력이 큰 중소기업들의 직접자금 조달기회를 제공한다.

KOSDAQ시장에 상장하기 위한 요건으로는 지분의 분산, 수익성 · 매출액 · 성장성 등의 경영성과, 사외이사 및 상근감사 선임의 투명성 등이 있다.

코스닥종합지수(KOSDAQ Composite Index)는 1996년 7월 1일을 기준지수를 100으로 하여 1997년 1월 3일부터 발표하고 있다.

〈표 9-15〉 코스닥시장 상장요건

(2019.04.17. 개정규정 기준)

<table>
<tr><th rowspan="2">구분</th><th colspan="2">일반기업(벤처 포함)</th><th colspan="2">기술성장기업</th></tr>
<tr><th>수익성 · 매출액 기준</th><th>시장평가 · 성장성 기준</th><th>기술평가 특례</th><th>성장성 추천</th></tr>
<tr><td>주식분산
(택일)</td><td colspan="4">① 소액주주 500명 & 25% 이상, 청구후 공모 5% 이상 (소액주주 25% 미만 시 공모 10% 이상)
② 자기자본 500억 이상, 소액주주 500명 이상, 청구후 공모 10% 이상 & 규모별 일정 주식수 이상
③ 공모 25% 이상 & 소액주주 500명 이상</td></tr>
<tr><td rowspan="2">경영성과
및
시장평가 등
(택일)</td><td rowspan="2">①법인세차감전계속사업이익20억원(벤처10억원) & 시총90억원
②법인세차감전계속사업이익20억원(벤처10억원) & 자기자본30억원(벤처15억원)
③법인세차감전계속사업이익 있을 것 & 시총200억원 & 매출액100억원(벤처50억원)
④법인세차감전계속사업이익50억원</td><td rowspan="2">①시총500억& 매출30억원& 최근2사업연도 평균 매출증가율 20% 이상
②시총300억&매출액100억원 이상(벤처50억원)
③시총500억원& PBR 200%
④시총1,000억원
⑤자기자본 250억원</td><td colspan="2">①자기자본 10억원
②시가총액 90억원</td></tr>
<tr><td>전문평가기관의 기술 등에 대한 평가를 받고 평가결과가 A등급 & BBB등급 이상일 것(외국기업의 경우 A등급 & A등급 이상일 것)</td><td>상장주선인이 성장성을 평가하여 추천한 중소기업일 것</td></tr>
<tr><td>감사의견</td><td colspan="4">최근 사업연도 적정</td></tr>
<tr><td>경영투명성
(지배구조)</td><td colspan="4">사외이사, 상근감사 충족</td></tr>
<tr><td>기타 요인</td><td colspan="4">주식양도 제한이 없을 것</td></tr>
<tr><td>질적 요인</td><td colspan="4">기업의 성장성, 계속성, 경영의 투명성 및 안정성, 기타 투자자 보호, 코스닥시장의 건전한 발전, 업종별 특성, 고용창출효과 및 국민경제적 기여도 등을 종합 고려</td></tr>
</table>

자료 : KRX 홈페이지(www.krx.co.kr)

〈표 9-16〉 코스닥시장 상장절차

구분	주체	비고
외감법에 의한 외부감사 (지정감사인 지정)	발행사, 금감원, 회계법인	금융감독원 회계제도실
대표주관계약 체결	발행사, 증권사	금융투자협회 자율규제기획부에 계약서 등 제출 (체결일로부터 5영업일 이내)
정관 정비 및 사전준비	발행사, 증권사	표준정관으로 개정
기업실사 및 발행가액 분석자료 준비	발행사, 증권사	
명의개서대행기관 선정	발행사	국민은행, 하나은행, 한국예탁결제원
주권가쇄 계약	발행사, 가쇄소	
예비심사청구서 제출	발행사, 증권사	
예비심사청구서 검토	코스닥시장본부 상장심사팀	
청구기업 심의	코스닥시장상장위원회	상장위원회 상정
예비심사 승인	코스닥시장본부	
증권신고서 제출	발행사, 감독원	
발행가액 결정	발행사, 증권사	
증권신고서 효력발생		수리후 15일
청약	증권사	
배정	증권사	
신규상장 신청	발행사, 증권사	
증자 등기	발행사	
코스닥상장 승인	코스닥시장본부	
매매 개시	코스닥시장본부	

자료 : KRX 홈페이지(www.krx.co.kr)

2) 코넥스 (KONEX) 시장

코넥스(KONEX, Korea New Exchange) 시장은 초기 중소 · 벤처기업의 성장지원 및 모험자본 선순환 체계 구축을 위해 2013년 7월 1일 개장되었다.

코넥스시장은 성장 초기 중소 · 벤처기업이 원활하게 코넥스시장에 상장할 수 있도록 매출액 · 순이익 등의 재무요건을 적용하지 않는다. 2023년 12월 현재 코넥스 상장법인은 129개사이다.

코넥스 시장에는 지정자문인 제도라는 것이 있다. 지정자문인제도는 코넥스 시장의 핵심 요소로 지정자문인 자격(인수업 인가)을 갖춘 금융투자회사(증권사 등 투자매매업자) 1개사와 지정자문인 선임계약을 체결하여야 신규 상장신청이 가능하며, 상장기간 동안 지정자문인 선임계약을 유지하여야 한다.

〈표 9-17〉 코넥스시장 진입요건(외형 요건)

구분	내용	비고
중소기업 여부	중소기업기본법 제2조에 따른 중소기업일 것	
지정 자문인	지정 자문인 1사와 선임계약을 체결할 것	특례상장은 제외
주식 양도제한	주식의 양도제한이 없을 것 다만, 법령 또는 정관에 의해 제한되는 경우로서 그 제한이 코넥스시장에서의 매매거래를 저해하지 않는다고 인정되는 경우는 제외	
감사 의견	최근 사업연도 감사 의견이 적정일 것	
액면 가액	100원, 200원, 500원, 1,000원, 2,500원, 5,000원 중 하나일 것	액면주식에 한함

〈표 9-18〉 지정자문인의 역할

• 기업실사 및 상장적격성 심사
• 신규상장 절차 등에 대한 조언·자문 및 신규상장 사무처리
• 금융관련법규에 대한 상시적이고 지속적인 조언
• 공시 및 신고대리(상장 후 1년)
• 주식의 유동성공급호가 제출의무 이행(상장 1년 후부터 면제 가능)
• 기업현황보고서 작성 및 게시
• 기업설명회 개최 권고 및 지원
• 지정자문인 업무관련 내용의 기록 및 보관
• 기타 거래소가 필요하다고 인정하는 업무

〈표 9-19〉 상장절차 (일반상장 & 직상장의 경우)

일정	구분	비고
사전 준비	지정자문인 선임계약 체결	
	외부 감사	
	기업실사	
	상정적격성 보고서 작성	
D	신구상장 신청	
D+10	신규상장 승인	
D+15	매매거래 개시	

자료 : KRX **홈페이지**(www.krx.co.kr)

코넥스의 시장참가는 자본시장과 금융투자업에 관한 법률에서의 전문투자자로 분류되는 연기금 · 금융회사 등과 중소기업 투자전문성이 인정되는 벤처캐피탈(창업투자조합 등 포함) 및 엔젤투자자의 시장참여를 허용하여 모험자본의 선순환을 지원한다.

코넥스시장 상장주권을 매수하려면 1억 원 이상을 기본예탁금으로 예탁하여야 한다. 다만, 충분한 위험감수능력이 있거나 중소기업에 대한 투자전문성이 인정되는 전문투자자 등은 면제된다.

한편, 코넥스시장에 상장한 후 1년 이상 경과하고, 지정자문인(선임기간 6개월 이상 경과)이 추천한 자기자본 10억 원 이상 기업으로서 일정요건에 해당하면 코넥스시장에서 코스닥시장으로 진입할 수 있는 [신속이전상장]제도라는 것이 있어 성장사다리 역할을 한다.

〈표 9-20〉 코넥스 - 코스닥 신속이전 상장 요건

Track	공통 요건	트랙별 요건
Track 1	① 코넥스 상장 후 1년 경과 ② 지정자문인(상장주선인) 추천 ③ 기업경영의 건전성 충족	① 최근 사업연도 영업이익 有 ② 최근 사업연도 매출 100억원 이상 ③ 기준시가총액 300억원 이상
Track 2		① (직전 사업연도) ROE 10% 이상 ② (최근 사업연도) ROE 10% & 계속사업이익 20억원이상
Track 3		① 최근 사업연도 계속사업이익 20억원 & ROE 20% 이상
Track 4		① 매출액 증가율 10% 이상 ② 최근 사업연도 매출 200억원 이상 ③ 영업이익 10억원 이상
Track 5		① 소액주주 10% ② 코넥스시총 2,000억원 이상 & 자본금 초과 ③ 기준시총 3,000억원
Track 6		① 소액주주 20% 이상 ② 코넥스 시총 1,500억 이상일 것 ③ 코넥스 일평균 거래대금이 상장예비심사 신청일 기준 최근 1년간 10억원 이상 ④ 상장주선인이 기업 계속성 보고서를 제출
신속합병상장		① (최근 2 사업연도) 당기순이익 10억원 이상 ② (최근 2 사업연도) 영업이익 有

자료 : KRX **홈페이지**(www.krx.co.kr)

3) KSM (KRX Startup Market) 시장

한국거래소(KRX)가 중소 · 벤처기업의 육성을 위해 개설한 장외주식 거래 플랫폼이다.

startup 기업의 자금조달 및 상장 전 주식유통을 원활화를 기하기 위해 도입한 것으로서 크라우드펀딩에서 코스닥으로 이어지는 성장사다리 체계 구축을 도모한다.

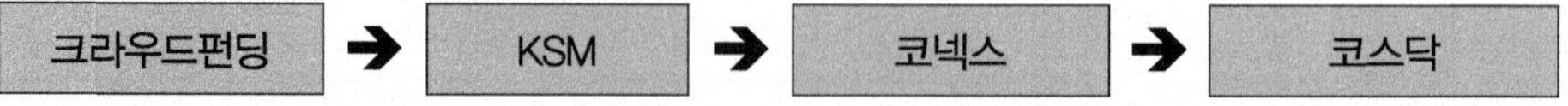

KSM 대상기업은 미래 성장가능성이 큰 기술집약형 기업 중심으로 특화하여 창조경제혁신센터 및 정책금융기관(기술보증기금, 신용보증기금, 한국성장금융, 한국산업은행, IBK기업은행 등) 추천기업, 크라우드펀딩 성공기업 등이다.

(1) KSM 등록 이점

① 코넥스 등 정규시장 상장 용이
6개월 이상 KSM에 등록된 기업 중 일정 요건 충족 기업 대상 코넥스 상장 특례 적용(지정자문인 선임 면제)

② 자금조달 지원
크라우드펀딩 성공기업에 매칭투자 KSM기업과 VC 등 투자자간 만남의 장

③ 기업 홍보효과
KSM등록기업을 투자자에게 KSM홈페이지 및 언론 보도 등을 통해 지속적으로 노출시킴으로써 홍보효과 고양

④ 주주의 환금성 제고
투자자들이 KSM 시스템을 통한 원활한 거래로 상장 전 주식유통 원활화

5.3 M&A

startup이 창업단계를 벗어나 성장발판을 마련하게 되면 IPO를 통해 직접자금 조달과 더불어 신인도를 높여 기업이미지 제고에 박차를 가할 수 있다. 한편, 지속적인 성장을 하는 데에는 신제품 개발, 판로 확대, 자금조달, 사업장 확장, 인력 운용 등의 한계가 따른다. 이러한 경영능력 한계에 직면한다면 규모가 큰 선도기업 또는 사업다각화를 꾀하는 중견기업 등에게 기업자체를 매각하고 수익을 거두어들이는 방법을 택할 수 있다.

M&A(기업인수합병, merger and acquisition)는 창업주 본인의 수익을 위한 것이기도 하거니와 엔젤 · 벤처투자가들의 투자금 회수를 위한 방편이기도 하다. 우리나라 투자가들의 투자금 회수는 IPO가 많은 비중을 차지하고 있는 반면 미국의 경우에는 M&A가 주류를 형성하고 있다.

〈표 9-21〉 VC투자금 유형별 회수 현황

(단위 : %)

구분	2017년	2018년	2019년	2020년	2021년	2022년
IPO	23.4	24.3	26.7	38.9	32.1	24.3
매각	44.7	46.0	43.0	36.3	48.8	56.5
상환	15.7	11.2	12.5	13.3	9.8	9.6
프로젝트	15.3	17.2	16.6	10.1	8.7	8.8
기타 (배당,이자 등)	0.8	1.3	1.2	1.4	0.6	0.8
합계	100	100	100	100	100	100

자료 : 한국벤처캐피탈협회 웹진(VC Discovery,2023.02 vol.176)

중소 · 중견기업의 M&A의 관건은 적합한 상대방을 만나는 것이다. 이러한 매칭의 장을 전문적으로 수행하는 곳에는 한국M&A거래소(KMA)가 있다. KMX는 기업분석 및 가치평가, 적합한 상대방 발굴, 체계적인 시스템을 통한 공정한 프로세스로 최적의 M&A가 진행될 수 있도록 지원한다.

한편, 신용보증기금에서는 중소벤처기업M&A지원센터를 통해 정보와 자금 등의 한계로 M&A에 대한 접근이 쉽지 않은 기업에게 M&A활성화를 통한 건강한 기업생태계 조성에 이바지하고 있다. 중소벤처기업M&A지원센터는 M&A 매칭뿐만 아니라 M&A세무 · 회계 · 법률에 대한 컨설팅, 인수자금 보증지원 등의 업무를 지원하고 있다.

이 밖에도 M&A지원센터를 운영하는 기관으로는 기술보증기금, (사)벤처기업협회, 한국벤처캐피탈협회, 한국M&A협회, 한국중견기업연합회, IBK기업은행, 삼일회계법인 등이 있다.

창업의 모든 것을 한 권에 담은

기업 이해와 창업 설계

Chapter

10 창업교육과 창업지원 정책

제1절 대학 창업교육 목적

1.1 대학 창업교육 필요성

미국의 미래학자 앨빈 토플러(Alvin Toffler)는 1980년대 초 제3의 물결이라는 저서에서 컴퓨터와 인터넷의 발달로 지식과 정보를 많이 소유한 사람이 부를 누릴 수 있는 정보화 사회가 도래할 것이라고 예견하였다. 그로부터 40여 년이 지난 오늘날 기계화와 IT기술의 발달로 단순반복적인 업무는 컴퓨터와 인공지능에 일자리를 빼앗겼고 산업의 재편 과정을 통해 수많은 전통적 업종과 사업체가 역사의 뒤안길로 사라지는 운명을 맞게 되었다.

미국의 경제학자이자 행동주의 철학자인 제레미 리프킨(Jeremy Lifkin)은 기술의 진보가 실업자를 양산할 것이라고 예측했다. 리프킨은 저서 '노동의 종말'에서 첨단기술과 정보화 사회, 경영혁신 등이 인간의 삶을 풍족하게 만드는 것이 아니라 오히려 일자리를 사라지게 만든다고 주장했다. 새로운 일자리가 몇몇 생겨나겠지만 이들은 대부분 임금이 낮은 임시직에 불과하다는 것이다. 이는 사회의 양극화를 촉진하고 양극화가 심화된 사회는 기술이 발달된 유토

피아가 아니라 디스토피아(dystopia)로 떨어질 가능성이 높다는 것이다. 리프킨은 다음과 같이 이야기 한다. "기계는 경제학자에게 있어 성가신 존재이다. 기계는 자본주의 경제를 움직이게 하는 투자의 구현체인 동시에 노동자를 축출하는 원인을 제공하기 때문이다."[1)]

한편, 18세기 기술적 · 사회경제적 · 문화적 측면에서 시작된 산업혁명 시기에도 일자리가 사라지는 데 반대하는 이른바 러다이트운동(기계파괴운동, Luddite Movement)이라는 것이 있었다. 러다이트운동의 분위기 속에서 폴란드 북부 발트해에 면한 조그마한 항구도시 단치히 출신의 한 기술자는 생산성과 효율성이 좋은 방적기를 발명했다는 이유로 처형되기도 하였다.

인터넷이 몰고 온 혁명의 예를 들어보면 미국의 신문산업이다. 신문산업은 1920~30년대에는 라디오, 1950년대에는 텔레비전, 1980~90년대에는 케이블 뉴스채널 등 새로운 경쟁 매체가 등장하였음에도 불구하고 성장해 왔다. 하지만 1993년 인터넷 사용 인구는 미국 전체 인구의 3%에 불과했지만 2009년에는 75%로 증가하면서 인터넷 광고시장은 기존 활자 매체의 사업모델을 폐기시켰다. 즉, Rocky Mountain News나 Tucson Citizen 같이 폐업하는 신문사가 속출하였고 2009년에는 125년 역사를 자랑하는 Editor and Publisher가 사라졌다.[2)]

새로운 기술이 미국 인구 25%에 보급되는 데 걸린 시간은 텔레비전의 경우 26년 걸렸지만 월드와이드웹은 불과 5년밖에 걸리지 않았다. 하루가 다르게 ICT기반의 창조적 파괴에 의해 새로운 산업이 등장하고 고용 없는 성장시대가 도래함에 따라 전통적인 교육은 중대한 전환기를 맞이하게 되었다. 즉, 암기식 · 주입식의 4지 · 5지 선다형 정답을 찾는 수동적인 인재상과 1등 주의를 추구하는 교육에서 탈피하여 문제해결형의 해답을 찾는 교육으로의 전환을 통해 창의적 창조인재를 배출하여 새로운 경제도약을 추구해야 하는 역사적 사명에 놓여있는 시기이다.

---

1) '손에 잡히는 기업가정신', 교육부 · 한국연구재단 · 한국청년기업가정신재단, 2015, p.28.
2) William Bygrave & Andrew Zacharakis 지음, 이민화 · 이현숙 옮김, '기업가정신, entrepreneurship', 동서미디어, 2013.2, pp.13~14.

〈표 10-1〉 새로운 기술이 미국 인구 25%에 보급되는 데 걸린 시간

생활 가전 제품(1873년)	....46년
전화(1875년)	....35년
자동차(1885년)	....55년
항공 여행(1903년)	....54년
라디오(1906년)	....22년
텔레비전(1925년)	....26년
비디오카세트 녹화기(1952년)	....34년
개인용 컴퓨터(1975년)	....15년
휴대전화기(1983년)	....13년
월드와이드웹(1992년)	.... 5년

자료 : 월스트리저널(1997년 6월), "기업가정신" 이민화 · 이현숙 '동서미디어', 재인용

대학에서의 창업교육은 학창시절에 창업을 시작하라는 과제를 부여하는 것은 아니다. 하지만, 창업교육에 직접 관여하지 않는 많은 사람들은 창업교육을 통해 곧장 창업이 이루어지는 것을 기대한다. 더구나 음식점, 커피숍 등 생활밀착형 자영업 창업과정을 대학교육 과정에 담아내야 한다고 주장하는 사람들도 있다. 이 말도 일리가 있다. 전체 기업수의 95%가 소상공인이며, 생활밀착형 산업은 종사자 대부분이 고령이고 운영인력이 부족하기에 ICT를 접목한 운영 방식으로 개선이 필요하기 때문이다.

창업교육은 과학(science), 공학(technology), 기술(engineering), 예술(art), 수학(mathematics)을 연결하여 융합적 사고를 길러주는 소위 'STEAM'교육으로서 당장의 창업성과를 내게 한다기보다는 새로운 가치를 창출해 낼 수 있는 창의적 인물을 육성하는 것이다. 한정화(2008)는 "창의적 인물은 곧 기업가형 인재로서 기회인식(opportunity identification), 자원동원(resource mobilization), 위험관리(risk management), 경영시스템 구축(managerial system building) 등을 주도적으로 수행하는 사람이다. 다시 말해 대학에서의 창업교육은 고용

없는 성장시대에 스스로 직업을 창출하는 창직은 물론 회사에 들어가서 그 기업의 새로운 먹거리를 찾고 혁신을 불러일으키게 하는 창의적 리더를 양성하는 방향이 되어야 한다."고 했다.

현대경제연구원은 "정답이 없는 문제를 다루는 훈련을 해야 한다."고 주장했으며, 조지아대 토랜스창의연구소장 보니 크레몬드(Bonnie Cramond)는 "창조성과 연관이 있는 우뇌의 역할에 주목해야 한다."고 말했다. 앞으로 대학은 기술개발에 IT를 접목하고, 기술에 인문학적 요소를 가미하는 융합적 사고에 의한 문제해결형 교육을 지향해야 한다.

또한, 안철수 전 카이스트 석좌교수는 기업가정신을 발휘하기 위해서는 새로운 기회를 포착하는 안목을 길러야 하고 기회는 좋은 질문에서 생겨난다고 하면서 "한국에는 문제의식을 가지고 질문할 줄 아는 인재가 부족하다. '기능위주'의 교육 때문이다. 외국 교수들은 한국에서 온 학생들이 'how'에는 정말 강하지만 'why'에서 부족한 점이 많다고 입을 모은다. 한국 학생들은 주어진 일은 정말 잘 해내지만, 그 프로젝트를 왜 해야 하고 어떤 의미가 있는지에 대해서는 잘 답하지 못한다는 지적이다. 평생 주어진 문제의 정답을 찾는 방법에만 몰두했기 때문이다. 문제풀이 방법에만 익숙한 사람은 창의성을 발휘할 수 없다. 젊은 때일수록 '스스로 질문하는 노력'을 기울여야 한다."고 우리 학교 교육의 방향성을 제시한 바 있다.[3)]

빌게이츠는 20세의 나이에 폴 앨런과 함께 세계적인 기업 마이크로소프틀 설립하였고, 스티브 잡스는 21세에 스티브 워즈니악, 로널드 웨인과 함께 애플을 공동으로 창업하였으며, 마이클 델은 스무 살의 나이에 1,000달러로 Dell이라는 회사를 창립하여 16년 만에 무려 1조 7천 여 달러를 벌어들여 30대의 젊은 나이에 억만장자의 반열에 올랐다. 또 마크 쥬커버그는 20세의 나이에 같은 대학 친구들이었던 더스틴 모스코비츠. 에두아르도 세버린, 크리스 휴즈와 함께 페이스 북을 설립하였으며, 제프리 베조스는 30세인 1994년에 아마존 닷컴을 설립하였다.[4)]

---

3) 김현정, '청년기업가정신', 토네이도미디어그룹(주), 2010, pp.5~6.

대다수의 사업가는 사업을 시작한 분야에서 훈련받거나 경험을 쌓은 적이 없다. 사업 경험과 지식의 부족이 사업가에게 유리하게 작용하기도 한다. 이러한 현상을 '무지(無知)의 중요성'이라 표현한다. 모르기 때문에 오직 최종 결과만 생각하고 중간에 맞닥뜨리는 장애는 잘 인식하지 못하기 때문이다. 관습적인 사고방식을 따르면 틀에 박힌 사고를 할 수밖에 없다. 그러나 사업가는 틀에서 벗어난 사고를 해야 한다. 배경 지식이 부족하다면 오히려 편견이 없기 때문에 다른 사람이라면 결코 시도하지 않을 불확실성에 도전해 목표를 성취할 수도 있다.[5)]

20대 대학생들은 어린 시절부터 컴퓨터와 스마트폰에 익숙해져 있고 IT생활 환경이 일상화되어 있다. 또한 무한 상상력과 융합적 사고를 갖추고 있으며 열정적 에너지와 도전의식이 강하다. 이러한 선천적 자질에 더해 후천적 창의창업교육을 통해 창의적 혁신사고와 창조적 기업가를 양성하는 것이 창업교육의 목적이다.

학창시절에 학업과 창업을 병행한다는 것은 창업몰입 시간, 사업밑천 등 여러 가지 제약이 따른다. 하지만 기업가정신 함양과 창업도전을 시도해 봄으로써 예상하지 않은 창업 성공에 다다를 수도 있을 것이며, 고용 없는 성장시대에 졸업후 창업을 통해 스스로 직업을 창출할 수 있는 능력을 함양하는 것이다.

---

4) 김홍길, '기업가정신과 창업경영론', 탑북스, 2014.

5) 사하 & 보비 하셰미 지음, 안기순 역, '나의 첫 사업계획서', ㈜황금가지, 2005.04. pp.20~21.

구분	내용
산업 패러다임 변화	중후장대산업 ⬇ 경박단소산업
사회 현상	고용 없는 성장 시대
교육방향 전환	보편적 정답형의 취업교육 ⬇ 적극적 해답형의 창의 · 창업교육
창업교육 목적	새먹거리 창출 창의인재 배출 생애 전주기에서의 창업과 창직
창업교육 단기실천목표	대학생 및 대학원생 창업을 통한 일자리 창출 대학생 및 석 · 박사급 고급인재 창업 촉진 • 대학 창업 인프라 확충 및 재도전 기회 부여 • 문화 · 예술 콘텐츠 및 서비스분야 대학지주회사 활성화

〈그림 10-1〉 산업환경 변화와 창업교육 목적

학창시절 창업은 성공보다는 실패할 확률이 훨씬 높다는 것은 자명한 사실이다. No Pain, No Gain. 학창시절 창업도전 실패는 또 하나의 산교육이다. 실패 경험은 훗날 거대 사업가로 도약하기 위한 밑거름이 될 수 있다.

조그만 사업체라도 창업을 하게 되면 제품 개발, 시장개척, 마케팅 활동, 거래처 발굴, 종업원 관리, 자금조달 등 복잡하고 어려운 일 등을 헤쳐 나가는 경험을 하게 된다. 이 같은 과정을 통해 창업가는 인격적으로도 매우 성숙하게 된다. 이러한 것이 밑바탕이 되어 취업하더라도 창의적 사고와 원숙한 인품으로 그 기업의 중요한 위치에서 일을 할 수 있는 기회를 갖게 될 것이다.

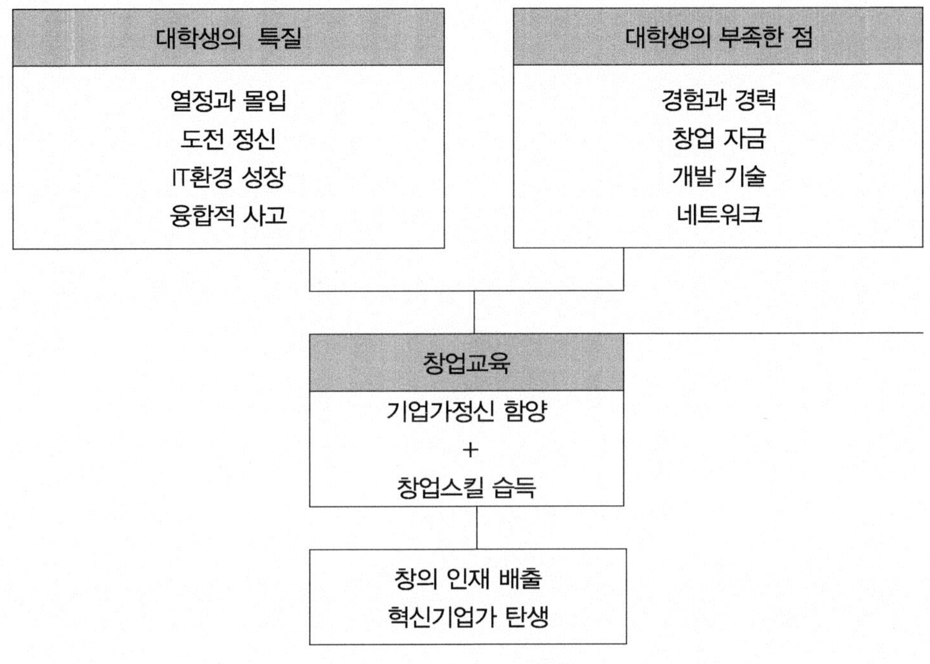

〈그림 10-2〉 대학생의 특질과 창업교육 목적

1.2 대학 창업교육 역사

우리나라에서의 창업교육은 산학협력정책의 발전과정에서 태동하였다. 즉, 1990대부터 시작된 산학협력정책 중에서 2012년 신설된 산학협력선도대학(LINC, Leaders in Industry-university Cooperation)육성사업의 일환으로 창업교육사업을 도입하였다.

2012년 교육부의 창업교육센터 기본운영지침 자료에 따르면 미국은 기업가 마인드 고취를 '국가혁신전략(2009)'의 핵심과제로 채택, EU는 "기업가 마인드에 대한 교육 없이 EU의 미래는 없다"(2001, 리스본 Agenda), 일본은 대학의 약40%가 기업가 마인드 관련 교육과정 운영 등 선진국에서는 창업을 고용창출과 혁신의 핵심원천으로 인식하고 창업촉진을 위한 기업가 마인드 교육을 강화해 나가는 추세이나 우리나라는 중소기업청이 창업지원 조직의 설치 · 운영을 통해 창업교육을 강화하려는 움직임이 나타나기 시작하는 국면에서 「대학 창업교육 및 창업문화 활성화 방안」중점과제(2011년 12월, 교과부)를 통해서 창업교육의 필요성을 인식하고 LINC사업의 한 분야로서 창업교육사업을 도입하였다.

창업교육센터의 주요업무를 살펴보면 기업가 마인드를 강화하고, 직업 진로의 하나로 창업을 고려하는 내용의 학점인정 창업교육과정을 개설 · 운영할 수 있도록 지원하고, 중장기 관점에서 대학별 특성을 반영한 창업교육프로그램을 개발 · 운영하며, 창업문화 확산을 위해 창업경진대회 · 학생창업 성공사례 발표회 · 학생창업 포럼 등의 행사를 진행하고, 창업동아리 육성을 지원하는 것 등이다.

〈표 10-2〉 산학협력 정책의 발전 경로

구분	태동기 (1990년대)	도입기 (2003~2011)	정착기 (2012~2015)	성숙기 (2016~2020)
기본개념	공급자 중심	수요자 중심 균형, 분배, 보편성 중심	경쟁, 수월성 강조	상생협력 및 지속가능성
목적	순수 R&D 중심	실용화 · 상품화 R&BD	지식의 시장가치화	기업 경쟁력 제고 및 일자리 확대
교육	이론 · 연구 중심	현장 · 실습 중심	창업교육 확대	이론 · 실무지식 통합 취업 · 창업교육 연계
평가	SCI 등 논문실적 중심	특허, 기술이전 및 사업화 실적 중심	산학협력 선도모델 창출 성과 중심	지역경제 성장 및 자립화 성과 중심
협력방향	대학중심 일방향 (대학 → 산업체)	대학중심 일방향 (대학 → 산업체)	상생 목적 일방향 (대학 → 산업체)	산학간 양방향 (산업체 ↔ 대학)

※ 2003년, 「산업교육진흥 및 산학협력촉진에 관한 법률」 제정과 산학협력단 출범을 계기로 대학중심의 산학협력 본격 시작
※ 산학협력단 설치('14년) : 356교

자료 : 「산학협력 5개년('16~'20) 기본계획」, 교육부, 2016. 04

LINC사업 초창기에는 61개 산학협력선도대학(10개 전문대학 포함)에 창업교육센터가 설치되었으나, 창업교육강화 정책에 따라 이제는 거의 모든 대학

이 창업교육센터를 운영하고 있다.

교육부는 대학창업교육을 통해 대학생 창업 유망팀을 육성하고 창조경제혁신센터 등과 협업하여 창업성공사례를 확산하는 정책을 수립하였다.

제2절 대학 창업교육 현황

2.1 창업교육 운영 현황

대학에서의 창업교육은 창업교과, 창업체험, 창업실행의 세 영역으로 구분된다. 교과 과정을 통해 이론적으로 지식을 습득하는 것이며, 창업체험은 창업동아리 활동과 경진대회 참가를 통해 역량을 함양하는 것이다. 창업실행은 실제 창업을 하고 창업보육센터 등의 학내 창업공간에서 인큐베이팅을 받는 것이다.

창업교과는 대체적으로 기초과정, 심화과정, 실습과정의 3단계로 구분할 수 있다. 실습과정은 '창업친화적 학사제도'에 의한 교과 운영을 예로 들 수 있다. 창업친화적 학사제도는 창업 휴학제, 창업 대체학점 인정제, 창업 학점교류를 말한다.

〈표 10-3〉 창업 친화적 학사제도

구분	내용
창업 휴학제	• 창업으로 인한 학업단절 해소 • 창업 인정될 경우 최대 2년(4학기) 연속 휴학이 가능
창업 대체학점 인정제	• 창업으로 인한 학업중단을 최소화 • 창업학습목표 달성가능 과목의 창업대체학점으로 인정 • 창업동아리 활동을 현장실습교과로 인정하여 최대 3학점 부여 • 전공분야에 대한 창업을 '창업인턴십'으로 인정하여 학점인정 범위를 확대
창업 학점교류	• 각 대학의 특화된 창업강좌의 타 대학 학생 수강이 가능하도록 대학 간 창업학점교류 • 창업교육 전담기구 간 협의체를 통해 학점교류를 활성화하고 사이버강좌를 활용하여 접근성 제고

2020년 창업강좌 개설 현황을 살펴보면, 이론형 강좌는 307개 대학에서 12,228개 강좌를 개설, 실습형 강좌는 215개 대학에서 3,234개 강좌를 개설하였다. 수강인원은 474,242명으로 파악되었다.

〈표 10-4〉 창업강좌 개설 수

(단위 : 개)

구분		2018년			2019년			2020년		
		대학수	총계	평균	대학수	총계	평균	대학수	총계	평균
이론형 강좌	일반대	183	6,083	33.2	181	6,759	37.3	178	7,924	44.5
	전문대	131	4,651	35.5	130	4,355	33.5	129	4,304	33.4
	전체	314	10,734	34.2	311	11,114	35.7	307	12.228	39.8
실습형 강좌	일반대	117	1,578	13.5	115	1,504	13.1	119	1,539	12.9
	전문대	93	1,593	17.1	93	1,518	16.3	96	1,695	17.7
	전체	210	3,171	15.1	208	3,022	14.5	215	3,234	15

자료 : **교육부 대학산학협력활동실태조사**(2021)

2020년 기준으로 창업학과를 개설한 대학은 18개 학교이며, 창업관련 전공을 개설한 대학은 60개 학교이다.

〈표 10-5〉 창업학과 및 창업연계전공 세부 운영현황

(단위 : 개)

구분		2018년		2019년		2020년	
		시행대학	학과(전공)	시행대학	학과(전공)	시행대학	학과(전공)
창업 관련 학과	일반대	12	14	16	20	15	16
	전문대	5	5	4	5	3	4
	전체	17	19	20	25	18	20
창업 관련 전공	일반대	60	75	57	72	60	65
	전문대	1	1	-	-	-	-
	전체	61	76	57	72	60	65

〈표 10-6〉 창업연계전공 세부 운영현황

(단위 : 명)

구분		2018년			2019년			2020년		
		(입학) 정원	복수 전공 학생	부전공 학생	(입학) 정원	복수 전공 학생	부전공 학생	(입학) 정원	복수 전공 학생	부전공 학생
창업 관련 학과	일반대	939	318	91	1,827	398	14	1,549	469	7
	전문대	166	-	-	191	-	-	140	-	-
	전체	1,105	318	91	2,018	398	14	1,689	469	7
창업 관련 전공	일반대	-	1,023	377	-	1,094	398	-	697	214
	전문대	-	-	-	-	-	-	-	-	-
	전체	-	1,023	377	-	1,094	398	-	697	214

자료 : **교육부 대학산학협력활동실태조사**(2021)

대학생들의 참신한 아이디어가 창업으로 이어지기 위해서는 창업공간과 창업자금이 필수적이다. 창업공간은 학내에 갖춰진 창업공간을 이용할 수 있을 것이며, 창업자금은 정부의 각종 청년창업자금 지원을 활용하면 될 것이다.

대학 내 창업공간으로는 많은 대학에서 운영하는 '창업보육센터'가 있으며, 정부의 '산학협력선도대학 육성사업', '창업선도대학', '스마트벤츠창업학교' 사업에 선정되어 창업공간을 마련한 학교도 있다. 이 외에도 웬만한 학교는 자체적으로 창업공간과 실험 기자재를 갖추고 있다.

〈표 10-7〉 학생창업 전용공간 현황

(단위 : ㎡)

구분	2019년				2020년				2021년			
	대학	평균	최소	최대	대학	평균	최소	최대	대학	평균	최소	최대
일반대	149	1,112.6	9.9	8,140.4	148	1,153.6	4.4	6,201	154	1,322.5	6.6	23,592
전문대	92	255.5	9.9	3,382	85	271.5	13	1,076.7	90	275	17	2,785
전체	241	785.4	9.9	8,140.4	233	831.8	4.4	6,201	244	936.1	6.6	23.592

자료 : 2022**대학 창업교육 가이드', 교육부·한국연구재단·한국청년기업가정신재단**

〈표 10-8〉 대학 내 창업보육센터 현황

(단위 : 개)

구분	2018년		2019년		2020년	
	운영대학수	신규 입주기업 수	운영대학수	신규 입주기업 수	운영대학수	신규 입주기업 수
일반대	140	1,345	137	1,291	137	1,299
전문대	70	345	69	314	69	354
전체	210	1,690	206	1,605	206	1,653

자료 : 교육부 대학산학협력활동실태조사(2021)

2.2 외국의 대학 창업교육 현황

글로벌 경제위기 이후 주요 선진국들은 창업교육을 통해 기업가적 마인드와 창조적 도전정신 함양을 위한 핵심수단으로서 일자리 창출과 경제성장의 기반을 다져나가고 있다. 세계경제포럼(2009년 4월)은 「Educating the Next Wave of Entrepreneurs」 보고서를 통해 글로벌 교육혁신의 핵심으로 창업교육을 설정하고 전 세계에 창업교육 도입과 혁신을 권고하였다.

미국은 2011년 「Startup America Initiative」를 통해 기업가정신 교육의 중요성을 선언하고 국가 차원의 전략적 투자를 해나가고 있으며 정규 교육시간에 기업가정신과 창업교육을 실시하는 주는 40개 주로 전체의 80%에 이르며 대학의 경우 약 4천여 개 대학 중 2천여 개 대학에서 교육을 시행 중이고 500개 이상의 대학이 전공 또는 학과 등 정규학제로 운영 중이다. 민간의 경우 JA, DECA, NFTE, 카우프만 재단 등에서 창업교육을 제공하고 있으며 교수법, 프로그램 등도 개발하여 기업가정신 교육을 확산시키고 있다.

유럽은 2006년 오슬로 어젠다를 통해 모든 국민을 대상으로 하는 창업교육 필요성에 대한 공감대를 형성한 이후 「Entrepreneurship 2020 Action Plan」을 수립하고 첫 번째로 기업가정신 교육을 제시하였다. 초중등학교는 전체 유럽 국가의 2/3에 해당하는 국가가, 고등학교는 모든 국가가 교육과정에 기업가정신 교육을 시행하고 있다.

영국은 2011년 「Startup Britain」을 통해 창업교육을 국가 어젠다로 설정하고 기업가정신을 모든 국민이 가져야 할 기초소양으로 설정하고 모든 정규 교육과정에서 기업가정신 교육을 시행 중이다. 이를 반영하듯 2011년 44만 개였던 스타트업이 2014년 약 60만 개로 증가했고 실업률은 5.4%로 10년간 가장 낮은 수준을 유지하고 있다. 특히 초등학교 과정부터 모의창업 프로젝트를 수행하도록 하여 어린 시절부터 창업을 체험하고 경영환경에 대한 이해력을 제고하고 있다. 대학의 경우 모든 대학에 창업동아리 개설을 권고하고 Young Enterprise, Peter Jones Foundation 등 민간 비영리기관 중심의 창업교육도 활발하게 이루어지고 있다.[6)]

미국의 경우 2014년 기준 창업 학과 및 전공이 개설된 총 497개교 대학의 특징은 각자 고유의 콘텐츠와 프로그램으로 교육을 전개하고 실제 창업이 가능하도록 교과과정을 매우 세분화하고 있다. 조지워싱턴 대학 기업가센터를 예를 들면 Idea Shaping, Prototyping & Engineering, Entrepreneurial Strategy, Entrepreneurial Marketing, Entrepreneurial Financing, Entrepreneurial Management 등으로 별도 개설되어 있다. 교육 방법도 각 학교별, 과정별로 다원화되고 있다.

예를 들면 강의실 내 교육(In-Class), 현장탐방(Outreach), 가상창업프로젝트, 온라인 시뮬레이션, 창업인턴십, SBDC연계 창업기업 컨설팅, 기업가 초청강의, 기업가와 1:1 지도(Entrepreneur-in-Residence), 대기업 중역들과의 사업타당성 검토(Executive-on-Campus, Proof of Concept), 학내 창업경진대회 등 매우 다양한 방법들을 활용하고 있다.[7)]

6) 김경재, '창업교육 이슈페이퍼', 교육부 · 한국연구재단 · 한국청년기업가정신재단, 2016, pp.4~5.
7) 황보윤, '창업교육 이슈페이퍼', 교육부 · 한국연구재단 · 한국청년기업가정신재단, 2016, pp.48~49.

〈표 10-9〉 미국 대학의 창업 학과 및 전공 개설 현황

(2014년 기준)

과정 개설형태	개설학과 수(개)	주요 특징
학부과정 학과	125	경영대학에 개설
학부과정 전공	67	경영대학에 개설
학부과정 부전공	105	비 경영대학 학생들이 이수할 수 있도록 개설. 최근 가파른 증가 흐름
대학원 수료과정	31	비 경영학 과정의 대학원생들이 창업목적으로 수료
MBA 전공	96	주요 선도 비즈니스스쿨의 핵심 전공과정. 희망 전공 선택 1위. 실질적 창업준비 과정
MS 전공	38	학술적 목적과 실제 창업준비 목적의 과정 병행
박사과정 전공	35	학술적 목적의 과정. 주요 선도대학 중심 개설. 창업교육전문가 양성
합계	497	

자료 : 황보윤, '창업교육 이슈페이퍼', 교육부 · 한국연구재단 · 한국청년기업가정신재단, 2016, p.49.

미국에서 창업교육은 Bobson대학이 1984년 기업가정신 학부를 신설한 이래 MIT, 스탠퍼드대 등 600여 개 이상의 대학에서 정규교과목으로 편성하였으며, 카우프만 재단의 조사에 의하면 이러한 기업가정신 교육 강좌는 2008년 2,600여 개 학교, 5,000여 개의 강좌로 확대되었다. 이는 K-12 과정으로까지 확장되어 비록 주마다 다른 교육과정에서 비정형적으로 운영되고 있지만, 8~12세에는 'mini-Society' 프로그램을, 중학생들에게는 'Making a Job', 고등학생들에게는 'Enterprep'의 커리큘럼이 진행되고 있다. 2007년부터는 범국가적 운동으로 레모네이드 데이(Lemonade Day : 2007년 'Prepared 4 Life'가 아이들에게 비즈니스 교육을 위해 공동체 기반으로 시작한 교육 이니셔티브) 행사가 각 주 곳곳에서 이루어지면서 어린 학생들 사이에서조차 그들 자신이 레모네이드 스탠드를 운영하면서 목표를 세우고, 상품을 만들어 팔고, 지역사회와 나누며 기업가정신을 익히고 있다.[8]

8) 김윤정, '창업교육 이슈페이퍼', 교육부 · 한국연구재단 · 한국청년기업가정신재단, 2016, p.119.

제3절 창업지원 정책

3.1 창업지원 법규

1) 중소기업창업지원법

중소기업창업지원법은 중소기업의 설립을 촉진하고 성장 기반을 조성하여 중소기업의 건전한 발전을 통한 건실한 산업구조의 구축에 기여함을 목적으로 1986년 5월 12일 법률 제3831호로 제정 공포되었으며, 창업초기 사업자에 대한 지원과 창업지원기관 설립 · 지원에 관한 사항을 마련함으로써 창업지원을 위한 기틀을 제공하고 있다.

용어의 정의를 살펴보면 중소기업 창업을 지원하기 위한 범위를 획정하기 위해 이 법의 적용을 받는 '창업'은 중소기업을 새로 설립하는 것, '창업기업'은 중소기업을 창업하여 사업을 개시한 날부터 7년 이내의 법인 또는 개인사업자, '초기창업기업'은 사업을 개시한 날부터 3년 이내인 창업기업, '재창업'은 중소기업을 폐업하고 중소기업을 새로 설립하는 것, '재창업기업'은 재창업하여 사업을 개시한 날부터 7년이 지나지 아니한 기업을 말한다.

법에는 창업 활성화 지원사업, 연령별 창업지원 시책 수립, 창업정책 정보의 수집 및 제공, 창업종합관리시스템의 구축 및 운영, 창업교육의 활성화, 창업대학원 지정, 창업문화 및 분위기 확산, 온라인 창업지원시스템의 구축 및 운영, 유망 신산업 · 기술 창업기업 집중 육성, 지역특화형 신산업 · 기술 창업의 활성화, 민관협력형 신산업 · 기술 창업기업의 발굴 · 육성, 대학 내 창업지원 전담조직의 설립 등을 담고 있다.

창업지원기관 설립 · 지원과 관련하여서는 각 대학 내 설치되어 있는 창업보육센터, 청년창업 또는 대학생 창업과 관련하여 청년기업가정신재단 지원과 대학 내 창업지원 전담조직의 설립 근거를 마련함으로써 대학에서의 기업가정신 교육 및 창업지원에 관한 기초를 제공하고 있다.

〈표 10-10〉 중소기업창업지원법 주요 구성

구분	법 조항		주요 내용
정책 수립	7조	창업지원종합계획 수립	창업의 촉진 및 창업기업 등의 성장과 발전을 위하여 중소기업정책심의회 심의를 거쳐 창업지원종합계획을 3년마다 수립 · 시행
	10조	창업 활성화 지원사업 추진	중소기업의 창업을 활성화하고 창업기업 등의 성장 · 발전을 지원하기 위한 사업을 추진
	11조	연령별 창업지원시책 수립	청년창업기업 및 중장년창업기업 등 창업기업의 연령별 특수성을 종합적으로 고려하여 창업지원시책을 수립 · 시행
정보 제공	14조	창업정책정보 수집 및 제공	창업기업 등에 대하여 창업 및 창업기업의 성장과 발전에 필요한 자금, 인력, 기술, 판로, 입지 등에 관한 정보를 수집 및 제공
시스템 구축	15조	창업종합관리 시스템 구축 및 운영	창업 관련 정보를 종합적으로 관리하고 효과적으로 제공하기 위하여 창업종합관리시스템을 구축 및 운영
	24조	온라인창업지원 시스템 구축 · 운영	온라인창업지원시스템 구축 및 운영 * http://www.startbiz.go.kr
지원기관 설립 등록 지정출연	17조	청년기업가정신재단 출연	기업가정신을 함양 · 확산하기 위하여 중소벤처기업부장관 설립허가 비영리 재단법인에 대해 출연 또는 보조
	19조	창업대학원 지정	창업 전문인력 양성을 목적으로 하는 대학원을 지정하여 필요 경비 출연 및 지원
	32조	대학 내 창업지원 전담조직 설립	대학의 창업선도대학 육성사업 및 대학 기업가센터 운영을 위한 필요 경비 출연 및 지원
	51조	창업진흥원 설립	창업을 촉진하고 창업기업의 성장을 효율적으로 지원하기 위하여 창업진흥원을 설립
	52조	지역창업전담기관 지정	지역의 혁신창업 생태계 활성화를 위하여 각 지역별로 지역창업전담기관을 지정
	53조	창업보육센터사업자 지정	창업기업에 시설 · 장소를 제공하고 경영 · 기술분야 지원하는 것을 목적으로 하는 창업보육센터 지정
	54조	중소기업상담회사 등록	중소기업의 사업성 평가 등 영위하는 회사는 중소기업상담회사로 등록

2) 벤처투자 촉진에 관한 법률

벤처투자에 필요한 사항을 정하여 창업자, 중소기업, 벤처기업 등에 대한 투자를 촉진하고 벤처투자 산업을 육성함으로써 중소기업 등의 건전한 성장기반 조성을 통한 국민경제의 균형 있는 발전에 기여함을 목적으로 2020년 2월 11

일에 제정되고 2020년 8월 12일에 시행되었다.

전문개인투자자(엔젤투자자), 창업기획자(액셀러레이터, accelerator), 벤처투자회사 등의 등록은 이 법에 규정되어 있다. 벤처투자회사는 종전에 중소기업창업투자회사라고 일컬었으나 2023년 6월 20일에 개정되고 2023년 12월 21일에 시행된 개정법률에서 벤처투자회사라는 이름으로 변경되었다.

〈표 10-11〉 벤처투자 촉진에 관한 법률 주요 구성

구분	법 조항		주요 내용
시책 수립	5조	벤처투자 촉진 지원사업 추진	벤처투자를 목적으로 하는 자의 원활한 사업 운영을 도모하고 벤처투자를 촉진하기 위해 다음 사업을 추진하거나 필요한 시책을 수립 · 시행 1. 벤처투자 산업 육성 및 벤처투자 촉진을 위한 기반 조성 2. 국내외 벤처투자 동향 및 여건 분석 3. 벤처투자 성과창출 강화를 위한 지원 4. 전문개인투자자 등 벤처투자 전문인력의 양성 5. 외국인투자 유치 및 국제교류 확대
시스템 구축	7조	종합관리시스템 구축 · 운영	벤처투자 관련 정보를 종합적으로 제공하고 벤처투자의 성과를 체계적으로 측정 · 관리하기 위하여 종합관리시스템을 구축 · 운영
지원 기관 설립 등록	9조	전문개인투자자 등록	벤처투자를 하는 개인으로서 이 법의 적용을 받으려는 사람은 중소벤처기업부장관에게 전문개인투자자로 등록
	12조	개인투자조합 결성과 등록	개인, 창업기획자 등이 중소벤처기업부령으로 정하는 자와 상호출자하여 결성하는 조합으로서 이 법의 적용을 받으려는 조합은 중소벤처기업부장관에게 개인투자조합으로 등록
	24조	창업기획자 등록	다음의 어느 하나에 해당하는 사업을 하는 자로서 이 법의 적용을 받으려는 자는 중소벤처기업부장관에게 창업기획자로 등록 1. 초기창업자의 선발 및 전문보육 2. 초기창업자에 대한 투자 3. 개인투자조합 또는 벤처투자조합의 결성과 업무의 집행 4. 제1호부터 제3호까지의 사업에 딸린 사업으로서 중소벤처기업부장관이 정하는 사업
	37조	벤처투자회사 등록	창업기업 및 벤처기업에 대한 투자 등의 사업을 하는 자로서 이 법의 적용을 받으려는 자는 중소벤처기업부장관에게 벤처투자회사로 등록
	50조	벤처투자조합 결성과 등록	창업기획자, 벤처투자회사, 한국벤처투자 등이 그 외의 자와 상호출자하여 결성하는 조합으로서 이 법의 적용을 받으려는 조합은 중소벤처기업부장관에게 벤처투자조합으로 등록
	66조	한국벤처투자 설립	창업기업, 중소기업 및 벤처기업 등의 성장 · 발전을 위한 투자의 촉진 등을 효율적으로 추진하기 위하여 한국벤처투자를 설립

3) 벤처기업육성에 관한 특별법

벤처기업육성에 관한 특별 조치법은 1990년대 이른바 닷컴열풍이 불어닥칠 즈음에 기존 기업의 벤처기업으로의 전환과 벤처기업의 창업을 촉진하여 우리 산업의 구조조정을 원활히 하고 경쟁력을 높이는 데에 기여하는 것을 목적으로 1997년 8월 28일 법률 제5381호로 제정 공포되었다. 동법은 '벤처기업육성에 관한 특별법'으로 2024년 1월 9일자로 법률명이 변경 제정되고 2024년 7월 10일자로 시행되었다.

벤처기업육성에 관한 특별법의 주요구성을 살펴보면 벤처기업의 자금조달 편의를 위해 기금의 투자, 중소기업투자모태조합 결성, 한국벤처투자조합의 결성, 전담회사의 설립 등과 우선적 신용보증 실시가 있다. 또한 산업재산권 등의 출자 특례, 주식교환, 합병절차 간소화 등 출자와 기업인수합병에 관한 특례 조항을 두고 있다.

벤처기업의 집적화를 통한 시너지 효과를 위해 신기술창업집적지역 지정, 벤처기업집적시설의 지정, 창업보육센터 입주 벤처기업과 창업자에 대한 특례를 두고 있으며, 대학연구 실적물의 창업을 도모하기 위해 교육공무원 등의 휴직 허용과 겸임이나 겸직에 관한 특례를 규정하고 있기도 하다.

〈표 10-12〉 벤처기업육성에 관한 특별법의 주요 구성

구분	법 조항		주요 내용
특례	5조	우선적 신용보증 실시	기술보증기금은 벤처기업과 신기술창업전문회사에 우선적 신용보증
	6조	지식재산권 등의 출자 특례	벤처기업에 대한 현물출자 대상에는 특허권 · 실용신안권 · 디자인권 · 저작권, 그 밖에 이에 준하는 기술과 그 사용에 관한 권리를 포함
	14조	조세에 대한 특례	국가나 지방자치단체는 벤처기업을 육성하기 위하여 소득세 · 법인세 · 취득세 · 재산세 및 등록면허세 등을 감면할 수 있음
	16조	교육공무원 등의 휴직 허용	교원 또는 공공연구기관 · 공공기관의 연구원 등이 벤처기업 또는 창업자의 대표자나 임원으로 근무하기 위해 5년 이내에서 휴직 가능

	16조 2	교육공무원 등 겸임 · 겸직 특례	교육공무원 또는 정부출연연구기관의 연구원은 벤처기업 또는 창업자의 대표자나 임직원으로 겸임 또는 겸직 가능
시스템 구축	3조 4	종합관리시스템 구축 · 운영	벤처기업 관련 정보를 관리하고 벤처기업 간의 협력기반을 구축하여 벤처기업 활동에 유용한 정보를 제공하기 위하여 종합관리시스템을 구축 · 운영
지원 기관 설립 지정	11조 2	신기술창업 전문회사 설립	대학이나 연구기관은 신기술창업전문회사를 설립할 수 있음
	11조3	전문회사의 운영	대학이나 연구기관은 해당 기관이 설립한 전문회사의 발행주식 총수의 100분의 10 이상을 보유
	15조 13	중소벤처기업 인수합병 지원센터 지정	중소벤처기업의 인수합병을 효율적으로 지원하기 위하여 중소기업지원 관련 기관 또는 단체를 중소벤처기업 인수합병 지원센터 지정
	17조 2	신기술창업 집적지역 지정	대학 또는 연구기관이 소유한 교지나 부지의 일정 지역에 대하여 창업기업 · 벤처기업 등의 생산시설 및 그 지원시설을 집단적으로 설치하는 신기술창업집적지역 지정을 중소벤처기업부장관에게 요청
	18조	벤처기업집적 시설 지정	벤처기업집적시설을 설치하거나 기존의 건축물을 벤처기업집적시설로 사용하려는 자는 대통령령으로 정하는 연면적 이상인 경우 시 · 도지사로부터 그 지정을 받을 수 있음
	18조 4	벤처기업육성 촉진지구 지정	시 · 도지사는 벤처기업을 육성하기 위하여 필요하면 관할 구역의 일정지역에 대하여 벤처기업육성촉진지구의 지정을 중소벤처기업부장관에게 요청

4) 중소기업진흥에 관한 법률

중소기업의 구조고도화를 통하여 중소기업의 경쟁력을 강화하고 중소기업제품의 구매촉진 및 판로확대와 중소기업의 경영기반을 확충함으로써 국민경제의 균형 있는 발전에 기여함을 목적으로 1994년 12월 22일 법률 제4825호로 제정되고 1995년 7월 1일 시행된 「중소기업진흥 및 제품구매촉진에 관한 법률」에 근원을 두고 있다.

「중소기업제품 구매촉진 및 판로지원에 관한 법률」이 법률 제9685호로 2009년 5월 21일에 제정됨으로써 「중소기업진흥 및 제품구매촉진에 관한 법률」은

「중소기업진흥에 관한 법률」로 명칭을 변경하여 2009년 11월 22일자로 시행하였다.

1979년에 발족한 중소기업진흥공단(현 중소벤처기업진흥공단)은 김영삼 정부에서 1996년 통상산업부의 외청으로 발족한 중소기업청(현 중소벤처기업부)의 산하기관으로 본 법에 의해 편입되어 각종 중소기업지원 업무를 수행하고 있다.

〈표 10-13〉 중소기업진흥에 관한 법률 주요 구성

구분	법 조항		주요 내용
지원 사업 및 특례	4조	중소기업 자동화 지원 사업	중소기업의 자동화를 촉진하고 자동화설비의 생산업체와 엔지니어링사업자를 육성하기 위하여 자동화지원사업 실시
	5조	서로 다른 업종간 교류 지원사업	중소기업자간 정보 및 기술 교류를 촉진하기 위하여 이업종교류지원사업 실시
	39조	협업 지원사업	중소기업자의 원활한 협업 수행을 위해 다음 사항에 관한 지원사업 시행 o 협업자금 지원 o 인력 양성 o 기술개발자금 출연 o 수출 및 판로개척 지원 o 공동 법인설립 등에 관한 자문
	62조 2	가업승계 지원	중소기업의 가업승계를 위하여 조세 관련 법률로 정하는 바에 따른 세제지원 등 필요한 지원
	62조 5	명문장수기업 확인	건설업, 부동산업, 금융업, 보험 및 연금업, 금융 및 보험 관련 서비스업 등을 제외한 다음 요건을 모두 갖춘 기업으로서 중소벤처기업부장관에게 확인 신청 o 사업개시 날부터 45년 이상 주된 업종의 변동 없이 계속 사업 유지해온 기업. o 기업의 경제적 · 사회적 기여도가 대통령령으로 정하는 기준에 해당하는 기업 o 브랜드 가치, 보유 특허 수준, 제품 우수성 등이 대통령령으로 정하는 기준 해당 기업 o 기업의 총매출액 중 연구개발비가 차지하는 비중이 대통령령으로 정하는 기준에 해당하는 기업
	62조 10	소기업의 공장설립에 관한 특례	공장 또는 사업장 면적이 500제곱미터 미만인 기업의 경우 사업자등록증은 「산업집적활성화 및 공장설립에 관한 법률」 제16조에 따른 공장등록을 하였음을 증명하는 서류 등 대통령령으로 정하는 증명서로 봄

기금 설치	63조	중소벤처기업 창업 및 진흥기금 설치	중소기업의 창업 촉진, 산업의 균형 있는 발전과 산업기반의 구축, 경영 기반 확충 및 구조고도화에 필요한 재원을 확보하기 위하여 중소벤처기업창업 및 진흥기금 설치
시스템 운영	79조 2	중소기업 정보시스템 운영	중소기업 지원 정책정보를 분야별로 분류 · 제공하는 중소기업 정책정보시스템 운영
지원기관 설립 지정	44조	지도 실시기관	중소기업에 대하여 경영 및 기술지도를 할 지도실시기관을 지정할 수 있으며 필요한 경우 지도에 드는 비용을 출연
	62조 3	중소기업 가업승계지원센터 지정	중소벤처기업부장관과 시 · 도지사는 중소기업의 원활한 가업승계를 효율적으로 지원하기 위하여 중소기업지원 관련 기관이나 단체를 중소기업가업승계지원센터로 지정
	62조 9	사회적책임경영 중소기업지원센터 지정	중소기업의 사회적책임경영을 효율적으로 지원하기 위해 중소기업 지원 관련 기관이나 단체를 사회적책임경영 중소기업지원센터 지정
	68조	중소벤처기업 진흥공단 설립	중소기업 진흥을 위한 사업을 효율적으로 추진하기 위해 중소벤처기업진흥공단을 설립
	69조	중소기업제품 · 벤처기업제품 판매회사 설립	중소벤처기업진흥공단은 중소벤처기업부장관의 승인을 받아 중소기업제품 · 벤처기업제품의 판로 확보를 지원하기 위한 회사를 설립

5) 소상공인 보호 및 지원에 관한 법률

1997년 4월 10일 법률 제5331호로 제정된 「소기업지원을 위한 특별조치법」에 근원을 두고 있다. 동법은 2000년 12월 29일자로 「소기업 및 소상공인 지원을 위한 특별조치법」으로 명칭 변경되었으며, 2015년 1월 28일 법률 제13086호에 의해 지금의 「소상공인 보호 및 지원에 관한 법률」로 개칭되어 내려오고 있다.

소상공인이란 상시 근로자 수가 10명 미만으로서 업종별 상시 근로자 수 등이 대통령령으로 정하는 기준에 해당하는 사업체를 말한다. 과거 자영업이란 용어로 통칭되었으나 김대중 정부에서 소상공인이라는 용어로 정립되었다.

소상공인 보호 및 지원에 관한 법률은 소상공인의 자유로운 기업 활동을 촉진하고 경영안정과 성장을 도모하여 소상공인의 사회적 · 경제적 지위 향상과 국민경제의 균형 있는 발전에 이바지함을 목적으로 제정되었다.

〈표 10-14〉 소상공인 보호 및 지원에 관한 법률 주요 구성

구분	법 조항		주요 내용
지원 사업	8조	소상공인 창업지원	소상공인 창업지원을 위한 다음 사업 ㅇ 우수한 아이디어 등을 보유한 소상공인 창업 희망자의 발굴 ㅇ 소상공인 창업을 위한 절차 등에 대한 상담 · 자문 및 교육 ㅇ 자금조달, 인력, 판로 및 사업장 입지(立地) 등 창업에 필요한 정보의 제공
	9조	소상공인 경영안정 등 지원	소상공인의 경영안정과 성장 지원 사업 ㅇ 소상공인에 대한 경영상담 · 자문 및 교육 ㅇ 소상공인에 대한 자금 · 인력 · 판매 · 수출 등의 지원 ㅇ 소상공인에 대한 전자상거래, 스마트 기기를 이용한 결제 시스템의 도입 등 상거래 현대화 지원 ㅇ 소상공인 전용 모바일 상품권의 발행 및 유통 활성화 지원 사업
	10조	소상공인 구조고도화 지원	소상공인의 구조개선 및 경영합리화 등의 구조고도화 지원을 위한 다음 사업 ㅇ 새로운 사업의 발굴 ㅇ 사업전환의 지원 ㅇ 사업장 이전을 위한 입지 정보의 제공 ㅇ 소상공인 해외 창업의 지원
	11조	소상공인 조직화 및 협업화 지원	소상공인의 조직화 및 협업화 지원 사업 ㅇ 협동조합의 설립 ㅇ 제품 생산 및 서비스 제공 등에 필요한 시설 및 장비의 공동 이용 ㅇ 상표 및 디자인의 공동 개발 ㅇ 제품 홍보 및 판매장 설치 등 공동 판로 확보 소상공인이 공동으로 소상공인공동물류센터를 건립하여 운영하는 경우 행정적 · 재정적 지원
	12조	폐업 소상공인에 대한 지원	폐업 소상공인지원을 위한 다음 사업 지원 ㅇ 재창업 지원 ㅇ 취업훈련의 실시 및 취업 알선
	13조 2	소상공인 디지털화 지원	소상공인 디지털 격차 해소 및 디지털 경쟁력 제고를 위하여 다음 사항에 관한 사업 ㅇ 소상공인 생업현장 디지털 혁신모델 확산 ㅇ 소상공인 디지털 생태계 조성 ㅇ 디지털 전환 지원 인프라 구축

기금 설치	19조	소상공인시장 진흥기금 설치	전통시장 상인 등 소상공인의 경영안정과 성장 및 구조 고도화 등을 지원하는 데 필요한 재원을 확보하기 위하여 소상공인시장진흥기금 설치
시스템 운영	13조	상권정보시스템 구축 및 운영	소상공인의 입지 및 업종 선정을 지원하기 위하여 상권관련 정보를 종합적으로 제공하는 상권정보시스템 구축 · 운영
지원 기관 설립	17조	소상공인시장 진흥공단 설립	소상공인의 경영안정과 성장 및 전통시장 등의 활성화를 위한 사업을 효율적으로 수행하기 위하여 소상공인시장 진흥공단 설립
	24조	소상공인연합회 설립 및 운영	소상공인의 법인 · 조합 및 단체의 소상공인연합회 설립 근거

6) 사회적기업 육성법

사회적기업이라는 것은 사회서비스를 시장가격으로 구매하는 데 어려움이 있는 취약계층에게 사회서비스 또는 일자리를 제공하여 삶의 질을 높이는 등의 사회적 목적을 추구하면서 재화 및 서비스의 생산 · 판매 등 영업활동을 수행하는 기업으로서 일정 요건을 갖추어 고용노동부장관의 인증을 받은 기업을 말한다.

사회적기업 육성법은 사회적기업의 설립 · 운영을 지원하고 사회적기업을 육성하여 우리 사회에서 충분하게 공급되지 못하는 사회서비스를 확충하고 새로운 일자리를 창출함으로써 사회통합과 국민의 삶의 질 향상에 이바지함을 목적으로 2007년 1월 3일 법률 제8217호로 제정되어 2007년 7월 1일자로 시행되었다.

사회적기업의 인증 요건은 다음과 같다.

1. 민법에 따른 법인 · 조합, 상법에 따른 회사 · 합자조합, 특별법에 따라 설립된 법인 또는 비영리민간단체 등 대통령령으로 정하는 조직 형태를 갖출 것
2. 유급근로자를 고용하여 재화와 서비스의 생산 · 판매 등 영업활동을 할 것
3. 취약계층에게 사회서비스 또는 일자리를 제공하거나 지역사회에 공헌함

으로써 지역주민의 삶의 질을 높이는 등 사회적 목적의 실현을 조직의 주된 목적으로 할 것.

4. 서비스 수혜자, 근로자 등 이해관계자가 참여하는 의사결정 구조를 갖출 것
5. 영업활동을 통하여 얻는 수입이 대통령령으로 정하는 기준 이상일 것
6. 수익배분 및 재투자에 관한 사항, 출자 및 융자에 관한 사항, 종사자의 구성 및 임면에 관한 사항 등을 포함하는 정관이나 규약을 갖추어야 하고 회사·합자조합인 경우 배분 가능한 잔여재산의 3분의 2 이상을 다른 사회적기업 또는 공익적 기금 등에 기부하도록 하는 내용이 포함되어야 함
7. 회계연도별로 배분 가능한 이윤이 발생한 경우 이윤의 3분의 2 이상을 사회적 목적을 위하여 사용할 것(상법에 따른 회사·합자조합인 경우만 해당)

〈표 10-15〉 사회적기업 육성법 주요 구성

구분	법 조항		주요 내용
지원사업	10조	경영지원	사회적기업의 설립 및 운영에 필요한 경영·기술·세무·노무·회계 등의 분야에 대한 전문적인 자문 및 정보제공 등 지원 대통령령으로 정하는 정부출연기관이나 민간단체에 지원업무를 위탁할 수 있음
	10조 2	교육훈련 지원	사회적기업의 설립·운영에 필요한 전문인력의 육성, 사회적기업 근로자의 능력향상을 위하여 교육훈련 실시
	11조	시설비 등 지원	국가 및 지방자치단체는 사회적기업의 설립 또는 운영에 필요한 부지구입비·시설비 등을 지원·융자하거나 국유·공유 재산 및 물품을 대부하거나 사용하게 할 수 있음
	12조	공공기관의 우선 구매	중소기업제품 구매촉진 및 판로지원에 관한 법률 제2조 제2호에 따른 공공기관의 장은 사회적기업이 생산하는 재화나 서비스의 우선 구매를 촉진하여야 함
	13조	조세감면 및 사회보험료 지원	국세 및 지방세 감면 고용보험료 및 산업재해보상보험료, 국민건강 보험료, 국민연금 보험료의 일부를 지원
	14조	사회서비스 제공 사회적기업 재정 지원	사회서비스 제공 사회적기업 운영에 필요한 인건비, 운영경비, 자문 비용 등의 재정적인 지원
지원기관 설립	20조	한국사회적기업진흥원 설립	사회적기업의 육성 및 진흥에 관한 업무의 효율적 수행을 위해 한국사회적기업진흥원 설치

3.2 창업지원 기관

1) 한국청년기업가정신재단

한국청년기업가정신재단(Korea Entrepreneurship Foundation)은 청년층의 도전정신, 창의력, 혁신역량의 함양과 기업가정신의 확산을 주도하는 플랫폼 역할을 수행하고자 2010년 12월 21일 중소기업청(현 중소벤처기업부)으로부터 재단법인 설립허가를 받아 출발하였으며 출연기관으로는 중소벤처기업부, 한국벤처캐피탈협회, 벤처기업협회, 하나은행, 기업은행, ㈜KT, ㈜다산네트웍스, 주성엔지니어링㈜ 등이 있다.

이사장, 사무총장, 4부 11팀의 조직으로 구성되어 있으며, 부설기관으로 K-ICT창업멘토링센터와 기업가정신연구소를 두고 있다. 대학창업팀에서는 대학의 창업교육을 지원하며, K-ICT창업멘토링센터는 ICT분야 창업 경험 전문가로 구성된 지원단에서 청년들의 창업 멘토 역할을 수행한다.

■ 주요 사업

- ○ 기업가정신 활성화를 위한 사업의 기획, 개발 및 운영
- ○ 기업가정신에 대한 연구지원, 실태조사 및 통계 구축 · 운영
- ○ 청년 및 예비창업자 등을 대상으로 하는 기업가정신 교육과정과 교재의 개발 · 보급, 교육사업의 관리 · 운영 지원
- ○ 기업가정신 모범사례의 발굴 · 전파 등 기업가정신을 확산하기 위한 분위기 조성
- ○ 기업가정신 저해요인의 발굴 · 해소 및 원활한 재도전 여건 확충
- ○ 기업가정신분야의 국내외 교류 및 체험
- ○ 기업가정신 생태계 조성을 위한 멘토링, 컨설팅

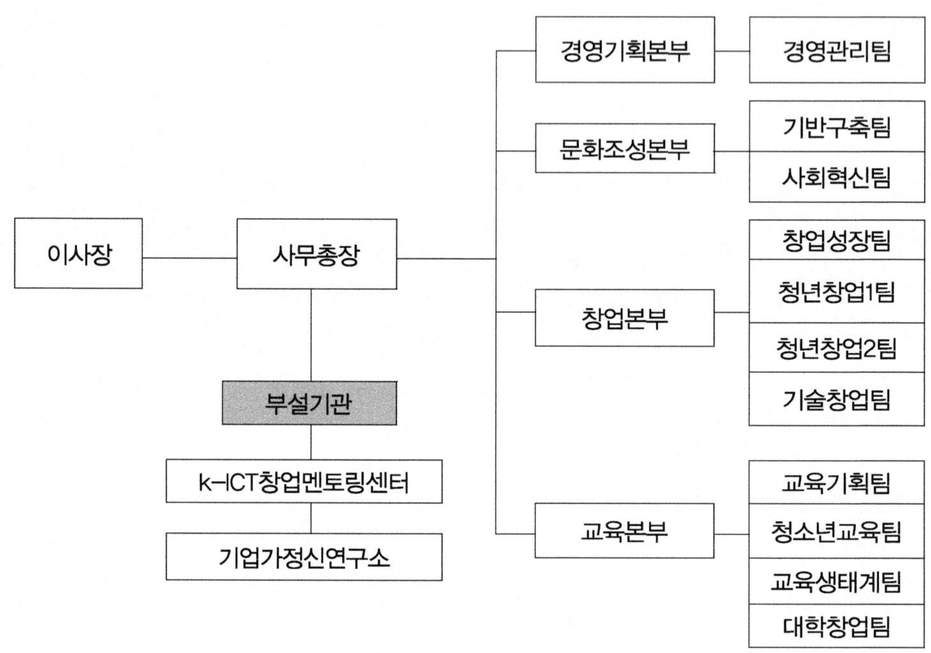

〈그림 10-3〉 한국청년기업가정신재단 조직도

〈표 10-16〉 주요 창업지원 기관

<table>
<tr><th colspan="2">지원 주체</th><th>창업지원 기관명</th></tr>
<tr><td colspan="2" rowspan="10">중소벤처기업부
산하 및 등록기관</td><td>한국청년기업가정신재단</td></tr>
<tr><td>중소벤처기업진흥공단 청년사관학교</td></tr>
<tr><td>창조경제혁신센터</td></tr>
<tr><td>소상공인시장진흥공단 소상공인지원센터</td></tr>
<tr><td>창업진흥원</td></tr>
<tr><td>창업보육센터</td></tr>
<tr><td>벤처투자회사</td></tr>
<tr><td>중소기업상담회사</td></tr>
<tr><td>개인투자조합(엔젤투자조합)</td></tr>
<tr><td>창업기획자(엑셀러레이터)</td></tr>
<tr><td colspan="2">고용노동부 산하기관</td><td>사회적기업진흥원</td></tr>
<tr><td colspan="2">지방자치단체 산하기관</td><td>(서울) 송파ICT청년창업지원센터 등</td></tr>
<tr><td rowspan="3">민간기업 지원기관</td><td>아산나눔재단</td><td>마루180</td></tr>
<tr><td>네이버</td><td>D2스타트업팩토리</td></tr>
<tr><td>구글코리아</td><td>구글스타트업캠퍼스(Google for Startups)</td></tr>
</table>

2) 중소벤처기업진흥공단 청년사관학교

대한민국을 이끌어갈 혁신적인 청년 CEO를 양성한다는 목표로 2011년 3월 안산에서 개교하여 현재 전국에 20개 청년창업사관학교를 개설 · 운영하고 있다.

창업활성화 속에서도 청년창업, 첨단 · 고기술 창업은 지속적으로 축소되는 경향이 나타나기에 청년층의 창업 실패 두려움을 덜고 중소기업 CEO의 고령화와 경제 성장동력 저하를 해소하기 위해 기술창업 위주 청년 창업자를 선발하여 창업의 전 과정을 일괄 지원한다.

〈표 10-17〉 청년사관학교 지원 사업 및 실적

구분	내용						
지원 대상	만 39세 이하 창업기업의 대표(창업 후 3년 이내 기업) 고용 및 부가가치 창출이 높은 기술집약 업종(혁신 제조 융 · 복합 업종)						
지원 실적	연도	2011	2017	2018	2020	2021	2022
	지원액(억원)	180	500	1,022	929	968	845
	선발인원(명)	241	500	1,000	1,035	1,065	915
지원 내용	정부지원금	기술개발 및 시제품 제작, 마케팅 비용 등 지원					
	창업 인프라	창업준비 공간, 제품개발 장비 등 지원					
	창업 교육	창업 단계별 집중 교육					
	창업 코칭	전담 교수 1:1 집중 코칭					
	기술지원	제품개발 과정의 기술 및 장비 지원					
	투자지원	투자전담운영사 활용 및 데모데이 실시 등					
	정책사업 연계지원	정책자금, 수출지원, 기술개발, 투자유치 연계 등					

자료: 청년사관학교 홈페이지(start.kosmes.or.kr)

〈표 10-18〉 청년사관학교 현황

권역	학교명	소재지	개소일	전화	입소 규모
본사	글로벌	구로구 디지털로 26길 38 지타워10층	2020년 07월	02)6735-1337	
수도권 및 강원권역	안산	안산 단원구 연수원로 87 중소벤처기업연수원	2011년 03월	031)490-1351	64팀
	구리	구리시 경춘로 200 한서숀스앤리빌 3,4층	2020년 03월	031)554-2784	16팀
	서울	양천구 목동동로 309 중소기업유통센터 사무동 12층	2018년 10월	02)2130-1431	50팀
	인천	연수구 갯벌로 12 미추홀타워 본관11층	2018년 11월	032)858-7860	
	경기 북부	파주시 중앙로 328 MH타워 11층	2018년 10월	070-4243-0915	14팀
	강원	원주시 문막읍 동원공단로 130-2, 3층	2018년 11월	033)748-9266	
호남권 및 제주권역	광주	북구 동문대로 456번길 40 호남연수원	2012년	062)250-3030	25팀
	전북	전주시 덕진구 기린대로 418, 4~5층	2018년 10월	063)276-8218	24팀
	전남	나주시 상야 1길 7 예가람타워 407,408호	2018년 10월	061)331-8708	17팀
	제주	제주시 중앙로 제주벤처마루 2층	2018년 11월	064)759-9648	10팀
충청권역	충남	천안시 서북구 직산읍 남산2길 41 충청연수원 3층	2014년 03월	041)559-9282	
	충북	청주시 청원구 오창읍 각리1길 97 충북과학기술혁신원2관1층	2018년 09월	043)903-9356	15팀
	대전	유성구 유성대로1689-70 KT대덕2연구센터 연구1동	2018년 11월	042)863-9939	14팀
	세종	다정중앙로 20 다정동 가온마을7단지	2021년 04월	044)850-5631	15팀

영남권역	경북	경산시 경청로 222길 86	2012년 03월	053)819-5053	60팀
	경남	창원시 진해구 남영로 473번길 부산경남연수원	2012년 03월	055)548-8050	11팀
	대구	남구 명덕로 104 계명대학교 비사관 6층	2018년 11월	053)656-8176	50팀
	울산	남구 삼산중로 144 근로자종합복지회관 3층	2018년 08월	052)276-8937	15팀
	부산	사상구 모라로 22 부산벤처타워 16층	2018년 11월	051)305-9929	10팀

자료 : 청년사관학교 홈페이지(start.kosmes.or.kr)

3) 창조경제혁신센터

박근혜 정부에서 '창조경제 민관협의회 등의 설치 및 운영에 관한 규정(대통령령)에 근거를 두고 2014년부터 전국 17개 시도에 광역자치단체별로 대기업이 참여한 재단법인으로 출발하였다.

과학기술기본법 제16조의 4(기술창업 활성화 등)에 근거해서 미래창조과학부 소관이었으나 문재인 정부의 정부조직 개편에 따라 2017년 7월 26일 시행된 과학기술기본법 시행령 제 24조의 3(기술창업 활성화 지원 등 전담기관의 지정)에 의거 중소벤처기업부로 소관부처가 변경하였다.

현재는 중소기업창업 지원법 제52조(지역창업전담기관의 지정 등)와 동법 시행령 제27조(지역창업전담기관의 지정 등)에 법률 근거를 두고 있으며, 창업진흥원이 센터의 사업기획, 평가, 경영, 예산 등을 전반적으로 관리하는 기관이다.

〈표 10-19〉 창조경제혁신센터 현황

센터명	소재지	전화	출범
서울	용산구 한강대로 69, 102동 5층	02-723-9100	2015.07
경기	분당구 대왕판교로 645번길 12	031-8016-1102	2015.03
인천	연수구 갯벌로 12, 미추홀타워 본관 7층	032-458-5000	2014.03
강원	춘천시 한림대학길1 한림대학교 도헌글로벌스쿨1층	033-248-7900	2015.05
부산	해운대구 센텀중앙로 78, 센텀그린타워 3~4F	051-749-8900	2015.03
울산	남구 대학로 93, 5호관 2층 (무거동, 울산대학교)	052-716-5164	2015.07
경남	의창구 창원대로 18번길 46, 경남창원과학기술진흥원 2층	055-256-2700	2015.04
대구	북구 호암로 51	053-759-6380	2014.04
경북	구미시 구미대로 350-27, 모바일융합센터 2층	054-470-2614	2014.12
포항	남구 청암로 87, 포항 체인지업 그라운드 4F	054-270-4573	2014.12
대전	대전 유성구 대학로 291, KAIST 나노종합기술원 9F	042-385-0666	2014.10
세종	조치원읍 군청로 93, SB플라자 3층	044-999-0003	2015.04
충남	아산시 배방읍 희망로 100, 2층 천안아산 KTX역사	041-536-7888	2015.05
충북	청주시 흥덕구 오송읍 오송생명 1로 194-25 청주SB플라자 2층	043-710-5900	2015.02
광주	서구 경열로17번길 12	062-364-9139	2015.01
빛가람	나주시 그린로 370, 에너지밸리기업개발원 2층	061-345-7746	2017.02
전남	여수시 덕충 2길 32	061-661-2002	2015.06
전북	전주시 덕진구 오공로 123, 전북테크비즈센터 4층	063-220-8900	2014.11
제주	제주시 중앙로 217, 제주벤처마루 3~4F	064-710-1900	2015.06

자료 : 창조경제혁신센터 홈페이지(ccei.creativekorea.or.kr)

4) 창업진흥원

창업을 촉진하고 창업기업의 성장을 지원하여 국가 경쟁력 강화에 이바지하기 위해 2009년 중소벤처기업부 산하기관으로 출범했다. 중소기업창업 지원법 제 51조(창업진흥원)에 설립근거를 두고 있다.

■ 주요 사업과 업무

1. 창업활성화를 위한 정책의 조사연구
2. 창업기업에 대한 자금(정책자금 융자는 제외), 인력, 판로 및 입지 등에 관한 정보제공 및 지원
3. 창업촉진을 위한 교육모델 개발 및 운영 · 보급
4. 창업실태조사 및 분석
5. 창업기업 및 창업생태계와 관련한 데이터의 수집, 가공, 분석, 활용 및 제공 등에 관한 사항
6. 국제기구 및 외국과의 창업 관련 교류 및 협력
7. 창업기업의 해외진출 지원 및 외국인의 국내 창업 지원
8. 우수 예비창업자의 발굴 및 지원
9. 재창업기업의 교육 및 지원
10. 청년창업기업 및 중장년창업기업 교육 및 사업화 지원
11. 청소년 및 예비창업자 등에 대한 창업교육 등 기업가정신 제고
12. 대학 및 연구기관 등의 창업촉진 활동 지원
13. 창업분야 전문인력 육성 및 지원
14. 창업저변 확대 및 창업문화 조성을 위한 지원
15. 창업촉진을 위한 지원시설 등 창업기반 조성, 운영 및 지원
16. 제61조 제2항에 따라 창업진흥원에 위탁한 업무
17. 그 밖에 중소벤처기업부장관 및 관계 중앙행정기관의 장이 위탁하는 사업 및 업무

〈표 10-20〉 성장단계별 창업기업 지원체계

성장 단계	지원 대상	지원 사업	주요 지원 내용
생태계조성	대국민	청소년 비즈쿨 창조경제혁신센터 메이커스페이스	창업교육 공간제공 등
예비 창업	예비창업자	예비창업패키지	시제품 개발 멘토링 등
창업 초기	3년 이내 기업	초기창업패키지	사업화 자금 및 후속지원
창업 성장	3~7년 이내 기업	창업도약패키지 민관공동 창업자발굴 육성 글로벌 액셀러레이팅	판로개척 글로벌 진출 등

자료 : 창업진흥원 홈페이지(https://www.kised.or.kr)

5) 창업보육센터

중소기업창업지원법 제53조(창업보육센터사업자의 지정 등)에 의거 중소벤처기업부장관의 지정을 받아 운영되고 있다. 대학 내에 설치된 창업보육센터가 대부분을 차지하며 창업공간을 저렴하게 사용할 수 있고 대학에서 보유하고 있는 각종 장비와 기자재를 활용할 수 있다.

■ 지정 요건

○ 물적 요건

가) 창업기업이 이용할 수 있는 시험기기나 계측기기 등의 장비

나) 10개 이상 창업기업이 사용할 수 있는 500제곱미터 이상의 장소

○ 인적 요건

경영학 분야 박사학위 소지자, 변호사, 그 밖에 대통령령으로 정하는 전문인력 중 2명 이상을 확보

○ 우선 지정

청년을 위한 창업보육센터사업자를 우선 지정

〈표 10-21〉 창업보육센터 현황

2023년 12월 현재

권역	지역	회원사 수	비고
수도권 및 강원	서울	36	
	경기	51	
	인천	6	
	강원	16	
충청권	충남	15	
	충북	14	
	대전	10	
	세종	3	
경상권	부산	15	
	울산	2	
	대구	11	
	경북	24	
	경남	19	
전라권 및 제주	광주	9	
	전남	13	
	전북	15	
	제주	4	
계		263	

자료 : (사)한국창업보육협회(www.kobia.or.kr)

6) 벤처투자회사

벤처투자를 주된 업무로 하는 회사로서 벤처투자 촉진에 관한 법률 제37조에 따라 등록한 회사를 말한다. 종전에 중소기업창업투자회사라고 하였으나 2023년 6월 20일 개정된 법률에서 벤처투자회사로 명칭을 변경하였다. 등록의 요건은 주식회사 · 유한회사 · 유한책임회사 및 한국벤처투자로서 납입자본금 20억 원 이상이며 납입자본금에서 차지하는 차입금의 비중이 20퍼센트 미만이어야 한다.

■ 주요 사업

1. 창업기업에 대한 투자
2. 기술혁신형 · 경영혁신형 중소기업에 대한 투자
3. 벤처기업에 대한 투자
4. 벤처투자조합의 결성과 업무의 집행
5. 해외 기업의 주식 또는 지분 인수 등 중소벤처기업부장관이 정하여 고시하는 방법에 따른 해외투자
6. 중소기업이 개발하거나 제작하며 다른 사업과 회계의 독립성을 유지하는 방식으로 운영되는 사업에 대한 투자
7. 제1호부터 제6호까지의 규정에 준하는 것으로서 중소벤처기업부장관이 정하여 고시하는 자에 대한 투자
8. 제1호부터 제7호까지의 사업에 딸린 사업으로서 중소벤처기업부장관이 정하는 사업

〈표 10-22〉 벤처창업포털 통계

2023년 9월 기준

벤처투자회사	창업기획자	전문개인투자자
240개사	452개사	288명

자료 : 벤처창업포털(https:www.vcs.go.kr)

7) 중소기업상담회사

중소기업창업지원법 제54조(중소기업상담회사의 등록 등)에 의거 중소벤처기업부에 등록해야 한다. 창업 절차 대행, 중소기업의 경영 · 기술 컨설팅, 중소기업의 자금조달 및 운영에 관한 자문을 주 업무로 한다.

■ 주요 사업

1. 중소기업의 사업성 평가
2. 중소기업의 경영 및 기술 향상을 위한 용역

3. 중소기업에 대한 사업의 알선
4. 중소기업의 자금 조달 · 운용에 관한 자문 및 대행
5. 창업 절차의 대행
6. 창업보육센터의 설립 · 운영에 관한 자문
7. 제1호부터 제6호까지의 사업에 딸린 사업으로서 중소벤처기업부장관이 정하는 사업

〈표 10-23〉 중소기업상담회사 등록 요건

자본금	5천만 원 이상	
전문인력	2명 이상 상근 전문 인력	
	경영분야	경영학 조교수 이상 공인회계사 경영지도사 경영학 분야 박사 변호사
	기술분야	자연과학 분야 박사 기술사 자연과학 분야 조교수 이상 기술지도사 과학기술분야 연구기관 5년 이상 연구 경력자
시설	업무 수행을 위한 사무실	

8) 전문개인투자자 및 개인투자조합

전문개인투자자 및 개인투투자조합은 흔히 엔젤투자자라고 일컫는다. 벤처투자 촉진에 관한 법률 제9조에 따라 벤처투자를 전문으로 등록한 개인을 '전문개인투자자'라고 하며, 법률 제12조에 따라 개인 등이 벤처투자와 그 성과의 배분을 주된 목적으로 결성하여 등록한 조합을 '개인투자조합'이라고 한다.

〈표 10-24〉 전문개인투자자 등록 요건 및 주요 업무

구분	내용
등록 요건 (경력 및 자격)	• 기술사, 변호사, 공인회계사, 변리사, 경영 · 기술지도사 등 • 벤처투자회사 또는 창업기획자에서 2년 이상 투자심사 업무 수행 경력 또는 3년 이상 투자 관련 업무 수행 • 기타
투자 의무	등록일을 기준으로 3년마다 중소벤처기업부장관이 정하여 고시하는 금액 이상을 다음 기업에 투자 • 창업기업 • 벤처기업 • 기술혁신형 중소기업 • 그 밖에 중소벤처기업부장관이 정하여 고시하는 자
	요건을 모두 갖춘 투자금액의 합계가 최근 3년간 1억 원 이상으로서 중소벤처기업부장관이 정하여 고시하는 금액 이상일 것 • 증권시장에 상장하지 않은 창업기업, 벤처기업, 기술혁신형 중소기업이 신규로 발행한 주식, 지분의 인수, 조건부지분인수계약 또는 조건부지분전환계약을 통한 투자일 것 • 특수관계인이 발행한 주식 또는 지분이 아닐 것 • 주식 또는 지분을 인수한 날부터 6개월 이상 보유했거나 조건부지분인수계약 또는 조건부지분전환계약을 체결한 후 투자금을 납입한 날부터 6개월 이상 지났을 것

〈표 10-25〉 개인투자조합의 결성과 등록 요건

구분	내용
조합 결성 가능자	• 개인 • 창업기획자(액셀러레이터) • 신기술창업전문회사 • 기타
조합원 구성	• 무한책임을 지는 1인 이상의 업무집행조합원 • 출자가액을 한도로 하여 유한책임을 지는 유한책임조합원
출자금 등	• 출자금 총액이 1억 원 이상일 것 • 출자 1좌(座)의 금액이 100만 원 이상일 것 • 조합원의 수가 49인 이하일 것 • 존속기간이 5년 이상일 것
투자 의무	• 등록 후 3년이 지난 날까지 출자금액의 50퍼센트 이내에서 50퍼센트 이상을 창업기업과 벤처기업에 대한 투자에 사용 • 창업기획자가 업무집행조합원인 개인투자조합은 제1항에 따른 투자비율 이상을 초기창업기업에 대한 투자에 사용 • 상장된 법인에 투자하는 경우에는 10퍼센트 비율을 초과하여 투자할 수 없음

〈표 10-26〉 엔젤투자지원센터 통계

2023년 12월 기준

전문개인투자자	엔젤클럽	개인투자조합
278명	261개	4,010개

자료 : 한국엔젤투자협회(https://home.kban.or.kr)

9) 창업기획자(엑셀러레이터)

창업기획자(액셀러레이터)란 초기창업기업에 대한 전문보육 및 투자를 주된 업무로 하는 자로서 벤처투자 촉진에 관한 법률 제24조(창업기획자의 등록)에 따라 중소벤처기업부에 등록한 법인 또는 비영리법인을 말한다.

〈표 10-27〉 등록 요건 및 주요 업무

구분		내용
등록 요건	최소 자본금	• 법인 1억 원 • 비영리법인 5천만 원
	상근 전문인력	• 이공 · 상경계열 박사, 변호사, 경영지도사 등 • 벤처투자회사 또는 창업기획자에서 2년 이상 투자심사 업무 수행 경력 또는 3년 이상 투자 관련 업무 수행 • 기타
	시설 기준	• 초기 창업기업을 위한 보육공간으로서 중소벤처기업부장관이 고시하는 기준의 사무실
주요 업무		초기창업기업에 대한 전문보육 • 사업 모델 개발 • 기술 및 제품 개발 • 시설 및 장소의 확보 • 그 밖에 중소벤처기업부령으로 정하는 지원
투자 의무		• 등록 후 3년이 지난 날까지 전체 투자금액의 40퍼센트 이상을 초기 창업기업에 대한 투자에 사용

〈표 10-28〉 한국액셀러레이터협회 회원사 현황

2023년 12월기준

권역	지역	회원사 수	비고
서울 · 경기	서울	98	
	경기	19	
	인천	4	
대전 · 충청 · 강원	대전	12	
	세종	1	
	충청	5	
	강원	3	
광주 · 전라	광주	7	
	전남	1	
	전북	2	
	제주	2	
부산 · 경상	부산	8	
	대구 · 경북 · 울산	7	
	경남	5	
계		174	

자료 : (사)한국액셀러레이터협회 홈페이지(http://www.k-ac.or.kr

참 / 고 / 문 / 헌

강신장, 오리진이 되라, 쌤앤파커스, 2010
고영남 · 송호열, 지식재산권법의 이해, 탑북스, 2017
교육부 · 한국연구재단 · 한국청년기업가 정신재단, 손에 잡히는 기업가 정신, 2015
교육부 · 한국연구재단 · 한국청년기업가 정신재단, 2022대학 창업교육 가이드, 2022
곽영식 외, 마케팅 가격 전술, 피엔씨미디어, 2021
권동칠, '완주의 조건, 열정으로 갈아 신어라', 성림비즈북, 2016.
금융위원회 · 금융감독원, 알기쉬운 크라우드펀딩 제도, 2016
김경재 외, 창업교육 이슈페이퍼, 한국청년기업가정신재단, 2016
김대익 외, 창업을 대비하는 지식재산입문, 전남대학교출판문화원, 2017
김도현 외, 엔젤투자 알아야 성공한다, 한국청년기업가정신재단, 2012
김상우 역, Daniel Nettle, '성격의 탄생', 와이즈북, 2019.
김옥생, 창업과 신규사업을 위한 사업계획서 작성, 한국기업상담(주), 1997
김익철, 지혜로움의 비밀 : 트리즈의 사상과 방법, MJ미디어, 2012
김일영 등 역, 스티브 블랭크 · 밥 도프, 기업창업가 매뉴얼, 에이콘출판, 2014
김진수, 기업가정신과 창업론, 영문사, 2014.
김진수, 성공적인 비즈니스 모델의 조건, SERI, 2011
김진수 · 이창영, 창조경제시대의 기업과정신과 창업론, 문영사, 2014
김현정, 청년기업가정신, 토네이도미디어그룹, 2010
김홍길, 기업가정신과 창업경영론, 탑북스, 2014
남영호, 사업타당성분석과 평가, 세명서관, 2022
명승은 외, 지금, 당신의 스타트업을 시작하라, 클라우드북스, 2012
박주관, 사업타당성 분석과 사업계획서 작성, 21세기북스, 1994
배종태 · 차민석, 한국형 기업가정신 모델 정립에 관한 연구, KAIST혁신 및 기업가정신 연구센터, 2009
서영조 역, 스티븐 존슨, 탁월한 아이디어는 어디서 오는가, 한국경제신문, 2012

서정민, 창업과 경영을 위한 사업계획서, 한국세정신문사, 2003
성형철, 기술창업으로 성공하기, 박영사, 2014
송영학 외 역, Jeff Dyer 등, 이노베이터 DNA, 세종서적, 2012
안기순 역, 사하 & 보비 하셰미, 나의 첫 사업계획서, (주)황금가지, 2005
유효상 역, Alexander Osterwalder, Yves Pigneur, '비즈니스모델의 탄생', 타임비즈, 2018.
윤종록 외, 창업과 경영, 형설출판사, 2006
이건창, 기업가정신, 무역경영사, 2009
이민화 외 역, William Bygrave 등, 기업가정신, 동서미디어, 2013
이승훈 외, 지식재산권론, 법문사, 2009
이영직, (슘페터가 들려주는)기업가정신 이야기, 자음과모음, 2012
이유재 · 박찬수, G.L.Urban, John R. Hauser, 신상품 마케팅, 시그마프레스, 1995
이종인 역, 톰 켈리 등, 유쾌한 이노베이션, 세종서적, 2016
이지성, '꿈꾸는 다락방', 국일미디어, 2013.
이창수 외 역, 에릭 리스, The Lean Startup, 인사이트, 2013
조병주 역, Karl H, Vesper, 기회발견과 창업메카닉스, 청아출판사, 1999
조성주, 린 스타트업 바이블, 새로운제안, 2014
조해진 역, Gene N. Landrum, 기업의 천재들, 말글빛냄, 2006
지소철 역, 엘턴 셔원, 세상에서 가장 강력하고 간결한 사업계획서, 이코북, 2005
최윤식, 2030대담한 미래2, 지식노마드, 2014
최종열 · 정해주, 벤처창업과 기업가정신, 탑북스, 2013
하지철, 마케팅조사 실무노트, 한국학술정보(주), 2012
하태호, 창업문답 100, 도서출판 두남, 2012
하태호, 중소기업의 자금조달, 신용보증기금, 2011
한국발명진흥회, 지식재산의 정석, 박문각, 2014
한제희 역, 론다 아브람스, 하루만에 끝내는 사업계획서, 영진미디어, 2007

찾아보기

▌가▐

가등기담보 ············ 294
가상과 현실 공간의 융합 ············ 112
가상현실 ············ 80
가성비 ············ 231
가압류 ············ 270
가처분 ············ 270
간이과세자 ············ 69
간접자금 조달 ············ 277
감가상각비 ············ 193
개방형 혁신 ············ 78
개별심층면접 ············ 219
개인기업 ············ 71
개인투자조합 ············ 281, 347
거시환경 ············ 222
거시환경 분석 ············ 181
건폐율 ············ 180
경쟁 산업환경 ············ 174
계약갱신요구권 ············ 267
계약갱신청구권 ············ 272
고안 ············ 156
공동 창업 ············ 23
공부조사(公簿調査) ············ 259
공서양속 ············ 148
공유경제 ············ 82
공장 입지 ············ 253
공정무역 ············ 61
과세사업자와 면세사업자 ············ 69
관찰 조사 ············ 219
관찰하기 ············ 98
교육환경보호구역 ············ 34
국가산업단지 ············ 254
국민기초생활보장법 ············ 60
권리금 ············ 261
기술거래 ············ 37
기술보증기금 ············ 47
기술성 ············ 35, 182
기술의 융합 ············ 112
기술형 창업 ············ 37
기업 인수 ············ 24
기업 형태 기준 창업 유형 ············ 25
기업가정신 ············ 84
기업공개 ············ 283
기업보국 ············ 22
기업의 사회적 책임 ············ 177
기업인수합병 ············ 311

▌나▐

나비효과 ············ 222
나이트 ············ 85
낙수효과 ············ 82
내부수익률법 ············ 187, 189
냅킨 분석 ············ 197
네이선 블레차르지크 ············ 89
네트워킹 ············ 98
노동가치설 ············ 78
노하우 ············ 152
농공단지 ············ 254

니클라스 젠스트롬 ······ 122

▮ 다 ▮

다이슨 ······ 136
단체표장 ······ 75
담보물권 ······ 264
대위변제 ······ 295
대차대조표 ······ 192
데이비드 로버트슨 ······ 83
데이비드 리카도 ······ 77
데이비드 켈리 ······ 111, 131
도널드 쿠라트코 ······ 84
도시의 융합 ······ 112
도시첨단산업단지 ······ 254
도시형공장 ······ 255
독립적 독창기업 ······ 18
독립적 파생기업 ······ 18
독자 창업 ······ 23
동안거 ······ 110
동업 ······ 23
동통점 ······ 132
등기임대차계약 ······ 264
등록업종 ······ 67
디스토피아 ······ 314
디자인 제도 ······ 159
디자인권의 효력 ······ 161
디자인 씽킹 ······ 130
디자인의 등록 ······ 160
디자인의 출원 ······ 160
디지털 맵 ······ 118
따로 음식문화 ······ 27

▮ 라 ▮

라마단 ······ 110
러다이트운동(기계파괴운동) ······ 314
레고 사고 기법 ······ 123
레버리지 효과 ······ 29, 274
루트번스타인 ······ 111
리차드 드 칸틸런 ······ 85
리처드 브랜슨 ······ 93
린 생산 ······ 242
린 스타트업 ······ 241

▮ 마 ▮

마일스톤 ······ 20
마을기업 ······ 56
마케팅 전략 4P ······ 26
마크 앤드리슨 ······ 81
매도담보 ······ 294
매키논 ······ 109
메디치 효과 ······ 97, 114
모차르트 ······ 95
목측조사(目測調査) ······ 259
목표 단계 ······ 20
무어 ······ 300
무역업 고유번호 ······ 67
무체재산권 ······ 152
문장완성법 ······ 219
문제 정의 ······ 221
문화의 융합 ······ 112
물권 ······ 264, 294
미등기 전세계약 ······ 264
미래가치 ······ 188
미투 제품 ······ 183
민족의 융합 ······ 112

▮ 바 ▮

바닥권리금 ······ 262, 271
반응 수집 ······ 132
반응 증폭 ······ 132
발견 스킬 ······ 99
밥 에버럴 ······ 134
방목형 교육 ······ 109
배타적 독점 권리 ······ 152

법인기업 ······ 71
법인세법 ······ 38
법정담보 ······ 264
법정저당권 ······ 294
법정질권 ······ 294
베르누이의 정리 ······ 182
베스퍼 ······ 118
베타 테스트 ······ 244
벤처기업 설립 ······ 47
벤처기업 ······ 46
벤처기업육성에 관한 특별법 ······ 47, 330
벤처기업육성에 관한 특별조치법 ······ 46
벤처캐피탈 자금 ······ 282
벤처투자 촉진에 관한 법률 ······ 328
벤처투자자마트 ······ 282
벤처투자회사 ······ 329, 345
보니 크레몬드 ······ 316
복식부기 ······ 71
본권 ······ 264
부채계정 ······ 29
분공장 ······ 18
브랜드 ······ 74
브랜드가치 ······ 166
브레인 라이팅 ······ 133, 237
브레인스토밍 ······ 132, 237
블록버스터 역할 ······ 223
블록버스터 효과 ······ 230
비네 ······ 95
비용편익비 ······ 188
비즈니스 모델 캔버스 ······ 237
비즈니스 모델 ······ 235
빌 게이츠 ······ 91

▌사▐

사업인허가 ······ 67
사업계획서 ······ 168
사업성 분석 ······ 35, 182
사업자등록 ······ 65
사업타당성 분석 ······ 168, 172
사업환경 분석 ······ 172
사이보그 ······ 80
사회적 책임 ······ 91
사회적경제 ······ 53, 61
사회적 경제기업 ······ 53
사회적기업 육성법 ······ 335
사회적협동조합 ······ 58
산업환경 ······ 172, 223
산업단지 ······ 253
산업연관효과 ······ 82
산업의 융합 ······ 112
산업재산권 ······ 144
산학협력선도대학 ······ 319
상가건물 임대차보호법 ······ 265, 266
상권(商圈) ······ 251
상권정보시스템 ······ 258
상대보호구역 ······ 34
상세권(商勢圈) ······ 251
상업적 담보 ······ 295
상표등록 요건 ······ 162
상표 제도 ······ 162
상표 ······ 74, 75
상표권의 효력 ······ 164
상표등록 출원 ······ 164
상호등기 ······ 73
상호 ······ 73, 74
샘 월튼 ······ 93
생각의 탄생 ······ 111
생텍쥐페리 ······ 109
생활밀착형 창업 ······ 24
서비스표 ······ 75
선출원 ······ 147
설립자본금 ······ 62
소구(訴求) ······ 185
소득세법 ······ 38

소매점 지표조사 ············ 225
소상공인 보호 및 지원에
관한 법률 ············ 260, 333
소셜네트워크 ············ 118
소유권 ············ 264
소유권이전 가등기 ············ 270
손익계산서 ············ 192, 205
손익분기점 분석 ············ 189
수익성 ············ 35
순현재가치법 ············ 188
슘페터 ············ 77
스마트 혁명 ············ 78
스마트그린산업단지 ············ 254
스모크 테스트 ············ 247
스캠퍼 ············ 134
스키밍 가격전략 ············ 233
스턴 ············ 95
스튜어트 카우프만 ············ 118
스티브 블랭크 ············ 20, 242
스티브 잡스 ·· 80, 89, 91, 98, 122, 130
스티븐 존슨 ············ 107, 108, 117
스플릿 테스트 ············ 248
시설권리금 ············ 262
시장성 ············ 35
시제품 테스트 ············ 226
시험 마케팅 ············ 227
신고업종 ············ 67
신규성 ············ 147
신용관리 ············ 296
신용보증 ············ 295
신지식재산 ············ 143
신지식재산권 ············ 144
실용신안 ············ 156
실용실안 출원 ············ 158
실용실안 등록 ············ 157
실행 스킬 ············ 99
실험하기 ············ 98

▌아 ▌

아이템 기준 창업 유형 ············ 23
아인슈타인 ············ 87, 95, 124
안토니오 무치 ············ 155
알렉산더 그레이엄 벨 ············ 155
알렉산더 오스터왈더 ············ 235
알파 테스트 ············ 244
알파고 ············ 80
압류 ············ 270
애덤 스미스 ············ 77
액셀러레이터 ············ 301
앨빈 토플러 ············ 79, 313
앵커링 점포 ············ 257
앵커링 ············ 28
약정담보 ············ 264
양도담보 ············ 294
업무표장 ············ 75
에릭 리스 ············ 242
에어비앤비 ············ 81
엔젤 캐피탈 ············ 281
엔젤 ············ 199, 281
엔젤투자센터 ············ 282
엔젤투자자 ············ 347
엘리베이터 피치 ············ 197, 298
엘리샤 그레이 ············ 155
연대채무 ············ 294
영감 ············ 113
영농조합법인 ············ 56
영세율 사업자 ············ 69, 70
영업권리금 ············ 262
영업비밀 ············ 152
옆길효과 ············ 119
예스 피그누어 ············ 235
오스본 ············ 134
온라인 법인설립 시스템 ············ 63
온라인소액투자중개 ············ 286
왓슨 ············ 80

외생변수(外生變數) ··· 222
용익물권 ··· 264
용적률 ··· 180
우버 ··· 81
우선변제 ··· 267
우선특권 ··· 294
워라밸 ··· 30
원형 창조 ··· 133
웨어러블 ··· 80
윌리엄 훼더 ··· 87
유발 하라리 ··· 80
유보가격 ··· 231
유치권 ··· 264, 294
유통산업발전법 ··· 260
유한책임회사 ··· 45, 62
유한회사 ··· 62
의존적 독창기업 ··· 18
의존적 파생기업 ··· 18
이노비즈기업 ··· 51
이용실태 조사 ··· 225
인·허가업종 ··· 67
인간지능 ··· 113
인공지능 ··· 80, 113
인수 창업 ··· 24
인접 가능성 ··· 118
인접성 ··· 108
일반과세자 ··· 69
일반산업단지 ··· 254
임대차계약 ··· 265
입지환경 ··· 176
입지(立地) ··· 251

▌자▐

자료 분석·해석 ··· 221
자료 수집 ··· 221
자본금계정 ··· 29
자영업자 ··· 41
자유업종 ··· 67
자유연상법 ··· 219
자활기업 ··· 60
장사목 ··· 258
재무계산기 ··· 189
재무상태표 ··· 29, 192, 205
저당권 ··· 264, 294
저작권 ··· 144
적기 생산 방식 ··· 243
전단계 세액공제방식 ··· 70
전문개인투자자(엔젤투자자) ··· 329
전문개인투자자 ··· 281, 347
전세계약 ··· 265
전세권 ··· 264, 265, 294
전용사용권 ··· 164
전용실시권 ··· 153, 159, 162
전통시장 및 상점가 육성을 위한 특별법 260
전환 ··· 246, 249
전환비용 ··· 185
절대보호구역 ··· 34
절세효과 ··· 274
점두 광고 ··· 227
점유권 ··· 264
정량 조사 ··· 219
정성 조사 ··· 219
정화조 용량 ··· 271, 272
제1의 물결 ··· 79
제2의 물결 ··· 79
제3의 물결 ··· 79
제4의 물결 ··· 79
제닝스 ··· 85
제레미 리프킨 ··· 313
제한물권 ··· 264
조사 설계 ··· 221
조프리 무어 ··· 186
조합 놀이 ··· 108

존 F. 케네디 ········ 115
존속적 혁신 ········ 78
주금 가장납입 ········ 62
주식회사 ········ 62
줌인 · 줌아웃 기법 ········ 121
중소기업상담회사 ········ 346
중소기업진흥에 관한 법률 ········ 331
중소기업창업지원법 ········ 46, 327
중소벤처기업진흥공단 청년사관학교 ··· 339
중첩적 채무인수 ········ 294
중후장대산업 ········ 82
증강현실 ········ 80
증권형 크라우드펀딩 ········ 286
지리적 표시 단체표장 ········ 75
지분증권 ········ 286
지불용의 가격 ········ 231
지상권 ········ 264
지식산업센터 ········ 255
지식의 융합 ········ 112
지식재산권 ········ 38, 143
지역권 ········ 264
지역화폐 ········ 61
직접자금 조달 ········ 276
직크 ········ 85
진보성 ········ 147
질권 ········ 264, 294
질문하기 ········ 97
짐 콜린스 ········ 138
집단심층면접 ········ 219

▌차▐

참선 ········ 110
창업 대체학점 인정제 ········ 321
창업 친화적 학사제도 ········ 321
창업 학점교류 ········ 321
창업 휴학제 ········ 321
창업기획자(액셀러레이터) ········ 329
창업기획자(엑셀러레이터) ········ 349
창업보육센터 ········ 253, 344
창업의 5대 요소 ········ 26
창업진흥원 ········ 343
창조경제혁신센터 ········ 341
창조적 파괴 ········ 78
채권 ········ 264, 294
채무증권 ········ 286
최소 요건 제품 ········ 139, 246, 247
최소기능제품 ········ 242
최저자본금 ········ 63
최적화 ········ 133
추격형 산업 ········ 81
추정손익계산서 ········ 193
출역구매 ········ 28
출자 기준 창업 유형 ········ 23
침투가격전략 ········ 233

▌카▐

카를 마르크스 ········ 77
칸반 ········ 243
캐즘이론 ········ 186
캘리그라피 ········ 92
케인스 ········ 78
코넥스 ········ 306
코스닥(KOSDAQ) ········ 304
코스닥종합지수 ········ 305
코호트 분석 ········ 248
콜라주 ········ 219
쿠퍼 ········ 120
크라우드펀딩 ········ 34, 284

▌타▐

탈레스 ········ 88
탈출 속도 ········ 249
톰 켈리 ········ 111, 139
통로원리 ········ 119

통상사용권 ······ 165
통상실시권 ······ 153, 159, 162
통섭 ······ 112
통찰력 ······ 112
투자계약증권 ······ 286
트렌드 ······ 78
특허제도 ······ 146
특허등록 ······ 147
특허정보검색 ······ 148
특허출원 ······ 150

▌파▐

파괴적 혁신 ······ 78
판매비와 일반관리비 ······ 192
판매촉진(프로모션) 전략 ······ 31
패러다임 변화 ······ 78
패러다임 ······ 78
패션 ······ 78
폐쇄형 혁신 ······ 78
포름알데히드 ······ 117
포지셔닝 ······ 229
폴 토런스 ······ 96
폴 티머스 ······ 235
표장(標章) ······ 162
퓨전 ······ 112
프랜차이즈 창업 ······ 24
프로모션 ······ 227
피셔 ······ 18, 19
피터 드러커 ······ 124
필리스 바텀 ······ 87

▌하▐

하안거 ······ 110
하워드 가드너 ······ 95
하이퍼링크 ······ 118
한국청년기업가정신재단 ······ 337
한국특허정보원 ······ 149
할인회수기간법 ······ 188
함께 음식문화 ······ 27
합명회사 ······ 62
합자회사 ······ 62
헨리 체스브루 ······ 78
혁신 ······ 83
혁신경제 ······ 81
혁신기업의 딜레마 ······ 78
현재가치 ······ 188
협동조합 ······ 56, 58
협력 기준 창업 유형 ······ 24
호암 이병철 ······ 89
홀러크러시 ······ 83
환산임대차보증금 ······ 267
회사상호의 부당사용의 금지 ······ 41
회수기간법 ······ 187

▌A▐

accelerator ······ 329
Adam Smith ······ 77
adjacent possible ······ 118
Airbnb ······ 81
Alex Osborn ······ 134
Alexander Graham Bell ······ 155
Alexander Osterwalder ······ 235
Alfred Binet ······ 95
Alpha Test ······ 244
AlphaGo ······ 80
Altschuller ······ 125
Alvin Toffler ······ 79, 313
Amold C. Cooper ······ 120
anchoring ······ 28, 257
angel capital ······ 281
Antoine Marie Roger De Saint Exupery ······ 109
Antonio Meucci ······ 155
AR, augmented reality ······ 80

artificial intelligence ······ 80

B

B/C ratio; benefit/cost ratio ······ 188
balance sheet ······ 192
Barney Jay B ······ 300
BCG Matrix ······ 211
Bernoulli Principle ······ 182
Beta Test ······ 244
blockbuster ······ 223, 230
Bob Eberle ······ 134
Bonnie Cramond ······ 316
brain writing ······ 133, 237
brainstorming ······ 237
branch factory ······ 18
Brand ······ 74
Business Emblem Mark ······ 75
Business Model Canvas ······ 237
business model ······ 235
buyout ······ 19

C

calligraphy ······ 92
Cash Cow ······ 212
Central Location Test ······ 227
chasm theory ······ 186
chasm ······ 300
Clayton M. Christense ······ 78
closed innovation ······ 78
CLT(Central Location Test) ······ 226
Cohort Analysis ······ 248
collage ······ 219
Collective Mark for Geographical Indications ······ 75
Collective Mark ······ 75
combinatorial play ······ 108
consilience ······ 112
corporate social responsibility ······ 91
corridor-principle ······ 119
cost-effectiveness ······ 231
creative destruction ······ 78
CRS; Corporate Social Responsibility ··· 177
CSS(Credit Scoring System) ······ 296
cyborg ······ 80

D

D. MacKinnon ······ 109
Data Analysis and Interpretation ··· 221
Data Collection ······ 221
David C. Robertson ······ 83
David Kelly ······ 131
David Ricardo ······ 77
death valley ······ 275, 300
direct financing ······ 276
discounted pay-back period ······ 188
disruptive innovation ······ 78
Donald Kuratko ······ 84
DQ(Discovery Quotient) ······ 100
Dyson ······ 136
dystopia ······ 314

E

early adopters ······ 300
early majority ······ 300
elevator pitch ······ 197, 298
Elisha Gray ······ 155
Elton B. Sherwin ······ 197
entrepreneurship ······ 84
Eric Ries ······ 242
escape veolcity ······ 249
ESG(Environment, Social, Governance) ···· 177
estimated income statement ······ 193

F

FGD(Focus Group Discussion) ·· 225, 248
financial calculator ··· 189
Fischer ··· 18, 19
Focus Group Interview ··· 219
Frank H. Knight ··· 85
fusion ··· 112
FV; future value ··· 188

G

Gang Survey ··· 226, 227
Gene N. Landrum ··· 94
Geoffrey A. Moore ··· 186, 300
great work place ··· 30

H

Henry W. Chesbrough ··· 78
high risk high return ··· 199
holacracy ··· 83
Home Use Test ··· 226, 227

I

IBM이론 ··· 217
idea pumping ··· 82
IDEO ··· 111, 123, 131
income statement ··· 205
In-depth Interview ··· 219
indirect financing ··· 277
In-home Visit study ··· 225
inspiration ··· 113
IoT(Internet of Things) ··· 80
IPO(initial public offering) ·· 283, 299, 301
IR(investor relations) ··· 34, 298
IRR; Internal Rate of Return ··· 187, 189

J

Jeremy Lifkin ··· 313
Jim Collins ··· 138
John Maynard Keynes ··· 78
Joseph Alois Schumpeter ··· 77
just-in-time production method ··· 243

K

Karl H. Vesper ··· 118
Karl Heinrich Marx ··· 77
KIPRIS ··· 149
KONEX, Korea New Exchange ··· 306
KOSDAQ Composite Index ··· 305
KRX(KOREA EXCHANGE) ··· 302
KSM(KRX Startup Market) ··· 309

L

Lean Manufacturing ··· 242
Lean Startup ··· 242
leverage effect ··· 29, 274
LINC사업 ··· 320
Luddite Movement ··· 314

M

M&A(mergers & acquisitions) ··· 24, 38, 281, 283, 299, 310, 311
Marc Andreessen ··· 81
me too ··· 183
Medicei Effect ··· 114
medici effect ··· 97
Michael E. Porter ··· 174
milestone ··· 20
mock-up ··· 184
Moon Shot Thinking ··· 115
MVP, minimum viable product ··· 139, 242, 246, 247

N

Nathan Blecharczyk ··· 89

NPV; Net Present Value ······· 187, 188

O

Observation Research ······ 219
open innovation ······ 78

P

pain point ······ 132
Palul Timmers ······ 235
pay-back period ······ 187
penetration pricing strategy ······ 233
PEST analysis ······ 181
Phyllis Battome ······ 88
pivot ······ 246, 249
pivoting ······ 139
Porter's 5 Forces Model ······ 176
positioning ······ 229, 231, 234
primary data ······ 219
Problem Definiton ······ 221
prototype ······ 139, 248
PV; present value ······ 188

Q

Qualitative Research ······ 219
Quantitative Research ······ 219

R

R=VD(Realization, Vivid, Dream) · 115
Ramadan ······ 110
Research Design ······ 221
reservation price ······ 232
Retail Index ······ 225
Rhonda Abrams ······ 197, 218
Richard de Cantillon ······ 85
risk premium ······ 295
ROI(return on investment) ······ 187
Root-Bernstein ······ 111

S

SCAMPER ······ 134
Schumpeter ······ 18, 21
secondary data ······ 220
seller's market ······ 183
Service Mark ······ 75
sharing economy ······ 82
side-street effect ······ 119
skimming pricing strategy ······ 233
somke test ······ 247
spark of genius ······ 111
spin-off ······ 24, 119
Split Test ······ 248
startup ······ 20
statement of financial position ······ 205
STEAM 교육 ······ 315
Stern ······ 95
Steve Blank ······ 20, 242
Steve Jobs ······ 80
Steven Johnson ······ 107, 108, 117
Stuart Kauffman ······ 118
sustaining ······ 78
switching cost ······ 185
SWOT 분석 ······ 212, 214

T

TED(Technology Entertainment and Design ······ 114
Test Marketing ······ 227
Thales ······ 88
The 9 Building Blocks ······ 239
The Business Model Canvas ······ 238
The Innovator's Dilemma ······ 78
Todd Jick ······ 85
TPM고지 ······ 217
Trade Mark ······ 75
TRIZ ······ 125

▌U▐

Uber ········· 81
Usage & Attitude ········· 225
utility model ········· 156

▌V▐

Value Chain ········· 235
VR, virtual reality ········· 80

▌W▐

Watson ········· 80
wearable ········· 80
William A. Feather ········· 87
William E. Jennings ········· 85
willingness to pay ········· 231
work-life balance ········· 30

▌Y▐

Yuval Noah Harari ········· 80
Yves Pigneur ········· 235

▌Z▐

zooming in and zooming out ········· 121

▌기타▐

1차 자료 ········· 219
20% 규칙 ········· 83
2차 자료 ········· 220
4P 전략 ········· 214, 215
4대보험 ········· 38
4차 산업혁명 ········· 80
5 Forces Model ········· 174

◎ 저자 약력

■ 하 태 호

■ 경력
- 서원대학교(옛 청주사범대학) 교수
- 부산외국어대학교 교수(이문화경영전공)
- 인제대학교 교수(프라임사업단, 비전임)
- 경상국립대학교 교수(창업교육센터, 비전임)

■ 학력
- 부산대학교 기술사업정책학 박사
- 부산대학교 경영학 석사
- 동아대학교 경영학사

■ 저서
- 취업전략과 직장생활(도서출판 두남)
- 창업문답 100(도서출판 두남)
- 중소기업의 자금조달(신용보증기금)
- 장기요양기관 창업가이드(서울신용보증재단)

● 기업 이해와 창업 설계

초 판 1쇄 인쇄 —— 2025년 1월 2일
초 판 1쇄 발행 —— 2025년 1월 6일
지은이 —— 하 태 호
펴낸이 —— 전 두 표
펴낸곳 —— 도서출판 두남
서울시 강동구 성내로 6길 34-16 두남빌딩
신 고 : 제25100-1988-9호
TEL : 02) 478-2066, 2067
FAX : 02) 478-2068
E-mail : dnbooks@dunam.co.kr
http://www.dunam.co.kr

● 정가 28,000원

ISBN 978-89-6414-641-5 93320